Die Strafbarkeit deutscher Ärzte wegen elektiver Wunschamputationen aufgrund von Body Integrity Identity Disorder (BIID)

Deutsches, europäisches und internationales Strafrecht und Strafprozessrecht

Herausgegeben von
Martin Waßmer

Band 6

PETER LANG

Martin J. Kirstgen

Die Strafbarkeit deutscher Ärzte wegen elektiver Wunschamputationen aufgrund von Body Integrity Identity Disorder (BIID)

Recht auf Behinderung?

PETER LANG

Bibliografische Information der Deutschen Nationalbibliothek
Die Deutsche Nationalbibliothek verzeichnet diese Publikation in der Deutschen Nationalbibliografie; detaillierte bibliografische Daten sind im Internet über http://dnb.d-nb.de abrufbar.

Zugl.: Köln, Univ., Diss., 2017

D 38
ISSN 2197-8417
ISBN 978-3-631-74749-0 (Print)
E-ISBN 978-3-631-75909-7 (E-PDF)
E-ISBN 978-3-631-75910-3 (EPUB)
E-ISBN 978-3-631-75911-0 (MOBI)
DOI 10.3726/b14264

Peter Lang – Berlin · Bern · Bruxelles · New York · Oxford · Warszawa · Wien

Diese Publikation wurde begutachtet.

www.peterlang.com

Niemand ist frei, der nicht über sich selbst Herr ist.

Matthias Claudius

Vorwort

Die vorliegende Arbeit untersucht die Strafbarkeit deutscher Ärzte wegen elektiver Wunschamputationen aufgrund von Body Integrity Identity Disorder. Insbesondere vor dem Hintergrund des immensen Leidensdrucks der Betroffenen von BIID und neuer medizinischer Randphänomene war eine Auseinandersetzung mit dem Ausgleich von physischer und psychischer Gesundheit im deutschen Medizinstrafrecht von wissenschaftlichem Interesse.

Die Arbeit wurde im Sommersemester 2017 von der Rechtswissenschaftlichen Fakultät der Universität zu Köln als Dissertation angenommen. Forschungen und Literatur wurden bis einschließlich Oktober 2017 berücksichtigt.

Mein Dank gilt in erster Linie meinem Doktorvater Herrn Prof. Dr. Martin Paul Waßmer, welcher direkt von der Bearbeitung des Themas überzeugt war und mich mit Engagement unterstützt hat. Ihm möchte ich darüber hinaus auch für die freundliche Aufnahme in der Reihe Waßmer, Deutsches, europäisches und internationales Strafrecht und Strafprozessrecht danken. Ganz herzlich möchte ich mich auch bei Frau Prof. Dr. Bettina Noltenius bedanken. Nicht nur für die sehr zügige Erstellung des Zweitgutachtens und die selbstlose Bereitschaft einen geeigneten Tag für die mündliche Prüfung zu finden sondern auch für die große Unterstützung bei der Literaturrecherche und allen sonstigen Belangen, die diese Dissertation ermöglicht haben.

Mein besonderer Dank gilt weiterhin meiner Familie und meinen Freunden, die mir stets in allen Phasen der Dissertation und darüber hinaus mit aller erdenklichen Unterstützung zur Seite standen. Bedanken möchte ich mich insbesondere bei meinen Eltern, meiner Schwester Anna und meiner Großmutter Frau Elisabeth Britz. Darüber hinaus natürlich bei meiner Cousine Julia und bei Herrn Cornelius Claudius Diekmeyer, die mich nicht nur bei der aufwendigen Literaturrecherche bestmöglich unterstützt haben, sondern mir auch sonst in jeder Hinsicht mit Fürsprache und Beistand zur Seite gestanden haben. Besonderer Dank gilt natürlich auch meinen beiden Taufpaten. Namentlich Herrn Helmut Kirstgen, für die Übernahme der aufwendigen Korrekturarbeiten und Frau Edith Paula Maevis, die mir – ihrem Wunsch gemäß – posthum ein sorgenfreies Promotionsstudium ermöglicht hat. Danken möchte ich des Weiteren Herrn Prof. Dr. Jörn Lüdemann, Herrn Alexander Wach und Herrn Peter Glaubach, die mich während meines Promotionsvorhabens mit tatkräftiger Unterstützung und zielführenden Diskussionen begleitet haben. Weiterer Dank gilt Prof. Dr. Erich Kasten für die schnelle und unbürokratische Vermittlung von Kontakten zu BIID-

Betroffenen, die ich aus Gründen der zugesicherten Vertraulichkeit nicht namentlich erwähnen möchte, sich aber sicherlich angesprochen fühlen. Nur durch den persönlichen Kontakt war es möglich, das Ausmaß des enormen Leids der Betroffenen zu erfassen. Ohne den Beistand von allen erdenklichen Seiten wäre diese Arbeit so nicht möglich gewesen.

Dublin, im Oktober 2017

Inhaltsverzeichnis

§ 1 Einleitung

Dürfen deutsche Ärzte gesunde Gliedmaßen amputieren, ohne dafür bestraft zu werden und gibt es ein Recht auf Behinderung? Die Frage alleine ist für die meisten Menschen schon extrem bizarr und außergewöhnlich, da die Vorstellung eine ungewollte Behinderung zu haben, für die Mehrheit der Bevölkerung bereits einen furchtbaren Albtraum darstellt. Beispielsweise der Gedanke, durch einen Autounfall ein Bein zu verlieren oder im Rollstuhl sitzen zu müssen, löst in vielen Menschen sofort ein Gefühl von Angst und Unbehagen aus. Noch weniger nachvollziehbar erscheint demnach jedoch der Wunsch mancher Menschen nach einer freiwilligen Behinderung in Form einer Amputation eines gesunden Beins oder Arms. Im Regelfall fühlt sich unser Körper wie unser eigener an. Wie es sich wohl anfühlen muss, wenn man sich fremd im eigenen Körper fühlt und unter der Anwesenheit eines Gliedmaßes erheblich leidet, bleibt für fast alle Menschen ein unvorstellbares Gedankenexperiment. Für Betroffene von Body Integrity Identity Disorder jedoch gehört das Gefühl von Überkomplettheit und dem damit einhergehenden Leidensdruck zum alltäglichen Leben. Ihr sehnlichster Wunsch ist die operative Entfernung des nicht dem Körper zugehörig empfundenen Körperteils. Obwohl diese Menschen keine körperlichen Befunde an dem zu amputierenden Körperteil aufweisen, möchten sie ihre körperliche Unversehrtheit gegen die psychische Genesung eintauschen und nehmen dabei eine Körperbehinderung gerne in Kauf.

Weder das Phänomen Body Integrity Identity Disorder noch das Dilemma, in dem sich die Betroffenen befinden, sind in der Bevölkerung bekannt. Die Wenigsten haben in ihrem Leben je davon gehört. Die erste Reaktion Außenstehender, wenn sie mit dem Phänomen und dem damit einhergehenden Wunsch nach drastischen operativen Eingriffen konfrontiert werden, sind folglich Ekel und Unverständnis. Weitere pauschale Urteile über Betroffene sind schnell gefällt. Zu abgehoben und verrückt scheint der Wunsch, freiwillig behindert sein zu wollen.

Die Außergewöhnlichkeit der Vorstellung einer freiwilligen Amputation eines gesunden und funktionstüchtigen Körperteils, wie zum Beispiel eines Beines, und der damit verbundene Gruselfaktor finden auch in den Medien ihren Niederschlag. Mit provokativen Schlagzeilen steht plakativ die freiwillige Verstümmelung körperlich gesunder Menschen im Vordergrund, und der ernstzunehmende Konflikt der Betroffenen wird vernachlässigt.

In diesem Sinne titelte eine Tageszeitung:

„Die Lust am Abschneiden;
Wenn sich kerngesunde Menschen eine Behinderung wünschen, dann lässt das auf ein Problem im Oberstübchen schließen – oder auf eine Modekrankheit namens ‚Body Integrity Identity Disorder'"[1].

Nicht zuletzt aufgrund der medialen Aufmerksamkeit hat die Präsenz dieses Themas einen erheblichen Aufschwung erfahren. So ist das Phänomen Body Integrity Identity Disorder nunmehr in der Wissenschaft zu einer weltweit geführten und interdisziplinären Debatte geworden. Sie beschäftigt sowohl Mediziner und Medizinethiker als auch Psychiater und Psychologen.

Die Problemstellung von elektiven Wunschamputationen ist darüber hinaus eine spannende Frage des Medizinstrafrechts, da sie die Abwägung sowohl grund- und menschenrechtlicher, medizinethischer, moralischer, gesellschaftlicher und nicht zuletzt psychologischer und psychiatrischer Aspekte für die juristische Bewertung medizinischer Eingriffe erforderlich macht. Die generelle Problematik zeigt sich insbesondere bei der Frage nach der Strafbarkeit von Ärzten wegen Körperverletzungsdelikten, die gesunde Gliedmaßen auf Wunsch der Patienten amputieren.

In derartigen Extremfällen erscheinen die Grenzen von Ethik, Moral und Recht nicht klar definiert, sodass es einer wissenschaftlichen Aufarbeitung dieses Spannungsfeldes bedarf. Nicht nur die Problematik von BIID (Body Integrity Identity Disorder), sondern auch geschlechtsumwandelnde Operationen, Schönheitsoperationen und ähnliche invasive Eingriffe wie Kastrationen und Sterilisationen befassen sich mit dem Interessenkonflikt und der Gewichtung von somatischer und psychischer Heilung und erlangen somit eine allgemeingültige Relevanz für das moderne Medizinstrafrecht. Dieses Rechtsgebiet könnte sich in Anbetracht neuer Krankheitsphänomene und Heilbehandlungsmethoden mit einem neuem Verständnis des Heilungs- und Krankheitsbegriffs konfrontiert sehen.

Die Fachliteratur zum Thema Body Integrity Identity Disorder ist noch begrenzt. Im medizinischen und medizinethischen Sektor finden sich zunehmend neue Studien und Forschungen. Auch in philosophischer Hinsicht ist die Problematik von Wunschbehinderung bereits Gegenstand wissenschaftlicher Untersuchung. So erscheint es wenig überraschend, dass Wunschamputationen gesunder Gliedmaßen aufgrund von Body Integrity Identity Disorder auch in

---

1 *Akyol*, taz, die Tageszeitung, 7. April 2006, S. 13; vgl. ebenso *Stephan*, Süddeutsche Zeitung Magazin 2014, S. 46 ff.; *Menke*, SPIEGEL ONLINE 22.09.2008; *Langer*, SPIEGEL ONLINE 24.06.2010, 1; *Kneip*, Der Spiegel 34/2009 (17.08.2009); *Bigalke*, Süddeutsche Zeitung 12.05.2010.

juristischer Sicht zahlreiche Fragen aufwerfen. Obwohl juristische Fachliteratur zu diesem Thema extrem rar ist, lohnt sich eine genaue Betrachtung dieses medizinischen, ethischen, philosophischen und nicht zuletzt auch juristischen Grenzbereichs. Zwei Hauptquellen befassen sich mit den juristischen Fragen zu elektiven Wunschamputationen aufgrund von Body Integrity Identity Disorder. Zum einen ein Aufsatz der Rechtsanwältin *Kathrin Nitschmann* aus Saarbrücken, die sich bereits im Jahr 2007 unter dem Titel „Chirurgie für die Seele?" mit der juristischen Lösung von elektiven Wunschamputationen aufgrund von Body Integrity Identity Disorder befasst.[2] Zum anderen existiert eine Masterarbeit des Rechtsanwalts *Andreas Manok* aus Ravensburg aus dem Jahr 2012. Unter dem Titel „Body Integrity Identity Disorder" befasst er sich erstmalig eingehend mit Aspekten der Zulässigkeit von Amputationen gesunder Gliedmaßen aus rechtlicher Sicht.[3] Darüber hinaus befassen sich die Arbeiten von *Helena Wendland*[4] und *Anja Schneider*[5] aus dem Jahr 2016 mit der Problematik von Wunschamputationen aufgrund von Body Integrity Identity Disorder.

Body Integrity Identity Disorder ist ein Beispiel für die Grundsatzproblematik des Ausgleichs von physischer und psychischer Gesundheit im deutschen Medizinstrafrecht. Zusätzlich bewegt sich die Debatte im Spannungsfeld von staatlichem Paternalismus und individueller Autonomie und wirft die Frage auf, ob und wie weit der Staat in Rechte einzelner zum Schutz vor sich selbst eingreifen darf.

Im Folgenden befasst sich diese Arbeit zunächst mit den medizinischen Hintergründen des Phänomens BIID (§ 2 Medizinisches). Auf den Grundlagen der daraus gewonnen Erkenntnisse widmet sie sich dann eingehend der juristischen Bewertung von elektiven Wunschamputationen aufgrund von BIID (§ 3 Körperverletzungstatbestand). Besonderes Augenmerk liegt neben einer genaueren Betrachtung des Körperverletzungstatbestands auf der Möglichkeit der Einwilligung in einen derartigen Eingriff ohne somatischen Befund (§ 4 Rechtfertigende Einwilligung). Im Rahmen der Einwilligung wird der möglichen Beschränkung der Einwilligung aufgrund der guten Sitten im Sinne von § 228 StGB besonders Rechnung getragen (§ 5 Schranken der Einwilligung). Innerhalb der Begutachtung der infrage stehenden Sittenwidrigkeit von elektiven Wunschamputationen aufgrund von BIID erfolgt eine Betrachtung von medizinischen Vergleichsfällen. Weiterhin werden die vorgetragenen Pro- und

---

2 *Nitschmann*, ZStW 119 (2007), 547 ff.

3 *Manok*, Body Integrity Identity Disorder 2012.

4 *Wendland*, Die strafrechtliche Zulässigkeit wunscherfüllender Operationen 2016.

5 *Schneider*, Body Integrity Identity Disorder 2016.

Kontraargumente diverser Disziplinen bezüglich der Zulässigkeit von Amputationen ohne somatischen Befund unter dem Aspekt der Verwertbarkeit für die juristische Bewertung erörtert.

Die aus der deutschen Rechtsordnung gewonnenen Erkenntnisse werden abschließend mit der Problematik anderer Rechtsordnungen bei der Bewertung von Wunschamputationen abgeglichen (§ 6 Blick ins anglo-amerikanische Recht).

§ 2 Medizinisches

I. Phänomen BIID

1. Problemaufriss

Bei **Body Integrity Identity Disorder** (BIID) handelt es sich um ein seltenes Phänomen, bei dem sich die betroffenen Personen eine Amputation einer körperlich gesunden Gliedmaße wünschen.[6] Am häufigsten bezieht sich das Verlangen nach einer Amputation auf das linke Bein. In selteneren Fällen sind beide Beine oder ein Arm Gegenstand des Amputationsverlangens.[7] Der Amputationswunsch besteht aufgrund einer Inkongruenz von tatsächlichem und empfundenem Körperbild.[8] Die Anwesenheit eines vermeintlich fremden Gliedmaßes führt dazu, dass sich BIID-Betroffene „überkomplett" fühlen.[9] Die Betroffenen berichten von dem paradoxen psychophysischen Schmerz, sich *ohne* die angestrebte Versehrung nicht körperlich intakt zu fühlen.[10] Die körperliche Ganzheit wird als Unvollständigkeit empfunden, die erlebte Identität als fremd.[11] Das belastende Verlangen nach einer Amputation wäre somit als Maßnahme zur Herstellung des empfundenen Ichs, die dadurch hervorgerufene Behinderung als Mittel zur Identitätsverwirklichung zu bewerten.[12]

Das Leiden von BIID-Betroffenen ist häufig zeitlich bereits auf deren Kindheit zurück zu führen.[13] Seit dieser Zeit haben viele Betroffene das Gefühl, dass ihr

---

6 An Stelle vieler: *Ryan*, Neuroethics 2 (2009), 21; vgl. *Müller*, The American Journal of Bioethics-Neuroscience 9 (2009), 36; vgl. *Kröger*, Therapieerfahrung und Therapieerfolg BIID 2013, S. 10.

7 *Kröger*, Therapieerfahrung und Therapieerfolg BIID 2013, S. 7; *Noll*, BIID – Kann eine Amputation langfristig helfen? 2011, S. 11 m.w.N.; *Lensing*, Der Wunsch nach körperlicher Unvollständigkeit 2013, S. 4.

8 *Ryan*, Neuroethics 2 (2009), 21; *Stirn/Thiel/Oddo*, S. 2.

9 *Müller*, The American Journal of Bioethics-Neuroscience 9 (2009), 36, 37; vgl. *Schneider*, Body Integrity Identity Disorder 2016, S. 22.

10 *Pollmann*, in: Walt, Sibylle van der/Menke (Hrsg.), Die Unversehrtheit des Körpers, 2007, S. 214.

11 *Bridy*, Journal of Law, Medicine & Ethics 32 (2004), 148 m.w.N.

12 *Menke*, SPIEGEL ONLINE 22.09.2008, 1; *Stirn/Thiel/Oddo*, S. 3; *Blom et al.*, PloS ONE 7(4), S. 2.

13 *Stirn/Thiel/Oddo*, S. 3, 7 mit ausführlicher Beschreibung der so genannten Erstmanifestation aufgrund eines Schlüsselerlebnisses meist in der präpubertären Kindheit; für ein exemplarisches Beispiel der Erstmanifestation siehe an Stelle vieler: *Blom et al.*, Tijdschrift voor Psychiatrie (56) 2014, S. 54; *Kasten*, Fortschr Neurol Psychiat (77)

empfundenes Körperbild nicht mit dem tatsächlichen kongruent ist.[14] Am besten beschrieben wird diese Wahrnehmung aus Sicht der Betroffenen mit dem Gefühl, sich selbst wie ein Amputierter mit natürlichen Prothesen wahrzunehmen.[15] Obwohl es sich bei diesem Phänomen um eine medizinische Randerscheinung handelt, stellen Amputationswünsche aufgrund von Body Integrity Identity Disorder dennoch keine absoluten Einzelfälle dar. Zum jetzigen Zeitpunkt geht ein Teil der Wissenschaft von mehreren Tausend Menschen auf der Welt aus.[16] Andere gehen davon aus, dass sogar 1–3 % der Weltbevölkerung betroffen sein könnten.[17] Berichte in den Medien sind keine Seltenheit. So berichtete *Der Spiegel* beispielsweise von David, einem jungen Mann, der ebenfalls unter der Präsenz einer Gliedmaße litt und sich nach einer operativen Amputation sehnte. Die Wahrnehmung der Gliedmaße, die der Betroffene zu amputieren wünschte, schilderte er mit den anschaulichen Worten, das Bein fühle sich an „wie ein Alien"[18].

Die Diskrepanz zwischen dem Ist- und dem Soll-Körper, also zwischen dem empfundenen und dem erwünschten Körperbild, führt zu einem enormen Leidensdruck, dem die Betroffenen ununterbrochen ausgesetzt sind.[19] So gehen dem Leidensdruck zahlreiche verzweifelte Bemühungen von BIID-Patienten, sich mit dem angeborenen Körper abzufinden und psychologisch damit zu identifizieren, voraus.[20] Die Seltenheit des Phänomens darf nicht zu der Annahme verleiten, dass der von BIID ausgehende Leidensdruck keine verheerenden Auswirkungen auf die Betroffenen haben kann.[21] So zeigt sich die Vielgestaltigkeit des Leidensdrucks

---

2009, S. 18 mit vielen Beispielen; *Stephan*, Süddeutsche Zeitung Magazin 2014, S. 50; zu den Auswirkungen spezieller Erfahrungen im Kindesalter auf die Entwicklung von BIID vgl. die Studie mit 26 Probanden von *Obernolte/Schnell/Kasten*, American Journal of Applied Psychology 2015; 4 (1), S. 1 ff; vgl. *Obernolte*, Ursachenforschung BIID 2013, S. 10 ff.; vgl. *Schneider*, Body Integrity Identity Disorder 2016, S. 35 m.w.N.

14 *Müller*, Gehirn & Geist 7–8 (2007), 66, 69.

15 *First*, Psychological Medicine 35 (2005), 919, 923.

16 *Müller*, in: Groß/Müller/Steinmetzer (Hrsg.), Normal – anders – krank?, 2008, S. 229; zur vermutlich hohen Dunkelziffer vgl. *Lensing*, Der Wunsch nach körperlicher Unvollständigkeit 2013, S. 13.

17 *Furth/Smith*, Amputee Identity Disorder, 2000, S. 7; *Stirn/Thiel/Oddo*, S. 16, die jedoch darauf hinweisen, dass es „keine größeren, epidemologischen Studien über die exakte Anzahl der Betroffenen" gibt.

18 *Kneip*, Der Spiegel 34/2009 (17.08.2009).

19 An Stelle vieler: *Stirn/Thiel/Oddo*, S. 2.

20 Vgl. *Bridy*, Journal of Law, Medicine & Ethics 32 (2004), 148.

21 *Bridy*, Journal of Law, Medicine & Ethics 32 (2004), 148; *First/Fisher*, Psychopathology 2012(45), S. 13.

für die Betroffenen aufgrund eines nicht erfüllten Amputationswunsches in den unterschiedlichsten Leidensformen.

Nicht nur die ständig erlebte Divergenz zwischen empfundenem und erlebtem Körperbild, sondern auch die Angst vor den Reaktionen der Gesellschaft und des sozialen Umfelds bei Offenlegung des Grundleidens und einem damit verbundenen Amputationswunsch tragen erheblich zum täglich erlebten Leidensdruck von BIID-Patienten bei. BIID-Betroffene sind bis zum heutigen Tag Opfer sozialer Stigmatisierung.[22] Aus diesem Grund sprechen BIID-Patienten in der Regel nicht über ihr Leiden und genieren sich für ihr Anderssein. Sie wissen, dass ihr verzweifelter Wunsch nach einer Amputation bei der überwiegenden Mehrheit der Bevölkerung auf Ablehnung und Unverständnis stößt.[23]

Besonders die Drastik des erwünschten Eingriffs, die damit zu erwartenden Einschränkungen und die Freiwilligkeit des Amputationswunsches führen bei Nichtbetroffenen zur Skandalisierung und Verständnislosigkeit.[24] In diesem Sinne ist in der Literatur von einer ablehnenden Grundhaltung sowohl von Ethikern als auch von weiten Teilen der Bevölkerung die Rede. Begründet wird diese Haltung damit, dass ein Mensch mit einem derartigen Wunsch bereits per se „geisteskrank" sein müsse und seine Bedürfnisse folglich nicht ernst zu nehmen seien.[25] Das so genannte „Abnorme" wird im Falle von Wunschamputationen folglich mit Hohn bestraft und nicht ernst genommen. Die große Mehrheit der Gesellschaft empfindet den Verlust einer Gliedmaße und die damit einhergehenden Einschränkungen als einen Schicksalsschlag, der das gewohnte Leben gänzlich verändern würde. Die Anwendung der Problematik auf die eigene Lebenssituation und die, für Nichtbetroffene, fehlende Nachvollziehbarkeit verleitet viele zu der Annahme, die Leidenden seien verrückt.[26]

So wird in der fachwissenschaftlichen Literatur vertreten, dass allein die Ausgefallenheit des Wunsches – das Verlangen nach einer Amputation – den Betreffenden

---

22 *Möller/Oddo/Stirn*, Persönlichkeitsstörungen 17 (2013), 99, 101; *Dua*, Journal of Medical Ethics 36 (2010), 75; vgl. *Stirn/Thiel/Oddo*, S. 3; *First/Fisher*, Psychopathology 2012(45), S. 11; *Baril*, Disability & Society, 2015 Vol. 30, No. 5, S. 690.

23 Vgl. *Ryan*, Neuroethics 2 (2009), 21, 24; vgl. *Braam et al.*; Psychopathology 2006 (39), S. 37; vgl. *First*, Psychological Medicine 35 (2005), S. 922 f.; vgl. *Noll*, BIID – Kann eine Amputation langfristig helfen? 2011, S. 7; vgl. *Lensing*, Der Wunsch nach körperlicher Unvollständigkeit 2013, S. 5.

24 *Bridy*, Journal of Law, Medicine & Ethics 32 (2004), 148, 151.

25 Vgl. *Ryan*, Neuroethics 2 (2009), 21, 23.

26 Vgl. *Ryan*, Neuroethics 2 (2009), 21, 30; vgl. *Lensing*, Der Wunsch nach körperlicher Unvollständigkeit 2013, S. 5.

noch nicht objektiv verrückt mache.[27] Einer Amputation müsse nicht zwingend ein daraus resultierender Nachteil beigemessen werden. Der Wunsch nach einer Gliedmaßenamputation könne für den Betroffenen die einzige Möglichkeit sein, sein Leiden zu beheben, und deswegen eine durchaus rationale Entscheidung darstellen.[28] Der Amputationswunsch als ultima ratio könnte folglich – auch wenn er nicht für jedermann nachvollziehbar ist – als rational abgewogen bewertet werden. Teilweise wird sogar davon ausgegangen, dass es sich bei einem Amputationswunsch im Rahmen von BIID um ein „Intellektuellenphänomen“[29] handelt, da es den Betroffenen fortwährende Selbstreflexion und die Auseinandersetzung mit der Selbstdefinition des *Ichs* abverlange.[30] Auch die Betroffenen selbst wissen jedoch von der Außergewöhnlichkeit ihres Ansinnens und dessen Wirkung auf andere.[31] Das Unverständnis des sozialen Umfelds und der generell erlebte Leidensdruck führen zu einem Effekt mit selbstverstärkender Wirkung. Der Leidensdruck und die Angst vor Reaktionen auf die persönliche Situation und auf den Amputationswunsch führen zur sozialen Isolation und einem Doppelleben, die wiederum zum erhöhten Leidensdruck beitragen.[32]

Da eine Auseinandersetzung mit Nichtbetroffenen in der Realität oftmals schwierig ist, „flüchten“ die Betroffenen ins Internet zum Austausch mit Gleichgesinnten auf der ganzen Welt. Internetgemeinschaften bieten den Betroffenen nicht nur ein Forum, sondern auch einen Weg aus der sozialen Isolation, da sie dort oftmals zum ersten Mal die Erfahrung machen, mit ihrem Wunsch nach einer elektiven Amputation nicht alleine auf der Welt zu sein.[33] Vermehrte Veröffentlichungen von BIID-Fällen in den letzten Jahren sind folglich ebenfalls auf den regen Informationsaustausch über das Internet zurückzuführen.[34]

---

27 *Ryan*, Neuroethics 2 (2009), 21, 24.

28 *Kovacs*, The American Journal of Bioethics-Neuroscience 9 (2009), 44 ff.

29 *Kissler*, Süddeutsche Zeitung 11.05.2010, Mein Bein gehört mir, S. 2.

30 *Stirn/Thiel/Oddo*, S. 11, die von einem nachgewiesenen „überdurchschnittlichen Bildungsniveau“ berichten, mit Verweis auf *First*, Psychological Medicine 35 (2005), S. 921; vgl. *Kasten*, Fortschr Neurol Psychiat (77) 2009, S. 16 ff.; *Noll*, BIID – Kann eine Amputation langfristig helfen? 2011, S. 10; *Stephan*, Süddeutsche Zeitung Magazin 2014, S. 50.

31 *Kovacs*, The American Journal of Bioethics-Neuroscience 9 (2009), 44; *First*, Psychological Medicine 35 (2005), S. 922; *Stephan*, Süddeutsche Zeitung Magazin 2014, S. 50.

32 *Bigalke*, Süddeutsche Zeitung 12.05.2010, 1; *Elliot*, in: Kuhse/Singer (Hrsg.), Bioethics, 2006, S. 625, 629; *Dua*, Journal of Medical Ethics 36 (2010), 75; *Stirn/Thiel/Oddo*, S. 3.

33 *Müller*, in: Groß/Müller/Steinmetzer (Hrsg.), Normal – anders – krank?, 2008, S. 229, 231; *First*, Psychological Medicine 35 (2005), S. 919 ff.; *Stirn/Thiel/Oddo*, S. 3, 16; vgl. *Johnston/Elliot*, Clin Med 2002; 2, S. 431 a.E. f.

34 *Blom et al.*, Tijdschrift voor Psychiatrie (56) 2014, S. 54; *Möller/Oddo/Stirn*, Persönlichkeitsstörungen 17 (2013), 99, 102; *Ryan*, Neuroethics 2 (2009), 21, 31; *Stirn/Thiel/*

So war in einem Artikel der *Süddeutschen Zeitung*[35] im Mai 2010 zu lesen:

> „Sie basteln sich Guillotinen, greifen zum Gewehr, zur Säge, legen sich auf Bahngleise, hüllen ihr Bein in Trockeneis, provozieren Verkehrsunfälle, schauen dem Blut freudig hinterher. Sie fliegen nach Mexiko oder auf die Philippinen, bezahlen 10 000 Dollar, hoffen, dass der Chirurg sein Handwerk versteht. Sie nennen sich ‚Rollstuhl_jetzt' oder ‚Rollstuhl05' und tauschen ihre Tipps und Tricks, ihr Leid und ihre Euphorie im Internet aus. Und alles, damit ein neues Leben beginne, ein Leben ohne diesen verhassten Arm, dieses Bein, das nicht zu ihnen gehört."

Die oftmals erfahrene Ablehnung gegenüber den eigenen Bedürfnissen, die gesellschaftliche Stigmatisierung und die mangelnde Aussicht auf Linderung des Leidens intensivieren den Leidensdruck der Betroffenen noch mehr. Kein Tag vergeht, an dem die Betroffenen nicht an eine Amputation denken, wobei der Leidensdruck in seiner Intensität stetig ansteigt.[36] Diejenigen, denen eine Amputation verwehrt bleibt, sehen oftmals keinen Ausweg mehr aus ihrer Situation, sodass sie die Amputation entweder selbst an sich vornehmen oder Suizid begehen.[37] Diese Erkenntnis ist deckungsgleich mit den Beschreibungen eines Betroffenen, der seinen Leidensdruck als ein tiefes Gefühl von Verlust und Einsamkeit beschreibt, das ihn am Leben zweifeln lässt, und er einfach aufhören möchte.[38]

In einem Interview mit einem Psychiater bestätigt eine weitere Betroffene diese Empfindung. Das Gefühl, das sie umgebe, beschreibt sie als ein erdrückendes Gefühl von Verzweiflung. Obwohl sie nicht sterben wolle, möchte sie nicht in einem Körper weiterleben, der sich nicht wie ihr eigener anfühlt.[39] Auf die Frage, ob sie bereits versucht habe, durch selbstverletzende Maßnahmen eine Amputation durchzuführen oder medizinisch unerlässlich zu machen, antwortete sie, derartige Pläne zu haben, die sie jedoch noch nicht in die Tat umgesetzt habe. Die Frage nach konkreteren Erläuterungen des Selbstamputationsvorhabens beant-

---

Oddo, S. 3; vgl. *Elliot*, in: Kuhse/Singer (Hrsg.), Bioethics, 2006, S. 625; *Berger et al.*, Comprehensive Psychiatry 46 (2005), S. 380 f.; *Berger et al.*, Comprehensive Psychiatry 46 (2005), S. 380, 383 a.E., die sich explizit mit dem Einflussfaktor Internet befassen; siehe auch: http://www.biid-dach.org (zuletzt abgerufen am 12.10.2017).

35 *Kissler*, Süddeutsche Zeitung 11.05.2010, Mein Bein gehört mir, S. 1.

36 *Stirn/Thiel/Oddo*, S. 11 f.

37 An Stelle vieler: *Kovacs*, The American Journal of Bioethics-Neuroscience 9 (2009), 44; *Müller*, The American Journal of Bioethics-Neuroscience 9 (2009), 36; *Franck*, GesR 2009, S. 297 m.w.N.; vgl. *Bridy*, Journal of Law, Medicine & Ethics 32 (2004), 148.

38 *British Broadcasting Company*, Complete Obsession (17.02.2000).

39 *British Broadcasting Company*, Complete Obsession (17.02.2000)[„There is just an overwhelming sense of despair sometimes. I don't want to die, but there are times that I don't want to keep living in a body that doesn't feel like mine."].

wortete sie mit der Aussage, sie habe viele und praktische Pläne, unter anderem Bahnschienen.[40]

In der Literatur zu BIID finden sich Belege für die zahlreichen Möglichkeiten zur Selbstvornahme und den schockierenden Erfindungsreichtum der Betroffenen, die sich eine Amputation finanziell nicht leisten können oder die keinen Chirurgen davon überzeugen konnten, den Eingriff durchzuführen. Berichtet wird unter anderem von tatsächlich durchgeführten Schüssen ins Bein, Absägen von Gliedmaßen wie Hand oder Fuß, das Entfernen der Gliedmaße mit Hilfe eines Zuges durch Platzierung auf der Eisenbahnschiene und nicht zuletzt das Abfrieren von Gliedmaßen mittels Trockeneis.[41] Die Verzweiflung bringt die BIIDler dazu, die im Internet ausgetauschten Optionen in die Tat umzusetzen oder Zustände herbeizuführen, die eine Amputation aus medizinischen Gesichtspunkten unerlässlich machen.[42] Dennoch geht es den Betroffenen nicht um das Zufügen von Schmerzen. Wären sie vor die Wahl gestellt, würden sie eine professionelle chirurgische Amputation unter sterilen OP-Bedingungen einer eigenhändigen Selbstvornahme vorziehen.[43]

BIIDler empfinden ihre Situation als alternativlos. Einer Stimme der Literatur zu Folge erlauben sie sich selbst nicht den Luxus *keiner* Amputation als Alternative. Die einzigen Auswahlmöglichkeiten seien eine medizinisch professionell durchgeführte Operation oder ansonsten eine Selbstamputation oder „Hinterhof-Amputation". Beide letztgenannten Möglichkeiten stellen jedoch ein ernstzunehmendes Risiko für BIIDler dar.[44] Im Rahmen der BBC Dokumentation berichtet

---

40 *British Broadcasting Company*, Complete Obsession (17.02.2000).

41 *Müller*, The American Journal of Bioethics-Neuroscience 9 (2009), 36; *dies.*, in: Groß/Müller/Steinmetzer (Hrsg.), Normal – anders – krank?, 2008, S. 229; *Bayne/Levy*, Journal of Applied Philosophy 22 (2005), S. 79; *Bensler/Paauw*, Southern Medical Journal 2003, S. 675; *Berger et al.*, Comprehensive Psychiatry 46 (2005), S. 382; *Stirn/Thiel/Oddo*, S. 3; *Bigalke*, Süddeutsche Zeitung 12.05.2010, 1; *Kissler*, Süddeutsche Zeitung 11.05.2010, Mein Bein gehört mir, S. 1; Elliot, in: Kuhse/Singer (Hrsg.), Bioethics, 2006, S. 625 m.w.N.; vgl. *Kasten*, Ergopraxis 3, 2011, S. 25.

42 *British Broadcasting Company*, Complete Obsession (17.02.2000) [„We do have a number of individuals who have deliberately injured themselves with train tracks, shot guns and have achieved amputation this way."]; *Lensing*, Der Wunsch nach körperlicher Unvollständigkeit 2013, S. 13; vgl. ebenfalls *Kissler*, Süddeutsche Zeitung 11.05.2010, Mein Bein gehört mir, S. 1.

43 *Bigalke*, Süddeutsche Zeitung 12.05.2010, 1; vgl. *Langer*, SPIEGEL ONLINE 24.06.2010, 1 ff.; *Stirn/Thiel/Oddo*, S. 14.

44 *Dua*, Journal of Medical Ethics 36 (2010), 75, 76–77.

ein Psychiater von einer Mehrzahl von Personen, die beim Versuch einer Selbstamputation sogar ums Leben kamen.[45]

Als weiteren Grund für die gesellschaftliche Ablehnung von elektiven Wunschamputationen führt die wissenschaftliche Literatur die Angst der Nichtbetroffenen an, BIID sei in Wahrheit eine Lüge, gar nicht existent und somit keine gültige Störung, die einen derartigen Eingriff rechtfertige.[46] Bis zum heutigen Tage wurde das Phänomen Wunschamputation zum Zwecke der psychischen Heilung nicht in das Diagnostische und Statistische Manual psychischer Störungen (DSM-V) aufgenommen. Die Betroffenen setzen sich für die Aufnahme des Krankheitsbilds in das DSM-Manual ein und hoffen, dass dadurch eine weltweit ergebnisoffene Beratung ermöglicht wird.[47]

Die vorliegende Arbeit behandelt ebenfalls Aspekte der Frage, ob BIID eine „echte" Krankheit mit medizinischer Indikation ist, soweit dies für die juristische Bewertung von Relevanz ist. In diesem Zusammenhang sind ebenfalls die verschiedenen Sichtweisen auf die Begriffe *Gesundheit* und *Krankheit* und die Frage der Gewichtung von physischem und psychischem Leiden zu berücksichtigen. Darüber hinaus stellt sich die Frage, ob eine derartige Beurteilung aus objektiver Sicht oder subjektiv und individuell aus Sicht der Betroffenen erfolgen muss, und zu wessen Gunsten eine Behandlungsentscheidung getroffen wird, wenn psychische Heilung nur auf Kosten der Physis – und umgekehrt – erzielt werden kann.

Besonders am Beispiel von elektiven Wunschamputationen aufgrund von BIID verdeutlicht sich der generelle Konflikt in medizinischen Grenzfällen. Hierbei entfacht sich die Diskussion am Ausgleich zwischen der Selbstbestimmung des Patienten auf der einen und der medizinischen Indikation auf der anderen Seite.[48]

In diesem Spannungsfeld ist unter anderem ein großer Teil der Problematik von Amputationen aufgrund von BIID zu sehen. Nach objektiven medizinischen Maßstäben ist die vom Betroffenen ausgewählte – zu amputierende – Gliedmaße nicht in ihrer Funktion beeinträchtigt, sodass eine Amputation nicht auf einen körperlichen Befund zurück zu führen ist. Der Behandlungsgrund könnte viel-

45 *British Broadcasting Company*, Complete Obsession (17.02.2000).

46 *Kovacs*, The American Journal of Bioethics-Neuroscience 9 (2009), 44, 45.

47 *Kissler*, Süddeutsche Zeitung 11.05.2010, Mein Bein gehört mir, S. 1; vgl. ebenfalls *Langer*, SPIEGEL ONLINE 24.06.2010, 1 ff.; *Bigalke*, Süddeutsche Zeitung 12.05.2010, 2; eine Aufnahme des Phänomens in das DSM-V Manual ist jedoch nicht erfolgt, siehe an Stelle vieler: *Sedda/Bottini*, Neuropsychiatric Disease and Treatment 2014: 10, S. 1259; *Obernolte*, Ursachenforschung BIID 2013, S. 3.

48 *Damm*, MedR 2002, 375, 379; vgl. *Welsh*, in: Frewer/Bielefeldt (Hrsg.), Menschenrecht auf Gesundheit, 2016, S. 233.

mehr im psychischen Leiden der Betroffenen zu sehen sein, das vom bloßen Vorhandensein der Gliedmaße selbst hervorgerufen wird. Auf diese Weise entsteht ein Konflikt zwischen Selbstbestimmung des Patienten im Sinne der Patientenautonomie auf der einen Seite und dem ärztlichen Heilauftrag und den Begriffen *Gesundheit* und *Indikation* auf der anderen Seite.[49] Die wissenschaftliche Aufarbeitung des unklaren Verhältnisses zwischen Körper und Selbstbestimmung innerhalb eines Individuums und die Frage nach eventuell bestehender Grenzen der Verfügungsgewalt über den eigenen Körper sind der Wissenschaft nicht fremd.[50] Der Ausgleich und das Spannungsverhältnis von Physis und Psyche ist seit je her Gegenstand wissenschaftlicher Diskussion. So gibt es bereits in der griechischen Philosophie Ansätze, die der psychischen Gesundheit gegenüber der physischen einen Vorrang einräumen. In diesem Sinne verdeutlicht die Philosophin *Annemarie Pieper* – unter Einbeziehung von Phaidon – die Auswirkungen der Anerkennung der psychischen Gesundheit. Diese kann losgelöst von der Physis als eigenständiges und sogar höherrangiges Gut betrachtet werden.

> „Wo die Gesundheit des Geistes und damit die Tugend der Seele das vorrangige Ziel ist, wird die Gesundheit des Leibes hintangestellt. Der Leib wird nicht um seiner selbst willen in seinen Funktionen unterstützt und von Krankheiten zu heilen versucht, sondern um zu verhindern, dass er bei den geistigen Tätigkeiten als Störfaktor in Erscheinung tritt. Der Körper hat somit an sich selbst betrachtet kein Recht auf Gesundheit."[51]

Bei der Frage nach der juristischen Bewertung von elektiven Wunschamputationen zeichnen sich zwei Paradigmenströme ab. Auf der einen Seite vertreten Ansichten einen metaphysisch-rationalistischen Blickwinkel auf derartige Grenzfälle. Dieses Paradigma räumt dem Geist den Vorrang vor dem Körper ein und betrachtet das Wohlbefinden einer Person als von der Verstandsseite definiert. Gegenüber dem Körper sei der Verstand immer vorrangig, sodass dem Körper als solchem keine eigenen Rechte zuerkannt werden.[52] Vertreter dieser Ansicht bewerten den Körper als ein veränderliches Objekt und somit lediglich als bloße

---

49 *Damm*, MedR 2002, 375, 379, Diese Diskussion entfacht sich bei *Damm* am Beispiel der Humangenetik, ist aber auch auf die Problematik von BIID übertragbar.

50 *Schicktanz*, in: Ehm/Schicktanz (Hrsg.), Körper als Maß?, 2006, S. 225, 226. Die Beispiele von Schicktanz beziehen sich auf Fragen der Gesellschaft der 70er Jahre, sind aber auch heute noch durchaus von gesteigerter Relevanz, insbesondere bei der Thematik neuer medizinischer Phänomene.

51 *Pieper*, in: Orsi (Hrsg.), Medizin, Recht, Ethik, 1998, S. 7, 7–8 unter Bezugnahme auf *Phaidon*, in: Gunther Eigler (Hrsg.) Platon Werke, 61 e – 62 c.

52 *Pieper*, in: Orsi (Hrsg.), Medizin, Recht, Ethik, 1998, S. 7, 9.

Projektionsfläche.[53] Gemäß dieses Blickwinkels ist der menschliche Körper als solcher vielmehr der Sinnstifter zur Verwirklichung eines höher bewerteten geistigen Zwecks.[54]

Demgegenüber betrachten andere wissenschaftliche Strömungen die Wechselwirkung von Körper und Geist gänzlich anders und sprechen dem bloßen Körper einen eigenen Wert zu. Diese Ansichtsweise positioniert sich folglich gegen Modifikationen des Körpers zum Zwecke der Herstellung seelischer Gesundheit.[55] In diesem Sinne beispielsweise der Philologe und Philosoph *Friedrich Nietzsche*, der vom Körper als einer „großen Vernunft" im Sinne einer „großen Gesundheit" spricht. Der Körper dürfe weder erniedrigt noch verkümmert werden. *Nietzsche* betrachtet die „große Gesundheit" als ein Zusammenspiel von Geist und Körper, die in einem fortwährendem Kampf „Krieg und Frieden" miteinander stehen, bei dem es jedoch keinen Gewinner geben kann, sondern eine Balance das Ziel ist.[56]

Auch der Philosoph *Immanuel Kant* befasst sich mit der Frage eines Eigenwerts des Körpers und der Bewertung körperlicher Modifikationen. In diesem Sinne führt er aus:

> „Sich eines integrierenden Teils als Organs berauben (verstümmeln), z. B. einen Zahn zu verschenken, oder zu verkaufen, um ihn in die Kinnlade eines andern zu pflanzen, oder die Kastration mit sich vornehmen zu lassen, um als Sänger bequemer leben zu können, u. dgl. Gehört zum partialen Selbstmorde"[57].

Kant bewertet folglich freiwillig erfolgende Körpermodifikationen, die einem nicht rein körperlich zu betrachtenden Zweck dienen, als missbilligenswert.

So zeigt sich, dass die Frage der Gewichtung von Physis und Psyche gerade im Lichte von unerforschten medizinischen Grenzfällen wie elektiven Wunschamputationen mit dem verfolgten Ziel einer „Wunschbehinderung" zum Zweck der seelischen Genesung nicht an Aktualität verloren hat. Zudem wird offenbar, dass das vorliegend behandelte Phänomen nicht nur rechtliche, sondern auch

---

53 *Schicktanz*, in: Ehm/Schicktanz (Hrsg.), Körper als Maß?, 2006, S. 225, 229.

54 *Schicktanz*, in: Ehm/Schicktanz (Hrsg.), Körper als Maß?, 2006, S. 225, 228 m.w.N.

55 Vgl. *Pieper*, in: Orsi (Hrsg.), Medizin, Recht, Ethik, 1998, S. 7, 9.

56 *Nietzsche*, Also sprach Zarathustra, Teil 1, „Von den Verächtern der Leibes", S. 156 ff.; vgl. *Gerhardt*, Die „große Vernunft des Leibes", S. 123 ff.; vgl. *Pieper*, in: Orsi (Hrsg.), Medizin, Recht, Ethik, 1998, S. 7, 9, die darauf hinweist, dass es nach dieser Sichtweise weder „eine Gesundheit des Körpers auf Kosten des Geistes noch umgekehrt eine Gesundheit des Geistes auf Kosten des Körpers" gibt; vgl. *Peter*, Die Krankheiten des Herrn von Goethe; vgl. *Runkel*, Enhancement und Identität 2010, S. 127 f.

57 *Kant*, Metaphysik der Sitten, in Weischedel (Hrsg.) Immanuel Kant – Werke in sechs Bänden, Bd. IV, 1956, S. 307 ff. (S. 555).

ethische unbeantwortete Grundsatzfragen aufwirft.[58] Die Lösung dieser Fragen kann folglich nicht allein einem wissenschaftlichen Fach zugeschrieben werden, sondern ist eine interdisziplinäre Herausforderung, bei der neben rechtlichen Bewertungsprozessen unter anderem auch medizinethische Aspekte zum Tragen kommen.[59] Der Medizinethik könnte in solchen Fällen eine besondere Funktion zukommen. Sie dient unter anderem dazu, bereits existierende rechtliche Grundlagen, aber auch Rechtslücken oder rechtlich ungeregelte Fälle unter dem Aspekt der Moral zu betrachten und zu bewerten und durch Abwägung des Für und Wider zur Lösungsfindung bei medizinrechtlichen Entscheidungen beizutragen.[60]

Die Frage der Vertretbarkeit von Amputationen gesunder Gliedmaßen bei BIID-Betroffenen in Verbindung mit einer eventuellen Schutz- und Fürsorgepflicht des Arztes gegenüber seinen Patienten, entgegen deren Willen, eröffnet zudem die Problematik eines unter Umständen neu zu definierenden Arzt/Patientenverhältnisses. Das Spannungsfeld der vorliegenden Frage bewegt sich innerhalb der Grenzen eines ärztlichen Paternalismus im Sinne ärztlicher Bevormundung über das „wahre" Wohl des Patienten einerseits und der vollständigen Selbstbestimmung im Sinne einer beliebigen Patientenwunschmedizin ohne ärztlichen Vorbehalt andererseits.[61] So bedarf es zur Klärung der Frage der Zulässigkeit von elektiven Wunschamputationen mit Hinblick auf die Strafbarkeit des ausführenden Arztes ebenfalls der Untersuchung unter Umständen bestehender Schutzpflichten von Ärzten gegen über BIID-Betroffenen und der Betrachtung der Wechselwirkung mit dem grundrechtlich gewährten Selbstbestimmungskonzept.[62]

Bei der Frage nach der Zulässigkeit von Wunschamputationen sind jedoch nicht nur rechtliche, medizinethische und moralische Aspekte zu berücksichtigen. Vielmehr bedarf es stets der Betrachtung und Würdigung des Lebenssachverhalts der vom Amputationswunsch Betroffenen.

2. Begriffserklärung

Der Begriff Body Integrity Identity Disorder zur Beschreibung vom Verlangen nach einer elektiven Wunschamputation wurde erstmalig vom Psychiater *Michael*

58 Vgl. *Ryan*, Neuroethics 2 (2009), 21.

59 Vgl. *Bridy*, Journal of Law, Medicine & Ethics 32 (2004), 148, 152.

60 *Schöne-Seifert*, Grundlagen der Medizinethik, 2007, S. 38; vgl. *Gethmann-Siefert*, Jahrbuch für Recht und Ethik 15 (2007), S. 573 f.

61 *Matthis Synofzik*, in: Kettner (Hrsg.), Wunscherfüllende Medizin, 2009, S. 153, 174–175; vgl. *Wendland*, Die strafrechtliche Zulässigkeit wunscherfüllender Operationen 2016, S. 1.

62 Vgl. *Kissler*, Süddeutsche Zeitung 11.05.2010, Gewollt behindert, S. 2.

First im Jahr 2005 eingeführt.[63] Der Name ist angelehnt an das Krankheitsphänomen Geschlechtsidentitätsstörung (GIS) (englisch: Gender Identity Disorder – GID).[64] In der Wissenschaft wird jedoch betont, dass es sich bei einer Analogie von BIID zu GID zunächst nur um eine deskriptive Klassifikation handele, die nicht als Erklärung dienen könne. Der enge begriffliche Bezug zur Identitätskomponente lege eine kausale Erklärung nah, obwohl BIID – genau wie GID – weder auf psychologischer noch auf biologischer Ebene bewiesen werden könne.[65]

Obwohl BIID bis zum heutigen Tage nicht im DSM-Manual oder anderen wichtigen Klassifikationssystemen erfasst ist,[66] haben sich in der Wissenschaft bereits Kriterien zur Begutachtung des Phänomens herausgebildet.

A. Starkes persistierendes Verlangen, ein Körperglied zu amputieren
B. Die primäre Motivation für das Amputationsbegehren ist das Gefühl, dass der amputierte Körper die eigene wahre und passende Identität widerspiegelt
C. Die Störung verursacht klinisch relevanten Leidensdruck und Beeinträchtigungen in sozialen, beruflichen oder anderen wichtigen Funktionsbereichen
D. Die Störung ist nicht besser durch ein anderes medizinisches oder psychiatrisches Syndrom wie z. B. Somatoparaphrenie, eine psychotische Störung oder Körperdysmorphophobie (KD) erklärt[67]

Eine weitere Bezeichnung für das Phänomen, das heute unter BIID bekannt ist, ist Apotemnophilie. So zum Beispiel verwendet von der US-amerikanischen Juraprofessorin *Bridy*[68]. Der Begriff Apotemnophilie („die Lust zum Abschneiden"[69]) wurde geprägt von einer psychologischen Forschungsgruppe *Money et al.*[70] im Jahre 1977 und

63 *First*, Psychological Medicine 35 (2005), S. 926 a.E.; vgl. an Stelle vieler: *Stirn/Thiel/Oddo*, S. 6.

64 *Möller/Oddo/Stirn*, Persönlichkeitsstörungen 17 (2013), 99, 100; *Müller*, The American Journal of Bioethics-Neuroscience 9 (2009), 36, 37–38; In der 5. Version des DSM-Manuals wurde der Begriff Gender Identity Disorder (GID) durch den Begriff Gender Dysphoria ersetzt (*Schweizer/Strauß*, Z Sexualforsch 2013; 26; S. 143) Um Verwechslungen aufgrund älterer und neuerer Literatur zu vermeiden, verwendet diese Arbeit den Begriff GID.

65 *Müller*, The American Journal of Bioethics-Neuroscience 9 (2009), 36, 37–38; bzgl. der mangelnden Kenntnis über die Herkunft der Krankheiten vgl. *Braam et al.*; Psychopathology 2006 (39), S. 36.

66 An Stelle vieler: *Stirn/Thiel/Oddo*, S. 9.

67 Original in englischer Sprache in: *Ryan*, Neuroethics 2 (2009), 21, 22; deutsche Übersetzung in: *Stirn/Thiel/Oddo*, S. 10 a.E. f.

68 *Bridy*, Journal of Law, Medicine & Ethics 32 (2004), 148 ff.

69 *Bigalke*, Süddeutsche Zeitung 12.05.2010, 1; vgl. *Stirn/Thiel/Oddo*, S. 6.

70 *Money et al.*, Journal of Sex Research Vol. 13, Nr. 2 (1977), S. 115 ff.

ist heute hinfällig, da er das Phänomen BIID in die Kategorie Paraphilie einordnet.[71] Als Paraphilie bezeichnet man psychische Störungen, die von der gesellschaftlichen Norm abweichende sexuelle Verhaltensweisen zum Gegenstand haben und in bedeutsamer Weise einen klinisch relevanten Leidensdruck beim Betroffenen auslösen oder Dritte beeinträchtigen. Im Kontext von Paraphilien konzentriert sich die Sexualität der Betroffenen auf unbelebte Objekte oder nicht einverständnisfähige Personen.[72]

Der klinische Psychophysiologe und Körperbildstörungs-Spezialist *Richard Louis Bruno*[73] aus den USA veröffentlichte 1997 eine Klassifikationsliste zur Einordnung von Apotemnophilen. Er ordnete sie in drei Gruppen ein. Erstens in so genannte *wannabes (would-be amputees)*. Personen dieser Gruppe ersehnen nach *Bruno* eine Amputation aufgrund des Wunsches nach Behinderung. Sexuelle Beweggründe stehen hierbei nicht im Vordergrund. Personen der zweiten Klassifikationsgruppe nannte er *pretenders*. Hierunter fasste er Personen, die eine Körperbehinderung simulieren und die unter Zuhilfenahme von Krücken oder Rollstühlen vortäuschen, nicht körperlich gesund zu sein. Patienten der dritten und letzten Gruppe klassifizierte *Bruno* als so genannte *devotees*. Apotemnophile dieser Gruppe zeichnen sich durch die sexuelle Erregung durch und Anziehung zu Amputierten aus. Ein Erregungszustand könne auch durch den Gedanken, selbst amputiert zu sein, hervorgerufen werden.[74] Anzumerken ist, dass die ältere Literatur den Begriff Apotemnophilie als Oberbegriff für jede Krankheit oder Störung verwendet, die im weiteren Sinne eine Amputation zum Gegenstand hat.

Aufgrund der anfänglichen Verschiedenheiten bei der Bezeichnung des Phänomens sei gesagt, dass manche Verfasser in Fällen von Apotemnophilie sprechen, obwohl das dort beschriebene Krankheitsbild aus heutiger Sicht als BIID zu bezeichnen wäre. Die Begriffe Apotemnophilie und BIID werden also in Teilen der Literatur synonym verwendet. Nach dem heutigen Verständnis bezeichnen sie jedoch unterschiedliche Phänomene,[75] da Apotemnophilie als Paraphilie mehr als eine Art Amputationsfetisch bewertet wird.[76]

---

71 *Müller*, The American Journal of Bioethics-Neuroscience 9 (2009), 36, 41 [„Bridy uses the obsolete term apotemnophile (amputation lovers) of Money et al. (1977) which describes the amputation desire as a paraphilia."].

72 http://flexikon.doccheck.com/de/Paraphilie (zuletzt abgerufen am 12.10.2017).

73 *Bruno*, Sexuality and Disability (15) 1997, S. 243 ff.

74 *Bruno*, Sexuality and Disability (15) 1997, S. 243 ff.; vgl. *Müller*, The American Journal of Bioethics-Neuroscience 9 (2009), 36, 37.

75 Vgl. *Ryan*, Neuroethics 2 (2009), 21, der ebenfalls auf die vorherige Bezeichnung von BIID als Apotemnophilie hinweist; so auch *Bigalke*, Süddeutsche Zeitung 12.05.2010, 1.

76 *Müller*, in: Groß/Müller/Steinmetzer (Hrsg.), Normal – anders – krank?, 2008, S. 229, 232.

Das oben dargestellte Pretendingverhalten nach *Bruno* kommt jedoch auch bei BIID-Patienten vor. So berichteten die Medien über exemplarische Fälle als Beispiel für Pretendingverhalten. Pretender – aus dem Englischen to pretend (so tun als ob) – geben sich als Behinderte aus, indem sie sich in einen Rollstuhl setzen oder ihr Bein hochbinden und auf Krücken gehen.[77] Wichtig ist, dass sich die aufgeführten Klassifikationsgruppen von Apotemnophilie – angewendet auf das Phänomen BIID – nicht gegenseitig ausschließen. Das Pretendingverhalten steht somit nicht im Ausschlussverhältnis zur Eigenschaft eines *wannabe* im Sinne von entweder oder. Manche *wannabes* lassen sich ebenfalls als *pretender* im Sinne der Dreiteilung nach *Bruno* klassifizieren.

Dem Pretending kommt aus Sicht von BIID-Betroffenen eine Übungsfunktion in Form einer Vorstufe zu, die bereits die Umstände und Erfahrungen – sowohl körperlicher als auch seelischer Art – einer tatsächlich durchgeführten Amputation vortäuscht und einübt.[78] In der Fachliteratur ist von körperlich gesunden BIID-Patienten die Rede, die beispielsweise ihre Wochenenden im Rollstuhl verbringen.[79] Aussagen wie diese finden sich immer wieder im Zusammenhang mit BIID. In einem Beitrag der BBC über BIID finden sich ebenfalls Nachweise für dasselbe Phänomen. Dokumentiert wurde das Pretendingverhalten von *Corinne*, einer BIID-Patientin, die sich anfänglich wochenendweise einen Rollstuhl auslieh, um ein Gefühl dafür zu bekommen, wie sich ihr Leben im Alltag durch die eine Behinderung verändern würde.[80] Obwohl sie merkte, dass sie manche Gegenstände in ihrem Zuhause nicht mehr erreichen konnte und ihr Haus umstrukturieren musste, beschreibt sie ein überwältigendes Gefühl, als sie sich das erste Mal in den Rollstuhl setzte und es sich anfühlte, wie nach Hause zu kommen. Wochenenden folgten, an denen sie sich selbst befahl, das ganze Wochenende zu Hause zu bleiben und den Rollstuhl nicht zu verlassen.[81]

Diejenigen Pretender, die nicht nur im häuslichen Umfeld vorgeben behindert zu sein, suchen sich Orte aus, an denen sie anonym sind.[82] Sie fahren regelmäßig

---

77 *Menke*, SPIEGEL ONLINE 22.09.2008, 1; *Bigalke*, Süddeutsche Zeitung 12.05.2010, 1; *Langer*, SPIEGEL ONLINE 24.06.2010, 1 ff.; *Kneip*, Der Spiegel 34/2009 (17.08.2009); *Stephan*, Süddeutsche Zeitung Magazin 2014, S. 50.

78 Vgl. *Bayne/Levy*, Journal of Applied Philosophy 22 (2005), 75, 82; vgl. *Kissler*, Süddeutsche Zeitung 11.05.2010, Mein Bein gehört mir, S. 1; vgl. *Stirn/Thiel/Oddo*, S. 15; vgl. *Kasten*, Fortschr Neurol Psychiat (77) 2009, S. 18.

79 *Bayne/Levy*, Journal of Applied Philosophy 22 (2005), 75, 82.

80 *British Broadcasting Company*, Complete Obsession (17.02.2000).

81 *British Broadcasting Company*, Complete Obsession (17.02.2000).

82 *Stirn/Thiel/Oddo*, S. 15; vgl. *Langer*, SPIEGEL ONLINE 24.06.2010, 1 ff.

an fremde Orte, um mit abgebundenem Bein und auf Krücken durch die Stadt zu gehen oder ihren Urlaub im Rollstuhl zu verbringen und dabei glücklich zu sein.[83] Pretending ist zunächst kein zwingendes Kriterium für BIID. Für BIID-Betroffene, die den ersehnten Zustand durch Pretending simulieren, stellt das Verhalten zwar eine Erleichterung des Leidensdrucks, aber dennoch kein vollkommenes Surrogat für eine Amputation dar.[84] Am ehesten vergleichbar ist diese Erscheinungsform des Auslebens der individuellen Vorstellung des Ichs, durch Nachahmung der eigenen Idealvorstellung, mit dem so genannten cross-dressing von Menschen, die die Empfindung haben, dem anderen Geschlecht zuzugehören und diesen Wunsch durch Kleidung des anderen Geschlechts erkenntlich zu machen. Bei BIID kann der Wunsch nach einer Körperbehinderung durch deren Vortäuschung nach außen getragen werden.[85]

Eine weitere Bezeichnung für das Phänomen BIID ist die *Amputee Identity Disorder* (AID)[86], die mit BIID synonym verwendet werden kann und schon von der Bezeichnung her den Schwerpunkt der Störung nicht mehr in Zusammenhang mit einer Paraphilie bringt, sondern auf den Schwerpunkt der Identitätsstörung abstellt.[87]

Im Rahmen der Forschung um das Phänomen von Wunschamputationen hat sich ebenfalls ein weiterer Begriff für BIID gebildet. Xenomelia (foreign limb syndrome) aus dem Griechischen xenos = fremd und melos = Gliedmaß, der das Phänomen mehr in Richtung eines neurologischen Kontexts mit Akzentverschiebung hin zu einer Störung des zentralen Nervensystems verlagert.[88] Die Bezeichnung des Phänomens eines Verlangens nach einer Wunschamputation ohne körperlichen Befund als BIID oder Xenomelie unterscheidet sich folglich nur bezüglich des vermuteten Ursprungs des Phänomens.

---

83 *Kneip*, Der Spiegel 34/2009 (17.08.2009); vgl. *Lensing*, Der Wunsch nach körperlicher Unvollständigkeit 2013, S. 6.

84 *Langer*, SPIEGEL ONLINE 24.06.2010, 1 ff.; *Stirn/Thiel/Oddo*, S. 15.

85 *Elliot*, in: Kuhse/Singer (Hrsg.), Bioethics, 2006, S. 625, 629; vgl. *Möller/Oddo/Stirn*, Persönlichkeitsstörungen 17 (2013), 99, 100 m.w.N.

86 *Bayne/Levy*, Journal of Applied Philosophy 22 (2005), 75, 76; *Furth/Smith*, Amputee Identity Disorder, 2000.

87 *Müller*, in: Groß/Müller/Steinmetzer (Hrsg.), Normal – anders – krank?, 2008, S. 229, 232; vgl. *Stirn/Thiel/Oddo*, S. 10; vgl. *Franck*, GesR 2009, S. 297.

88 *Brugger/Lenggenhager/Giummarra*, Frontiers in Psychology 2013, S. 1; vgl. *Obernolte*, Ursachenforschung BIID 2013, S. 1; Der Begriff Xenomelia wurde erstmals verwendet von *McGeoch et al.*, J Neurol Neurosurg Psychiatry 2011: 82, S. 1314; vgl. *Schneider*, Body Integrity Identity Disorder 2016, S. 29.

Aufgrund der vormaligen Missverständnisse und verschiedenen Bezeichnungen für das seltene Phänomen einigte sich die Mehrheit der Wissenschaft inzwischen auf den Namen Body Integrity Identity Disorder (**BIID**).[89] Die korrekte deutsche Übersetzung der Krankheit lautet **KIIS** als Kurzform für Körper-Integritäts-Identitätsstörung.[90] In der raren deutschsprachigen Fachliteratur und anderen deutschsprachigen Quellen hat sich jedoch ebenfalls der englische Begriff BIID durchgesetzt.[91]

Eine zusätzliche Bezeichnung, die im Zusammenhang mit dem Grundleiden von elektiven Wunschamputationen steht, ist der Begriff *„transabled“*, eine Wortneuschöpfung von BIID-Unterstützern, die in Anlehnung an den bereits erfolgreich verbreiteten Begriff von *„transgender“*[92] den Wunsch nach einer Amputation, vergleichbar mit dem Wunsch nach einer geschlechtsändernden Operation, verdeutlichen soll.[93]

Um Missverständnisse zu verhindern, verwendet diese Arbeit – es sei denn, die Benutzung anderer Begriffe ist sachlich geboten – ausschließlich den Begriff **BIID** zur Bezeichnung des Verlangens nach einer elektiven Wunschamputation ohne körperlichen Befund.

Als letzte Voraussetzung (Kriterium D. im oben genannten Schema[94]) der von der Wissenschaft entwickelten Kriterien müsste sich BIID nicht durch ein anderes Syndrom in der Medizin oder Psychiatrie besser erklären lassen. Beispielhaft genannt sind wie oben im Schema bereits ausgeführt Somatoparaphrenie, eine psychotische Störung oder Körperdysmorphophobie (KD). Die Abgrenzung von BIID zu den aufgezählten Syndromen ist im folgenden Gegenstand der Untersuchung.

3. Abgrenzung von BIID zu anderen Phänomenen

Der Wunsch von Menschen, sich Gliedmaßen amputieren zu lassen, und eine Anziehung zu Amputationen oder Amputierten sind der Medizin nicht fremd. Viele verschiedene Krankheitsphänomene befassen sich mit dem Themenkreis

---

89 *Bigalke*, Süddeutsche Zeitung 12.05.2010, 1.

90 *Möller/Oddo/Stirn*, Persönlichkeitsstörungen 17 (2013), 99; vgl. *Menke*, SPIEGEL ONLINE 22.09.2008, 1, 1–2.

91 *Stirn/Thiel/Oddo*, S. 2; *Lensing*, Der Wunsch nach körperlicher Unvollständigkeit 2013, S. 8.

92 Zur Entstehungsgeschichte des Begriffs „transgender“ und dessen Bedeutung siehe: *Kasten*, Body-Modification 2006, S. 114.

93 *Müller*, The American Journal of Bioethics-Neuroscience 9 (2009), 36, 38; *Davis*, American Behavioral Scientist 56(4), S. 599, mit genauer Beschreibung der Wortbedeutung und dessen Verwendung auf www.transabled.org.

94 S.o. § 2 I. 2 Begriffserklärung.

Amputation,[95] sodass zur Isolierung des Kernphänomens BIID zusätzlich eine Abgrenzung zu verschiedenen anderen Krankheiten und Störungen notwendig und sinnvoll ist.

A. *Apotemnophilie und Acrotomophilie*

Im Gegensatz zu BIID steht bei den Begriffen Apotemnophilie und Acrotomophilie die Verbindung von Amputationswunsch und sexuellen Motiven im Vordergrund.[96] Der Begriff Apotemnophilie taucht – wie oben dargestellt[97] – zuerst bei *Money et al.* auf und beschreibt die Erregung beim Gedanken, selbst ein Amputierter zu sein. Im Gegensatz dazu steht die Acrotomophilie. Hierbei ist die sexuelle Anziehung zu Amputierten charakteristisch.[98] Beide beschriebenen Phänomene haben das Suffix -philie, welches sie in der Gruppe der psychosexuellen Störungen verortet, die einen stark sexuellen Bezug aufweisen.[99]

Während sexuelle Motivationen bei der Apotemnophilie das Hauptmotiv darstellen, treten sie bei BIID als Begleiterscheinung oder gar nicht auf. Hierin ist der Unterschied zwischen beiden Phänomenen zu sehen.[100] Die von Apotemnophilie betroffenen Patienten haben dauerhafte sexuelle Fantasien von sexuellen Erfahrungen als Amputierte. Die Amputation sei das einzige Mittel, wahre sexuelle Erfüllung erleben zu können.[101]

Das oben beschriebene[102] dreigliedrige Klassifikationssystem nach *Bruno*, welches sowohl für BIID als auch für Acrotomophilie und Apotemnophilie angewen-

---

95 *Müller*, The American Journal of Bioethics-Neuroscience 9 (2009), 36; vgl. *Patrone*, Journal of Medical Ethics 35 (2009), 541, 542; *Bensler/Paauw*, Southern Medical Journal 2003, S. 674; *Berger et al.*, Comprehensive Psychiatry 46 (2005), S. 380 f.; *Bruno*, Sexuality and Disability (15) 1997, S. 243 ff.; vgl. *First*, Psychological Medicine 35 (2005), S. 920; *Money et al.*, Journal of Sex Research Vol. 13, Nr. 2 (1977), S. 115 ff.; vgl. *Franck*, GesR 2009, S. 297; *Wise/Kalyanam*, Journal of Sex & Marital Therapy 2000; 26: S. 339 ff.

96 *Bridy*, Journal of Law, Medicine & Ethics 32 (2004), 148, 149; *De Preester*, Med Health Care Philos (2013) 16, S. 173.

97 S.o. § 2 I. 2 Begriffserklärung.

98 An Stelle vieler: *Berger et al.*, Comprehensive Psychiatry 46 (2005), S. 380.

99 *Elliot*, in: Kuhse/Singer (Hrsg.), Bioethics, 2006, S. 625, 626; *Money et al.*, Journal of Sex Research Vol. 13, Nr. 2 (1977), S. 115 ff; vgl. *Johnston/Elliot*, Clin Med 2002; 2, S. 431.

100 *Stirn/Thiel/Oddo*, S. 17 ff., mit ausführlicher Beschreibung der Interaktion von BIID und Sexualität; vgl. *Müller*, The American Journal of Bioethics-Neuroscience 9 (2009), 36, 37.

101 *Bridy*, Journal of Law, Medicine & Ethics 32 (2004), 148, 149; vgl. *Elliot*, The Atlantic Monthly 2000.

102 S.o. § 2 I. 2 Begriffserklärung.

det werden kann, hilft auch hier bei der Unterscheidung weiter. Acrotomophile sind folglich als so genannte *devotees* einzustufen, wohingegen Apotemnophile als *wannabes* bezeichnet werden müssen.[103] Begriffliche Ungenauigkeiten, Überschneidungen sowie synonyme Verwendung der Begriffe Apotemnophilie und BIID hängen unter anderem damit zusammen, dass sich beide Phänomene auf den ersten Blick auf den Amputationswunsch einer gesunden Gliedmaße reduzieren lassen. Die Beweggründe für eine Amputation unterscheiden die beiden Krankheiten jedoch stark voneinander.[104] Der Begriff BIID – nach seinem heutigen Verständnis – entfernt sich somit vom Verständnis eines sexuellen Fetischismus, indem es ihn, trotz der Möglichkeit des Vorliegens, nicht zu einem generellen Kriterium für BIID macht.[105] Vielmehr versuchen neuere Beschreibungen, dem Aspekt der als inkongruent erlebten Identität zwischen dem tatsächlichen und empfundenen Körperbild gerecht zu werden.[106]

Wie beschrieben, können dem Verlangen nach einer elektiven Wunschamputation verschiedene Motivationen zugrunde liegen. Hierin verdeutlicht sich das Bedürfnis der Wissenschaft nach abgrenzenden diagnostischen Klassifikationsmethoden, die den verschiedenen Beweggründen für eine Wunschamputation Rechnung tragen.[107]

Eine Schwierigkeit, mit der sich die Forschung bei der Abgrenzung von BIID und Apotemnophilie konfrontiert sieht, ist die Frage der Möglichkeit der Trennung von Sexualität und Identität. So wird auch in der Medizin auf die Schwierigkeiten der Abgrenzung hingewiesen. Auch wenn Ärzte es ungerne zugäben, schwinge sogar bei BIID-wannabes, die ihr Amputationsverlangen als einen Wunsch nach Vollständigkeit beschrieben, oftmals ein sexuell motivierter Unterton mit.[108] So beschreibt

---

103 *Elliot*, in: Kuhse/Singer (Hrsg.), Bioethics, 2006, S. 625, 626.

104 Vgl. *Müller*, in: Groß/Müller/Steinmetzer (Hrsg.), Normal – anders – krank?, 2008, S. 229, 232; vgl. *Dua*, Journal of Medical Ethics 36 (2010), 75; vgl. *Braam et al.*; Psychopathology 2006 (39), S. 32 f.

105 *Bridy*, Journal of Law, Medicine & Ethics 32 (2004), 148, 149; *Furth/Smith*, Amputee Identity Disorder, 2000, S. 68.

106 *Elliot*, in: Kuhse/Singer (Hrsg.), Bioethics, 2006, S. 625, 626; *Fisher/Smith*, British Medical Journal 320 (2000), 1147, die darauf hinweisen, dass BIID-Betroffene keine psychiatrischen Krankheiten aufweisen und somit klar von Menschen unterschieden werden müssen, die vom Verlust einer Gliedmaße fantasieren, zum Zwecke der sexuellen Erregung; so auch: *British Broadcasting Company*, Complete Obsession (17.02.2000).

107 *Bridy*, Journal of Law, Medicine & Ethics 32 (2004), 148, 149; *Furth/Smith*, Amputee Identity Disorder, 2000, S. 8, 87.

108 *Elliot*, in: Kuhse/Singer (Hrsg.), Bioethics, 2006, S. 625, 629–630.

der US-amerikanische Philosoph *Carl Elliot* weiter, dass er sich mit einem *wannabe* austauschte und ihn befragte, ob es sich beim Amputationswunsch mehr um die sexuelle Komponente oder die Identität drehe. Sein Gesprächspartner antwortete ihm „‚Man lebt Sexualität'" […] „‚Ich bin ein sexuelles Wesen vierundzwanzig Stunden am Tag.'" Im Folgenden stellt *Elliot* fest, dass sogar gewöhnliches sexuelles Verlangen mit der persönlichen Identität verknüpft ist. Zur Veranschaulichung führt er das Beispiel von geschlechtsumwandelnden Operationen an, bei denen der Wunsch der Betroffenen, im anderen Geschlecht zu leben, bereits selbst schon ein sexuelles Verlangen darstellt. Die Tatsache, dass bei Apotemnophilie Sexualfantasien, losgelöst von anderen Menschen oder Sachen, vorherrschen und ausschließlich reflexiv sind, lässt *Elliot* zu zwei Schlussfolgerungen gelangen. Zum einen, dass bei Apotemnophilie die sexuelle Identität und somit die *Identität* betroffen ist und dass es zum anderen aufgrund der schwer zu vollziehenden Differenzierung ein Fehler sein könnte, eine Trennung von reiner Apotemnophilie im Sinne von BIID und sexuell kontaminierter Apotemnophilie im Sinne eines Fetischs vornehmen zu wollen.[109] Im Ergebnis kommt *Elliot* jedoch zu dem Schluss, dass es bei der „wahren" Apotemnophilie – im Sinne des neueren Begriffs BIID[110] – weniger um sexuelle Interessen, sondern primär um Identitätsverwirklichung gehe.[111]

Bridy geht ebenfalls auf die schwer fassbare Wechselwirkung von Identität und Sexualität ein. Obwohl sie den Begriff Apotemnophilie verwendet, beziehen sich ihre Ausführungen auf das nach heutigem Verständnis bezeichnete Phänomen BIID.[112] *Bridy* führt aus, dass sowohl BIID-Betroffene als auch nichtbetroffene Befürworter von Wunschamputationen betonen, dass BIID eine Identitätsstörung mit breiter Basis ist und nicht auf einen allein sexuell motivierten Hintergrund reduziert werden könne.[113] Im Ergebnis kommt diese Ansicht zu dem Schluss, dass trotz Problematik der strikten Trennung von Identität und Sexualität beim

109 *Elliot*, in: Kuhse/Singer (Hrsg.), Bioethics, 2006, S. 625, 629–630.

110 Zum begrifflichen Entwicklungsprozess wird auf die oben gemachten Ausführungen verwiesen (§ 2 I. 2 Begriffserklärung).

111 *Elliot*, in: Kuhse/Singer (Hrsg.), Bioethics, 2006, S. 625, 627 [„And finally, there are ‚true' apotemnophiles, whose desire for amputation is less about sex than about identity."]; vgl. *Noll*, BIID – Kann eine Amputation langfristig helfen? 2011, S. 10.

112 vgl. *Bridy*, Journal of Law, Medicine & Ethics 32 (2004), 148, 149; bzgl. der Verwendung des Begriffs Apotemnophilie siehe *Müller*, The American Journal of Bioethics-Neuroscience 9 (2009), 36, 41, die die Verwendung des Begriffs Apotemnophilie als „obsolet" ansieht.

113 *Bridy*, Journal of Law, Medicine & Ethics 32 (2004), 148, 149; *Furth/Smith*, Amputee Identity Disorder, 2000, S. 68; *Dotinga*, Out on a limb 2000.

Unterscheidungsmerkmal zwischen Apotemnophilie und BIID auf die überwiegende Motivation abzustellen sei. Sei der Antrieb eines Amputationswunsches primär sexuell begründet, handele es sich um Apotemnophilie im Sinne einer sexuellen Störung. Seien sexuelle Motive jedoch nur Begleitmotiv oder gar nicht vorhanden, so handele es sich beim Wunsch der Identitätsangleichung durch Amputation um einen Fall des Phänomens BIID.[114]

In diesem Sinne macht auch die vorliegende Arbeit das Hauptmotiv für eine Wunschamputation zum Abgrenzungskriterium zwischen Apotemnophilie und BIID. Im Ergebnis handelt es sich bei dem Wunsch nach Angleichung des tatsächlichen Körperbildes an das empfundene Körperbild nicht um ein primär sexuelles Verlangen, sodass eine klare Abgrenzung beider Phänomene voneinander möglich ist.

B. Körperdysmorphophobie (KD) (englisch: Body Dysmorphic Disorder)

Eine weitere Krankheit, die oft mit BIID in Zusammenhang gebracht wird und zu der es einer Abgrenzung im Sinne des Kriteriums D des Klassifikationsschemas bedarf, ist die so genannte Körperdysmorphophobie (**KD**) oder körperdysmorphe Störung.[115] Im Englischen wird dieses Syndrom als Body Dysmorphic Disorder (**BDD**) bezeichnet. Aufgrund der internationalen Fachliteratur findet sich der Begriff BDD auch in der deutschen Sprache wieder und wird auch in dieser Arbeit für die Beschreibung des Syndroms verwendet.

Auch im Rahmen von BDD kann es zu Amputationswünschen kommen, die aus somatisch-medizinischer Sicht nicht notwendig erscheinen. Trotz der augenschein-

114 *Patrone*, Journal of Medical Ethics 35 (2009), 541, 542, der von einer klaren Trennung beider Phänomene ausgeht; *Möller/Oddo/Stirn*, Persönlichkeitsstörungen 17 (2013), 99, 102; vgl. *Bruno*, Sexuality and Disability (15) 1997, S. 258; vgl. *Bridy*, Journal of Law, Medicine & Ethics 32 (2004), 148, 149 m.w.N; *Dotinga*, Out on a limb 2000; so auch: *Bayne/Levy*, Journal of Applied Philosophy 22 (2005), 75, 77, die den Faktor Sexualität als identitätsbildendes Merkmal nicht abstreiten und BIID eine unter Umständen sexuelle Komponente nicht absprechen. Jedoch weisen sie darauf hin, dass nicht vernachlässigt werden dürfe, dass sich das Phänomen BIID im Wesentlichen mit der Identität befasse; a.A.: (gegen die Aussagekraft einer derartigen Unterscheidung) *Lawrence*, Archives of Sexual Behavior (35) 2006, S. 264 ff.; weitere Ausführungen zum Einfluss von sexuellen Aspekten auf Body Integrity Identity Disorder finden sich in: *De Preester*, Med Health Care Philos (2013) 16, S. 179; *Pregartbauer/Schnell/Kasten*, American Journal of Applied Psychology 2014; 3 (5), S. 120.

115 *Stirn/Thiel/Oddo*, S. 25 mit ausführlichen Erläuterung zur Differentialdiagnostik zur körperdysmorphen Störung; vgl. *Tasman*, Laryngo-Rhino-Otologie 89 (2010), S. 11.

lichen Parallele der elektiven Wunschamputation sind jedoch auch im Vergleich von BIID zu BDD die Beweggründe und Motivationen sehr unterschiedlich, sodass diese beiden Phänomene voneinander abgegrenzt werden können. BDD ist eine bereits im Diagnostischen und Statistischen Manual (DSM- V) erfasste Krankheit.[116]

Nach aktuellem Kenntnisstand wird die Body Dysmorphic Disorder zu den primär psychiatrischen Störungen gezählt und dem Bereich der wahnhaften Zwangsstörungen zugeordnet. Im DSM-V Manual bildet die Störung eine Untergruppe der Körperdysmorphen Störung und Schizophrenie.[117] Das Krankheitsbild von BDD äußert sich in der Sorge der betroffenen Patienten, ihr Erscheinungsbild sei *anormal*, *deformiert*, *hässlich*, *unattraktiv*, *abscheulich* oder *nicht richtig*.[118] Ein wichtiger Bestandteil der Krankheit BDD ist, dass die Betroffenen nicht in der Lage sind, ihr Erscheinungsbild und damit sich selber realistisch einzuschätzen.[119] Die Einsicht krank zu sein ist bei den Betroffenen meistens gering, und viele beharren mit wahnhafter Intensität darauf, einen körperlichen Makel zu haben.[120] Doch auch im Falle von BDD kann die Krankheit zu einem allgegenwärtigen Leidensdruck führen und die Betroffenen stark in ihrem Alltag einschränken. Körperdysmorphe Störungen im Sinne von BDD verursachen erhebliche Leiden, die mit Beeinträchtigungen psychosozialer Funktionen einhergehen. Viele Betroffene verstehen nicht, dass ihre Abweichungen minimal oder nichtexistent sind, und suchen kosmetische Behandlungen für ein psychiatrisches Leiden.[121] Nicht selten erzeugt die Krankheit Depressionsepisoden und erhöht die Suizidgefahr.[122]

Die Ähnlichkeit der Krankheitsbilder und die Außergewöhnlichkeit des Amputationswunsches verleiten zunächst zu der möglichen Annahme, dass BIID-Patienten unter Umständen ebenfalls zur Gruppe von BDD zu zählen seien.[123]

---

116 DSM-V Manual 300.7 (F45.22); vgl. *Schneider*, Body Integrity Identity Disorder 2016, S. 60.

117 *Nowicka/Szepietowski*, Cosmetic Medicine 32 (2011), 122, 122 m.w.N.

118 *Nowicka/Szepietowski*, Cosmetic Medicine 32 (2011), 122, 124; *Didie/Kuniega-Pietrzak/Phillips*, Body Image 7 (2010), S. 66 ff.; *Tasman*, Laryngo-Rhino-Otologie 89 (2010), S. 11; *Wendland*, Die strafrechtliche Zulässigkeit wunscherfüllender Operationen 2016, S. 10.

119 Vgl. *Tasman*, Laryngo-Rhino-Otologie 89 (2010), S. 10, 11.

120 *Müller*, in: Groß/Müller/Steinmetzer (Hrsg.), Normal – anders – krank?, 2008, S. 229, 239; *Schneider*, Body Integrity Identity Disorder 2016, S. 61.

121 *Nowicka/Szepietowski*, Cosmetic Medicine 32 (2011), 122.

122 *Nowicka/Szepietowski*, Cosmetic Medicine 32 (2011), 122; Bezüglich der Suizidalität von BDD-Patienten siehe die Studie von *Phillips/Menard*, Am J Psychiatry 2006; 163 (7), S. 1280 ff.; zum Zusammenhang von Suizid und BDD siehe ebenfalls: *Phillips*, The Broken Mirror 1996, S. 151 ff.

123 Vgl. *Bayne/Levy*, Journal of Applied Philosophy 22 (2005), 75, 75–76; eine Aufarbeitung des Krankheitsbilds BDD findet sich in: *Phillips*, The Broken Mirror 1996, S. 25 ff.

Die Annahme, bei BIID handele es sich um eine Form von BDD, wird jedoch in der Fachliteratur heftig angezweifelt und bestritten. Im Gegensatz zu Patienten mit körperdysmorphen Störung empfinden BIID-Betroffene Gliedmaßen wie beispielsweise das Bein weder hässlich noch deformiert.[124] Stattdessen richtet sich der Amputationswunsch mehr nach dem Bestreben, Körper und Körperbild in Einklang zu bringen.[125] Während beide Phänomene gemeinsam haben, dass sich die Betroffenen intensiv mit dem Verlangen nach einer Körpermodifikation auseinandersetzen, ist jedoch der Umgang mit der angestrebten Modifikation ein anderer. Betroffene von Körperdysmorphophobie schämen sich für ihren vermeintlichen körperlichen Makel, während sich BIID-Betroffene gerade einen derartigen Makel herbeisehnen und ihn sogar – im völligen Gegensatz zur Körperdysmorphophobie – als attraktiv bewerten.[126]

Während für BIIDler ausschließlich eine exakt definierbare Amputation als Lösung infrage kommt, richtet sich der Eingriff bei BDD oftmals auf die medizinische Lösung von pauschalen Problemen wie Haarausfall oder unreine Haut.[127] Ein weiterer Unterschied besteht darüber hinaus in der unterschiedlichen Spezifikation bezüglich der Beschreibung des ersehnten Eingriffs zur Linderung des Unwohlseins. BIID-Betroffene sind sich im Gegensatz zu KD-Betroffenen darüber im Klaren, dass das infrage stehende Körperteil „normal" ist. Das Unwohlbefinden rühre in ihrem Fall alleine auf dem Gefühl des Überflüssigseins des Körperteils.[128] BIID-Betroffene sind folglich nicht auf eine empfundene Imperfektion des nicht gewollten Körperteils fixiert, sondern auf die empfundene Inkongruenz.[129]

---

124 An Stelle vieler: *Kasten*, Fortschr Neurol Psychiat (77) 2009, S. 20; *Ryan/Shaw*, J Plast Reconstr Aesthet Surg 2011; 64(1): S. 8; *White*, HEC Forum (2014) 26, S. 227; *Kröger*, Therapieerfahrung und Therapieerfolg BIID 2013, S. 11.

125 Vgl. *Bayne/Levy*, Journal of Applied Philosophy 22 (2005), 75, 81; *Stirn/Thiel/Oddo*, S. 26.

126 *Möller/Oddo/Stirn*, Persönlichkeitsstörungen 17 (2013), 99, 101; so auch *Müller*, in: Groß/Müller/Steinmetzer (Hrsg.), Normal – anders – krank?, 2008, S. 229, 239–240, die in diesem Argument die „These, dass der Amputationswunsch auf BDD basiert" wiederlegt sieht; *First/Fisher*, Psychopathology 2012(45), S. 7; vgl. *Bayne/Levy*, Journal of Applied Philosophy 22 (2005), S. 76; *Wendland*, Die strafrechtliche Zulässigkeit wunscherfüllender Operationen 2016, S. 54 m.w.N.

127 *Tasman*, Laryngo-Rhino-Otologie 89 (2010), S. 11.

128 *Elliot*, in: Kuhse/Singer (Hrsg.), Bioethics, 2006, S. 625, 627–628; vgl. ebenfalls *Bridy*, Journal of Law, Medicine & Ethics 32 (2004), 148, 149.

129 *Bridy*, Journal of Law, Medicine & Ethics 32 (2004), 148, 149; *Furth/Smith*, Amputee Identity Disorder, 2000, S. 5 ff.; zum Bewertungprozess von Schönheit und Attrak-

Zusammenfassend lässt sich festhalten, dass in der internationalen BIID-Fachliteratur überwiegend Einigkeit herrscht, dass es sich bei dem Phänomen BIID nicht um eine Variante der Body Dysmorphic Disorder handelt und diese beiden Phänomene strikt voneinander zu trennen sind.[130]

C. *Factitious Disorder (FDD) nach Bruno*

Eine weitere These verortet die Symptome von BIID in einer bereits klassifizierten und im DSM-V Manual erfassten Krankheit. *Bruno* ist der Auffassung, dass es sich bei dem Amputationswunsch um eine Factitious Disorder im Sinne von DSM-V 300.19 (F68.10) handelt.[131]

Unter Factitious Disorder versteht man eine so genannte Artifizielle Störung (AS) oder auch erkünstelte Störung. Hierbei täuschen die Betroffenen eine Behinderung vor, um Zuwendung und Aufmerksamkeit von anderen Menschen zu erhalten.[132] Die Behinderung (in manchen Fällen auch vermeintliche Behinderung) soll den Betroffenen dazu dienen, mehr Anerkennung und Liebe zu erhalten, um so eine Kompensation mangelnder Liebe in der Kindheit zu erreichen.[133]

Obwohl ein Teil der Literatur beipflichtet, dass überwiegend in Beschreibungen von BIID „kalte, rigide, sexualfeindliche, streng religiöse Elternhäuser dargestellt werden"[134], was dem Grunde nach für die These von *Bruno* sprechen könnte, gibt es zahlreiche Stimmen in der Literatur, die sich gegen die Zuordnung von BIID zur Artifiziellen Störung aussprechen. Trotz der Ähnlichkeit aufgrund des Gesuchs einer medizinischen Operation ohne Indikation, sei der Unterschied von FDD (oder auch AS) erneut in der inneren Willensrichtung der Betroffenen zu finden. Das Hauptargument ist diesbezüglich, dass eine elektive Wunschamputation von BIID-Betroffenen nicht dem persönlichen Zweck von Mitleid in Form von

tivität bei BDD-Betroffen siehe: *Buhlmann et al.*, Journal of Anxiety Disorders 23 (2009), S. 694 f.

130 *Stirn/Thiel/Oddo*, S. 25 f.; vgl. *Bridy*, Journal of Law, Medicine & Ethics 32 (2004), 148, 149, die eine gegenteilige Diagnose für entschieden falsch hält.

131 *Bruno*, Sexuality and Disability (15) 1997, S. 243 ff.; vgl. *Schneider*, Body Integrity Identity Disorder 2016, S. 51.

132 *Müller*, in: Groß/Müller/Steinmetzer (Hrsg.), Normal – anders – krank?, 2008, S. 229, 238–239; *Stirn/Thiel/Oddo*, S. 28 mit ausführlicher Differentialdiagnostik zur artifiziellen Störung und weiteren Nachweisen.

133 *Bruno*, Sexuality and Disability (15) 1997, S. 249 f.; vgl. *Müller*, in: Groß/Müller/Steinmetzer (Hrsg.), Normal – anders – krank?, 2008, S. 229, 238–239.

134 *Müller*, in: Groß/Müller/Steinmetzer (Hrsg.), Normal – anders – krank?, 2008, S. 229, 239.

Aufmerksamkeit und Zuwendung diene, sondern BIID-Betroffene in der Behinderung eine herausfordernde Aufgabe sehen, die sie alleine meistern wollen.[135]

Aufgrund der Verschiedenheit der Motivationen für eine Wunschbehinderung bei einer Artifiziellen Störung auf der einen und BIID auf der anderen Seite ist der Mehrheit der Fachliteratur zuzustimmen, dass es sich bei Gesamtbetrachtung von BIID nicht um einen Sonderfall der Artifiziellen Störung handelt, sondern beide Phänomene klar voneinander abgegrenzt werden müssen.

D. Schmerz-Störung (CRPS)

Eine weitere Störung, deren Auswirkungen beim Patienten zu einem Amputationswunsch führen kann, ist die Schmerz-Störung *Komplexes Regionales Schmerzsyndrom* (Complex Regional Pain Syndrome) abgekürzt CRPS, auch Morbus Sudeck genannt.[136] Im Zusammenhang mit dem Verlangen nach Amputationen im Kontext der Medizin wird von einem Fall berichtet, bei dem eine Patientin darum bat, einen Arm operativ entfernen zu lassen. Dem Bericht zufolge litt die Betroffene an der Schmerzstörung CRPS, seitdem sie ihr Handgelenk bei der Arbeit an einem Fließband verletzt hatte. Die Schmerzen an Hand und Unterarm seien derart stark gewesen, dass selbst ein leichter Luftzug über die betroffene Region ausreichte, um erhebliche Schmerzzustände und Verbrennungsgefühle zu verursachen.

Die enormen Schmerzen im Rahmen von CRPS führen dazu, dass alltägliche Vorgänge – wie beispielsweise ein Garderobenwechsel – zu einer schmerzhaften Tortur werden. Nachdem die Betroffene nach über einem Jahr zum ersten Mal wieder frische Kleidung angezogen hatte, bedurfte es einer medikamentösen Therapie in Form von Infusionen, um den Schmerzen entgegenzuwirken. Die daraus resultierende mangelnde Hygiene führte dazu, dass der Arm Ödeme und Cellulitis aufwies. Aufgrund einer Ruhigstellung des vom Schmerz befallenen Arms degenerierten die betroffenen Muskelpartien. Nachdem sowohl psychiatrische als auch palliative und physische Therapie keine Besserung brachten, verweigerte die Patientin nun jedweden Therapievorschlag und forderte eine Amputation.[137]

---

135 *Möller/Oddo/Stirn*, Persönlichkeitsstörungen 17 (2013), 99, 101; so auch *Kasten*, Fortschr Neurol Psychiat (77) 2009, S. 18; *Stirn/Thiel/Oddo*, S. 12, 29; *First/Fisher*, Psychopathology 2012(45), S. 8 a.E. f.; *Lensing*, Der Wunsch nach körperlicher Unvollständigkeit 2013, S. 6.

136 *Bialas*, Angew Schmerzther Palliativmed 2013; 6 (3), S. 28 f.

137 Vgl. *Dudzinski*, in: Ford/Dudzinski (Hrsg.), Complex ethics consultations, 2008, S. 165.

Die stetigen Schmerzen und die darauf beruhenden Einschränkungen im alltäglichen Leben führten bei der Patientin zu einer körperlichen und persönlichen Integritätskrise.[138]

Im Ergebnis lässt sich festhalten, dass es sich bei BIID und CRPS – abgesehen vom möglichen Auftreten eines Amputationsverlangens – um zwei völlig voneinander zu unterscheidende Syndrome handelt. BIID-Betroffene berichten weder von extremen Schmerzen hervorgerufen von der Präsenz des betreffenden Gliedmaßes, noch lässt das Syndrom die Bestimmung eines exakten Auslösers zu.[139] CRPS und BIID sind folglich klar voneinander abzugrenzen.

E. Zusammenfassung

Aus dem oben Gesagten ergibt sich, dass BIID sowohl in seiner Symptomatik als auch in seiner Begrifflichkeit klar von angrenzenden medizinischen Phänomen abgegrenzt werden kann und muss.

4. Robert-Smith-Fall

Die am häufigsten im Zusammenhang mit dem Phänomen BIID und den damit verbundenen elektiven Wunschamputationen zitierten Fälle ereigneten sich in den Jahren 1997 und 1999. Der schottische Chirurg *Robert Smith* amputierte 1997 erstmals einem Patienten – auf dessen Wunsch – den unteren Part des linken Beins, obwohl dieses gesund war und folglich nicht hätte amputiert werden müssen. Eine weitere ähnliche Operation führte er zwei Jahre später an einem anderen Patienten durch, der aus Deutschland stammte. Beide Patienten hatten sich verzweifelt an *Smith* mit der Bitte um eine Amputation gewandt, da von der Existenz der Gliedmaße seelisches Leid ausginge.[140]

---

138 *Dudzinski*, in: Ford/Dudzinski (Hrsg.), Complex ethics consultations, 2008, S. 165, 166; weiterführende Literatur zur Schmerzstörung **CRPS** siehe: *Vacariu*, DISABILITY AND REHABILITATION, 2002, S. 435 ff.; *Bialas*, Angew Schmerzther Palliativmed 2013; 6 (3), S. 28 ff; bezüglich einer Studie mit 22 CRPS-Patienten, denen das von Schmerzen betroffene Gliedmaß amputiert wurde, und den positiven Erfahrungsberichten nach der Amputation; siehe: *Krans-Schreuder et al.*, JBJS 2012, S. 2263 ff.

139 *Sedda/Bottini*, Neuropsychiatric Disease and Treatment 2014: 10, S. 1255 m.w.N.

140 An Stelle vieler: *Müller*, The American Journal of Bioethics-Neuroscience 9 (2009), 36; *Menke*, SPIEGEL ONLINE 22.09.2008, 1, 2; vgl. *Elliot*, in: Kuhse/Singer (Hrsg.), Bioethics, 2006, S. 625; vgl. *Müller*, in: Groß/Müller/Steinmetzer (Hrsg.), Normal – anders – krank?, 2008, S. 229; vgl. *Bigalke*, Süddeutsche Zeitung 12.05.2010, 1 vgl. *Kissler*, Süddeutsche Zeitung 11.05.2010, Mein Bein gehört mir, S. 2; vgl. *British Broadcasting Company*, Complete Obsession (17.02.2000); vgl. *Dyer*, BMJ 2000, S. 332.

Mit Bekanntwerden der beiden Vorfälle im Jahr 2000 wurden die von *Smith* ausgeführten Amputationen im Vereinigten Königreich heftig diskutiert.[141] Das Krankenhaus in Falkirk (Schottland), in dem die Amputationen durchgeführt wurden, bestätigte die Eingriffe.[142] Sowohl Fachliteratur als auch Nachrichtenpresse gingen davon aus, dass es sich bei den vorgenommenen Amputationen um eine Heilungsmethode einer extremen Variante von Body Dysmorphic Disorder handele.[143] Zur Möglichkeit der klaren Abgrenzung beider Syndrome voneinander wird auf die oben gemachten Ausführungen[144] verwiesen.

Trotz des großen Aufruhrs bei Bekanntwerden der Vorfälle verteidigte der Chirurg *Robert Smith* sein Handeln. In einem Bericht der BBC betonte *Smith*, dass beide Operationen die am meisten zufriedenstellenden waren, die er jemals ausgeführt habe. Ebenso bestätigte er, dass er nach wie vor keine Zweifel daran habe, dass die Eingriffe dem Patientenwohl gedient haben.[145]

Unterstützung erhielt *Robert Smith* von dem Psychologiewissenschaftler und selbst von BIID Betroffenen *Gregg M. Furth*, der die Richtigkeit der von *Smith* durchgeführten Maßnahmen in der Presse verteidigte und versuchte zu erläutern, dass es bei den Fällen von BIID darum ginge gesund zu sein und nicht behindert.[146] Ebenso wie *Robert Smith* wertet *Gregg Furth* elektive Wunschamputationen als probates Mittel, um Patienten von ihrem enormen Leidensdruck zu befreien. Bis heute plädiert *Smith*, das Richtige getan zu haben. Die kritische Frage, ob dies wirklich der Fall sei, wird in der Wissenschaft aus Sicht der Patienten bejaht.[147]

Der Heilungserfolg aus Sicht der beiden Amputierten wird überwiegend von der Literatur nicht angezweifelt. So werden beide Operationen als geglückt bewertet und berichtet, dass beide Patienten, die vor Durchführung der Operationen jeweils einem psychiatrischen Test unterzogen worden waren, bestätigten, die Wunschamputation nicht zu bereuen.[148]

---

141 *Bridy*, Journal of Law, Medicine & Ethics 32 (2004), 148.

142 Vgl. *British Broadcasting Company*, Complete Obsession (17.02.2000).

143 Vgl. *Bridy*, Journal of Law, Medicine & Ethics 32 (2004), 148, 149 [„News reports documenting the scandal in Scotland, including those in medical journals, consistently Identified the condition as an extreme variant of Body Dismorphic Disorder (BDD)"].

144 S.o. § 2 I. 3. B Körperdysmorphophobie (KD) (englisch: Body Dysmorphic Disorder).

145 *British Broadcasting Company*, Complete Obsession (17.02.2000); vgl. *Dyer*, BMJ 2000, S. 332; vgl. *Johnston/Elliot*, Clin Med 2002; 2, S. 431.

146 *Menke*, SPIEGEL ONLINE 22.09.2008, 1, 2.

147 *Müller*, Gehirn & Geist 7–8 (2007), 66, 67; a.A. *Wendland*, Die strafrechtliche Zulässigkeit wunscherfüllender Operationen 2016, S. 60.

148 *Bridy*, Journal of Law, Medicine & Ethics 32 (2004), 148 m.w.N.

Ebenso nimmt die Wissenschaft Bezug auf die Aussage des einen amputierten Patienten, dass sich seine Lebenssituation nach der Operation verbessert habe und sich sein Leben zum Guten verändert habe.[149]

Auch bezüglich des zweiten von *Smith* amputierten Patienten wird von den positiven Auswirkungen des Eingriffs auf dessen Lebenssituation berichtet und geschildert, dass der Betroffene nach der Amputation das erste Mal ein Gefühl von Komplettheit erfuhr und nicht mehr an Suizid dachte.[150] Ungeachtet der gesellschaftlichen Reaktionen auf die erfolgten Amputationen sind beide Erfahrungsberichte der Betroffenen Personen positiv ausgefallen. Diese beiden Einzelbeispiele sprechen somit dem Grunde nach zunächst für die Wirksamkeit von Amputationen zur Befreiung vom Leidensdruck aufgrund von BIID.

Die durchgeführten Amputationen führten jedoch zu Empörung und Entrüstung und brachten örtliche Politiker auf, die verlauten ließen, unverzüglich Gesetze zu erlassen, die ein derartiges Vorgehen untersagen sollten.[151] Weitere Amputationen konnte *Smith* jedoch ohnehin nicht mehr durchführen, da das Krankenhausmanagement derartige Eingriffe umgehend verboten hatte.[152] Obwohl die Krankenhausleitung davon überzeugt war, dass die im eigenen Hause durchgeführten Operationen nicht gegen die ärztliche Ethik verstoßen hatten, wollte man verhindern, mit einer kontrovers diskutieren Behandlungsmethode in Zusammenhang gebracht zu werden.[153] *Smith* sieht das ausgesprochene Verbot mit Sorge, da es Menschen, die sich ebenfalls nach einer vergleichbaren elektiven Wunschamputation sehnten, zur Verzweiflung bringe.[154]

Die beschriebenen Fälle von Wunschamputationen, durchgeführt vom Chirurgen *Robert Smith*, sind folglich ein Anknüpfungspunkt für die Frage nach der rechtlichen Zulässigkeit derartiger invasiver Eingriffe. Der hierbei zugrunde gelegte medizinstrafrechtliche Blickwinkel richtet sich dabei auf die Strafbarkeit eines Arztes, der auf Wunsch des Patienten eine Amputation gesunder Gliedmaße zum Zwecke der psychischen Genesung vornimmt.

---

149 *Bayne/Levy*, Journal of Applied Philosophy 22 (2005), 75; *Dyer*, BMJ 2000, S. 332.

150 *Nitschmann*, ZStW 119 (2007), 547, 553.

151 *Bridy*, Journal of Law, Medicine & Ethics 32 (2004), 148; *Dotinga*, Out on a limb 2000; vgl. *Franck*, GesR 2009, S. 297; vgl. *Bayne/Levy*, Journal of Applied Philosophy 22 (2005), S. 75.

152 *Müller*, The American Journal of Bioethics-Neuroscience 9 (2009), 36.

153 *British Broadcasting Company*, Complete Obsession (17.02.2000).

154 *British Broadcasting Company*, Complete Obsession (17.02.2000).

II. Forschungsstand

1. Einleitung

Auch bezüglich des Forschungsstands zu Herkunft und Ursache von BIID bedarf es einer Gesamtwürdigung des wissenschaftlichen Kenntnisstandes und der dazu vertretenen Theorien. Die Ursächlichkeit des Syndroms könnte mit Hinblick auf die Frage, ob elektive Wunschamputationen zulässig und angemessen sind, auch für die juristische Bewertung von Bedeutung sein. Nicht zuletzt, weil die Herkunft des Syndroms Aufschluss über alternative Heilungsmöglichkeiten geben könnte. So wird die Angemessenheit von medizinischen Maßnahmen zum einen von der ärztlichen Diagnose und zum anderen von der Verfügbarkeit von Therapiemaßnahmen abhängig gemacht.[155] Die genaue Ursache für das Auftreten von BIID ist bis heute nicht wissenschaftlich geklärt, und in der mengenmäßig begrenzten nationalen und internationalen Fachliteratur zu diesem Thema finden sich viele verschiedene Erklärungsansätze mit unterschiedlichen Blickwinkeln auf das Phänomen.[156]

Das Finden einer medizinischen Lösung für die Ursache von BIID ist nicht Gegenstand der vorliegenden Dissertation. Vielmehr ist es Ziel, den wissenschaftlichen Kenntnisstand zur Ursache von BIID abzubilden, um ihn für eine juristische Bewertung nutzbar zu machen.

2. Studien und Fallbeispiele

Da es sich bei BIID noch um ein weitgehend unerforschtes Phänomen handelt, bedarf es zunächst einer kurzen Abbildung des wissenschaftlichen Kenntnisstandes zu diesem Thema. Eine umfassende Aufarbeitung des medizinischen Forschungsstandes bis zum Jahr 2010 unter Erläuterung der zugrunde gelegten Methodik und Beleuchtung der jeweiligen Schwächen wurde von der deutschen Forschungsgruppe *Stirn/Thiel/Oddo* vorgenommen.[157] Neuere medizinische Erkenntnisse wurden von *Sedda/Bottini* aufgearbeitet und zusammengefasst.[158] Mit Blick auf die juristische Lösung der Problematik von Wunschamputationen aufgrund von BIID beschränkt sich diese Arbeit im Folgenden auf eine kurze Abbildung des Forschungsstandes und der wichtigsten gewonnenen Erkenntnisse, um diese bei der juristischen Bewertung des Phänomens berücksichtigen zu können.

---

155 *Pieper*, in: Orsi (Hrsg.), Medizin, Recht, Ethik, 1998, S. 7, 14.

156 Vgl. *Müller*, The American Journal of Bioethics-Neuroscience 9 (2009), 36, 36–37.

157 *Stirn/Thiel/Oddo*, Kapitel 4, Aktueller Forschungsstand, S. 67 ff.

158 *Sedda/Bottini*, Neuropsychiatric Disease and Treatment 2014: 10, S. 1255 ff.

Bezüglich veröffentlichter Gruppenstudien stehen der Wissenschaft wenige Daten zur Verfügung. Eine häufig zitierte Studie mit 52 Betroffenen ist eine telefonische Interviewstudie des US-amerikanischen Psychiaters *Michael B. First* aus dem Jahr 2005, die dem Phänomen BIID seinen heutigen Namen gab.[159] Unter den Befragten befanden sich 14 bereits amputierte Personen, von denen elf die Amputation unter großen Risiken selbst an sich vorgenommen hatten und drei Betroffene Zugang zu einer professionellen chirurgischen Amputation erhalten hatten. Rund 25 Prozent der Befragten hatte darüber hinaus versucht, sich selbst zu amputieren. In seiner Studie zieht *First* zudem deutliche Parallelen zwischen BIID und einer Geschlechtsidentitätsstörung (GID). Der beschriebene Leidensdruck der Betroffenen findet auch in der Studie von *First* seinen Niederschlag, bei der 25 BIID-Betroffene angaben, Suizidgedanken zu haben.

Eine weitere Gruppenstudie mit neun Betroffenen wurde vom Universitätsprofessor und Neuropsychologen *Erich Kasten*[160] im Jahre 2009 mittels eines Fragebogens durchgeführt. Diese Studie kam unter anderem zu dem Ergebnis, dass alle neun Betroffenen die bereits oben ausgeführte Motivation[161] für eine Amputation darlegten, nämlich die Inkongruenz des empfundenen und tatsächlichen Körperbildes. Fast alle Betroffenen erklärten zudem, zu *pretenden*, und eine amputierte Gliedmaße zu simulieren. Der BIID- Spezialist *Kasten* kommt in seiner Studie zu dem Ergebnis, dass es sich bei BIID nicht um eine psychiatrische Störung handelt. Sowohl bei *Kasten* als auch *First* brachte die Studie ans Licht, dass der zeitliche Ursprung des Amputationsverlangens in der frühen Kindheit zu verorten ist.

Eine weitere Gruppenstudie wurde im Jahr 2009 via Telefon mit 20 Betroffenen von *Blanke et al.*[162] durchgeführt. Die daraus gewonnenen Erkenntnisse decken sich mit denen aus anderen aufgeführten Studien.[163] *Blanke et al.* untersuchten das Phänomen unter primär neurologischen Gesichtspunkten im Sinne des Körperempfindens. Als zusätzliches Ergebnis brachte die Studie geschlechtliche Unterschiede bezüglich des Amputationswunsches zu Tage. Als Novum stellten *Blanke et al.* die These auf, dass es sich bei dem Phänomen um eine Störung mit neurologischer Ursache handele.

---

159 *First*, Psychological Medicine (35) 2005, S. 919 ff.; bezüglich der genauen medizinischen Auswertung wird auf die detaillierten Ausführungen von *Stirn/Thiel/Oddo*, S. 73 ff. verwiesen, vgl. *Sedda/Bottini*, Neuropsychiatric Disease and Treatment 2014: 10, S. 1255, die diese Studie als „Meilenstein" bezeichnen.

160 *Kasten*, Fortschr Neurol Psychiat (77) 2009, S. 16 ff.

161 S.o. § 2 I. 1 Problemaufriss.

162 *Blanke et al.*, JNP 2008, S. 1 ff.

163 Vgl. *Stirn/Thiel/Oddo* S. 78 a.E. f.

Eine weitere Gruppenstudie ist die klinische Interviewstudie unter zusätzlichem Einsatz von Fragebögen von *Stirn/Thiel/Oddo*[164]. Hierbei handelt es sich um die erste Studie, deren Ergebnisse auf einem persönlichen klinischen Gespräch und umfangreichen Testverfahren beruhen. Die Studie umfasste 30 BIID-Betroffene, von denen bereits drei amputiert waren. Wie auch in den anderen Studien belegt, belief sich die Prozentzahl der Betroffenen, die regelmäßig Pretendingverhalten an den Tag legten, auf 70 %. Die Ergebnisse der zuvor beschriebenen Studien wurden zudem erneut belegt.

Blom et al.[165] führten im Jahr 2012 eine Gruppenstudie mit 54 BIID-Betroffenen unter Verwendung eines Fragebogens durch. Unter anderem kamen auch sie zu dem Ergebnis, dass bei BIID-Betroffenen primär der Wunsch nach Komplettheit und innerer Zufriedenheit im Vordergrund steht. Bei den sieben bereits amputierten Probanden konnte die Amputation den Betroffenen helfen. In diesem Sinne kamen *Blom et al.* zu dem Ergebnis, dass elektive Wunschamputationen eine eindrucksvolle Verbesserung der individuellen Lebensqualität der Betroffenen bedeuten und den enormen Leidensdruck beseitigen.

Bezüglich der psychischen Merkmale und der Persönlichkeitseigenschaften belegten *Oddo et al.*[166] im Jahr 2014 mittels psychometrischer Testverfahren, dass die 15 untersuchten BIID-Probanden keine psychischen Störungen aufwiesen. Zudem zeichneten sich ihre Persönlichkeiten durch ein erhöhtes Maß an Autarkie und Autonomie aus.

Neben den Gruppenstudien finden sich in der Wissenschaft auch zahlreiche Einzelfallstudien. Die erste Einzelfallstudie über zwei Patienten, deren Amputationsverlangen damals mit dem bereits oben angesprochenen Begriff Apotemnophilie bezeichnet wurde, stammt aus dem Jahr 1977 und wurde von *Money et al.*[167] durchgeführt. Ergebnis der Studie war, dass die Betroffenen trotz ihres Amputationsverlangens nicht an einer Psychose litten. Das Verlangen nach einer Amputation konnte dennoch nicht durch die etablierte Psychotherapie behandelt werden.[168]

Eine weitere Einzelfallstudie aus dem Jahr 1997 beschäftigte sich ebenfalls mit zwei Studienteilnehmern mit gesteigertem Interesse und Begeisterung für Amputationen. Die Studie wurde durchgeführt von *Bruno*[169] und statuierte die be-

164 *Stirn/Thiel/Oddo*, S. 80.
165 *Blom et al.*, PloS ONE 7(4), S. 1 ff.
166 *Oddo et al.*; Fortschr Neurol Psychiat (82) 2014, S. 250 ff.
167 *Money et al.*, Journal of Sex Research Vol. 13, Nr. 2 (1977), S. 115 ff.
168 Vgl. *Stirn/Thiel/Oddo*, S. 68.
169 *Bruno*, Sexuality and Disability (15) 1997, S. 243 ff.

reits im Rahmen der Begriffserklärung angesprochene Dreiteilung von Wannabes, Pretendern und Devotees.

Berger et al.[170] befassten sich im Jahr 2005 mit einer Mann-zu-Frau-Transsexuellen Betroffenen, die an sich selber eine doppelseitige Beinamputation durch Abfrierungen mittels Trockeneis herbeigeführt hatte.

Ein Jahr später veröffentlichten *Sorene et al.*[171] eine Einzelfallstudie über einen männlichen Betroffenen, der ebenfalls mehrfache Amputationen an sich herbeigeführt hatte. Zunächst hatte der Betroffene sich selbst die linke Hand amputiert und äußerte den Wunsch, operativ einen Stumpf herzustellen, der die Benutzung einer Prothese ermöglichen würde. Zehn Jahre zuvor hatte er durch eine selbst herbeigeführte infizierte Wunde am linken Unterschenkel eine Amputation unerlässlich gemacht. Weitere Amputationen folgten. In der Literatur wird jedoch kritisch angemerkt, dass Mehrfachamputationen bei männlichen BIID-Betroffenen nicht in das bestehende typische Muster passten. In diesem Sinne wird kritisiert, dass die Einzelfallstudie keine differentialdiagnostische Abgrenzung zur bereits oben beschrieben artifiziellen Störung (FDD) vorgenommen hat.[172] Hierin liegt zugleich auch die Schwäche der vorliegenden Studie von *Sorene et al.*

Eine weitere Einzelfallstudie über einen männlichen BIID-Betroffenen mit Amputationswunsch wurde ebenfalls im Jahr 2006 von *Braam et al.*[173] in Form eines Psychotherapieberichts durchgeführt. Besonderheit dieser Studie ist, dass sie sich als erste mit der Möglichkeit von Psychotherapie in Kombination mit medikamentöser Behandlung befasst. Das Ergebnis zeigte jedoch, dass diese Therapiemöglichkeit nicht in der Lage war, den Amputationswunsch beim Betroffenen zu beseitigen.[174]

Ein weiterer Einzelfall eines männlichen Betroffenen wurde im Jahr 2009 von *Kasten* und *Stirn*[175] wissenschaftlich untersucht. Die Besonderheit dieses Falls lag neben den zu den anderen Studien deckungsgleichen Beschreibungen darin, dass der Amputationswunsch des Betroffenen vom linken auf das rechte Bein gewechselt hatte. Hierin sehen *Kasten* und *Stirn* das Anzeichen dafür, dass es sich bei BIID nicht alleine um eine ausschließlich körperliche Ursache handelt.

170 *Berger et al.*, Comprehensive Psychiatry 46 (2005), S. 380 ff.
171 *Sorene et al.*, J Hand Surg [Br] 2006 (31), S. 593 ff.
172 *Stirn/Thiel/Oddo*, S. 70; s. o. § 2 I. 3. C Factitious Disorder (FDD) nach Bruno.
173 *Braam et al.*; Psychopathology 2006 (39), S. 32 ff.
174 Vgl. *Stirn/Thiel/Oddo*, S. 72.
175 *Kasten/Stirn*, Z. Pschiatr., Psychol. Psychother. 57 (1), 2009, S. 55 ff.

Khalil und *Richa*[176] veröffentlichten im Jahr 2012 eine übersichtliche Zusammenfassung der bestehenden Einzelfallstudien in englischer und französischer Sprache. Die daraus gewonnenen Erkenntnisse stehen im Einklang mit den bereits erläuterten Studien.

Hilti et al.[177] veröffentlichen im Jahr 2013 die Ergebnisse einer Studie mit 15 männlichen BIID-Probanden, die eine veränderte Hirnstruktur der Betroffenen belegte. Dennoch brachte die Studie keinen Aufschluss darüber, ob die veränderte Struktur Ursache oder Konsequenz eines langjährigen Amputationswunsches ist.

Im Jahr 2014 veröffentlichten *Blom et al.*[178] einen weiteren Einzelfall eines männlichen BIID-Betroffenen. Der 58-jährige Mann wies die bereits in den anderen Studien beschriebenen typischen Verhaltensweisen auf. Dieses Einzelfallbeispiel befasst sich mit der Entwicklung des Patienten, nachdem dieser eine Beinamputation durch Abfrieren mittels Trockeneis unerlässlich gemacht hatte. Auch nach über dreieinhalb vergangenen Jahren beschrieb der Betroffene ein anhaltendes Gefühl von Erleichterung und Glück. Die Amputation habe ihn erst komplett gemacht.

Die soeben aufgezeigten Studien sind somit ein wichtiger Bestandteil der Frage nach der Ursache von BIID und der Folgefrage der möglichen Behandlungsmethoden des Amputationsverlangens von BIID-Betroffenen. Aus juristischer Sicht ist die Frage nach Ursache und Therapiemöglichkeit von essentieller Bedeutung für die Bewertung der Zulässigkeit von elektiven Wunschamputationen. Sollten der Wissenschaft anderweitige effektive Therapieoptionen zur Verfügung stehen, könnte hierin ein milderes und gleich effektives Mittel zur Amputation gesehen werden.

Im Folgenden befasst sich diese Arbeit mit der Auswertung der aus den Studien gewonnen und für die juristische Bewertung wichtigen Erkenntnisse.

3. Unerforschtheit des Phänomens BIID

Bis zum heutigen Tage ist noch kein eindeutiger Ursprung des Phänomens BIID erkennbar. Festzuhalten ist, dass den aufgezeigten Studien mehrere Theorien über den Ursprung von BIID und den Auslöser dieses Phänomens zu entnehmen sind. Die Erklärungsansätze reichen von neurologischen Anomalien bis hin zu parallelen Auslösern wie bei Transsexualität. Dennoch kann zum jetzigen Kenntnisstand

---

176 *Khalil/Richa*, International Journal of Lower Extremity Wounds 2012 (11), S. 313 ff m.w.N.

177 *Hilti et al.*, Brain 2013: 136, S. 318 ff.

178 *Blom et al.*, Tijdschrift voor Psychiatrie (56) 2014, S. 54 ff.

keine eindeutige Aussage über die Entstehung der Krankheit getroffen werden.[179] Einzig einig ist sich die Forschung jedoch darüber, dass die Krankheit noch unerforscht ist.[180] Ein Grund hierfür ist die geringe Anzahl der Betroffenen.[181] Es bestehen zunächst keine gesicherten wissenschaftlichen Erkenntnisse über die zeitliche Verortung des Auftretens von BIID. So ist es zunächst einmal fraglich, ob der Ursprung der Störung in der Kindheit der Betroffenen zu suchen ist oder nicht.[182] Ebenso wenig lässt sich zum heutigen Zeitpunkt sicher feststellen, ob die Ursache von BIID disziplinär der Psychologie oder der Medizin zugeordnet werden muss.[183] Gleich den Fällen von plastischer Chirurgie und geschlechtsangleichenden Operationen seien die psychologischen Erklärungsansätze für die Ursache von BIID breit gefächert und wissenschaftlich ungesichert.[184] Es handelt sich folglich bei BIID um eine „bisher noch relativ unerforschte[...] Störung“[185].

4. Ursprung in Kindheit

Ein Teil der wissenschaftlichen Literatur vertritt die Theorie, BIID bestehe dem Grunde nach bereits im Kindesalter. Viele Betroffene äußern in Einzelfallberichten sowohl in Fachliteratur als auch in Tageszeitungen und Magazinen das Gefühl, eine Gliedmaße fühle sich fremd und nicht dem eigenen Körper zugehörig, habe bereits in der Kindheit eingesetzt.[186] *Kasten* führt in einem Interview die Möglichkeit an, dass Defektzustände oder Inflammationen bereits für körper-

---

179 Vgl. *Stirn/Thiel/Oddo*, S. 90; vgl. *Ryan*, Neuroethics 2 (2009), 21, 25 a.E.

180 *Obernolte/Schnell/Kasten*, American Journal of Applied Psychology 2015; 4 (1), S. 1 ff.; *Ryan*, Neuroethics 2 (2009), 21, 22; *Khalil/Richa*, International Journal of Lower Extremity Wounds 2012 (11), S. 318; vgl. *Johnston/Elliot*, Clin Med 2002; 2, S. 432; vgl. *Stephan*, Süddeutsche Zeitung Magazin 2014, S. 50.

181 Vgl. *Akyol*, taz, die Tageszeitung, 7. April 2006, S. 13; vgl. *Schneider*, Body Integrity Identity Disorder 2016, S. 160.

182 Vgl. *British Broadcasting Company*, Complete Obsession (17.02.2000).

183 *Müller*, in: Groß/Müller/Steinmetzer (Hrsg.), Normal – anders – krank?, 2008, S. 229, 230; *Ryan*, Neuroethics 2 (2009), 21, 22; vgl. *Stirn/Thiel/Oddo*, S. 90 a.E.

184 *Nitschmann*, ZStW 119 (2007), 547, 557; vgl. *Bayne/Levy*, Journal of Applied Philosophy 22 (2005), S. 75 ff.; so auch *Erich Kasten*, der im Artikel zitiert wird. Siehe *Langer*, SPIEGEL ONLINE 24.06.2010, 1 ff.

185 *Möller/Oddo/Stirn*, Persönlichkeitsstörungen 17 (2013), 99, 100.

186 An Stelle vieler: *Stirn/Thiel/Oddo*, S. 7, 80 m.w.N.; *Khalil/Richa*, International Journal of Lower Extremity Wounds 2012 (11), S. 315 ff. m.w.N.; *Braam et al.*; Psychopathology 2006 (39), S. 33 f.; *First*, Psychological Medicine 35 (2005), S. 919; *British Broadcasting Company*, Complete Obsession (17.02.2000); *Langer*, SPIEGEL ONLINE 24.06.2010, 1 ff., ebenso: *Bigalke*, Süddeutsche Zeitung 12.05.2010, die von einem

liche Schädigungen im Mutterleib verantwortlich sein könnten. Hierin könnte eine Erklärung liegen, warum manche BIID-Betroffene von der eindrücklichen Erfahrung berichten, als sie das erste Mal einen Amputierten sahen.[187] Als Feststellung, jedoch nicht als Erklärung, lässt sich somit sagen, dass viele Stimmen der Literatur[188] davon ausgehen, dass der Ursprung von BIID im Kindesalter liegt.

5. Neurologischer Ursprung

Neben dem Zeitpunkt des ersten Auftretens von BIID bei den Betroffenen im Kindesalter gehen viele Stimmen in der Wissenschaft – sowohl von psychologischer als auch von medizinischer Seite – davon aus, dass BIID mit hoher Wahrscheinlichkeit einen neurologischen Ursprung hat.[189] Laut der deutschen Diplomphysikerin und Neurophilosophin *Sabine Müller* handelt es sich bei dem Amputationswunsch innerhalb des Phänomens BIID um eine neurologische Körperbildstörung.[190] Obwohl viele Wissenschaftler den Ursprung des Phänomens grundsätzlich in einem neurologischen Problem sehen, bestehen zahlreiche Theorien, die sich unterschiedlicher neurologischer Vergleichsfälle bedienen und Parallelen zur Problematik BIID ziehen. Ein häufig verwendetes Beispiel zur Erklärung des Phänomens unter der Prämisse eines neurologischen Ansatzes ist die These, dass es sich bei einem Amputationswunsch aufgrund von Fremdheits- und Überflüssigkeitsgefühlen, hervorgerufen durch die zu amputierende Gliedmaße, um eine Art *umgedrehter Phantomschmerz* handele.[191] Dieses Beispiel

---

Betroffenen berichtet, der über sich selber sagt „schon als Kind diesen verbotenen, unerklärbaren Wunsch" gehabt zu haben.

187 *Langer*, SPIEGEL ONLINE 24.06.2010, 1 ff.; vgl. *Kasten*, Fortschr Neurol Psychiat (77) 2009, S. 20.

188 *Möller/Oddo/Stirn*, Persönlichkeitsstörungen 17 (2013), 99, 100; *First*, Psychological Medicine 35 (2005), S. 919; *Kasten*, Fortschr Neurol Psychiat (77) 2009, S. 18; *Khalil/Richa*, International Journal of Lower Extremity Wounds 2012 (11), S. 315 ff.; *Blom et al.*, PloS ONE 7(4), S. 1; *First/Fisher*, Psychopathology 2012(45), S. 6.

189 So zum Beispiel *Müller*, die eine neurologische Ursache für höchstwahrscheinlich hält. *Müller*, The American Journal of Bioethics-Neuroscience 9 (2009), 36, 38; vgl. *Fisher/Smith*, British Medical Journal 320 (2000), 1147.

190 *Müller*, in: Groß/Müller/Steinmetzer (Hrsg.), Normal – anders – krank?, 2008, S. 229, 241; Bezüglich der neurologischen Seite verweist *Müller* sehr häufig auf die persönlichen Erfahrungen des Neurologen Oliver Sacks und sein Werk (*Sacks*, Der Tag, an dem mein Bein fortging); *Hilti et al.*, Brain 2013: 136, S. 318 ff.; *van Dijk et al.*, PloS ONE 8(8): e72212; *Lenggenhager/Hilti/Brugger*, Neuropsychology 2014.

191 *Blanke et al.*, JNP 2008, S. 9 a.E. f.; vgl. *Fisher/Smith*, British Medical Journal 320 (2000), 1147; vgl. *Noll*, BIID – Kann eine Amputation langfristig helfen? 2011, S. 11.

eignet sich besonders gut zur laienhaften Verdeutlichung des Problems, dem sich BIID-Patienten ausgesetzt sehen, ohne dabei auf die komplexen medizinischen Vorgänge der einzelnen Phänomene näher einzugehen. Während beim Phantomschmerz Gliedmaße empfunden werden oder schmerzen, die tatsächlich nicht mehr vorhanden sind, werden bei BIID spiegelbildlich – trotz ihrer tatsächlichen Existenz – Gliedmaßen nicht als dem Körper zugehörig wahrgenommen.[192] Die Theorie vom umgedrehten Phantomschmerz geht somit davon aus, dass es sich bei dem Phänomen BIID um eine Nichtrepräsentation des Körpers – beziehungsweise einer Gliedmaße – im Gehirn handelt.

A. *Anosognosie*

Als medizinischer Vergleichsfall zur Lösung der Frage der Ursache und Herkunft von BIID ziehen Forscher ebenfalls die Möglichkeit einer so genannten Anosognosie in Form der Somatoparaphenie und Asomatognosie heran.[193] Hierbei handelt es sich um zwei Phänomene der Anosognosie, einer Hirnschädigung, die oftmals mit einem Schlaganfall einhergeht. Bei der Somatoparaphrenie

---

192 Dieser Auffassung ist unter anderem *Peter Brugger*, Leiter der neuropsychologischen Abteilung der Universtiätsklinik Zürich, der ebenfalls eine Fehlfunktion im Gehirn vermutet, die zu einer Fehlrepräsentation führe. In einem Interview (*Bigalke*, Süddeutsche Zeitung 12.05.2010, 2) beleuchtet er die Spiegelbildlichkeit von BIID zu Phantomschmerzen: „‚Beim Phantomschmerz ist kein Fleisch da, aber die Glieder sind im Gehirn präsent‘. Bei BIID ist es andersherum. ‚Es ist Fleisch vorhanden, aber es ist nicht beseelt‘“; vgl. hierzu *Müller*, The American Journal of Bioethics-Neuroscience 9 (2009), 36, 38; vgl. *dies.*, in: Groß/Müller/Steinmetzer (Hrsg.), Normal – anders – krank?, 2008, S. 229, 244; [„Das Fremdwerden von Gliedmaßen ist gewissermaßen komplementär zu Phantomgliedern. Im ersten Fall ist die Gliedmaße vorhanden, aber das Gefühl für sie fehlt, im zweiten Fall ist das Gefühl für die Gliedmaße da, aber diese fehlt."]; vgl. *Bridy*, Journal of Law, Medicine & Ethics 32 (2004), 148, 151; vgl. *Schreiber*, NeuroTransmitter 2015; 26 (5), S. 37; a.A.: *Bayne/Levy*, Journal of Applied Philosophy 22 (2005), 75, 76, die ihre Bedenken bezüglich des Vergleichs mit Phantomschmerzen und einem gestörten Körperbild äußern, ohne jedoch diese These gänzlich zu verneinen. So träten bei BIID nach ihrem Kenntnisstand weder Beeinträchtigungen bezüglich der Kontrolle über die Gliedmaßen auf noch seien sie von Bewegungseinschränkungen betroffen, wie man es von Menschen mit einem gestörten oder unvollständigen Körperschema erwarten würde. Des Weiteren spräche ihrer Meinung nach gegen eine Körperschemastörung, dass bereits Amputierte BIID-Betroffene den Gebrauch einer Prothese bevorzugten.

193 Vgl. *Stirn/Thiel/Oddo*, S. 33 f. m.w.N.

schreiben die Betroffenen Gliedmaße einer anderen Person zu,[194] während bei der Asomatognosie die Betroffenen verneinen, dass ein bestimmter Körperteil zu ihnen gehört.[195]

Ein Teil der Wissenschaft ist der Auffassung, dass bei BIID-Betroffenen der rechte Scheitellappen des Gehirns beschädigt oder in seiner Funktion eingeschränkt sein könnte. Sie vergleichen Fälle von Somatoparaphrenie nach einem Schlaganfall mit der Situation von BIID-Patienten. Beide Fälle haben gemeinsam, dass die Betroffenen die Zugehörigkeit eines bestimmten Körperteils oder einer bestimmten Gliedmaße zu ihrem Körper verleugnen und bestreiten.[196] So lassen die aufgeführten Studien einen neurologischen Ursprung des Phänomens vermuten, der auf eine Fehlfunktion der rechten Parietalrinde zurückzuführen sein könnte.[197]

Die These von der Dysfunktion des rechten Scheitellappens wird in Teilen auch von *Müller* unterstützt. Schlaganfälle könnten vergleichbare Symptome wie BIID auslösen.[198]

Sie ist der Meinung, die Tatsache, dass die überwiegende Mehrheit von ersehnten Amputationen von BIID-Betroffenen Amputationen linker Gliedmaße betrifft und BIIDler oftmals in der Lage sind, die Amputationslinien exakt zu lokalisieren und zu definieren, dafür sprechen könnte, dass die These rund um das Forschungsteam von *Ramachandran* und *McGeoch* zutreffend sein könnte.[199]

---

194 *Bayne/Levy*, Journal of Applied Philosophy 22 (2005), 75, 77; vgl. *Sacks*, Der Mann, der seine Frau mit einem Hut verwechselte, S. 90 ff. (Teil 1, Nr. 4, Der Mann, der aus dem Bett fiel); *Müller*, The American Journal of Bioethics-Neuroscience 9 (2009), 36, 39; a.A.: gegen die Analogie zur Asomatognosie: *Kasten*, Ergopraxis 3, 2011, S. 24 („Derartige Defekte existieren bei Menschen mit BIID definitiv nicht“).

195 *Müller*, Gehirn & Geist 7–8 (2007), 66, 69.

196 *McGeoch et al.*, J Neurol Neurosurg Psychiatry 2011: 82; S. 1314 ff.; *Ramachandran et al.*, Perception, 2009, Vol. 3; *Brang/McGeoch/Ramachandran*, NeuroReport 2008; 19, S. 1305 f.; *Ramachandran/McGeoch*, Medical Hypotheses 2007 (69), S. 250 f.; vgl. die detaillierte medizinische Aufarbeitung zum möglichen neurologischen Ursprung: *Sedda/Bottini*, Neuropsychiatric Disease and Treatment 2014: 10, S. 1259 ff. mit anschaulicher Tabelle; ebenfalls von einer neurologischen Störung des Körperbildes gehen *Blanke et al.*, JNP 2008, S. 8 ff. aus.

197 Für den detaillierten Versuchsaufbau und die medizinische Erklärung siehe: *Stirn/Thiel/Oddo*, S. 85 f.; *Romano et al.*, Consciousness and Cognition 34 (2015), S. 140 ff.; Zu einem ähnlichen Ergebnis kommen auch *Blanke et al.*, JNP 2008, S. 8 ff.; vgl. *Schneider*, Body Integrity Identity Disorder 2016, S. 59.

198 *Müller*, Gehirn & Geist 7–8 (2007), 66, 69.

199 *Müller*, in: Groß/Müller/Steinmetzer (Hrsg.), Normal – anders – krank?, 2008, S. 229, 250 mit Verweis auf *First*, Psychological Medicine 35 (2005), S. 923 f., bei dessen Studie 90 % der Betroffenen den Amputationswunsch genau lokalisieren konnten.

Eine andere Ansicht der Fachliteratur spricht sich gegen diese These aus und will BIID und Somatoparaphenie im Wege der Differenzialdiagnostik klar voneinander abgrenzen.[200]

Der bedeutende Unterschied sei darin zu sehen, dass die Betroffenen von BIID ihre zu amputierende Gliedmaße als ihrem Körper zugehörig zuordnen. Im Gegensatz zu den Fällen von Somatoparaphrenie sind sie sich darüber im Klaren, dass es sich nicht um die Gliedmaße einer anderen Person handelt.[201] Weitere Kritik wird an den Studien von *Ramachandran* und seinem Forscherteam geübt. Die Stichprobengröße von vier Personen sei nicht ausreichend, um gesicherte Erkenntnisse zu gewinnen. Zudem sei die vorgetragene These weder in der Lage, den Ursprung von BIID in der Kindheit zu erklären, noch woher die Steigerung der Intensität des Amputationsverlangens mit zunehmendem Alter rühre.[202] *Oddo et al.* sehen im Ergebnis der von ihnen durchgeführten Studie mit funktioneller Magnetresonanztomographie (fMRT) den Beweis, dass es sich bei BIID nicht um ein rein neurologisches Phänomen handelt.[203]

B. Pötzlsyndrom

Ein der medizinischen Wissenschaft ebenfalls bereits bekanntes Syndrom, das eine Parallele zu Body Integrity Identity Disorder aufweist, ist das Pötzlsyndrom. Die Tatsache, dass es möglich ist, dass Patienten Körperteile aufgrund einer neurologischen Abweichung als fremd empfinden, ist der Medizin auch im Zusammenhang mit dem Pötzlsyndrom nicht fremd. Pötzlsyndrom-Patienten empfinden plötzlich kein Gefühl mehr für ihre linke Körperhälfte, empfinden sie als andersartig bis hin zum Gefühl, es handele sich um den Körperteil eines anderen Menschen. Als bizarres Beispiel nennt *Müller* den Fall eines Patienten, der die Krankenschwester bat, nicht nur das Tablett, sondern auch sein Bein mitzunehmen. Ein anderer Patient wiederum forderte während einer Bahnfahrt seinen Mitreisenden auf, er möge doch seine Hand von seinem Bein nehmen, und zeigte dabei auf seine eigene Hand.[204]

---

200 *Möller/Oddo/Stirn*, Persönlichkeitsstörungen 17 (2013), 99, 101.

201 *Bayne/Levy*, Journal of Applied Philosophy 22 (2005), 75, 81.

202 *Stirn/Thiel/Oddo*, S. 86.

203 Bezüglich des genauen Versuchsaufbaus und der angewendeten Methodik siehe: *Stirn/Thiel/Oddo*, S. 89.

204 *Müller*, The American Journal of Bioethics-Neuroscience 9 (2009), 36, 38; vgl. *Schneider*, Body Integrity Identity Disorder 2016, S. 55.

C. *Alien-Hand-Syndrome*

Ein weiterer medizinischer Fall, der im Zusammenhang mit BIID genannt wird und in einen neurologischen Kontext gestellt wird, ist das so genannte Alien Hand Syndrome.[205] Auch bekannt unter den Namen Fremde-Hand-Syndrom, la main étrangère und das Dr. Strangelove-Syndrom.[206]

Bei dieser Krankheit handele es sich um eine äußerst rare neurologische Störung, von der erst ca. 50 Fälle bekannt sind.[207] Phänotypisch für diese Störung ist das Fremdheitsgefühl bezüglich der eigenen linken Hand. Ursächlich hierfür sind Schädigungen in Hirnteilen, wie beispielsweise dem Vorderhirn, hervorgerufen von Schlaganfällen, Hirnblutungen oder Hirntumoren.[208]

Müller argumentiert überzeugend bezüglich der aufgeführten Phänomene und der unterschiedlichen Empfindung der Symptome der vergleichbaren neurologischen Phänomene und BIID. Sie stellt fest, sollte die Herkunft von BIID eine angeborene oder früh entwickelte Körperbildstörung im Gehirn sein, so könnten sich BIID-Betroffene anders als Schlaganfall-Patienten mit dem Alien-Hand-Syndrome nicht an ein Leben erinnern, in dem das betroffene Körperteil in das Körperbild eingegliedert war. Daraus sei die unterschiedliche Empfindung zu schlussfolgern. Nämlich einmal als „Verlust" und im Falle von BIID als „störenden Ballast". Des Weiteren sieht *Müller* darin die Erklärung „warum ein und dasselbe Syndrom von den Schlaganfall-Patienten als Störung empfunden, aber von BIID-Patienten als Teil der Identität betrachtet wird".[209]

Bezüglich der Ansichten gegen einen rein somatischen neuronalen Befund wird auf die oben gemachten Aussagen verwiesen.

D. *Zusammenfassung*

Die oben[210] von *Müller* gemachte Aussage bezüglich der unterschiedlichen Wahrnehmung des Auseinanderfallens von Körper und Körperbild schließt die von an-

---

205 vgl. *Braude*, The American Journal of Bioethics-Neuroscience 9 (2009), 46, 47; vgl. *Stirn/Thiel/Oddo*, S. 33 m.w.N.; vgl. *Obernolte*, Ursachenforschung BIID 2013, S. 2.

206 *Müller*, in: Groß/Müller/Steinmetzer (Hrsg.), Normal – anders – krank?, 2008, S. 229, 247, Fn. 74.

207 *Müller*, in: Groß/Müller/Steinmetzer (Hrsg.), Normal – anders – krank?, 2008, S. 229, 247; *dies.*, The American Journal of Bioethics-Neuroscience 9 (2009), 36, 39 m.w.N.

208 *Müller*, The American Journal of Bioethics-Neuroscience 9 (2009), 36, 39.

209 *Müller*, in: Groß/Müller/Steinmetzer (Hrsg.), Normal – anders – krank?, 2008, S. 229, 250; vgl. *Schneider*, Body Integrity Identity Disorder 2016, S. 56.

210 S.o. § 2 II. 5. C Alien-Hand-Syndrome.

deren Wissenschaftlern vertretene Theorie einer „Diskrepanz (mismatch)“[211] nicht aus. Einigkeit besteht insofern darin, dass die betroffenen Patienten Divergenzen in der Wahrnehmung ihres Körpers haben, die in einem Ungleichgewicht oder einem Missverhältnis des eigenen Körperverständnisses enden. Für dieses Missverhältnis werden unterschiedliche medizinische Erklärungen herangezogen.[212]

Generell lässt sich sagen, dass die im Zusammenhang mit BIID aufgeführten anerkannten neurologischen Störungen und die damit verbundene, teilweise vertretene, „Entkopplung“ eines Körperteils vom Körpergefühl des Betroffenen, alle eine Art mismatch zum Gegenstand haben. Die oben im Zuge des Fremde-Hand-Syndroms genannte Erklärung vermag zu beleuchten, warum in den Fällen von BIID die Präsenz einer Gliedmaße als Störung und Anomalie empfunden wird.

Zusammenfassend lässt sich zudem feststellen, dass es eine Vielzahl von Theorien gibt, die bei dem Phänomen BIID von einem neurologischen Problem ausgehen.[213] Wie bereits eingangs erläutert, setzt sich diese Dissertation nicht mit der Findung des medizinischen Lösungsansatzes der Krankheit auseinander. Vielmehr ist zu beleuchten, ob und wenn ja, inwiefern sich die verschiedenen Herkunftstheorien auf die juristische Lösung der Zulässigkeit von elektiven Wunschamputationen auswirken. Als Zwischenergebnis für die neurologische Betrachtung der Krankheit lässt sich festhalten, dass Mediziner gemäß einer neurologischen Sichtweise davon ausgehen, dass auf irgendeine Art und Weise die betroffene Gliedmaße oder Gliedmaßen des Körpers im Gehirn neurologisch nicht oder falsch repräsentiert werden. Zu betonen ist jedoch, dass es sich bei allen aufgezeigten Erklärungsansätzen lediglich um Thesen handelt, die weder hinreichend wissenschaftlich validiert noch ausreichend bewiesen sind und von einer Vielzahl von Wissenschaftlern angezweifelt werden. Aufgrund eines wechselnden Amputationswunsches vom einen auf das andere Bein sprechen sich *Kasten* und *Stirn* gegen einen neurologischen

---

211 *Müller*, in: Groß/Müller/Steinmetzer (Hrsg.), Normal – anders – krank?, 2008, S. 229, 249.

212 Bzgl. des angesprochenen Missverhältnisses vgl.: *Müller*, The American Journal of Bioethics-Neuroscience 9 (2009), 36, 38; *dies.*, Gehirn & Geist 7–8 (2007), 66, vgl. S. 68; *Bayne/Levy*, Journal of Applied Philosophy 22 (2005), S. 76 m.w.N.

213 Bzgl. der Akzentverlagerung vom psychologischen zum neurologischen Ursprung siehe: *Sedda*, Neuropsychol Rev 2011; 21(4), S. 334 ff., die jedoch auch zu keinem eindeutigen Ergebnis kommt; *Sedda/Bottini*, Neuropsychiatric Disease and Treatment 2014: 10, S. 1259 ff.; siehe ebenfalls: *Brugger/Lenggenhager/Giummarra*, Frontiers in Psychology 2013, S. 1 ff., die auf einen Mischform der Einflussfaktoren von Psychologie, Neurologie und gesellschaftlichen Einflüssen hindeuten; bzgl. der Wechselbeziehung von Amputationswunsch und gestörter Gefühlsverarbeitung siehe: *Bottini/Brugger/Sedda*, Neurocase 2014.

Ursprung aus.[214] Zudem weisen *First* und *Fisher* darauf hin, dass gefundene hirnorganische Ergebnisse auch die Konsequenz eines jahrelang als fremd empfundenen Gliedmaßes sein könnten und nicht als Ursache bewertet werden dürfen.[215]

Ob BIID seinen Ursprung tatsächlich in einer neurologischen Störung hat, ist folglich unerforscht.

6. Psychologischer und Psychiatrischer Ursprung

Neben der soeben erläuterten neurologischen Sichtweise werden auch psychologische und psychiatrische Ansichten bezüglich der Ursache von BIID vertreten.[216]

Ein kleiner Teil der Wissenschaft, die sich mit dem Thema BIID befasst, geht bei dem Phänomen BIID von einem psychologischen Ursprung aus. *Lawrence* und *Money et al.* sind der Überzeugung, dass es sich bei BIID um eine Perversion im Sinne einer Paraphilie handele. Die Ursache der Krankheit sei damit psychologisch begründet.[217] Bezüglich der Studie von *Money et al.* wird auf die oben gemachten Ausführungen[218] verwiesen.

Müller begegnet dieser Theorie mit Kritik und merkt an, dass die These, es handele sich bei BIID dem Wesen nach um eine Paraphilie, heutzutage als überkommen und veraltet erachtet werde.[219] Bezüglich der Begründung für den Ausschluss der Kategorisierung von BIID in den Kontext einer Paraphilie wird auf die oben gemachten Ausführungen[220] verwiesen.

Wie bereits eingangs beschrieben, teilen sich die wesentlichen Meinungen der Wissenschaft in zwei Lager. Der eine Teil geht von einer neurologischen Ursache für die Krankheit aus, während ein anderer Teil einen psychiatrischen Ursprung sieht.

---

214 *Kasten/Stirn*, Z. Pschiatr., Psychol. Psychother. 57 (1), 2009, S. 55 ff.; *Kasten*, Fortschr Neurol Psychiat (77) 2009, S. 20; *Noll/Kasten*, Psychology and Behavioral Sciences 2014, S. 222, 229; *Kasten*, Ergopraxis 3, 2011, S. 25; vgl. zur Entkräftung mancher neurologischer Thesen: *Sedda/Bottini*, Neuropsychiatric Disease and Treatment 2014: 10, S. 1261 m.w.N.; vgl. *Obernolte*, Ursachenforschung BIID 2013, S. 2.

215 *First/Fisher*, Psychopathology 2012(45), S. 10; vgl. *Hilti et al.*, Brain 2013: 136, S. 318, 327; vgl. *Sedda/Bottini*, Neuropsychiatric Disease and Treatment 2014: 10, S. 1263 a.E. f.

216 Vgl. hierzu den guten Überblick von *Sedda/Bottini*, Neuropsychiatric Disease and Treatment 2014: 10, S. 1256 mit anschaulicher Tabelle auf S. 1258.

217 *Lawrence*, Archives of Sexual Behavior (35) 2006, S. 263 ff.; *Money et al.*, Journal of Sex Research Vol. 13, Nr. 2 (1977), S. 115 ff; vgl. *Sedda/Bottini*, Neuropsychiatric Disease and Treatment 2014: 10, S. 1256 f.

218 S.o. § 2 II. 2 Studien und Fallbeispiele.

219 *Müller*, in: Groß/Müller/Steinmetzer (Hrsg.), Normal – anders – krank?, 2008, S. 229, 238; *Schneider*, Body Integrity Identity Disorder 2016, S. 49.

220 S.o. § 2 I. 2 Begriffserklärung.

Psychiatrische Erklärungsansätze für BIID gehen oftmals von multikausalen Ursachengeflechten aus. Diese machen eine begründbare Erklärung für die Herkunft von BIID jedoch besonders schwierig. In diesem Sinne geht ein Teil der Wissenschaft beispielsweise davon aus, dass eine einzige kausale Ursache nicht in der Lage sei, eine psychiatrische Störung zu erklären.[221] Ebenso wie die australischen Philosophen *Tim Bayne* und *Neil Levy*[222] spricht sich auch *Müller* dafür aus, dass der Amputationswunsch von BIID-Betroffenen aufgrund verschiedener Ursachen entsteht und sich aller Wahrscheinlichkeit nach nicht auf *die* eine Ursache zurückführen lässt.[223]

Bezüglich einer Einordnung des Phänomens mit psychiatrischer Ursächlichkeit ist *First* der Ansicht, dass es sich bei BIID um eine Störung der Identität handelt.[224]

In diesem Punkt erhält er Zustimmung von *Müller*. Sie betont, dass das vehemente Verlangen nach Amputation für die meisten Betroffenen weder als eigenartig noch als unerwünscht angesehen wird. Das große obsessive Verlangen nach einer Amputation zur Herstellung der eigenen Identität – ohne das Gefühl von Seltsamkeit oder Unerwünschtheit der Amputation – spreche für eine Störung der Identität und unterscheide BIID-Betroffene somit von der Mehrzahl anderer Zwangserkrankten.[225]

Auch zu der Frage, ob es sich bei BIID um eine Wahnerkrankung im psychologisch-psychiatrischen Sinne handeln könnte, finden sich Meinungen in der Wissenschaft. Die Frage, ob BIID als wahnhafte Störung einzustufen ist oder nicht, könnte entscheidend für die Bewertung der Krankheit unter juristischen Aspekten sein. Nämlich, ob die Betroffenen überhaupt in der Lage sind, selbstbestimmte Entscheidungen zu treffen oder nicht. *Ryan* spricht sich bei BIID gegen eine psychotische Krankheit aus und mahnt vor vorschnellen Wertungen. Ethische Begründungen, die auf der Annahme einer psychotischen Störung basieren, seien folglich haltlos.[226] Des Weiteren stellt er fest, dass BIID-Patienten weder im

---

221 *Elliot*, in: Kuhse/Singer (Hrsg.), Bioethics, 2006, S. 625, 631 [„a single causal mechanism isn't sufficient to explain psychiatric disorders"]; vgl. *Stirn/Thiel/Oddo*, S. 90 a.E.

222 *Bayne/Levy*, Journal of Applied Philosophy 22 (2005), S. 77.

223 *Müller*, in: Groß/Müller/Steinmetzer (Hrsg.), Normal – anders – krank?, 2008, S. 229, 251; *Schneider*, Body Integrity Identity Disorder 2016, S. 65.

224 *First*, Psychological Medicine 35 (2005), S. 919 ff.; so auch: *Khalil/Richa*, International Journal of Lower Extremity Wounds 2012 (11), S. 318, die in BIID eine Störung psychiatrischen Ursprungs sehen.

225 *Müller*, in: Groß/Müller/Steinmetzer (Hrsg.), Normal – anders – krank?, 2008, S. 229, 240; so auch: *Johnston/Elliot*, Clin Med 2002; 2, S. 432, 434.

226 *Ryan*, Neuroethics 2 (2009), 21, 24; vgl. ebenfalls: *Kröger*, Therapieerfahrung und Therapieerfolg BIID 2013, S. 11.

psychologisch-psychiatrischen Sinne manisch mit dem Amputationswunsch befasst sind, noch sich strikt gegen Versuche wehren, die Glaubwürdigkeit ihrer Ansicht zu hinterfragen. Hierin sieht er den Unterschied zu Wahnkranken. Das umgangssprachlich als Wahn bezeichnete Verlangen stelle im Falle der Betroffenen eher eine extreme Besorgtheit da, da sich BIID-Patienten mit ihrem intensiven Verlangen beschäftigten und auseinandersetzten.[227] *Stirn*, *Thiel* und *Oddo* weisen darauf hin, dass alle zu BIID erfolgten Studien belegten, dass es sich bei BIID-Betroffenen nicht um Menschen mit psychiatrischen Auffälligkeiten handele. Weder litten sie an Psychosen, Körperdysmorphophobie noch selbstverletzendem Verhalten.[228]

First ist der Ansicht, dass der Amputationswunsch bezüglich intakter Gliedmaße am ehesten mit dem Krankheitsbild von Gender Identity Disorder (GID) verglichen werden könne. Hierzu hat er einen Vergleich der charakteristischen Merkmale erstellt.[229]

Zu der Vergleichbarkeit mit Gender Identity Disorder hat First sechs Kriterien aufgestellt:

1. die Unzufriedenheit mit der anatomischen Identität,
2. ein innerer Sinn der gewünschten Identität,
3. der Beginn in der Kindheit oder frühen Adoleszenz,
4. die manchmal erfolgreiche Therapie durch Amputation,
5. das Imitieren der Wunschidentität (Transvestitismus bzw. Pretending),
6. häufig eine paraphile sexuelle Erregung durch die Vorstellung der Wunschidentität.[230]

Auch die Presse verweist auf die Erkenntnisse von *First* und stellt fest, dass die überwiegende Mehrzahl der Betroffenen weder unter Wahn- oder Zwangsvorstellungen noch an Suchterkrankungen leidet und ebenso wenig eine wahnbasierte Selbstverletzungstendenz besteht.[231]

---

227 *Ryan*, Neuroethics 2 (2009), 21, 24.

228 *Stirn/Thiel/Oddo*, S. 90 mit Verweis auf den zuvor detailliert beschriebenen Forschungsstand; *First/Fisher*, Psychopathology 2012(45), S. 6; vgl. *Kasten*, Ergopraxis 3, 2011, S. 24.

229 *First*, Psychological Medicine 35 (2005), S. 926; vgl. *Müller*, in: Groß/Müller/Steinmetzer (Hrsg.), Normal – anders – krank?, 2008, S. 229, 240–241; vgl. *Sedda/Bottini*, Neuropsychiatric Disease and Treatment 2014: 10, S. 1257.

230 Deutsche Übersetzung der *First*-Kriterien von *Müller*, in: Groß/Müller/Steinmetzer (Hrsg.), Normal – anders – krank?, 2008, S. 229, 240–241.

231 *Langer*, SPIEGEL ONLINE 24.06.2010, 1 ff. mit Bezugnahme auf die Studie von Michael First (*First*, Psychological Medicine 35 (2005), S. 919 ff.).

7. Zwischenergebnis

Anhand des aufgeführten Meinungsspektrums ist ersichtlich, dass sich die Wissenschaft zum jetzigen Zeitpunkt überhaupt nicht festlegen kann, welche Ursache oder Ursachen für den Amputationswunsch innerhalb des Phänomens BIID verantwortlich ist oder sind. Vertreter der neurologischen These sehen ebenfalls gute Argumente in psychiatrischen Ansätzen. Dennoch ist festzuhalten, dass die Ursache von BIID nicht wissenschaftlich geklärt ist. Psychologische und psychiatrische Ansätze reichen von der Annahme einer Paraphilie bis hin zu einem parallelen Phänomen von geschlechtlicher Identitätsstörung.[232] Eine neuere Strömung verortet den Ursprung des Phänomens im Bereich der Neurologie. Die hierzu verwendeten Studien verwenden eine Vielzahl verschiedener medizinischer Methoden. So weisen *Sedda/Bottini*[233] darauf hin, dass, obwohl neurowissenschaftliche Methoden im Gegensatz zur psychologischen und psychiatrischen Forschung als objektiver bewertet würden, auch die verschiedenen neurologischen Studien abweichende Ergebnisse ans Licht brächten. Zusammengefasst überschnitten sich die neurologischen Studien nicht und sollten nicht den Rückschluss auf den Beweis eines neurologischen Ursprungs für BIID zulassen. Ebenso wenig überzeugend sei jedoch der psychiatrische und psychologische Ansatz bezüglich der sexuellen Motivation oder der gestörten Identität.

Dieser Zustand veranlasst Wissenschaftler dazu nach der Lösung des Problems der Ursache von BIID nicht strikt in einer Disziplin zu suchen. Ähnlich dem oben ausgeführten Gedanken, es könne sich nicht um einen einzigen kausalen Faktor handeln, um eine derart folgenreiche Störung zu erklären, sehen Teile der Wissenschaft in BIID einen interdisziplinären Forschungsgegenstand.[234]

Slatman und *Widdershoven* versuchen, sich dem Problem mittels einer existenzialistischen Beschreibung der Störung zu nähern, ohne das Problem als isoliert psychologisch, psychiatrisch oder neurologisch zu betrachten. Sie sehen die Problematik in einem Zwei-Phasen-Modell, welches die Körperexistenz eines Menschen als Haben und Sein beschreibt. Diesem Modell zu Folge *hat* und *ist* man sein eigener Körper.[235] In diesem Sinne wird davon ausgegangen, dass der

---

232 *Sedda/Bottini*, Neuropsychiatric Disease and Treatment 2014: 10, S. 1263.

233 *Sedda/Bottini*, Neuropsychiatric Disease and Treatment 2014: 10, S. 1263 mit Beleuchtung der unterschiedlichen medizinischen Methoden.

234 Vgl. *Schneider*, Body Integrity Identity Disorder 2016, S. 158.

235 *Slatman/Widdershoven*, The American Journal of Bioethics-Neuroscience 9 (2009), 48 [„we seek an existential description of this disorder instead of limiting ourselves to isolated psychological, psychiatric, or neurological explanations. A human's bod-

Ausgleich zwischen *sein* und *haben* im Falle von BIID gestört ist und somit die Integrität der Menschen, also ihrer „Ganzheit" nicht im Einklang steht.[236]

Auch wenn diese Theorie einen deutlich abstrakteren und größeren Blickwinkel auf die Störung einnimmt, kommt auch sie in letzter Konsequenz zu dem Schluss, dass es sich bei BIID um eine Form des mismatches – im oben genannten Sinne[237] – handeln muss. Festzustellen ist jedoch auch hier, dass diese These ebenfalls eine wissenschaftlich belegte Erklärung schuldig bleibt. *Sedda/Bottini* verdeutlichen, dass auch nach 37 Jahren Forschung unter Einbeziehung hochmoderner Technologien keine Erklärung für die Herkunft des beschriebenen Amputationswunsches gefunden wurde. Das Phänomen bedürfe einer multidisziplinären Herangehensweise und müsse sich von „simplen" klinischen und experimentellen Rahmenbedingungen lösen. Erforderlich sei ein komplexeres Erklärungsmodell, das auch soziale und ethische Aspekte berücksichtige.[238] Zusammenfassend lässt sich somit festhalten, dass keine der aufgeführten Theorien in der Lage ist, die Ursache von BIID wissenschaftlich belegt zu erklären. In allen Fällen handelt es sich um Theorien, die noch weiterer Forschung bedürfen.

Neben den aufgezeigten Theorien über die noch unerforschte Herkunft bedarf es darüber hinaus der Würdigung der Therapierbarkeit von BIID und möglichen Heilungsmethoden.

8. Therapierbarkeit und Heilungsmethoden

Ebenso strittig und unerforscht wie die Ursache und der Auslöser von BIID ist spiegelbildlich die Therapierbarkeit des Phänomens. In diesem Punkt steht der modernen Wissenschaft noch keine erfolgreiche Heilungsmethode in Form einer wirksamen Therapie zur Verfügung. Die Forschung nach der Therapierbarkeit der Krankheit gestaltet sich noch schwieriger als die Suche nach der Herkunft von BIID, da es keinen konkreten Ansatz gibt, der das Problem von BIID und elektiven Wunschamputationen lösen könnte.[239] Im Folgenden setzt sich diese

---

ily existence can be described as a two-layered way of being: one both *has* and *is* one's body."]; zur Notwendigkeit eines interdisziplinären Erklärungsversuchs siehe: *Kröger*, Therapieerfahrung und Therapieerfolg BIID 2013, S. 22 a.E. f.

236 *Slatman/Widdershoven*, The American Journal of Bioethics-Neuroscience 9 (2009), 48; vgl. *De Preester*, Med Health Care Philos (2013) 16, S. 177; vgl. *Sedda/Bottini*, Neuropsychiatric Disease and Treatment 2014: 10, S. 1257.

237 S.o. § 2 II. 5. D Zusammenfassung.

238 *Sedda/Bottini*, Neuropsychiatric Disease and Treatment 2014: 10, S. 1264.

239 vgl. *Müller*, The American Journal of Bioethics-Neuroscience 9 (2009), 36, 39, die in der kontrovers diskutierten Debatte über die Herkunft von BIID auch den Ur-

Arbeit mit den vertretenen Ansichten zur Heilung des Amputationswunsches von BIID-Betroffenen auseinander und zeigt die Stärken und Schwächen der jeweiligen thesenhaften Therapiemethoden auf. Darüber hinaus befasst sie sich mit der Möglichkeit, BIID-Betroffene durch Amputation von ihrem oben beschriebenen immensen Leidensdruck[240] zu befreien.

A. *Psychotherapie und Psychiatrische Behandlung*

Eine Möglichkeit, den quälenden Amputationswunsch der Betroffenen ohne operative Entfernung von Gliedmaßen zu bekämpfen, könnten psychotherapeutische und psychiatrische Methoden darstellen. Eine Psychotherapie könnte bewirken, dass die Betroffenen ihre nicht als zugehörig empfundene Extremität wieder in ihr persönliches Körperbild eingliedern und somit nicht mehr den inneren Drang verspüren, sich der Gliedmaße zu entledigen. Die wenigen Studien und Einzelfallberichte, die bislang zum Thema BIID verfügbar sind, lassen jedoch berechtigte Zweifel an der Wirksamkeit dieser Art von Therapie aufkommen. In diesem Sinne ist in der Fachliteratur zu BIID belegt, dass die etablierte Psychotherapie nur geringe Auswirkungen auf die Linderung des Amputationswunsches hatte[241] und nicht in der Lage war, das Verlangen der Betroffenen nach einer Amputation zu beseitigen.[242]

Während *Bruno*[243] davon ausgeht, dass Psychotherapie der einzige Schlüssel gegen den Amputationswunsch von BIID-Betroffenen sei, die sich nach seiner Ansicht von einer Amputation lediglich mehr Liebe und Aufmerksamkeit erhofften, die sie im Kindesalter nicht erhalten haben, widersprechen *Bayne* und *Levy*. Sie gehen davon aus, dass *Bruno* mit seiner Theorie falsch liegt. Sie weisen darauf

---

sprung für die Kontroverse der Therapiemöglichkeiten des Phänomens sieht; vgl. *Noll*, BIID – Kann eine Amputation langfristig helfen? 2011, S. 22.

240 S.o. § 2 I. 1 Problemaufriss.

241 *Müller*, The American Journal of Bioethics-Neuroscience 9 (2009), 36, 39; vgl. *Stirn/Thiel/Oddo*, S. 72 mit Verweis auf *Braam et al.*, Psychopathology 2006 (39), S. 35.

242 *Bayne/Levy*, Journal of Applied Philosophy 22 (2005), S. 83; *Bensler/Paauw*, Southern Medical Journal 2003, S. 675 f.; *Braam et al.*; Psychopathology 2006 (39), S. 34 ff.; *First*, Psychological Medicine 35 (2005), S. 920; *Stirn/Thiel/Oddo*, S. 14; zu den Auswirkungen von Psychotherapie auf die Linderung des Leidensdrucks bei BIID-Patienten mit genauer Methodikbeschreiubung siehe: *Kröger/Schnell/Kasten*, ajap 2013; 3(5), S. 110 ff.; *Kröger*, Therapieerfahrung und Therapieerfolg BIID 2013, S. 2; *Noll/Kasten*, Psychology and Behavioral Sciences 2014, S. 228; *Thiel/Ehni/Oddo/Stirn*, Psychiat Prax 2011; 38, S. 258, die der Psychtherapie lediglich die Verringerung der Symptome beimessen.

243 *Bruno*, Sexuality and Disability (15) 1997, S. 257 f.

hin, dass es keine systematische Studie gibt, die die Auswirkungen von Psychotherapie auf den Amputationswunsch der Betroffenen belege. Sie verweisen auf die – oben bereits angesprochene – First-Studie, die gegen Psychotherapie als effektive Behandlungsmethode spricht.[244] Laut der Studie von *First* sprachen 18 von 52 Patienten mit ihren Psychotherapeuten über ihren dringenden Wunsch nach einer Amputation. Keiner von ihnen berichtete von einer Intensitätsverringerung des Wunsches im Verlauf der Therapie.[245]

Auch *Smith* und *Fisher* sind der Auffassung, dass eine psychiatrische Behandlung keine Erfolge zeige. Sie beschreiben, dass ihre Probanden von zwei Psychiatern begutachtet wurden und manche von ihnen sich bereits zuvor ausgedehnter psychiatrischer Behandlungen unterzogen hätten. Dennoch weisen sie darauf hin, dass diese Therapien keinen Einfluss auf das erlebte Ungleichgewicht zwischen körperlicher und geistiger Empfindung des eigenen Körpers hatten.[246] In diesem Sinne berichtet auch ein Betroffener von seinen Erfahrungen mit psychotherapeutischer Behandlung. Nach vier Jahren intensiver Arbeit habe ihm die Psychotherapeutin geraten, dass es für ihn „das Beste" sei, sich chirurgische Hilfe zu suchen anstatt nach alternativen Wegen Ausschau zu halten wie Bahnschienen oder andere „traumatische Schädigungen".[247]

Auch *Russell Reid*, ein Psychiater, der sich mit der Materie BIID und erfolgreichen Heilungsmethoden befasst, sieht in der Psychotherapie keine erfolgsversprechende Therapiemethode. In einer BBC-Dokumentation merkte er an, dass Psychotherapie in Form von Gesprächstherapie für die Betroffenen leider überhaupt keine Auswirkungen habe.[248] Sehr deutlich macht er seine Ansicht klar, dass die Betroffenen auf eine Amputation so festgelegt seien, dass man bis zum „Sankt-Nimmerleins-Tag" reden könne, ohne dass sich die Situation der Betroffenen ändern werde.[249]

---

244 *Bayne/Levy*, Journal of Applied Philosophy 22 (2005), 75, 83.

245 *First*, Psychological Medicine 35 (2005), S. 919 ff.

246 *Fisher/Smith*, British Medical Journal 320 (2000), 1147; so auch: *First/Fisher*, Psychopathology 2012(45), S. 10 a.E. f.

247 *British Broadcasting Company*, Complete Obsession (17.02.2000); so ebenfalls in einem anderen beschriebenen Fall eines Betroffenen, dem Psychotherapie ebenfalls keine Linderung verschaffte und von seinem Therapeuten das letztlich erfolglose Versprechen erhielt für ihn einen Chirurgen zu finden, der das Bein amputieren würde, *Kneip*, Der Spiegel 34/2009 (17.08.2009).

248 *British Broadcasting Company*, Complete Obsession (17.02.2000).

249 *British Broadcasting Company*, Complete Obsession (17.02.2000) [„They are so fixed and so, in a sense, locked in to what they want for themselves that you can talk till the cows come home it doesn't make any difference. They're still going to want their amputation and I know that for a fact"].

Anders als die oben aufgeführten Ansichten ist *Stirn* der Meinung, dass psychotherapeutische Hilfe bei einigen Patienten den Wunsch nach einer Amputation zumindest verringern konnte.[250] Fraglich ist jedoch, ob eine Minderung des Amputationsverlangens aus therapeutischer Sicht einen Erfolg darstellt, da es den Berichten zu Folge nicht gelungen ist, den Betroffenen mittels Psychotherapie das Verlangen nach Amputation gänzlich zu nehmen.

Müller zweifelt an der Aussagekraft von Einzelfällen zur Wirkungslosigkeit von Psychotherapie, gegebenenfalls verbunden mit der Verabreichung von Psychopharmaka. Es mangele an wissenschaftlichen Studien über die Wirkungslosigkeit anderer Therapien, und auch in diesen Fällen basiere die Begründung allein auf einer geringen Anzahl von Einzelfallberichten gescheiterter (ggf. psychopharmakologisch unterstützter) Psychotherapien.[251] Für den Fall, dass BIID eine neurotische Störung darstelle, wie zum Beispiel die oben beschriebene Factitious Disorder (nach Bruno),[252] schlägt *Müller* die Möglichkeit einer Mischtherapie aus psychotherapeutischer und medikamentöser Therapie vor. Eine Kombination beider Therapieformen hält *Müller* ebenfalls für angemessen für den Fall, dass es sich bei BIID um eine Form der Body Dysmorphic Disorder handeln sollte. Die Heilungserfolge sieht sie aber selbst ebenfalls nicht als gesicherte Erkenntnis an, vielmehr bestehe „vielleicht" die Möglichkeit des Erfolges.[253]

Zusammenfassend lässt sich somit festhalten, dass die Mehrzahl der Stimmen in der Forschung psychotherapeutischen und psychiatrischen Maßnahmen keinen Erfolg bei der Beseitigung des Amputationswunsches der Betroffenen beimessen. Auch diejenigen Stimmen, die sich grundsätzlich nicht gegen die heilende Wirkung aussprechen, müssen sich entgegenhalten lassen, dass die Heilungserfolge nicht belegt sind und sie – wenn überhaupt – zumeist nur von einer Linderung und Minimierung des Amputationsverlangens ausgehen, welche jedoch nicht als Heilungserfolg in Form von dauerhafter Bekämpfung des Grundleidens gewertet werden kann.[254]

---

250 *Stirn*, zitiert nach: *Kneip*, Der Spiegel 34/2009 (17.08.2009); anders jedoch in: *Kasten/Stirn*, Z. Pschiatr., Psychol. Psychother. 57 (1), 2009, S. 60. Dort wird von der regelmäßigen Wirkungslosigkeit von psychopharmakologischen und psychotherapeutischen Maßnahmen ausgegangen.

251 *Müller*, in: Groß/Müller/Steinmetzer (Hrsg.), Normal – anders – krank?, 2008, S. 229, 256.

252 S.o. § 2 I. 3. C Factitious Disorder (FDD) nach Bruno.

253 *Müller*, in: Groß/Müller/Steinmetzer (Hrsg.), Normal – anders – krank?, 2008, S. 229, 252 a.E. f. – 253.

254 Vgl. *Ryan*, Neuroethics 2 (2009), 21, 27; vgl. *Gert*, in: Rothhaar/Frewer (Hrsg.), Das Gesunde, das Kranke und die Medizinethik 2012, S. 74.

B. Antidepressiva

Wie bereits soeben beschrieben, könnten BIID-Betroffene durch Psychopharmaka oder durch eine Kombination von Psychotherapie und Psychopharmaka von ihrem Wunsch nach einer Amputation geheilt werden. Gleich der Problematik der Nachweisbarkeit des Heilungserfolgs bei der Psychotherapie, fehlt es auch im Falle medikamentöser Behandlung an verlässlichen Daten und Studien.[255]

Im Gespräch zur Behandlung von BIID-Patienten sind Antidepressiva in Form von Serotonin-Wiederaufnahme-Hemmern in Verbindung mit Verhaltenstherapie. Mehrere Forschungsprojekte berichten davon, dass diese Art von Kombination manchmal in der Lage war, das Verlangen nach der Entfernung eines Körperteils zu lindern, jedoch nie, es gänzlich zu unterdrücken.[256]

Auch hier gilt das oben Gesagte[257]. Eine unbedeutende Verbesserung, hervorgerufen durch eine geringfügige Linderung des Amputationsverlangens, stellt jedoch keine ernstzunehmende Heilung der Betroffenen dar, sodass die Gabe von Antidepressiva zum heutigen Zeitpunkt nicht als effektive Heilungsmethode betrachtet werden sollte.[258]

C. Movement Therapie

Neben den aufgezählten herkömmlichen Methoden, von denen sich Wissenschaftler Lösungen zur Bekämpfung des Amputationswunsches ohne invasive Eingriffe erhoffen, gibt es in der Fachliteratur auch Beschreibungen einzelner Forscher, die mit alternativen Behandlungsmethoden dem Phänomen des Amputationswunsches aufgrund von BIID Abhilfe schaffen wollen. Eine davon ist die so genannte Movement Therapie (englisch: movement therapy), die von dem britischen Neurologen und Schriftsteller *Oliver Sacks* vertreten wird.[259] Hierbei soll es gelingen, das aus dem Gehirn entgliederte Körperteil mittels Bewegung wieder in die neuronale Repräsentation einzugliedern.[260]

---

255 Bzgl. der Auswirkungen von psychopharmakologischer Medikation ohne nennenswerte Erfolge siehe: *Noll/Kasten*, Psychology and Behavioral Sciences 2014, S. 228, 230.

256 *Müller*, The American Journal of Bioethics-Neuroscience 9 (2009), 36, 39; *Braam et al.*; Psychopathology 2006 (39), S. 34 a.E. f.; *Wise/Kalyanam*, Journal of Sex & Marital Therapy 2000; 26: S. 342; vgl. *Stirn/Thiel/Oddo*, S. 72; so auch: *Kröger*, Therapieerfahrung und Therapieerfolg BIID 2013, S. 36.

257 S.o. § 2 II. 8. A Psychotherapie und Psychiatrische Behandlung.

258 Vgl. Ryan, Neuroethics 2 (2009), 21, 26.

259 *Sacks*, Der Mann, der seine Frau mit einem Hut verwechselte, S. 102 ff.

260 *Schneider*, Body Integrity Identity Disorder 2016, S. 67; zur konzentrativen Bewegungstherapie (KBT) und analytischen Bewegungs- und Tanztherapie (ABT) siehe: *Stirn/Thiel/Oddo*, S. 153.

Dieser Therapieansatz findet jedoch in der Fachliteratur nur sehr wenig Beachtung. *Müller* ist der Ansicht, dass die Movement Therapie keine Behandlungsform darstellt, die in der Lage sei, die betroffenen BIID-Patienten von ihrem Amputationswunsch zu befreien. Diese einfache Form der Behandlung durch simple Bewegung könne dabei helfen, verkümmerte Nervenverbindungen wieder zu erstarken, jedoch könne sie nicht dafür sorgen, dass ein durch Löschung von der neuronalen Karte des Gehirns fremd gewordener Körperteil wieder eingegliedert würde.[261]

D. Vestibular Caloric Stimulation

Ramachandran und *McGeoch*[262] vertreten eine andere These zur Heilung von BIID-Patienten. Ihrer Ansicht nach könne die so genannte vestibular caloric stimulation Abhilfe schaffen. Hierbei wird versucht, mittels kaltem Wasser im Gehörgang eine neuronale Verbindung zwischen Gehirn und dem zu amputierenden Gliedmaß herzustellen.

Angewendet wird dieses Verfahren ebenfalls bei der bereits eingangs beschriebenen Somatoparaphenie.[263] *Müller* ist auch hier der Ansicht, dass diese Methode nicht in der Lage sein wird, eine derart schwerwiegende Entkopplung von Körperteilen aus dem persönlichen Körperbild zu heilen. Bestenfalls sei diese Methode in der Lage, Leiden durch Milderung zu lindern, aber nicht gänzlich zu beseitigen.[264] Versuche, BIID-Betroffene mit dieser Methode zu behandeln, brachten keinen Erfolg.[265]

Bezogen auf das Problem von BIID ist somit auch hinsichtlich der vestibular caloric stimulation zu befürchten, dass sie keine Heilungsmethode für die Betroffenen darstellt.

E. Repetitive Magnetic Stimulation (rTMS)

Als weitere Möglichkeit zur Heilung von BIID-Patienten nennt *Müller* noch eine eigene Theorie, die den Betroffenen Heilung versprechen könnte. Auch hier handelt es sich jedoch nicht um wissenschaftlich gesicherte Befunde, sondern

---

261 *Müller*, The American Journal of Bioethics-Neuroscience 9 (2009), 36, 39.
262 *Ramachandran/McGeoch*, Medical Hypotheses 2007 (69), S. 250 ff.
263 *Stirn/Thiel/Oddo*, S. 85, die den deutschen Begriff vestibuläre kalorische Stimulation verwenden; *First/Fisher*, Psychopathology 2012(45), S. 11; *McGeoch et al.*, J Neurol Neurosurg Psychiatry 2008: 79: S. 1298 ff.
264 *Müller*, The American Journal of Bioethics-Neuroscience 9 (2009), 36, 39.
265 *Lenggenhager et al.*, Cortex 54 (2014), S. 210 ff.; *First/Fisher*, Psychopathology 2012(45), S. 11.

lediglich um eine vage Vermutung, die als mögliche Heilungsmethode für BIID infrage kommen könnte. Als Möglichkeit nennt sie die so genannte repetitive magnetic stimulation (kurz: rTMS). Hierbei nimmt sie Bezug auf Forschungen von *Tegenthoff et al.*,[266] bei denen bewiesen wurde, dass wiederholte magnetische Stimulationsströme in der Lage waren, fühlbare Abstoßungsreaktionen zu minimieren und „somatosensorische Karten im Bereich der Hirnrinde zu vergrößern".[267] Auch die hier von *Müller* vertretene Heilungsmethode ist letztlich nur eine vage Mutmaßung. Sie geht davon aus, dass für den Fall einer neurologischen Ursache für das Phänomen BIID „in Zukunft kausale Therapien möglich werden [könnten]". Des Weiteren führt sie aus, „[e]ine transkranielle Magnetstimulation könnte vielleicht zumindest zeitweiligen Erfolg bringen".[268] Alleine die Wortwahl der eventuell für möglich gehaltenen zeitweisen Verbesserung verdeutlicht, dass es sich bei der Möglichkeit der Heilung lediglich um eine Mutmaßung handelt. Der Heilungserfolg wiederholter Magnetstimulationen wird zudem von Anfang an lediglich auf eine temporäre Linderung des Amputationswunsches beschränkt. Fraglich ist jedoch, inwiefern eine derartige Linderung den Betroffenen überhaupt hilft. *First* und *Fisher* sprechen sich gegen die Möglichkeit der Behandlung durch rTMS aus. Angesichts der ohnehin knapp bemessenen wissenschaftlichen Erkenntnisse über mögliche Heilungsmethoden sei der Rückgriff auf risikoreichere Vorgehensweisen verfrüht.[269]

Wie bereits beschrieben, ist der gemilderte Amputationswunsch in den betroffenen Menschen nach wie vor präsent, sodass man im Kontext der Heilung nicht von einem Erfolg sprechen kann. Die Behandlungsmethode rTMS stellt zum jetzigen Zeitpunkt keine hinreichend erfolgreiche Therapieform dar.

F. Stimulationselektroden im Gehirn

Eine weitere Methode, die eine amputationslose Heilung von BIID-Patienten bedeuten könnte, wäre die Heilung des Amputationsverlangens mit Hilfe von Stimulationselektroden im Gehirn. Vertreten wird diese Möglichkeit der Heilung erneut von *Müller*.[270]

---

266 *Tegenthoff et al.*, PloS Biology 2005, Vol. 3, Issue 11, S. 2031 ff.

267 *Müller*, The American Journal of Bioethics-Neuroscience 9 (2009), 36, 39.

268 *Müller*, The American Journal of Bioethics-Neuroscience 9 (2009), 36, 39.

269 *First/Fisher*, Psychopathology 2012(45), S. 11.

270 *Müller*, The American Journal of Bioethics-Neuroscience 9 (2009), 36, 39 a.E., [„Another possibility might be the implantation of stimulation electrodes into the affected brain area."].

Sie führt aus:

> „Wenn das hirnorganische Substrat des gestörten Teils des Körperbildes präzise ermittelt werden kann, lässt sich dieses möglicherweise durch kontinuierliche Hirnstimulation durch implantierte Elektroden oder durch einen mikrochirurgischen oder radiochirurgischen Eingriff therapieren."[271]

Auch diese Heilungsmethode, die sie nur in einem Satz anspricht, ist jedoch reine Spekulation und stellt zum jetzigen Zeitpunkt keine Alternative dar. Wie bereits eingangs beschrieben, ist ein Problem bei der Therapiefindung für BIID, dass zum jetzigen Zeitpunkt keine gesicherten Erkenntnisse über die Herkunft und den Ursprung des Phänomens vorliegen. Neue gesicherte Erkenntnisse über die Herkunft von BIID würden automatisch die Debatte über Therapiemethoden und somit die Zulässigkeit von elektiven Wunschamputationen im Zusammenhang mit diesem Thema verändern. Deshalb befasst sich diese Arbeit mit dem wissenschaftlichen status quo und der Findung einer juristischen Lösung für die Problematik anhand des aktuellen Forschungsstandes.

Mutmaßungen und Thesen über eventuell mögliche Heilungsmethoden in ferner Zukunft, deren Erprobung bereits einen völlig veränderten Ausgangssachverhalt zum jetzigen Kenntnisstand zugrunde legen, können folglich nur sehr bedingt Berücksichtigung finden.[272]

Es ist möglich, dass die Forschung eine Lösung für die Ursache von BIID finden wird und somit die Debatte von der Zulässigkeit der Amputationen gänzlich neu beginnen muss. Nicht verkannt werden darf jedoch, dass das Leiden der Betroffenen akut ist und gefragt werden muss, inwiefern den Betroffenen ein Zuwarten auf eventuell gefundene Heilungsmethoden – deren Erfolg zum jetzigen Zeitpunkt das Stadium einer bloßen Spekulation nicht überschreitet – zugemutet werden kann.

Außerdem ist die Frage zu stellen, ob ein möglicherweise schwerwiegender Eingriff ins Gehirn eine Alternative zu einer routinemäßig durchgeführten Amputation darstellt.[273] *Müller* ist gegen die Amputation als Heilungsmethode und will Maßnahmen am Gehirn den Vortritt einräumen.

Für den Fall, dass es sich bei BIID um eine Störung des Körperbildes im Gehirn handelt, geht *Müller* davon aus, dass es besser ist das Körperbild im Gehirn zu modifizieren als den physischen Körper dem im Gehirn vorhandenen Bild anzupassen.

---

271 *Müller*, in: Groß/Müller/Steinmetzer (Hrsg.), Normal – anders – krank?, 2008, S. 229, 252–253.

272 Vgl. hierzu die zutreffende Bemerkung, dass ein Zuwarten für die „leidenden Menschen grausam" ist, von *Schneider*, Body Integrity Identity Disorder 2016, S. 160.

273 Vgl. *First/Fisher*, Psychopathology 2012(45), S. 11.

Es sei danach zu fragen, ob bei ethischer Betrachtung eine Wunschamputation größere Probleme aufwerfe als ein operativer Eingriff im Gehirn. Letzteres stelle im Falle einer hirnorganischen Störung eine kausale Therapie dar, während eine Amputation lediglich die Symptome der Betroffenen lindern könne.[274]

Kritiker von *Müller* sprechen sich gegen den Vorschlag von Stimulationselektroden im Gehirn aus.

Slatman und *Widdershoven* weisen darauf hin, dass eine Angleichung des Gehirns an den Ist-Zustand des Körpers im Vergleich zu einer Amputation, bei der der Sollzustand des Körpers hergestellt wird, sehr gefährlich und zum momentanen Forschungsstand der Wissenschaft überhaupt noch nicht möglich ist. Als Beispiel verweisen sie auf den Vergleichsfall der Transsexualität. Neurologen gingen davon aus, dass eine neurologische Abweichung im Gehirn für Transsexualität verantwortlich sei, und dennoch seien geschlechtsändernde Operationen ein probates Mittel. Eine mögliche Modifizierung im Gehirn als ursprungsbeseitigende Therapie werde nicht einmal in Betracht gezogen.[275]

Zusammenfassend lässt sich festhalten, dass es viele nichtinvasive und invasive Therapieansätze zur Behandlung der Fehlrepräsentation und dem daraus resultierenden Amputationswunsch aufgrund von BIID geben könnte. Zum jetzigen Stand der Wissenschaft könnte jedoch die Amputation das einzige Mittel sein, welches in der Lage ist, das Leiden der Betroffenen effektiv und nachhaltig zu beenden.

G. *Amputation*

Die letzte Form der infrage kommenden Therapiemethoden – im Sinne der Symptomlinderung von BIID – ist die am heftigsten diskutierte. Es handelt sich um die Debatte der Amputation gesunder Gliedmaße zur Beseitigung des Amputationswunsches von BIIDlern.

Dieses Kapitel setzt sich mit den Heilungschancen, ausgehend von einer Amputation der betroffenen Gliedmaße, auseinander. In Anbetracht der oben ausgeführten fehlenden Alternativen zum jetzigen Zeitpunkt ziehen viele Forscher aus diversen akademischen Disziplinen die Amputation als gerechtfertigte Me-

---

274 *Müller*, in: Groß/Müller/Steinmetzer (Hrsg.), Normal – anders – krank?, 2008, S. 229, 256.

275 *Slatman/Widdershoven*, The American Journal of Bioethics-Neuroscience 9 (2009), 48 [„The idea that it may be better to adapt one's neuronal body image to one's body than to adapt one's body to one's neuronal body image does not take into account that manipulation of the brain is very risky and that an exact manipulation is in fact not (yet) possible. Neuroscientists who have established that transsexualsim also correlates with a deviation in the brain, consider sex reassignment surgery as an adequate therapy and not even mention the possibility of ‚causal therapy' which would influence the brain."] m.w.N.

thode zur Bekämpfung des Leidens der Betroffenen in Betracht. Für sie stellen elektive Wunschamputationen die ultima ratio dar.[276]

In der die Amputationen befürwortenden Wissenschaft[277] haben sich für die Durchführung von elektiven Wunschamputationen bereits Klassifizierungsmerkmale gebildet, mit deren Hilfe eine Entscheidung über die Zulassung oder Versagung getroffen werden können soll. *Bayne* und *Levy*[278] bedienen sich vier Voraussetzungen an die Therapierbarkeit und sehen sie in Fällen von manchen BIID-Betroffenen als erfüllt an. Ins Deutsche übersetzt knüpfen sie die Zulässigkeit von Amputationen an folgende Bedingungen:

1. *Wannabes* müssen aufgrund ihres Zustandes schwerwiegenden Leidensdruck erfahren
2. Eine Amputation wird – oder es ist zumindest wahrscheinlich – die Erlösung vom bestehenden Leidensdruck sicherstellen
3. Diese Erlösung kann nicht durch weniger drastische Mittel erreicht werden
4. Die Erlösung vom Leidensdruck wiegt den Aufwand einer Amputation auf

Die Schwere und die Allgegenwärtigkeit des Leidensdrucks, den BIID-Patienten täglich erfahren, wird in der überwiegenden Mehrzahl der Fälle von BIID zu bejahen sein. Bezüglich der genauen Ausführungen zur Symptomatik des Leidensdrucks und der verschiedenen Erscheinungsformen wird auf die oben gemachten Ausführungen[279] verwiesen.

Die Beantwortung der Frage nach der Gewissheit oder Wahrscheinlichkeit, dass eine Amputation die Betroffenen von ihrem Leidensdruck befreit, ist jedoch

---

276 *Lomb*, Der Schutz des Lebendorganspenders 2012, S. 62; Vgl. *Müller*, Gehirn & Geist 7–8 (2007), 66, 68; vgl. *Nitschmann*, ZStW 119 (2007), 547, 554, sie beschreibt die Sicht des schottischen Chirurgen Robert Smith, der an zwei BIID-Patienten Amputationen durchführte und der „die Amputation offenbar als einziges Mittel zur Behebung des Leidens der Patienten, das durch keine Therapie und keine Tabletten beseitigt werden könne", sah.

277 *Kübler-Ross*, Vorwort zu Amputee Identity Disorder 2000, S. xi; *Furth/Smith*, Amputee Identity Disorder, 2000, S. 86; *Bayne/Levy*, Journal of Applied Philosophy 22 (2005), 75, 80, 83; *Franck*, GesR 2009, S. 301 a.E.; *Manok*, Body Integrity Identity Disorder 2012, S. 101 ff.; *Noll/Kasten*, Psychology and Behavioral Sciences 2014, S. 231; verhaltener aber dennoch eher dafür: *First*, Psychological Medicine 35 (2005), S. 927; *Bridy*, Journal of Law, Medicine & Ethics 32 (2004), 148, 151 ff.; *Lawrence*, Archives of Sexual Behavior (35) 2006, S. 276 [„surgery can sometimes be an effective solution for persons who experience an unwavering desire to transform their bodies"]; *Nitschmann*, ZStW 119 (2007), 547, 590.

278 *Bayne/Levy*, Journal of Applied Philosophy 22 (2005), 75, 82.

279 S.o. § 2 I. 1 Problemaufriss.

schwieriger. Aufgrund der noch jungen Forschung zu diesem Thema gibt es keine verlässlichen Studien. *Stirn*, *Thiel* und *Oddo* weisen zusammenfassend auf die geringe Anzahl von dokumentierten Amputationen hin. Dies erschwere eine langfristige Aussage über das Wohlbefinden der Betroffenen nach der Durchführung des Eingriffs. Sie weisen jedoch ebenfalls auf die durchweg positiven Berichte hin, dass es allen Amputierten nach dem Eingriff besser ging als vorher, sie sich rundum glücklich und zufrieden fühlten und einzig bereuten, den Eingriff nicht schon früher vorgenommen zu haben.[280] Die Berichte von erfolgreichen Amputationen, die in der Lage waren, die Betroffen zu heilen, stellen jedoch keine repräsentativen Studien, sondern dokumentierte Einzelfälle dar. Stark vertreten sind jedoch die Stimmen in der Literatur, die in der Amputation aufgrund des jetzigen Forschungsstandes eine Maßnahme zur Heilung der Betroffenen sehen:

So äußert sich *Bridy* sehr positiv über die bereits oben beschriebenen zwei durchgeführten Amputationen und bezeichnet sie als erfolgreich, insbesondere unter dem Aspekt, dass beide Patienten angaben, den operativen Eingriff nicht zu bereuen.[281]

Diese Ansicht ist deckungsgleich mit der von *Bayne* und *Levy*, die trotz Hinweises auf die sehr knapp bemessene Datenlage aufzeigen, dass die BIID-Betroffenen, denen Hilfe in Form einer Amputation zuteil wird, augenscheinlich eine signifikante und fortwährende Verbesserung ihres Wohlbefindens erfahren.[282]

Auch in den Medien wurde exemplarisch von einem Fall eines BIID-Betroffenen berichtet, der sein linkes Bein von einem Chirurgen amputieren ließ. Die Veränderung des Lebens nach der Operation wird als äußerst positiv beschrieben. Trotz objektiver Behinderung sei der Amputierte „dennoch der glücklichste Mensch auf der Welt". In seiner Stellungnahme beschreibt der Betroffene das neue Lebensgefühl mit den folgenden Worten: „„Ich war wie neugeboren, es war eine riesige Erleichterung"". „Angst, Ärger und Depression seien seit der Amputation wie weggewischt, die täglichen Zwangsvorstellungen endlich Vergangenheit". Der Betroffene selbst beschrieb das neue Gefühl „„als habe man einen Schalter im Gehirn umgelegt"".[283]

---

280 *Stirn/Thiel/Oddo*, S. 5.; *Blom et al.*, Tijdschrift voor Psychiatrie (56) 2014, S. 56; vgl. *First/Fisher*, Psychopathology 2012(45), S. 11; So auch: *Noll*, BIID – Kann eine Amputation langfristig helfen? 2011, S. 4, an deren Studie 19 amputierte Probanden teilnahmen.

281 *Bridy*, Journal of Law, Medicine & Ethics 32 (2004), 148 m.w.N.

282 *Bayne/Levy*, Journal of Applied Philosophy 22 (2005), 75, 83; so auch in: *Berger et al.*, Comprehensive Psychiatry 46 (2005), S. 382; siehe ebenfalls die Studie von: *Noll/Kasten*, Psychology and Behavioral Sciences 2014, S. 222 ff.; vgl. *Gert*, in: Rothhaar/Frewer (Hrsg.), Das Gesunde, das Kranke und die Medizinethik 2012, S. 74.

283 *Langer*, SPIEGEL ONLINE 24.06.2010, 1 ff.; so auch: *Stephan*, Süddeutsche Zeitung Magazin 2014, S. 48; *Noll*, BIID – Kann eine Amputation langfristig helfen? 2011, S. 4.

Auch der Chirurg *Robert Smith* rechtfertigt seine Amputationen mit dem Therapieerfolg, den er unter anderem für seinen Patienten durch den operativen Eingriff erreichen konnte. Trotz Einschränkungen in puncto zuvor gewohnter Mobilität sehe der Patient in dem, durch die Operation erreichten, Zustand einen „enormen Benefit insbesondere bezüglich seines sozialen und öffentlichen Lebens".[284] Auch der Patient selber verdeutlichte in einem Interview der BBC, dass er „glücklich" sei mit dem Ergebnis der Operation.[285]

Nicht nur Amputationen unter OP-Bedingungen führen laut Berichten bei den Patienten zum gewünschten Therapieerfolg. Auch in den Fällen, in denen die Betroffenen zwar keine professionell-chirurgische Amputation erhielten, sondern den Verlust des Beins mit anderen drastischen Mitteln erzwangen oder gleich selbst an sich vornahmen, häufen sich die Stimmen, die diese Vorgehensweisen in puncto Heilung des BIID-Leidens als erfolgreich bewerten. In der BBC Reportage berichtete ein selbst Betroffener von ihm bekannten Fällen der Selbstvornahme, die nur eine Reue der Akteure zur Folge hatte, nämlich, dass sie bereuten, den Schritt nicht schon viel früher getan zu haben.[286]

Auch Medien berichteten über einen ähnlichen Fall. Es handelte sich um einen Mann, der eine Amputation erzwang, indem er seinen rechten Fuß bis zum Unterschenkel mit Trockeneis vereiste. Es wird erläutert, dass es sich bei diesem Prozedere um eine sehr schmerzhafte Methode handelt. Die extreme Kälte des Trockeneises habe – gleich einer schweren Brandverletzung – die Ausdehnung der Flüssigkeit im Gewebe zur Folge gehabt, sodass die Zellen bis hin zum tiefsten Gewebe platzten. „Sein Unterschenkel: nicht mehr zu retten."[287] Die Abfrierung mittels Trockeneis machte eine Amputation oberhalb des Unterschenkels folglich unerlässlich. Das Ergebnis seines Vorgehens und der Heilerfolg aus der Sicht des Betroffenen wird auch in diesem Fall als positiv bewertet. Der Betroffene war nach dem Eingriff „unterschenkelamputiert" und fühlte sich „wie ein ganzer

---

284 *British Broadcasting Company*, Complete Obsession (17.02.2000).

285 *British Broadcasting Company*, Complete Obsession (17.02.2000).

286 *British Broadcasting Company*, Complete Obsession (17.02.2000) [„Not only that, we have individuals who've had this surgery and it's worked for them and their lives have changed and all the individuals that I know that have either shot their leg off, thrown themselves under a cart, dropped an axle of a car on their leg, or they've thrown themselves under the train, these individuals have all told me that the only thing they regret is that they'd never did it earlier in their life."].

287 *Kneip*, Der Spiegel 34/2009 (17.08.2009); zum konkreten Fall „David Openshaw" vgl. *Lensing*, Der Wunsch nach körperlicher Unvollständigkeit 2013, S. 14.

Mensch".[288] Dieser Fall verdeutlicht unter dem Aspekt der Heilung, im Sinne einer dauerhaften Erlösung vom quälenden Amputationswunsch des Betroffenen, dass die Amputation zum jetzigen Zeitpunkt die einzige wirklich erfolgreiche Therapieform für die betroffenen Menschen darzustellen scheint.[289] Auch belegt die Wahl des Mittels unter Inkaufnahme enormer Schmerzen die Entschlossenheit des Patienten, hervorgerufen durch den Leidensdruck, seine Lebenssituation aus seiner individuellen Sicht dauerhaft zum Besseren zu verändern.

Trotz der Vielzahl von Berichten über Amputationen, die die Lebenssituation der Leidenden nachhaltig verbesserte, weisen selbst die Befürworter der Therapieerfolge darauf hin, dass es unter Umständen eine beträchtliche Dunkelziffer von Menschen geben könnte, die den Schritt einer Amputation aufgrund des Phänomens BIID bereuen und somit nicht den Weg an die Öffentlichkeit gehen.[290]

Dieses Argument macht auch *Müller* geltend. Die ausgewählten Beispiele genügten nicht wissenschaftlichen Standards, weil sie laut Müller nur diejenigen Betroffenen erfasse, die nach der Amputation Kontakt zu Medien und Wissenschaft aufnehmen.[291]

Müller spricht den berichteten Einzelfällen die Wissenschaftlichkeit ganz ab und hält Berichte von Einzelfällen für „anekdotische Fallberichte" ohne Studiencharakter, die nicht die Dauerhaftigkeit der Verbesserung der Lebenssituation beweisen könnten.[292] Die Ergebnisse hätten zudem keine statistische Signifikanz.[293] Dennoch räumt *Müller* selbst ein, dass zum jetzigen Zeitpunkt keine andere wirksame Therapieoption zur Verfügung stehe.[294] Zudem räumt auch sie ein, dass die Entfernung von Gliedmaßen an BIID-Patienten in einigen Fällen offensichtlich geholfen habe.[295] Ihre Ansicht kann nicht widerlegen, dass die Möglichkeit der Heilung durch eine Amputation grundsätzlich besteht und dass bei den zugegebenermaßen wenigen Einzelfallbeispielen die Amputation die

288 *Kneip*, Der Spiegel 34/2009 (17.08.2009); *Kasten*, Ergopraxis 3, 2011, S. 25 mit Abbildungen.

289 Vgl. *Schneider*, Body Integrity Identity Disorder 2016, S. 34.

290 *Bayne/Levy*, Journal of Applied Philosophy 22 (2005), S. 83; *Noll*, BIID – Kann eine Amputation langfristig helfen? 2011, S. 11; vgl. *Schneider*, Body Integrity Identity Disorder 2016, S. 69.

291 *Müller*, in: Groß/Müller/Steinmetzer (Hrsg.), Normal – anders – krank?, 2008, S. 229, 256.

292 *Müller*, Gehirn & Geist 7–8 (2007), 66, 68.

293 *Müller*, in: Groß/Müller/Steinmetzer (Hrsg.), Normal – anders – krank?, 2008, S. 229, 256.

294 *Müller*, Gehirn & Geist 7–8 (2007), 66, 68.

295 *Müller*, The American Journal of Bioethics-Neuroscience 9 (2009), 36, 39 a.E. [„The most drastic measure, amputation, has apparently helped in some cases."].

einzige Behandlungsform war, die den Leidensdruck der Betroffenen gänzlich beheben konnte. Eine Studie mit 21 BIID-Amputierten aus dem Jahr 2014 belegt jedoch, dass keiner der Betroffenen die Amputation bereut und sich ein positiver Wandel in ihrem Leben vollzogen hat.[296]

Bezüglich des oben aufgeführten Kriteriums hinsichtlich der Sicherheit oder Wahrscheinlichkeit der Erlösung vom Leidensdruck der Patienten durch eine Amputation bedarf es somit einer vorläufigen Entscheidung. Sicherlich kritisch zu beleuchten ist, dass es sich bei den Einzelfällen um Aussagen von Betroffenen handelt, die nicht mit wissenschaftlich fundierten Studien gleichgesetzt werden dürfen. Auch besteht durchaus die Möglichkeit, dass es eine Dunkelziffer von Menschen gibt, die einer an ihnen erfolgten Amputation oder Selbstvornahme im Nachhinein kritisch gegenüberstehen und den Schritt bereuen. Dennoch sind sowohl die Einzelfälle, die an die Öffentlichkeit gelangen, als auch Studien mit geringen Teilnehmerzahlen für die Wissenschaft relevant und sollten nicht ungehört bleiben. Es gibt keinen ersichtlichen Grund, den Aussagen von bereits Amputierten BIID-Betroffenen, die den Weg an die Öffentlichkeit gehen, keinen Glauben zu schenken. Eine eventuell bestehende Dunkelziffer im oben genannten Sinne reicht nicht aus, den Erfolg von derartigen Wunschamputationen als Therapiemethode gänzlich abzustreiten.

Es stellt sich zudem die Frage, wie Studien überhaupt gewonnen werden sollen, solange eine große Unsicherheit über die Zulässigkeit von elektiven Wunschamputationen vorherrscht und es an ausreichenden Probanden mangelt, um eine wissenschaftlich repräsentative Studie durchzuführen.[297]

Bezüglich des Kriteriums der Abhilfe vom Leidensdruck oder zumindest der Wahrscheinlichkeit, durch eine Amputation den Leidensdruck zu beseitigen, ist festzuhalten, dass es trotz berechtigter Zweifel an der Wissenschaftlichkeit der

---

296 *Noll/Kasten*, Psychology and Behavioral Sciences 2014, S. 222, 230 f.

297 Vgl. *Bridy*, Journal of Law, Medicine & Ethics 32 (2004), 148, 154–155, die sich in ihrem Text auf *George Agich* bezieht, der vom s.g. „Ethik Regulationsparadigma" ausgeht. Hierbei werden Innovationen und neuartige Behandlungsmethoden solange als fragwürdig eingestuft, bis sie in einem Forschungsprotokoll manifestiert sind. Trotz des „rühmlichen Ziels die Menschen vor medizinischer Forschung zu beschützen", könnte es genau das Gegenteil bewirken, indem medizinische Neuerungen und neuartige Therapiemethoden im Keim erstickten; bzgl. des „regulatory ethics paradigm" (REP) siehe: *Agich*, Journal of Medical Ethics 2001; 27: S. 295 f.; in diesem Sinne auch *Khalil/Richa*, International Journal of Lower Extremity Wounds 2012 (11), S. 318, die das Scheitern von notwendigen prospektiven Vergleichsstudien bezüglich des Langzeiteffekts von Amputationen aufgrund ethischer Bedenken beleuchten; vgl. *Ryan*, Neuroethics 2 (2009), 21, 28.

Aussagen danach aussieht, dass eine Amputation aller Wahrscheinlichkeit nach in der Lage ist, BIID-Betroffene von ihrem Leidensdruck zu befreien.

Als weiteres Kriterium im Sinne des oben aufgeführten Schemas[298] dürfte sich die Befreiung vom Leidensdruck nicht durch weniger drastische Mittel erreichen lassen. Aus der Gesamtschau der oben aufgezeigten – zur heutigen Kenntnis der Wissenschaft diskutierten – Therapiemethoden ergibt sich, dass es keine anderweitige amputationslose Therapieform gibt, die dasselbe oder ein besseres Ergebnis als eine Amputation erreichen kann.[299] Teilweise handelt es sich bei den diskutierten Methoden um bloße Thesen und Gedankenspiele, teilweise konnten Alternativmethoden nur sehr geringe Verbesserungen bezüglich der Linderung des Leidensdrucks erreichen. Völlig zu vernachlässigen sind die Art von Therapiealternativen, die den Betroffenen überhaupt keine Linderung verschafften und folglich als wirkungslos einzustufen sind.[300]

Eine weitere Frage, die bei der Entscheidung über die Zulässigkeit von Amputationen angesichts der Therapierbarkeit von BIID bedeutsam ist, ist die Frage, ob den Betroffenen ein Zuwarten auf eine amputationslose Therapiemethode mit vergleichbarer Erfolgsquote zugemutet werden kann oder nicht. Aufgrund mangelnder Behandlungsmethoden des Auslösers von BIID, könnte auch ein Zuwarten auf eine medizinische Lösung als Alternative erscheinen. Fraglich ist nur, inwieweit das Abwarten vertretbar erscheint angesichts des akuten Leidensdrucks der Betroffenen, zumal nicht ausgeschlossen werden kann, dass eine derartige Therapieform gar nicht existiert oder nie entwickelt wird.[301] Die Tatsache, dass in naher Zukunft kein großer Fortschritt bezüglich anderer nichtinvasiver Eingriffe zu erwarten ist, und der erhebliche Leidensdruck der zumindest von zahlreichen Patienten beschrieben wird, sprechen deutlich zugunsten der Betroffenen und eines zeitnahen medizinischen Eingriffs und gegen ein Zuwarten für ungewisse Zeit.[302] Die geringe Zahl der Fälle macht ein Zuwarten der Patienten auf statistisch gesicherte Zahlen zum Zwecke der Abwägung von Therapieerfolgen zusätzlich schwerer.[303]

---

298 S.o. § 2 II. 8. G Amputation.

299 So auch: *Noll/Kasten*, Psychology and Behavioral Sciences 2014, S. 231.

300 Bezüglich der Alternativlosigkeit zu anderen Methoden siehe: *Levy*, The American Journal of Bioethics-Neuroscience 9 (2009), 50, 51.

301 Vgl. *Ryan*, Neuroethics 2 (2009), 21, 27.

302 *Ryan*, Neuroethics 2 (2009), 21, 29.

303 *Ryan*, Neuroethics 2 (2009), 21, 31. [„There is no realistic possibility that there will ever be a properly controlled trial of intervention in BIID –it is just too rare."].

So beschreibt der US-amerikanische Psychologe *Christopher Ryan*, dass im klinischen Alltag Ärzte nicht immer in der Lage sind, auf eine intensive Forschung zu warten, wenn eine Behandlungsentscheidung herbeigeführt werden muss. Täten sie es, so würden Betroffene von seltenen Krankheiten für immer warten, sodass auch ohne hinreichende Daten Entscheidungen getroffen werden müssen. Er zeigt jedoch auch auf, dass manchmal auch Nichtstun eine Behandlungsentscheidung darstellen kann.[304] Ein Zuwarten auf Fortschritte der Wissenschaft bezüglich Heilungsmethoden von äußerst seltenen Krankheiten wie vorliegend BIID ist folglich vor dem Hintergrund einer bereits bestehenden Möglichkeit – wenn auch mit weitreichenden Konsequenzen – nur bedingt zumutbar und sollte folglich nicht als Therapiemethode in Betracht gezogen werden.[305]

Bridy[306] setzt sich für weitere Amputationen zum Zwecke der Wissenschaft und der Vergleichbarkeit der Wirksamkeit ein. Sie fordert die Durchführung von Amputationen für Patienten, bei denen etablierte Therapiemethoden erfolglos sind.[307] *Müller* ist anderer Auffassung. Über die Ansichten von sowohl *Bridy* als auch *Smith* und *Fisher* sagt sie:

> „Die Forderung Bridys widerspricht nicht nur den Regeln guter Wissenschaft, sondern ist auch ethisch höchst bedenklich, was auch für Smiths und Fishers Argument gilt."

Laut *Müller* handelte es sich bei BIID-Amputationen weder um lebensrettende Maßnahmen noch um Maßnahmen, die „der Heilung schwerer Krankheiten dienen und [für die] keine bewährte Therapieoption vorhanden ist".[308] Die von *Robert Smith* durchgeführten Amputationen hält *Müller* für „[v]öllig inakzeptabel".[309]

---

304 *Ryan*, Neuroethics 2 (2009), 21 ff.

305 a. A.: *Müller*, in: Groß/Müller/Steinmetzer (Hrsg.), Normal – anders – krank?, 2008, S. 229, 256, die auf bessere Methoden in der Zukunft warten will. [„Möglicherweise reicht die Auflösung der heute verfügbaren Geräte nicht aus, um die Ursache von BIID zu identifizieren. Nichtsdestotrotz sollten dann m. E. die Ergebnisse weiterer Forschung mit höher auflösenden Geräten abgewartet werden, statt die Patienten für den Rest ihres Lebens zu verstümmeln."] Diese Ansicht verkennt jedoch völlig, dass die Betroffenen von BIID einen bereits oben angesprochenen immensen Leidensdruck verspüren und der letzte Ausweg in vielen Fällen der Suizid ist (vgl. hierzu *Ryan*, Neuroethics 2 (2009), 21, 27).

306 *Bridy*, Journal of Law, Medicine & Ethics 32 (2004), 148, 155.

307 *Bridy*, Journal of Law, Medicine & Ethics 32 (2004), 148, 155 m.w.N.; so auch: *Noll*, BIID – Kann eine Amputation langfristig helfen? 2011, S. 4.

308 *Müller*, in: Groß/Müller/Steinmetzer (Hrsg.), Normal – anders – krank?, 2008, S. 229, 257.

309 *Müller*, in: Groß/Müller/Steinmetzer (Hrsg.), Normal – anders – krank?, 2008, S. 229, 257; Gegen die Amputation aus ethischen Bedenken ist ebenfalls *Pies*, Neuroethics

Als letztes Kriterium fordern *Bayne* und *Levy* zur Zulässigkeit von elektiven Wunschamputationen innerhalb von BIID, dass die Erlösung vom Leidensdruck den Aufwand einer Amputation aufwiegt. Aus ethischer Sicht sehen sie auch dieses Kriterium im Fall von BIID-Betroffenen möglicherweise als erfüllt an.[310]

H. Zwischenergebnis

Wie bereits eingangs erörtert, handelt es sich bei BIID um ein interdisziplinär zu betrachtendes Phänomen. In diesem Sinne werfen alleine die medizinischen Aspekte zahlreiche Fragen bezüglich der Zulässigkeit von elektiven Wunschamputationen auf, die auch insbesondere bei der juristischen Bewertung von Bedeutung sind.

Im Folgenden befasst sich diese Arbeit mit der juristischen Wertung der verschiedenen Sichtweisen und ihrer Argumente bezüglich der Zulässigkeit von elektiven Wunschamputationen aufgrund von BIID und einem eventuell bestehenden Recht auf Behinderung. Vor dem Hintergrund der Unklarheiten auf medizinischer Ebene sei gesagt, dass die im Folgenden bearbeitete Lösung auf juristischer Ebene den aktuellen Forschungsstand zur Bewertungsgrundlage macht. Sollten sich die medizinischen Erkenntnisse bezüglich der Herkunft und Therapie von BIID zukünftig verbessern, so ergibt sich auch für die juristische Lösung gegebenenfalls eine andere Bewertungsgrundlage.[311] Mit Recht machen *First* und *Fisher* im medizinischen Kontext darauf aufmerksam, dass die rechtliche Aufarbeitung im Gegensatz zur medizinischen bislang wenig Aufmerksamkeit erfahren habe.[312]

---

2 (2009), 179, 180; a.A. in Antwort auf *Pies*: *Ryan*, Neuroethics (2009) 2, S. 181, der eine Wunschamputation eines gesunden Gliedmaßes als ungewöhnlich aber nicht unethisch bezeichnet.

310 *Bayne/Levy*, Journal of Applied Philosophy 22 (2005), 75, 81, 84 f.; vgl. ebenso *Gert*, in: Rothhaar/Frewer (Hrsg.), Das Gesunde, das Kranke und die Medizinethik 2012, S. 74.

311 Vgl. bzgl. zukünftiger Heilungsmethoden aufgrund neuer medizinischer Erkenntnisse: *British Broadcasting Company*, Complete Obsession (17.02.2000) [„It may be in 10 years time that people will look back and say good heavens, they actually had doubts about whether this was the right form of treatment or not in the 1990s, but on the other hand they may look back and say look what these mad people were doing in the 1990s, they were cutting people's legs off when in actual fact there is another form of treatment that is successful. We don't yet know what's going to happen. I would hope possibly in the future that there is a less radical solution produced, but at present we don't have any other form of treatment that appears to be successful."]; vgl. *Johnston/Elliot*, Clin Med 2002; 2, S. 431; vgl. *Gert*, in: Rothhaar/Frewer (Hrsg.), Das Gesunde, das Kranke und die Medizinethik 2012, S. 74.

312 *First/Fisher*, Psychopathology 2012(45), S. 11.

§ 3 Körperverletzungstatbestand

I. Einleitung

Nach einer Betrachtung des Phänomens BIID aus medizinischer Sicht befasst sich diese Arbeit im Folgenden mit der juristischen Bewertung. Die infrage stehende operative Entfernung gesunder Gliedmaßen durch einen Arzt fällt, bei medizinstrafrechtlicher Betrachtung, in den Schutzbereich der §§ 223 ff. StGB. Die Zulässigkeit einer elektiven Wunschamputation mit Zustimmung der betroffenen Person hängt somit von der Bewertung ab, ob derartige Eingriffe den Tatbestand der vorsätzlichen Körperverletzung im Sinne von § 223 StGB erfüllen oder nicht. In der medizinstrafrechtlichen Fachliteratur wird der Tatvorwurf der vorsätzlichen und rechtswidrigen Körperverletzung eines Arztes als ein äußerst seltenes Vorkommnis beschrieben.[313] So offenbart sich nicht zuletzt bei dem infrage kommenden Delikt, dass es sich bei elektiven Wunschamputationen aufgrund von BIID um einen medizinischen Grenzfall handelt, der auch bei der juristischen Bewertung eine Ausnahme darstellt und der die Rechtswissenschaft unter Umständen mit Problemen konfrontiert.[314] Wie bereits beschrieben befasst sich diese Arbeit mit einer eventuellen Strafbarkeit des ausführenden Arztes mit Hinblick auf die Körperverletzungstatbestände. Noch kein deutsches Gericht hat bislang über die rechtliche Bewertung von elektiven Wunschamputationen entschieden.[315] Die Klärung der Rechtslage bezüglich der infrage stehenden Zulässigkeit von elektiven Wunschamputationen soll jedoch nicht im Sinne einer ärztlichen Pflicht zur Amputation interpretiert werden.[316] Vielmehr legt die vorliegende Arbeit den Sachverhalt zugrunde, dass sich ein Arzt bereit erklärt, einen derartigen Eingriff an seinem Patienten vorzunehmen.[317]

---

313 *Ulsenheimer*, Arztstrafrecht in der Praxis, Rn. 574; vgl. BGH NStZ 2004, 36 Rn. 9.

314 Vgl. *Frewer*, in: Frewer/Bielefeldt (Hrsg.), Menschenrecht auf Gesundheit, 2016, S. 104.

315 *Lomb*, Der Schutz des Lebendorganspenders 2012, S. 62 a.E. f.

316 Vgl. *Manok*, Body Integrity Identity Disorder 2012, S. 95; vgl. *Schneider*, Body Integrity Identity Disorder 2016, S. 263 f.

317 Vgl. *Franck*, GesR 2009, S. 300; sollte ein Arzt eine Amputation gesunder Gliedmaße nicht mit seinem Gewissen vereinbaren können, kann er sich auf § 2 Abs. 1 MBO berufen und den Eingriff ablehnen, vgl. im Kontext von Sterilisationen: *Hardwig*, GA 1964, S. 303.

Für den weiteren Bewertungsprozess der Zulässigkeit von Wunschamputationen bedarf es zunächst einer kurzen Einordnung des von den Körperverletzungsdelikten im Sinne der §§ 223 ff. StGB bezweckten Rechtsgüterschutzes.

II. Geschützte Rechtsgüter

Die Körperverletzungsdelikte dienen dem Schutz der körperlichen Unversehrtheit. Schutzgut ist somit das körperliche Wohl des Menschen in der individuellen körperlichen Integrität und Gesundheit.[318] Der infrage stehende medizinische Eingriff einer Wunschamputation steht folglich im Spannungsfeld des Rechtsgüterschutzes der körperlichen Unversehrtheit auf der einen Seite, und der in der Verfassung verankerten Autonomie und dem Selbstbestimmungsrecht des Betroffenen auf der anderen Seite.[319]

Die körperliche Unversehrtheit wird in der Verfassung durch Art. 2 Abs. 2 S. 1 GG grundrechtlich geschützt. Während Grundrechte, deren Schutz auf eine Handlung abzielen, zeitgleich auch die Freiheit des Unterlassens in negativer Ausgestaltung mitschützen, knüpft der Schutz aus Art. 2 Abs. 2 S. 1 GG an einen Zustand an, dessen Bestand geschützt wird; es lässt sich somit aus diesem Grundrecht genuin kein Recht auf Behinderung ableiten.[320] Dem Risiko von ärztlichen Heilbehandlungen gegen den Willen des Betroffenen wird durch den grundrechtlichen Schutz durch die allgemeine Handlungsfreiheit in Form der Privatautonomie im Sinne des Art. 2 Abs. 1 GG Rechnung getragen.

Der von Art. 2 Abs. 2 S. 1 GG bezweckte Schutz der Unversehrtheit erstreckt sich jedoch nicht bloß auf die körperliche Dimension, sondern erfasst ebenfalls die psychische Unversehrtheit des Grundrechtsträgers.[321] Diese Schutzdimension spiegelt sich auch in den völkerrechtlichen Bestimmungen wieder, namentlich Art. 12 Abs. 1 des Internationalen Pakts über wirtschaftliche, soziale und kulturelle Rechte (UN-Sozialpakt), welcher gem. Art 59 Abs. 2 GG den Rang eines einfachen Bundesgesetzes hat und völkervertragsrechtlich verbindlich ist. Das bestehende Recht auf Gesundheit im Sinne der Norm meint dabei „das Recht

---

318 NK-*Paeffgen* StGB, § 223, Rn. 2 m.w.N.; S/S-Eser/*Sternberg-Lieben* StGB, § 223, Rn. 1; *Eser*, ZStW 97 (1985), S. 3 ff.; vgl. *Pollmann*, in: Walt, Sibylle van der/Menke (Hrsg.), Die Unversehrtheit des Körpers, 2007, S. 214, 217, der eine dezidierte Trennung des Integritätsbegriffs vornimmt, bei der dem Begriff der körperlichen Unversehrtheit zwei Auslegungsdimensionen zugeschrieben werden.

319 *Nitschmann*, ZStW 119 (2007), 547, 548.

320 *Franck*, GesR 2009, S. 297.

321 BVerfGE 56, 54 (74); vgl. *Schneider*, Body Integrity Identity Disorder 2016, S. 83 f.

eines jeden auf das für ihn erreichbare Höchstmaß an körperlicher und geistiger Gesundheit".[322] Physische und psychische Integrität stehen sich im Fall von BIID-Betroffenen mit Amputationswunsch als Rechtsgüter mit gleichem Rang gegenüber, sodass auch bei der Bewertung des Gehalts von Art. 2 Abs. 2 S. 1 GG als abstraktes Recht auf Gesundheit weder eine Schwerpunktverlagerung in Richtung physischer Gesundheit noch in Richtung psychischer Gesundheit vorgenommen wird.[323] In diesem Sinne statuierte das Bundesverfassungsgericht:

> „Das Grundrecht des Art. 2 II 1 GG schützt die Unversehrtheit des Menschen nicht lediglich nach Maßgabe seines jeweiligen Gesundheits- oder Krankheitszustands; es gewährleistet zuvörderst Freiheitsschutz im Bereich der leiblich-seelischen Integrität des Menschen [...] Die Bestimmung über seine leiblich-seelische Integrität gehört zum ureigensten Bereich der Personalität des Menschen. In diesem Bereich ist er aus der Sicht des Grundgesetzes frei, seine Maßstäbe zu wählen und nach ihnen zu leben und zu entscheiden."[324]

Zutreffend wird in der Literatur darauf hingewiesen, dass auch das von den §§ 223 ff. StGB geschützte Wohl nicht nur durch Eingriffe körperlicher, sondern auch seelischer Art beeinträchtigt werden kann. Dies werde durch die nur schwer voneinander zu trennende Wechselbeziehung zwischen Leib und Seele verdeutlicht, bei der eine exakte Abgrenzung nicht vorgenommen werden könne.[325] Unter dem verfassungsrechtlich geschützten Gut der Integrität der Körpersphäre verstehe man nicht ausschließlich die Gesundheit im biologisch-physiologischen Sinne, sondern auch die Integrität der Psyche, sofern deren „Beeinträchtigung eine mit körperlichen Schmerzen vergleichbare Wirkung entfaltet und so einem körperlichen Eingriff gleichzustellen ist".[326]

---

322 *Krennerich*, in: Frewer/Bielefeldt (Hrsg.), Menschenrecht auf Gesundheit, 2016, S. 60.

323 *Franck*, GesR 2009, S. 297 a.E. f. m.w.N.; vgl. *Knauer*, Der Schutz der Psyche im Strafrecht 2013, S. 64 a.E. f.

324 BVerfG, NJW 1979, 1925 (1931); vgl. *Saliger*, Selbstbestimmung bis zuletzt 2015, S. 61, der das Grundrecht auf körperliche Unversehrtheit als Freiheits- und Dispositionsrecht betrachtet; vgl. *Knauer*, Der Schutz der Psyche im Strafrecht 2013, S. 107 ff. m.w.N.; Besprechung des Buchs siehe: *Steinberg*, GA 2015, S. 305 ff.

325 S/S-*Eser/Sternberg-Lieben* StGB, § 223, Rn. 1 m.w.N.; NK-*Paeffgen* StGB, § 223 Rn. 3; Siehe auch: *Murswiek*, in Sachs (Hrsg.), Grundgesetz, 2014, Art. 2, Rn. 149; BverfGE 56, 54 (74); Hermes, Das Grundrecht auf Schutz von Leben und Gesundheit, S. 223.

326 *Wietfeld*, Selbstbestimmung und Selbstverantwortung – die gesetzliche Regelung der Patientenverfügung, 2012, S. 40; BVerfG 56, 54 (75); *Lorenz*, in HStR, Bd. VI, § 128, Rn. 18; *Starck*, in: v. Mangoldt/Klein/Starck, GG I, Art. 2, Abs. 2, Rn. 193 f.; *Schulze-Fielitz*, in Dreier (Hrsg.), Grundgesetz-Kommentar, Band I, 2013, Art. 2 II, Rn. 33; *Murswiek*, in Sachs (Hrsg.), Grundgesetz, 2014, Art. 2, Rn. 149.

Die herrschende Meinung legt den Körperverletzungsdelikten – als einfachgesetzlicher Ausfluss des bezweckten Rechtsgüterschutzes[327] – einen somatologischen Krankheitsbegriff zugrunde, der sich am Kriterium der Körperbezogenheit orientiert und somit psychische Verschlechterungen ohne somatischen Befund nicht ausreichen lässt.[328]

Ebenfalls nach der herrschenden Meinung handelt es sich bei dem Rechtsgut der körperlichen Integrität um ein Individualrechtsgut.[329] Die Gegenansicht bewertet das Rechtsgut der Körperintegrität als Universalrechtsgut.[330] Diesem Ansatz ist jedoch nicht zu folgen. Einer Argumentation im Sinne einer zu schützenden Volksgesundheit als Ausfluss der Vergemeinschaftung von Individualrechtsgütern kann nicht gefolgt werden. Alleine aus dem Bestehen von § 228 StGB im Kontext der Straftaten gegen die körperliche Unversehrtheit als Schutzgut ergibt sich die Möglichkeit des Einzelnen in eine Körperverletzung einwilligen zu können. Handelte es sich bei dem Schutzgut der körperlichen Unversehrtheit um ein Universalrechtsgut so wäre die körperliche Unversehrtheit im Sinne einer zu schützenden Volksgesundheit überhaupt nicht dispositionsfähig.[331] Diese Arbeit legt – der herrschenden Meinung folgend – zugrunde, dass es sich bei dem geschützten Rechtsgut der körperlichen Unversehrtheit und Integrität ausschließlich um ein Individualrechtsgut handelt, über welches der jeweilige Rechtsgut-

---

327 Vgl. *Wietfeld*, Selbstbestimmung und Selbstverantwortung – die gesetzliche Regelung der Patientenverfügung, 2012, S. 44.

328 BGH 1 StR 601/65; BGH StV 1998, 76; *Hilgendorf*, in: Arzt/Weber/Heinrich/Hilgendorf, Strafrecht BT, 2015, § 6, Rn. 21; *Bloy*, Festschrift Eser, S. 233 (253 ff.); LK-*Lilie*, Vor § 223 ff., Rn. 1 f.; Wessels/Hettinger, BT I, Rn. 245, 255; a.A.: S/S-*Eser/Sternberg-Lieben*, StGB, § 223 Rn. 1 m.w.N., die das zu schützende Rechtsgut der §§ 223 ff. dem Grunde nach zwar ebenfalls „physiologisch, hinsichtlich des Verletzungsumfangs aber auch psychologisch" verstehen wollen.; so auch: MüKoStGB/*Joecks*, Vor § 223 Rn. 4 f.; *Wolfslast*, Psychotherapie in den Grenzen des Rechts, S. 4, (18 ff.) geht sogar noch einen Schritt weiter und erkennt die Psyche als solche als von § 223 ff. umfasstes Schutzgut an; auf eine Streitentscheidung bezüglich der Wechselwirkungen von Physis und Psyche kommt es in diesem Kontext gerade nicht an, da elektive Wunschamputationen in jedem Fall einen körperlichen Befund im Sinne des somatologischen Krankheitsbegriffs darstellen; vgl. *Knauer*, Der Schutz der Psyche im Strafrecht 2013, S. 52, 81 ff.; *Steinberg*, Todesangst 2014, S. 93 f., 124.

329 An Stelle vieler: *Rönnau*, Jura 2002, 667; *Sternberg-Lieben*, Die objektiven Schranken, 1997, S. 83 m.w.N.; *Göbel*, Die Einwilligung, S. 24; *Amelung/Eymann*, JuS 2001, S. 939; *Joerden*, Jahrbuch für Recht und Ethik, Band 14, S. 408.

330 LK-*Hirsch*, 11. Auflage, Vor § 32 Rn. 105.

331 Vgl. *Schneider*, Body Integrity Identity Disorder 2016, S. 247; vgl. *Wendland*, Die strafrechtliche Zulässigkeit wunscherfüllender Operationen 2016, S. 266 ff.

träger verfügen kann. Des Weiteren stellt sich im Folgenden die Frage, wie eine elektive Wunschamputation auf Wunsch der betroffenen Person und ausgeführt von einem qualifizierten Arzt bezüglich der Erfüllung des objektiven Tatbestands von § 223 Abs. 1 StGB und §§ 226 Abs. 1 Nr. 2, 226 Abs. 2 StGB zu bewerten ist.

III. Objektiver Tatbestand

Im Falle der Durchführung einer elektiven Wunschamputation einer gesunden Extremität durch einen Arzt könnte ein derartiger Eingriff als schwere Körperverletzung gem. § 223 Abs. 1 StGB und §§ 226 Abs. 1 Nr. 2, 226 Abs. 2 StGB StGB strafbar sein.

1. Voraussetzungen von § 223 Abs. 1 StGB

Im Rahmen des objektiven Tatbestandes bedürfte es zunächst einer körperlichen Misshandlung oder einer Gesundheitsschädigung im Sinne von § 223 Abs. 1 StGB. Unter einer Misshandlung versteht man jede üble und unangemessene Behandlung, die entweder das körperliche Wohlbefinden oder die körperliche Unversehrtheit nicht nur unerheblich beeinträchtigt.[332] Die Gesundheitsschädigung wird als das Hervorrufen oder Steigern eines wenn auch vorübergehenden pathologischen Zustands definiert.[333] Auch wenn es sich beim Krankheitsbild von BIID um ein schwer erfassbares Phänomen handelt, welches sich nicht bei äußerlicher Betrachtung erkennen lässt,[334] sind aufgrund von BIID erfolgende Amputationen anders zu bewerten. Die infrage stehende Amputation einer Gliedmaße stellt dem Grunde nach sowohl eine körperliche Misshandlung als auch eine Gesundheitsschädigung im Sinne von § 223 Abs. 1 StGB dar.[335]

Der Verwirklichung des Körperverletzungstatbestandes im Zuge einer von einem Arzt durchgeführten Wunschamputation könnte jedoch bereits die Bewertung als ärztlicher Heileingriff entgegenstehen.

2. Streitstand zum ärztlichen Heileingriff

Während die Rechtsprechung und der ihr folgende Teil der Literatur jeden ärztlichen Eingriff in die körperliche Unversehrtheit des Patienten als tatbestandliche

---

332 An Stelle vieler: Fischer StGB, § 223 Rn. 4; BGHSt 14, 269, 271; 25, 277.

333 An Stelle vieler: Fischer StGB, § 223 Rn. 8 m.w.N.; vgl. *Steinberg*, Todesangst 2014, S. 93; Hierbei ist es nicht erheblich, ob das Opfer vorher bereits eine Vorschädigung hatte oder vor dem schädigenden Eingriff gänzlich gesund war.

334 Vgl. *Nitschmann*, ZStW 119 (2007), 547, 557 a. E f.

335 Vgl. hierzu Krey/Hellmann/Heinrich, BT I, Rn. 219, die explizit auf die Amputation eines Beines eingehen.

Körperverletzung klassifiziert, sieht ein Großteil der Literatur den Tatbestand der Körperverletzung nicht als erfüllt an, sofern der Eingriff nach den Regeln der ärztlichen Heilkunst und mit kurativer Absicht erfolgt.

A. *Ärztlicher Heileingriff als tatbestandliche Körperverletzung (Rspr. und die ihr folgende Literatur)*

Die Ansicht der Rechtsprechung[336] und die ihr folgende Literatur[337] geht zurück auf eine Grundsatzentscheidung des Reichsgerichts aus dem Jahre 1894.[338] Ausgangspunkt der Entscheidung war die Durchführung einer medizinisch zwingend erforderlichen und lege artis durchgeführten Amputation eines Fußes gegen den Willen des Erziehungsberechtigten. Das Gericht bewertete den Vorgang als Körperverletzung und stellte primär auf den Willen des Berechtigten ab. Dieser Ansicht zur Folge stellt der ärztliche Heileingriff, unabhängig von der Frage der ärztlichen Kunstgerechtheit und dem Eintritt des Heilungserfolgs, eine Körperverletzung dar.[339] In ständiger Rechtsprechung wird diese Ansicht höchstrichterlich bestätigt.[340] Zudem statuierte der BGH, dass keine Notwendigkeit bestehe, die Ansicht der herrschenden Lehre und ihre geltend gemachten Bedenken zu erörtern.[341]

B. *Ärztlicher Heileingriff als tatbestandslose Handlung*

Ausgangspunkt der Ansicht der Gegenauffassung der Literatur[342] ist, dass ein durch einen Arzt ausgeführter Heileingriff, in der Absicht zu heilen, bereits nicht

---

336 Ständige Rechtsprechung: RGSt 38, 34 (35); BGHSt 11, 111 (112); 12, 379 (382); 16, 309 (310); 35, 246 (250); 43, 306 (308); 45, 219 (222 a.E.); NStZ 1996, 34; NJW 2000, 885 (886).

337 Rengier BT II, § 13, Rn. 17; ders., BGH-FG, 2000, 467 (477); *Hilgendorf*, in: Arzt/Weber/Heinrich/Hilgendorf, Strafrecht BT, 2015, § 6, Rn. 99 ff.; Krey/Hellmann/Heinrich, BT I, Rn. 219; *Kargl*, GA 2001, 538 (553); NK-*Paeffgen* StGB, § 223 Rn. 26; SK-StGB/Wolters, Stand April 2014, § 223, Rn. 33; Kindhäuser BT I, § 8, Rn. 27; Schroth BT, S. 94; *Baumann*, NJW 1958, 2092 (2093); *Cramer*, in FS-Lenckner, 1998, S. 769, Fn. 36; Wessels/Hettinger, BT I, Rn. 329; Fischer StGB, § 223, Rn. 19; Küpper BT 1, § 2, Rn. 40 ff.; vgl. *Frewer*, in: Frewer/Bielefeldt (Hrsg.), Menschenrecht auf Gesundheit, 2016, S. 93; vgl. Bollacher/Stockburger, Jura 2006, S. 908.

338 RGSt 25, 375 ff.; vgl. *Frewer*, in: Frewer/Bielefeldt (Hrsg.), Menschenrecht auf Gesundheit, 2016, S. 95.

339 Vgl. *Schneider*, Body Integrity Identity Disorder 2016, S. 164 m.w.N.

340 BGHSt 11, 111 (112); 12, 379 (382); 16, 309 (310); 35, 246 (250).

341 BGHSt 11, 111, 112.

342 Gössel/Dölling BT 1, § 13 Rn. 73; Lackner/Kühl StGB, § 223, Rn. 8; Otto, Grundkurs Strafrecht § 15, Rn. 11; S/S-*Eser* StGB, § 223, Rn. 28 ff.; LK-*Lilie*, Vor § 223 Rn. 3 ff, § 223,

den Tatbestand der Körperverletzung im Sinne von § 223 StGB verwirklicht. Der ärztliche Heileingriff habe gerade die Wiederherstellung der *Gesundheit* des Patienten zum Gegenstand und könne folglich nicht einer schädlichen Körperverletzung gleichgestellt werden. Ob die Patientengesundheit dabei rein körperlich oder seelisch betrachtet wird und ob der Bewertung ein objektiver oder subjektiver Maßstab zugrunde liegt, ist zunächst unklar und somit Gegenstand der vorliegenden Arbeit.

a. *Wunschamputation als Heileingriff*

Im Folgenden stellt sich die Frage, ob eine elektive Wunschamputation einer Gliedmaße – ausgeführt von einem Arzt mit der Absicht zu heilen – als ärztlicher Heileingriff im Sinne der Ansicht der Gegenauffassung zu bewerten ist. Der Zweck des ärztlichen Heileingriffs ist das Bestreben nach Wiederherstellung und Erhaltung der Gesundheit, wie es die betreffenden Rechtstexte (Musterberufs- und Bundesärzteordnung) bekanntermaßen als das oberste Gebot ärztlichen Handelns kennzeichnen.[343] Hier stellt sich jedoch die Frage, wie *Gesundheit* und *Krankheit* überhaupt definiert werden müssen, und welcher Stellenwert der Erhaltung oder Herstellung der psychischen Gesundheit beizumessen ist.[344]

b. *Meinungsspektrum zur Bewertung eines Heileingriffs*

aa. Therapieerfolg als Entscheidungskriterium

Über die an den Heileingriff zu stellenden Anforderungen herrscht Streit. Eine Ansicht macht den Therapieerfolg zum Anknüpfungspunkt für die Entscheidung der Qualifikation als Heileingriff oder nicht. Sei der Therapieerfolg durch den Eingriff und eine Verbesserung des körperlichen Wohls des Patienten erreicht worden, stelle der Eingriff bereits auf tatbestandlicher Ebene keine Körperverletzung im Sinne von § 223 ff. StGB dar. Für die so genannte Erfolgstheorie kommt es folglich auf das Gelingen des invasiven Eingriffs an. Im Falle eines Misserfolgs, der ein schlechteres Befinden des Patienten als vor dem Eingriff zur Folge habe,

---

Rn. 18; Maurach/Schroeder/Maiwald BT I, § 8, Rn. 21 ff.; *Bockelmann*, JZ 1962, 525 (527); *Bockelmann*, ZStW 93 (1981), 105 (114 ff.); *Meyer*, GA 1998, 415 (419); *Rogall*, NJW 1978, 2344; vgl. *Schneider*, Body Integrity Identity Disorder 2016, S. 166 ff. m.w.N.

343 *Duttge*, MedR 2005, 706.

344 Zur Herstellung der psychischen Gesundheit/Integrität durch eine Wunschamputation vgl. *Ryan*, Neuroethics 2 (2009), 21, 28 [„In the case under consideration though, the harm, in terms of the loss of limb, would obviously be traded against the hope of a significant benefit, in terms of improved psychological well being."].

liege kein Heileingriff vor, sodass das Handeln des Arztes als tatbestandliche Körperverletzung im Sinne des § 223 StGB zu bewerten sei.[345]

bb. Kunstgerechtheit der Ausführung als Entscheidungskriterium

Eine andere Ansicht der Literatur bedient sich bei der Abgrenzung des ärztlichen Eingriffs als Heileingriff nicht des Kriteriums des Therapieerfolgs, sondern stellt auf die lege artis erfolgte Durchführung der ärztlichen Behandlung ab. Erfolge eine Behandlung durch den Arzt mit der Absicht zu heilen und nach den Regeln der ärztlichen Heilkunst, so sei sogar der Misserfolg des Eingriffs nicht als tatbestandsmäßige Körperverletzung zu bewerten.[346]

Die Qualifikation einer von einem Arzt durchgeführten Maßnahme als Heileingriff bemisst sich jedoch nicht allein am Kriterium der Person, die den Eingriff vornimmt. So macht die Vornahme einer Behandlung durch einen Arzt den Eingriff nicht automatisch zum Heileingriff, sondern erfordert darüber hinaus auch das Vorliegen einer Indikation.[347]

Die Problematik des Vorliegens einer Indikation ist gerade in den Fällen von elektiven Wunschamputationen aufgrund von BIID von großer Wichtigkeit. Bezüglich des Problems, dass das zu amputierende Gliedmaß selbst keinen krankhaften Befund aufweist, wird auf die oben gemachten Ausführungen[348] verwiesen. Insbesondere bezüglich der möglichen Klassifikation einer derartigen Maßnahme als ärztlicher Heileingriff bedarf es im Folgenden einer Auseinandersetzung mit dem Themenkreis einer unter Umständen notwendigen Indikation.

cc. Problematik der Indikation zur Bestimmung der Heileingriffsqualität

Unter einer Indikation versteht man den Verordnungsgrund für ein ausgewähltes diagnostisches oder therapeutisches Heilverfahren, das für die Verwendung einer bestimmten Behandlungsmaßnahme im *Krankheitsfall* spricht und deren Anwendung hinreichend rechtfertigt.[349] Problematisch ist jedoch auch hier, dass

345 S/S-*Eser* StGB, § 223, Rn. 30 ff.; vgl. *Manok*, Body Integrity Identity Disorder 2012, S. 30.

346 *Schmidt*, Der Arzt im Strafrecht, S. 70 f.

347 *Bichlmeier*, JZ 1980, S. 53 mit Bezugnahme auf den bekannten „Zahnextraktionsfall" (BGH NJW 1978, 1206 =JuS 1978, 710, Nr. 8); *Manok*, Body Integrity Identity Disorder 2012, S. 31; Kern, in Laufs/Kern, § 49 Rn. 1; *Kern/Richter*, in: Wienke et al., Die Verbesserung des Menschen, S. 129; *Riedelmeier*, Ärztlicher Heileingriff, S. 37 m.w.N.

348 S.o. § 2 I. 1 Problemaufriss.

349 *Psychrembel*, Klinisches Wörterbuch, Stichwort: Indikation; vgl. *Damm*, in: Kettner (Hrsg.), Wunscherfüllende Medizin, 2009, S. 183, 185 vgl. *Kern*, in Laufs/Kern, § 49,

diese Definition keine genauen Anhaltspunkte zur Bewertung eines Phänomens wie BIID bietet. Die Herstellung der *Gesundheit* einer Person wird unter anderem an die Voraussetzung einer Indikation geknüpft, die wiederum an das Kriterium des Vorliegens einer *Krankheit* gebunden ist.[350] Im Folgenden gilt es zu erörtern, wodurch sich diese Begriffe auszeichnen, und ob sie sich auch auf den Fall von elektiven Wunschamputationen anwenden lassen.

Unter Aufzählung der verschiedenen Indikationsarten (*Notfallindikation*, *vitale Indikation*, *absolute* und *relative Indikation*) weist *Manok* richtigerweise darauf hin, dass im Falle von elektiven Wunschamputationen sowohl eine *vitale Indikation* als auch eine *Notfallindikation* von vornherein offensichtlich ausscheiden.[351] Die im vorliegenden Fall infrage kommenden Indikationsarten sind folglich die *absolute* und die *relative Indikation.*

aaa. Phänomen BIID als absolute Indikation

Bezogen auf die BIID-Problematik läge eine *absolute Indikation* vor, wenn ein medizinisches Erfordernis vorläge, die elektive Wunschamputation durchzuführen, um Auswirkungen des Phänomens BIID auf den Gesundheitszustand der Betroffenen möglichst gering zu halten.[352] *Manok* verneint das regelmäßige Vorliegen einer *absoluten Indikation* bei BIID-Fällen. Zum einen rekurriert er auf anderweitige Therapiemöglichkeiten, die allenfalls in der Lage sind, den Leidensdruck der Betroffenen zu mildern. Richtigerweise stellt er maßgeblich darauf ab, dass im Falle einer unterlassenen Wunschamputation daraus keine akute Lebensgefahr für den Betroffenen erwächst.[353] Bezüglich der anderweitigen weniger invasiven

---

Rn. 1, vgl. *Schneider*, Body Integrity Identity Disorder 2016, S. 171; vgl. *Wendland*, Die strafrechtliche Zulässigkeit wunscherfüllender Operationen 2016, S. 27 f.

350 Zum rechtlichen Verständnis der Gegensätzlichkeit der Begriffe Gesundheit und Krankheit und dem sich daraus ergebenden Problems eines nicht zielführenden Versuchs der Definition von Gesundheit über den Begriff der Krankheit siehe: *Werner/Wiesing*, Gesundheitswesen 2002; 64, S. 402.

351 *Manok*, Body Integrity Identity Disorder 2012, S. 32, da im Falle von BIID weder ein lebensbedrohliches, akutes Krankheitsbild vorliegt, das unverzüglich lebensrettender Maßnahmen zur Abwendung des sonst zeitnah eintretenden Todes bedarf (*Notfallindikation*), noch handelt es sich bei den Fällen von BIID um eine lebensbedrohliche Krankheit, die beim Ausbleiben lebensrettender Maßnahmen ansonsten spätestens innerhalb weniger Monate zum Tod führen kann (*vitale Indikation*); vgl. *Schneider*, Body Integrity Identity Disorder 2016, S. 268.

352 *Manok*, Body Integrity Identity Disorder 2012, S. 32.

353 *Manok*, Body Integrity Identity Disorder 2012, S. 32 a.E. f.

Therapiemaßnahmen wird auf die oben gemachten Ausführungen verwiesen.[354] Anders als von *Manok* wird hier in den vorliegend infrage kommenden weniger invasiven Behandlungsoptionen keine Therapiealternative gesehen.[355] Dennoch sei darauf hingewiesen, dass die Erkenntnisse über die Wirksamkeit elektiver Wunschamputationen nicht genug wissenschaftlich validiert sind, um die Annahme einer *absoluten Indikation* zu belegen. Insbesondere das Argument *Manoks* in puncto mangelnder Lebensbedrohung durch ein Unterlassen der ersehnten Wunschamputation sprechen richtigerweise für die regelmäßige Ablehnung der Voraussetzung einer *absoluten Indikation.*

bbb. Phänomen BIID als relative Indikation

Für die Klassifikation von Wunschamputationen als Heileingriff kommt folglich grundsätzlich alleine das Vorliegen einer *relativen Indikation* in Betracht. Hierbei finden auch alternative Therapieoptionen mit weniger hohen Erfolgsaussichten Berücksichtigung.[356] Unter einer *relativen Indikation* versteht man, dass alle Faktoren, die für die Vornahme des Eingriffs sprechen, berücksichtigt wurden und die Annahme einer relativen Indikation das Resultat dieser Abwägung ist.[357] Wesen der *relativen Indikation* ist folglich das Bestehen eines Behandlungsgrundes, welcher das Ergreifen einer Maßnahme aber nicht zwingend erforderlich macht. Bei der *relativen Indikation* stehen mehrere Behandlungsalternativen zur Auswahl, die in ihrer Wirksamkeit gleich effektiv sind oder im Ergebnis geringfügig weniger wirksam sind.[358] Die Abwägung der jeweiligen Risiken der zur Verfügung stehenden Behandlungsalternativen obliegt dem Arzt. Hierbei kommen nicht nur ausschließlich objektive Kriterien zum Tragen. Vielmehr werden auch subjektive Komponenten wie die individuelle Beurteilung durch den Patienten und seine persönliche Sicht auf die Krankheit in den Abwägungsprozess mit einbezogen.[359]

Grundlage dieses Abwägungsprozesses ist die Berücksichtigung von Behandlungsrisiken, der Eingriffsschwere, der Aussichten auf den Behandlungserfolg und des Behandlungszwecks.[360] Die zugrunde gelegten Parameter müssen in „einem angemessenen und vernünftigen Verhältnis zueinander stehen“[361].

---

354 S.o. § 2 II. 8 Therapierbarkeit und Heilungsmethoden.
355 So auch: *Franck*, GesR 2009, S. 299.
356 *Manok*, Body Integrity Identity Disorder 2012, S. 33.
357 *Bünte*, MedR 1985, S. 21.
358 http://flexikon.doccheck.com/de/Indikation (zuletzt abgerufen am 12.10.2017).
359 *Bünte*, MedR 1985, S. 21.
360 *Manok*, Body Integrity Identity Disorder 2012, S. 33.
361 Kern, in: Laufs/Kern, § 49, Rn. 1.

Bezogen auf den konkreten Fall von BIID verweist *Manok* auf die einer Amputation innewohnenden Gefahren.[362] Die Angemessenheit des Eingriffs, im Sinne der für die relative Indikation erforderlichen Mittel-Zweck-Relation, sei nur gegeben, wenn der Betroffene durch die Amputation mit an Sicherheit grenzender Wahrscheinlichkeit von seinem psychischen Leidensdruck vollumfänglich geheilt würde.[363] Hierbei rekurriert *Manok* auf die Entscheidung des Bundesverfassungsgerichts[364] bezüglich der geschlechtsangleichenden Maßnahmen an einem Transsexuellen, bei dem das Gericht vom Vorliegen einer medizinischen Indikation bezüglich der Heilung des psychischen Leidens ausging. Problematisch bei der Frage nach einer medizinischen Indikation für die Legitimation elektiver Wunschamputationen ist der Umstand, dass die zu amputierende Gliedmaße nicht erkrankt ist und die infrage stehende Operation nicht auf einen körperlichen Befund zurück zu führen ist. Die Indikation könnte vorliegend vielmehr im psychischen Leiden gesehen werden, welches vom bloßen Vorhandensein der Extremität selbst hervorgerufen wird.[365] Wie bereits im Rahmen der medizinischen Betrachtung von BIID[366] ausgeführt, handelt es sich bei den Berichten von Amputationen um Einzelfallberichte, denen Signifikanz in der Fachliteratur abgesprochen wird, deren Erfolgssicherheit sich zwar abzeichnet, aber dennoch bisher nicht hinreichend wissenschaftlich belegt ist. Aufgrund einer zum jetzigen Zeitpunkt nicht ausreichend validierten günstigen Prognose der Heilungschancen der Betroffenen durch eine Amputation und aufgrund des Vorliegens weniger invasiver, wenn auch weniger erfolgversprechender, Therapiealternativen zur Amputation, spricht sich *Manok* gegen die Annahme einer relativen Indikation im Falle von BIID-Amputationen aus.[367] Dem ist zuzustimmen.

ccc. Zwischenergebnis

Elektiven Wunschamputationen im Rahmen von BIID liegt somit *noch* keine medizinische Indikation zugrunde, sodass diese zum heutigen Stand der Wissen-

---

362 *Manok*, Body Integrity Identity Disorder 2012, S. 33 a.E. f., namentlich: „Infektionen, Nekrosen, Nervenläsionen, Empfindlichkeitsstörungen, Phantomschmerzen, Amputationsneuromen, Kurzschlussverbindungen zwischen großen Arterien und Venen, Thrombosen usw.".

363 *Manok*, Body Integrity Identity Disorder 2012, S. 34.

364 BVerfG, NJW 1979, S. 595.

365 Zur Ausweitung der Indikation auf die s.g. psychologische Indikation siehe: *Damm*, in: Kettner (Hrsg.), Wunscherfüllende Medizin, 2009, S. 183, 191 m.w.N.

366 S.o. § 2 Medizinisches.

367 *Manok*, Body Integrity Identity Disorder 2012, S. 34; im Ergebnis so auch: *Schneider*, Body Integrity Identity Disorder 2016, S. 188, 274.

schaft nicht als Heileingriff klassifiziert werden können. Die fehlende Einstufung einer elektiven Wunschamputation als Heileingriff aufgrund der Indikationslosigkeit hat zur Folge, dass es darüber hinaus keiner weiteren Betrachtung der unterschiedlichen Bewertung des ärztlichen Heileingriffs durch herrschende Meinung und Literatur bedarf. Eine Streitentscheidung ist vorliegend hinfällig, da aufgrund der fehlenden Heileingriffseigenschaft die Vornahme einer Wunschamputation durch einen Arzt – nach beiden Ansichten – den Tatbestand der Körperverletzung erfüllt.[368]

dd. Bedeutung der fehlenden Indikation im Fall von BIID

Der Problematik der fehlenden Indikation schließt sich die Frage an, ob deren Nichtvorliegen zwangsläufig die Unzulässigkeit einer medizinischen Maßnahme zur Folge hat. Die Bedeutung der Indikation als solcher im Zusammenhang mit Fallsituationen, bei denen keine Indikation vorliegt, wird in der Literatur diskutiert. Die Tragweite und Auswirkungen einer fehlenden Indikation auf die grundsätzliche Zulässigkeit einer medizinischen Maßnahme – insbesondere in medizinischen Grenzfällen – ist häufig diskutierter Gegenstand in der Fachliteratur. Bedeutete das Fehlen einer Indikation zwangsläufig die generelle Unzulässigkeit einer Maßnahme, fände der eigentliche Patientenwille überhaupt keine Berücksichtigung. Die Zulässigkeit von BIID-Amputationen könnte sich jedoch aus der Einwilligung des Patienten selbst auf der Ebene der Rechtswidrigkeit ergeben; dies ist im Folgenden zu erörtern. *Nitschmann* weist zutreffend darauf hin, dass eine fehlende Indikation nicht zwangsläufig eine Strafbarkeit wegen Körperverletzung nach sich ziehe. Eine fehlende Indikation habe in derartig gelagerten Fällen keine Auswirkungen auf die Option der rechtswirksamen Einwilligung des Betroffenen auf der Ebene der Rechtswidrigkeit. Alleine der Umstand des Fehlens eines Legitimationszusammenhanges aus medizinischer Sicht dürfe nicht zu einer rechtlichen Sonderregelung führen, indem durch das Aushebeln der garantierten Autonomie von anerkannten Rechtsgrundsätzen abgewichen werde.[369] Dieser Ansicht wird auch von anderen Teilen der Literatur

368 *Nitschmann*, ZStW 119 (2007), 547, 557, unter Verweis auf Fälle von „Schönheitsoperationen, eigenwilligen Therapieformen oder solchen, bei denen Neuland betreten wird, sowie bei medizinisch nicht indizierten Eingriffen"; so auch: NK-*Paeffgen* StGB, § 228, Rn. 61; Küpper, BT 1, § 2, Rn. 43; Maurach/Schröder/Maiwald, BT 1, § 8 Rn. 30 ff.; Roxin AT, § 13, Rn. 26 f.; *Manok*, Body Integrity Identity Disorder 2012, S. 34.

369 *Nitschmann*, ZStW 119 (2007), 547, 558, dies gelte ebenfalls, folge man der Ansicht der herrschenden Literatur, nach der das Fehlen einer Indikation die Erfüllung des Körperverletzungstatbestandes zur Folge habe; so auch: *Sternberg-Lieben*, Die objektiven Schranken der Einwilligung im Strafrecht, 1997, S. 192 f. m.w.N.; vgl. eben-

zugestimmt. Oftmals werde zweifellos angenommen, die Legitimation einer Maßnahme sei nur vom Vorliegen der Faktoren Indikation und Kunstgerechtheit der ärztlichen Maßnahme abhängig. Gehe man davon aus, es müsse zwingend eine medizinische Indikation zur Legitimation einer Maßnahme vorliegen, werde der Patientenwille dem „Vertrauen auf die ärztliche Professionalität" untergeordnet. Diese herrschende Auslegung der Rechtslage bewirke die Aushöhlung individueller Interessen durch gesellschaftliche Aspekte und führe zu einer Verdrängung der Patientenautonomie.[370]

Mit der Frage der generellen Abhängigkeit der Legitimation medizinischen Handelns in der neuzeitlichen Medizin vom Vorliegen einer Indikation beschäftigt sich auch der Bremer Gesundheits- und Medizinrechtsprofessor *Reinhard Damm*. Die Frage der Notwendigkeit einer Indikation für die Durchführung einer medizinischen Maßnahme bezeichnet er als „Schicksalsfrage".[371] Insbesondere weist er auf den Bedeutungszuwachs der Legitimation einer Maßnahme durch die psychologische Indikation hin und bezeichnet das bestehende Indikationskonzept als überholt.[372] *Damm* mahnt zwar vor einem „Abdriften der Medizin in eine *indikationslose Dienstleistungsveranstaltung*", bei der der ärztliche Heilauftrag nicht mehr im Mittelpunkt stehe.[373] Die Bedeutung der traditionellen Indikation werde zunehmend durch vom „medizintechnisch induzierten und gesellschaftlich rezipierten *Bedeutungszuwachs einer ‚modernen' Wunschmedizin*"[374] überholt.

Jedoch schließt auch diese Kritik indes BIID-Amputationen vor dem Hintergrund der Patientenautonomie ebenfalls nicht kategorisch aus, sondern warnt lediglich vor einer möglichen Entwicklungstendenz für die gesamte Medizin und betont das Klärungsbedürfnis der Notwendigkeit der Indikation in medizinischen Grenzfällen wie BIID.

Laut *Damm* haben Verluste bei der Eindeutigkeit bezüglich einer Indikation eine „Aufwertung subjektiver Patientenorientierung im Entscheidungsprozess"

---

falls *Gaidzik*, in: Bergmann/Alberts (Hrsg.), Gesamtes Medizinrecht, 2012, § 228 StGB Rn. 15, der den medizinischen Indikationsbegriff als „fließend" bezeichnet; vgl. *Schneider*, Body Integrity Identity Disorder 2016, S. 174 f.; vgl. *Wendland*, Die strafrechtliche Zulässigkeit wunscherfüllender Operationen 2016, S. 73; vgl. ebenso *Kunz*, JZ 1982, S. 792 am Beispiel von Sterilisationen.

370 *Eser*, FS-Hirsch 1999, S. 466 ff.; zustimmend: *Duttge*, MedR 2005, 706, 709.

371 *Damm*, in: Kettner (Hrsg.), Wunscherfüllende Medizin, 2009, S. 183, 188.

372 *Damm*, in: Kettner (Hrsg.), Wunscherfüllende Medizin, 2009, S. 183, 191, 200 m.w.N.; vgl. *Urbanczyk*, NJW 1964, 427 m.w.N.; vgl. *Arndt*, NJW 1963, S. 2066.

373 *Damm*, in: Kettner (Hrsg.), Wunscherfüllende Medizin, 2009, S. 183, 201.

374 *Damm*, in: Kettner (Hrsg.), Wunscherfüllende Medizin, 2009, S. 183.

zur Folge.[375] Auch hierin ist eine klare Betonung der Achtung des Patientenwillens zu sehen. Gerade im Bereich der Medizin werde dem Patienten auf diese Weise die autonome Entscheidungskompetenz zugesprochen, welche so im Zentrum des Medizingeschehens und der darauf bezogenen Normbildungsprozesse stehe. Als Grund hierfür führt *Damm* zum einen die unklare Abgrenzbarkeit und schwierige Konturierung der Parameter *Gesundheit* und *Krankheit* an. Zum anderen sei es schwierig, einen eindeutigen gesellschaftlichen Wertekonsens bezüglich des Einsatzes medizinischer Maßnahmen zu ermitteln.[376]

Die Frage nach der Notwendigkeit einer medizinischen Indikation zur Bestimmung der Zulässigkeit einer medizinischen Maßnahme steht somit erneut im engen Zusammenhang mit der Definition der Begriffe *Gesundheit* und *Krankheit* und deren gesellschaftlicher Bewertung.

Wie bereits eingangs[377] beschrieben, ist BIID bis zum heutigen Tage nicht im DSM-Manual gelistet. Aufgrund dessen unterliegt das Phänomen nicht dem formalen Begriff einer medizinischen Indikation. Die enge Verknüpfung der Begriffe Indikation und Krankheit, sowie Indikation und Gesundheit drängen die Frage auf, ob das Phänomen BIID unter Umständen dennoch einem Krankheitsbegriff unterliegen kann. Die Problematik der fehlenden Indikation bei elektiven Wunschamputationen wirkt sich notwendigerweise auch auf die Bewertung von Gesundheit und Krankheit durch verschiedene bestehende Betrachtungsweisen aus, welche im Folgenden Forschungsgegenstand sind. Die Debatte über einen theoretischen Krankheitsbegriff wird mittlerweile weltweit geführt und beschäftigt nicht nur Mediziner. Vielmehr beteiligen sich jetzt auch Philosophen, Psychologen sowie Soziologen, Historiker und Ethiker. Das debattierte Problem ist folglich interdisziplinär und von enormer Wichtigkeit für die juristische Bewertung im Medizinstrafrecht.[378] Bereits im Rahmen der Auseinandersetzung mit den verschiedenen Bewertungsprozessen von Gesundheit und Krankheit

---

375 *Damm*, in: Kettner (Hrsg.), Wunscherfüllende Medizin, 2009, S. 183, 187; vgl. *Tasman*, Laryngo-Rhino-Otologie 89 (2010), S. 13.

376 *Damm*, in: Kettner (Hrsg.), Wunscherfüllende Medizin, 2009, S. 183, 187–188; bzgl. des problematischen Definitions- und Abgrenzungsprozesses der begrifflichen Gegensätze *Gesundheit* und *Krankheit* siehe: *Schramme* (Hrsg.), Krankheitstheorien 2012 m.w.N.; Zur Erweiterung und Modifikation des Krankheits-/Gesundheitsbegriffs der WHO siehe: *Kovacs*, The American Journal of Bioethics-Neuroscience 9 (2009), 44; *Krennerich*, in: Frewer/Bielefeldt (Hrsg.), Menschenrecht auf Gesundheit, 2016, S. 58.

377 § 2 I. 1 Problemaufriss.

378 *Hucklenbroich*, in: Groß/Müller/Steinmetzer (Hrsg.), Normal – anders – krank?, 2008, S. 3, vgl. 4 a.E. f.

verdeutlicht sich eine unterschiedliche Bewertung von objektiven und subjektiven Parametern. Insbesondere konkretisieren Beispiele aus dem medizinischen Kontext die Schwierigkeit exakter Definitionen.

ee. Begriffe Gesundheit und Krankheit als Leitgröße

Im Folgenden soll hier mit dem Begriffspaar *Gesundheit* und *Krankheit* der Versuch einer Konturierung und Abgrenzung voneinander unter Einbeziehung verschiedener Paradigmen unternommen werden. Weiterhin geht es um die Schwierigkeit der Einbeziehung der individuellen Patientensicht und die Erörterung gesellschaftlicher Wertvorstellungen. Ziel ist es, zunächst die Bandbreite der unterschiedlichen möglichen Sichtweisen und Konturierungsprozesse bezüglich der zunächst einmal sehr unbestimmten Begriffe *Gesundheit* und *Krankheit* zu beleuchten.

Der Begriff *Krankheit* und die darauf aufbauenden Abgrenzungsmerkmale sind der Kernbegriff der Medizintheorie. Darüber hinaus verbindet der Krankheitsbegriff die wissenschaftliche Theorie mit der medizinischen Praxis, wenn man voraussetzt, dass das Vorliegen eines wie auch immer gelagerten pathologischen Zustandes ein notwendiges Kriterium für die Behandlungsbedürftigkeit ist.[379]

aaa. Lebensweltlicher Krankheitsbegriff

Eine Ansicht verweist auf das Bestehen eines so genannten *lebensweltlichen* Krankheitsbegriffs. In der Alltagssprache kommt – nach Ansicht der Literatur – dem Begriff Krankheit im Regelfall, wenn auch nicht zwingend, die Bedeutung eines nicht gewünschten oder sogar mit Furcht gesehenen Ereignisses zu. Dem Begriff der Krankheit wohne folglich eine negative Konnotation inne, die darüber hinaus auch bezweckt sei. Der Begriff als solcher sei somit im Regelfall im alltagssprachlichen Gebrauch von vorne herein mit einer negativen Bewertung behaftet. Dennoch könne der lebensweltliche Begriff der Krankheit in gewissen Zusammenhängen sogar positiv oder zumindest neutral bewertet werden. Insofern verfüge der alltagssprachliche Gebrauch dieses Begriffes auch über eine

---

379 *Hucklenbroich*, in: Groß/Müller/Steinmetzer (Hrsg.), Normal – anders – krank?, 2008, S. 3, 4.; *Rothhaar/Frewer*, in: Rothhaar/Frewer (Hrsg.), Das Gesunde, das Kranke und die Medizinethik 2012, S. 7.; eine detaillierte Auseinandersetzung mit der Entwicklungsgeschichte und verschiedenen Paradigmen zum Thema Krankheit findet sich in: *Schäfer*, in: Rothhaar/Frewer (Hrsg.), Das Gesunde, das Kranke und die Medizinethik 2012, S. 15 ff.

gewisse Elastizität, um einen krankhaften Zustand wertneutral sprachlich wiederzugeben.[380]

Richtigerweise wird darauf hingewiesen, dass der lebensweltliche Krankheitsbegriff vom medizinischen zu trennen sei. Werde ein Phänomen im alltäglichen Sprachgebrauch mit dem Begriff Krankheit versehen, müsse dies nicht zwangsläufig mit dem medizinischen Krankheitsbegriff kongruent sein. Vielmehr könne es sich auch schlichtweg um gesellschaftliche Vorstellungen von Normalität ohne medizinischen Bezug handeln, zumal sich der Bewertungsprozess der Abweichung von der Norm nicht nur auf physische oder psychische Merkmale einer Person beziehen müsste, sondern ebenfalls menschliches Verhalten und Lebensentwürfe von der Bewertung erfasst sein könnten. Dies erlaube jedoch darüber hinaus nicht den Rückschluss, dass ausschließlich das Vorliegen einer Krankheit nach dem medizinischen Definitionsprozess eine ärztliche Maßnahme rechtfertigen könne. So könne es ebenso vorkommen, dass ein Phänomen bei medizinischer Betrachtung keinen Krankheitswert zugeschrieben bekomme, jedoch nach dem lebensweltlichen Krankheitsbegriff als Krankheit oder Abweichung von der Normalität bewertet werde. Obwohl medizinisch nicht von einer Krankheit gesprochen werden könne, sei ärztliches Eingreifen dennoch sowohl indiziert als auch ethisch gerechtfertigt.[381] Dem ist zuzustimmen. Dennoch zeigt sich, dass der lebensweltliche Krankheitsbegriff nicht in der Lage ist, eine Abgrenzung von Krankheit und Gesundheit im Sinne eines objektiven Maßstabs vorzunehmen, da er sich nach den schwer zu objektivierenden gesellschaftlichen Normalitätsvorstellungen richtet.[382]

---

380 *Hucklenbroich*, in: Groß/Müller/Steinmetzer (Hrsg.), Normal – anders – krank?, 2008, S. 3, 23; *Hucklenbroich*, in: Rothhaar/Frewer (Hrsg.), Das Gesunde, das Kranke und die Medizinethik 2012, S. 39; vgl. *Schmidhuber*, in: Frewer/Bielefeldt (Hrsg.), Menschenrecht auf Gesundheit, 2016, S. 198; vgl. zur sozialen Unerwünschtheit von Krankheit: *Heim*, Krankheit als Krise und Chance, S. 62 f.

381 *Hucklenbroich*, in: Groß/Müller/Steinmetzer (Hrsg.), Normal – anders – krank?, 2008, S. 3, 24, der ebenfalls auf die verschiedenen gesellschaftlichen Reaktionsformen Bezug nimmt. Die Unterschiedlichkeit der Bewertung der Abweichung reiche von Tolerierung über Hospitalisierung, Ausgrenzung, Diskriminierung (Stigmatisierung), Kriminalisierung, bis hin zur Verfolgung (Strafverfolgung).

382 Vgl. *Gelhaus*, in: Groß/Müller/Steinmetzer (Hrsg.), Normal – anders – krank?, 2008, S. 33, 41, der ebenfalls auf die vielschichtige „Wechselbeziehung von Krankheitsbegriff und gesellschaftlichen Normen“ eingeht; vgl. *Tag*, Der Körperverletzungstatbestand, S. 47 f.; vgl. Kuhlmann, in: *Rösner*, Behindert sein – behindert werden, Normalität als Affront. Ein Kulturkampf im Namen von Behinderten gegen die Herrschaft der Üblichkeiten, S. 290 ff.

bbb. Medizinischer Krankheitsbegriff

Auch aus medizinischer Sicht wird versucht, dem zunächst unbestimmten Begriff von Krankheit Kontur zu verleihen, wobei auch die Medizin keine eindeutigen Begriffe von Krankheit und Gesundheit bereitstellt, da auch der medizinische Krankheitsbegriff der kulturellen und geschichtlichen Bewertung unterliegt.[383]

Zum Zwecke der Konturierung eines krankhaften Zustandes hat sich in der Medizin eine äußerst komplexe Definition herausgebildet, die bestrebt ist, die Vielfalt der möglichen Erkrankungen abzudecken. Hiernach ist ein Vorgang im Sinne eines Zustandes oder Ereignisses dann krankhaft (pathologisch),

> „(1) wenn er bei natürlichem, unbehandeltem Verlauf unmittelbar zum vorzeitigen Tod oder zur Verkürzung der natürlichen Lebenserwartung des Betroffenen führt, oder
>
> (2) wenn er (unbehandelt) mit Schmerz, Leiden, Missempfindungen oder Beschwerden in körperlicher und/oder seelischer Hinsicht verbunden ist, wobei diese Zustände bestimmte natürliche vorgegebene, kulturell überformbare Normalbereiche oder Schwellenwerte bezüglich Intensität, Dauer und/oder Häufigkeit des Auftretens überschreiten, oder
>
> (3) wenn er das individuelle Risiko erhöht, dass ein Ereignis eintritt, das schon nach mindestens einem Krankheitskriterium (1–5) als krankhaft erkannt ist. *Insbesondere*: wenn er die natürlich vorgegebenen körperlich-seelischen Dispositionen und Potentiale des Betroffenen so verändert (z.B. Fähigkeiten einschränkt oder verschwinden lässt, ungünstige Reaktionsweisen entstehen lässt oder verstärkt), dass dieser (ohne adäquate Behandlung bzw. Substitution) in bestimmten, zuvor harmlosen Situationen krank wird (gemäß Krankheitskriterien 1–5), z.B. in Lebensgefahr gemäß Klausel (1) gerät oder Schmerz, Leiden oder Beschwerden gemäß Klausel (2) ertragen muss, oder wenn bestimmte solche Dispositionen/Potentiale von vornherein (d.h. in angeborener Weise) in dem genannten Sinn vorhanden, verändert bzw. eingeschränkt/verstärkt sind oder ganz fehlen, oder/und
>
> (4) wenn er unbehandelt die Unfähigkeit zur biologischen Reproduktion beinhaltet oder zur Folge hat, oder/und
>
> (5) wenn (a) ein einzelner davon Betroffener unbehandelt nicht in der Lage ist, mit „gesunden“ menschlichen Lebensgemeinschaften seinem Alter entsprechend in möglichst konfliktfreier und kooperativer Weise und ohne selbst Leid zu verursachen zusammenzuleben, oder (b) umgekehrt eine davon betroffene Lebensgemeinschaft „unbehandelt“ nicht in der Lage ist, ihren einzelnen Mitgliedern ein möglichst leid- und konfliktfreies, kooperatives Zusammenleben zu gewährleisten.
> Zusatzbedingungen: Alle fünf Kriterien gelten nur für Vorgänge, die
>
> a) Merkmale des Organismus selbst und nicht seiner Umgebung sind,
>
> b) keine bewussten Erkenntnisse und Absichten und keine gewollten, intentionalen Handlungen sind, sofern Wahrnehmungs- und Erkenntnisfähigkeit, Wille

383 *Wolfslast*, Psychotherapie in den Grenzen des Rechts, S. 10 a.E. ff. m.w.N.

und Handlungsfähigkeit nicht selbst erkrankt sind, und unter der empirisch zu belegenden Voraussetzung, dass

c) es mindestens einen natürlich vorkommenden, bei dem Betroffenen grundsätzlich möglichen alternativen Lebensprozess bzw. alternativen Verlauf gibt, bei dem der fragliche Prozess und seine Konsequenz (Tod, Leiden, …) nicht auftritt. Der Alternativverlauf darf natürlich seinerseits kein pathologischer Verlauf sein;
d) alternative Verläufe, die *nur* durch gezieltes, intentionales menschliches Handeln zustande kommen können, nicht in diesen Vergleich einbezogen werden (außer bei Erkrankungen von Erkenntnis- und Selbstbestimmungsfähigkeit)."[384]

(1) Streng objektive Betrachtungsweise

Der Münsteraner Mediziner, Medizinethiker und Medizintheoretiker *Peter Hucklenbroich* ist der Ansicht, die Definition eines krankhaften Zustandes ließe aufgrund ihres deskriptiven Charakters keinen Raum für subjektive Bewertungen. Werde die Definition zur Unterscheidung eines Zustands von Krankheit und Normalität herangezogen, so beziehe sich das Ergebnis ausschließlich auf den zugrunde gelegten Sachverhalt. Nämlich, ob die Unterscheidungskriterien einfach oder gar mehrfach erfüllt sind oder nicht. Dieser Prozess ist laut *Hucklenbroich* gänzlich losgelöst von der individuellen Bewertungseinstellung der beurteilenden Person, seiner persönlichen Einstellung bei der Krankheitsbewertung und den unter Umständen zu ergreifenden Handlungsalternativen. Der deskriptive Charakter zeichne sich dadurch aus, dass „die Kriterien für die Beurteilung eines Phänomens als krankhaft oder normal in ihrem Inhalt durch die gegebene Definition explizit festgelegt sind und insofern keinen Spielraum für die Einbeziehung subjektiver Wertungen des Beurteilers lassen". Würden subjektive Bewertungen mit einbezogen, werde das Ergebnis lediglich verfälscht. Laut *Hucklenbroich* ist das medizinische Definitionsmittel aufgrund der rein deskriptiven Funktion „von Werten und Normen unabhängig".[385]

Diese Aussage spricht zunächst für das Bestehen eines rein objektiven Krankheitsbegriffs, frei von jedwedem Einfluss von gesellschaftlichen Werten und subjektiven Empfindungen. Dennoch finden sich in der Literatur zahlreiche Stimmen, die sich gegen die Eigenständigkeit und Ungebundenheit des Krankheitsbegriffs aussprechen und in einem weniger statischen Kontext verorten.

---

384 *Hucklenbroich*, in: Groß/Müller/Steinmetzer (Hrsg.), Normal – anders – krank?, 2008, S. 3, 9–10.

385 *Hucklenbroich*, in: Groß/Müller/Steinmetzer (Hrsg.), Normal – anders – krank?, 2008, S. 3, 21; *Hucklenbroich*, in: Rothhaar/Frewer (Hrsg.), Das Gesunde, das Kranke und die Medizinethik 2012, S. 53 ff.

(2) Subjektivierte Betrachtungsweise

Die Gegenansicht verdeutlicht die Schwierigkeit einer klaren Konturierung des Krankheitsbegriffs und dessen Beeinflussung durch kulturelle Wertungen. Der Bewertungsprozess eines physischen oder psychischen Zustands als Krankheit könne kulturell betrachtet nicht nur als Makel, sondern auch als Vorteil angesehen werden. Als Beispiel führt diese Ansicht die idiopathische Epilepsie an. Medizingeschichtlich betrachtet sei belegt, dass dieser Zustand „trotz aller behindernden Einschränkungen, als gesund oder sogar als Ausdruck eines qualitativ höherwertigen Seelenzustandes angesehen worden“ ist, obwohl es sich nach dem heutigen Verständnis um eine Krankheit im engeren Sinne handelt.[386]

Im Ergebnis kommt der Neurologe der Universitätsklinikums Münster *Stefan Evers* zu der These der Relativität des Krankheitsbegriffs. So sei möglich, dass ein und derselbe körperliche oder seelische Befindungszustand sowohl zu einer (krankheitsdefinierenden) Diagnose führen könne als auch als Vorteil bewertet werde. Relativität bezeichne im vorliegenden Fall folglich die fehlende Eindeutigkeit bei der Charakterisierung eines bestimmten Zustandes (gleich ob biologisch und/oder psychisch) als krankhaft oder gesund.[387] Anhand dieses Beispiels lässt sich nicht nur die Vielschichtigkeit des Krankheitsbegriffs verdeutlichen. Vielmehr offenbaren sich auch die vielen Einflussfaktoren, die beim Bewertungsprozess eines Zustands als krankhaft beteiligt sind. Richtigerweise macht *Evers* auch hierauf aufmerksam. So könne bei der Beurteilung eines Phänomens als Krankheit nicht lediglich auf objektive Kriterien abgestellt werden. Vielmehr müsse auch den subjektiven Empfindungen der betroffenen Personen Rechnung getragen werden. Dennoch gäbe es zudem weitere Parameter, die sowohl von der Person des Untersuchten als auch von der Person des Untersuchenden losgelöst seien und nicht von ihnen beeinflusst werden können. Diese seien beispielsweise „situative Faktoren, soziale, historische und statistische Normen“.[388]

Laut *Evers* haben diese Erkenntnisse auch Auswirkungen auf die neuere Neuromedizin. Das begriffliche Gegensatzpaar, also die „Dichotomie [Krankheit vs. Ge-

386 *Evers*, in: Groß/Müller/Steinmetzer (Hrsg.), Normal – anders – krank?, 2008, S. 51, 52 m.w.N.; vgl. *Schneider*, Body Integrity Identity Disorder 2016, S. 99.

387 *Evers*, in: Groß/Müller/Steinmetzer (Hrsg.), Normal – anders – krank?, 2008, S. 51, 52; zur „Relativität des Rechtsguts Körper“ siehe: *Bichlmeier*, JZ 1980, S. 56 a.E.

388 *Evers*, in: Groß/Müller/Steinmetzer (Hrsg.), Normal – anders – krank?, 2008, S. 51, 64; so auch: *Schmidhuber*, in: Frewer/Bielefeldt (Hrsg.), Menschenrecht auf Gesundheit, 2016, S. 209.

sundheit]"[389] sehe sich einem Wandel ausgesetzt, der ebenfalls von Aspekten der Forschung über die Lebensqualität geprägt sei. Hiernach wende sich der Krankheitsbegriff von einem starr definierten biologischen Zustand ab und werde zunehmend mit dem funktionellen und affektiven Zusammenhang der betroffenen Personen begründet. Nach dieser Ansicht werden persönliche Präferenzen und subjektive Krankheitsbewertungen bei der Bestimmung einer Krankheit mitberücksichtigt.[390] Die Abwendung von einem starren und rein deskriptiven Verständnis des Krankheitsbegriffs hin zu Aspekten der individuellen Lebensqualität hat in der Fachliteratur erheblichen Niederschlag gefunden.

(3) Aspekte der individuellen Lebensqualität

In diesem Sinne verdeutlicht der österreichische Rechtsphilosoph und Medizinethiker *Jürgen Wallner*, dass sich bei der ethischen Betrachtung von *Gesundheit* nicht um ein Schutzgut moralischer Art handelt. Vielmehr komme der Gesundheit ein instrumenteller Charakter zu mit dem Zweck, einem „gelungen-geglückten Leben" zu dienen.[391]

Die Beurteilung des Aspekts der Lebensqualität wirft jedoch weitere Fragen auf. Der deutsche Philosoph *Thomas Schramme* nimmt ebenfalls Bezug auf den Einfluss von Aspekten der Lebensqualität auf die Behandlungsentscheidung des Patienten. So ist es – laut Schramme – unmöglich für einen Arzt, eine objektive Entscheidung darüber zu treffen, welche Behandlungsmethode für die Lebensqualität des betroffenen Patienten am zuträglichsten ist. Das hinge nämlich von „subjektiven Wünschen, Zielen und Interessen" ab.[392] Maßgebliches Entscheidungskriterium ist dieser Ansicht zur Folge die subjektive Bewertung des Individuums selbst. Diese Ansicht geht somit ebenfalls von einem deutlich flexibleren und weniger deskriptiven Krankheitsbegriff aus. *Schramme* weist darauf

---

389 Bzgl. der Dichotomie von Gesundheit und Krankheit nach dem Rechtsverständnis und den damit einhergehenden Problemen vgl. *Werner/Wiesing*, Gesundheitswesen 2002; 64, S. 402.

390 Vgl. *Heim*, Krankheit als Krise und Chance, S. 229; vgl. *Krennerich*, in: Frewer/Bielefeldt (Hrsg.), Menschenrecht auf Gesundheit, 2016, S. 59; vgl. *Richman*, in: Rothhaar/Frewer (Hrsg.), Das Gesunde, das Kranke und die Medizinethik 2012, S. 83, 86, vgl. *Wendland*, Die strafrechtliche Zulässigkeit wunscherfüllender Operationen 2016, S. 34.

391 *Wallner*, Health Care zwischen Ethik und Recht, 2007, S. 78; vgl. u. a. *Carse*, in: Taylor/Dell'Oro, Health and human flourishing, S. 34, die den Begriff *human flourishing* verwendet.

392 *Schramme*, in: Graumann/Grüber (Hrsg.), Anerkennung, Ethik und Behinderung, 2005, S. 87.

hin, dass auch einem deskriptiven Urteil in diesem Sinne „eine Konzeption des menschlichen Wohls zugrunde" läge.[393] Gerade das subjektive Empfinden der betroffenen Person sei für die Entscheidung über das persönliche Wohlbefinden von Bedeutung und dieses Empfinden sei durch Betrachtung einer anderen Person von außen eben nicht ohne Weiteres feststellbar. Ein zu fällendes Urteil aus einer objektiven Perspektive sei zwar möglich, hierzu müsse man sich in die Lage der anderen Person versetzen. Ein derartiges Urteil kann – laut *Schramme* – „nur dann wirklich objektiv im Sinne eines Urteils von außen sein, wenn man die Interessen und Wünsche der anderen Person zugrunde legt und nicht die eigenen".[394]

Diese Betrachtungsweise sieht sowohl einen bestehenden „Wertepluralismus" als auch die „individuellen Lebenspläne" als eindeutiges Hindernis zur exakten Definition von Menschsein und Lebensqualität, da sich diese, je nach Individuum, stark unterscheiden. Die objektive Bewertung erfolgt dieser Ansicht nach alleine dadurch, dass sich das Gegenüber – in diesem Fall der Arzt – in die Situation des Patienten hineinversetzt und dabei eigene Vorstellungen seines persönlichen individuellen Lebenskonzeptes außer Acht lässt.[395]

Die Unterschiedlichkeit möglicher Lebensentwürfe lässt sich an mehreren medizinischen Maßnahmen besonders gut verdeutlichen. Insbesondere operative Geschlechtsangleichungen und das konkrete Beispiel von BIID-Amputationen selbst verdeutlichen den unterschiedlichen Maßstab bei der individuellen Bewertung von Lebensqualität, in dem die konventionelle Betrachtung der Vorstellung eines gelungenen Lebens vermeintlich herausgefordert wird.

Der Mediziner und Philosoph *Matthis Synofzik* verdeutlicht, dass sowohl der Wunsch nach einer operativen Geschlechtsumwandlung als auch der Wunsch nach einer elektiven Wunschamputation einer körperlich gesunden Gliedmaße „für die meisten von uns tatsächlich als „arbiträr" und „selbsttorpedierend" erscheinen", für die Betroffenen selbst jedoch könne der Wunsch „oft von tiefem, existentiellen Ausmaß sein". Die Entwicklungen der vermehrten Einbeziehung subjektiver Aspekte der Betroffenen werden von einer Ansicht der Literatur unter

393 *Schramme*, in: Graumann/Grüber (Hrsg.), Anerkennung, Ethik und Behinderung, 2005, S. 87, 90; vgl. *Magnus*, Patientenautonomie im Strafrecht, S. 31 ff.

394 *Schramme*, in: Graumann/Grüber (Hrsg.), Anerkennung, Ethik und Behinderung, 2005, S. 87, 91.

395 *Schramme*, in: Graumann/Grüber (Hrsg.), Anerkennung, Ethik und Behinderung, 2005, S. 87, 95; vgl. *Schramme*, in: Ach/Pollmann (Hrsg.), No body is perfect, 2006, S. 163, 178 ff., 182; insoweit deckungsgleich mit *Damm* (s. o. § 3 III. 2. B. b. dd Bedeutung der fehlenden Indikation im Fall von BIID).

dem Begriff *Präferenzmedizin* – als Ausfluss individueller Bewertung der selbstbestimmten Lebensqualität – zusammengefasst.[396]

Die Schwierigkeit der breiten Masse der Bevölkerung, sich in die Lebenssituation von BIID-Betroffenen hinein zu versetzen, und die darauf beruhende paternalistische Ablehnung von elektiven Wunschamputationen führt eine weitere Ansicht konkret auf die Abneigung von Nichtbetroffenen gegenüber körperlichen Behinderungen und die Ignoranz gegenüber den Auswirkungen von psychischen Erkrankungen für die Betroffenen zurück.[397] Der Ermittlung des individuellen subjektiven Optimums an Lebensqualität steht folglich oftmals die Projektion des persönlichen Lebensentwurfes und des vermeintlichen Idealzustandes auf andere im Wege.

Die Psychiaterin und Medizinethikerin der Universität Münster *Petra Gelhaus* macht richtigerweise auf den Umstand aufmerksam, dass das medizinische System in wichtigen Teilen von Ideal- und Normalbildern und -vorstellungen dominiert wird. Selbst im Falle der Krankheitsdefinition aus persönlicher Sicht der betroffenen Person sind dieser Ansicht zufolge die „medizinisch relevanten Grenzen der Normalität insofern interessant, als der allgemeine Krankheitsbegriff moralische Implikationen transportiert, die zum Beispiel medizinisch indizierte Eingriffe legitimieren, während die gleichen Eingriffe ohne entsprechende Indikation nicht auf die Weise legitimiert oder gar verwerflich erscheinen." Neben Schutzaspekten gegenüber den Patienten könne das medizinische Idealbild von Normalität jedoch auch zu einer degradierenden Abwertung, der von diesem Ideal abweichenden Individuen, führen.[398] Der Einfluss von Normalitätsvorstellungen auf das Menschenbild hänge damit zusammen, dass „normal" als „nicht aus dem Standard herausragend" und somit „erwünscht" angesehen werde.[399]

---

396 *Matthis Synofzik*, in: Kettner (Hrsg.), Wunscherfüllende Medizin, 2009, S. 153, 179 m.w.N.; zur Frage ob und zu welchem Ausmaß Drittinteressen in das individuelle Behandlungsverhältnis zwischen Arzt und Patient einbezogen werden sollten siehe *Damm*, MedR 2002, 375, 382.

397 *Kovacs*, The American Journal of Bioethics-Neuroscience 9 (2009), 44, 45 [„Our paternalistic prohibition to provide surgery for BIID mirrors our own aversion of physical disabilitites and our deep ignorance of the psychic suffering that a psychatric disorder may mean for the person who has it."]; *White*, HEC Forum (2014) 26, S. 232; vgl. hierzu den Artikel zur unterschiedlichen gesellschaftlichen Bewertung von physischen und psychischen Krankheiten (*Spiegel online*, not just sad 2014), „Wer sich das Bein bricht, bekommt Mitgefühl. Wer eine psychische Störung hat (oder hatte), wird schräg beäugt und muss sich rechtfertigen.".

398 *Gelhaus*, in: Groß/Müller/Steinmetzer (Hrsg.), Normal – anders – krank?, 2008, S. 33, 34.

399 *Gelhaus*, in: Groß/Müller/Steinmetzer (Hrsg.), Normal – anders – krank?, 2008, S. 33, 43.

Gelhaus weist darauf hin, dass von Natur aus alle Menschen verschieden sind. „Die Marge, die als tolerable Abweichung vom Durchschnitt aufgefasst" werde, sei jedoch stark von kulturellen Einflüssen bestimmt. „Je mehr Individualität und Selbstbestimmung das Menschenbild prägen, desto mehr Freiraum sollte dem Einzelnen zugestanden werden".[400] Auch die Medizinerin und Geschäftsführerin des Klinischen Ethikkomitees des Universitätsspitals Zürich *Tanja Krones* weist darauf hin, dass bei der Bestimmung von Gesundheitsbedürfnissen in der individuellen Behandlungssituation oftmals nicht auf evidenzbasierte Statistiken zurückgegriffen werden könne, sondern der Einzelfall zu betrachten sei.[401]

In diesem Sinne argumentieren auch andere Strömungen der Literatur. Eine Orientierung an medizinischen Normalvorstellungen oder Durchschnittswerten könne nicht zur Bewertung von individuell empfundener Lebensqualität und Wohlergehensaspekten herangezogen werden. Zwar argumentiert diese Betrachtungsweise nach eigener Aussage gegen eine weit verbreitete Empfindung, nach der das Vorliegen einer medizinischen Abweichung im Sinne eines deskriptiv bewerteten Krankheitszustands „immer auch schlecht" sein müsse, unabhängig von der persönlichen Empfindung der betroffenen Person. Als Beweis führt diese Ansicht jedoch ein sehr stichhaltiges Argument an. Sei eine Person von Natur aus sehr klein gewachsen, ohne dass ihre Körpergröße auf den medizinischen Befund des gestörten Wachstums zurück zu führen sei, so glaube ihr die Gesellschaft, wenn die Person von sich behaupte, durch die kleine Körpergröße keinerlei Einbuße in puncto Lebensqualität zu empfinden. Anders müsse der Fall jedoch liegen, handele es sich bei einer Person mit derselben Körpergröße jedoch um eine medizinisch befundbare Wachstumsstörung. Diese Erkenntnis verleitet diese Meinung zu zwei möglichen Ergebnissen. Erstens könne man annehmen, dass eine unterdurchschnittliche Körpergröße in beiden Fällen als Einbuße der Lebensqualität zu bewerten sei. In diesem Falle sei die Bewertung durch die betroffene Person irrelevant und eine klein gewachsene Person, die sich in ihrer geringen Körpergröße nicht in ihrer Lebensqualität eingeschränkt sehe, täusche sich über ihr „‚wirkliches' Wohl". Zweitens könne man die subjektive Bewertung der Betroffenen über die eigene Lebensqualität losgelöst vom medizinischen Normmaß betrachten. In diesem Fall könne die persönliche Einschätzung jedoch nicht „mit dem Hinweis auf eine pathologische Störung weggewischt werden". Im Ergebnis wird also deutlich: Auch wenn gesundheitliche Aspekte die Bewertung des

400 *Gelhaus*, in: Groß/Müller/Steinmetzer (Hrsg.), Normal – anders – krank?, 2008, S. 33, 43.

401 *Krones*, in: Kettner (Hrsg.), Wunscherfüllende Medizin, 2009, S. 137, 139; *Magnus*, Patientenautonomie im Strafrecht, S. 33.

menschlichen Wohlergehens mitbeeinflussen, können Aspekte der Lebensqualität nicht über das streng medizinische Verständnis der Begriffspaare *Gesundheit* und *Krankheit* bestimmt werden.[402]

Diese Argumentation bezüglich der Einbeziehung der persönlichen Sichtweise der betroffenen Person ist durchaus plausibel. Ein rein deskriptives Verständnis von *Gesundheit* und *Krankheit* erscheint insbesondere bei der Bewertung medizinischer Grenzfälle nicht als zutreffend. Die Abwendung vom medizinischen Durchschnitt hat folgerichtig einen Zuwachs der Bedeutung der persönlichen Empfindung der Betroffenen zur Folge.

Die Berücksichtigung der subjektiven Patientenempfindung bei der Bestimmung von Krankheiten hat in der Literatur eine große Anhängerschaft gefunden. So hat nach Ansicht der Literatur der subjektive Faktor der Betroffenen einen starken Bedeutungszuwachs erhalten.[403] Die Konzeption Gesundheit und Krankheit beinhalte für jeden individuellen Patienten eine ganz eigene Bedeutung.[404] Insbesondere vor dem Hintergrund, dass sich das Interesse des Patienten nicht nur auf körperliche Zustände beschränkt.[405]

Wie bereits oben angedeutet, vollzieht sich im medizinischen Sektor ein Wandel des Verständnisses des Krankheitsbegriffs. Im Folgenden ist weiterhin auf das medizinische Verständnis und den Definitionsprozess von Krankheiten einzugehen. So belegt auch eine Stellungnahme der Zentralen Ethikkommission einen Wandel des Begriffsverständnisses von Gesundheit und Krankheit.

(4) Ansicht der Zentralen Ethikkommission

Im Vorwort einer Stellungnahme der Zentralen Ethikkommission äußert *Wiesing* die Vermutung, dass sich der Aufgabenbereich der Medizin auch über den Bereich der „Behandlung von Krankheiten" hinaus erstrecken wird.[406] Die *Zentrale Ethikkommission* verdeutlicht, dass auf eine Trennung von „Behandlungen mit Krankheitsbezug und anderen Behandlungen" nicht verzichtet werden könne. Dennoch kommt auch sie zu dem Ergebnis, dass der Krankheitsbegriff gerade in

---

402 *Schramme*, Ethik in der Medizin 15 (2003), 180, 184; *White*, HEC Forum (2014) 26, S. 232 m.w.N.; *Klee*, Behindertsein ist schön; vgl. *Schmidhuber*, in: Frewer/Bielefeldt (Hrsg.), Menschenrecht auf Gesundheit, 2016, S. 197 ff.; vgl. *Rothhaar/Frewer*, in: Rothhaar/Frewer (Hrsg.), Das Gesunde, das Kranke und die Medizinethik 2012, S. 9 m.w.N.

403 *Damm*, in: Kettner (Hrsg.), Wunscherfüllende Medizin, 2009, S. 183, 199.

404 *Glannon*, Biomedical Ethics, 2005, S. 44.

405 *Glannon*, Biomedical Ethics, 2005, S. 23.

406 *Zentrale Ethikkommission*, Deutsches Ärzteblatt 109 (2012), 2000, im Vorwort von *Wiesing*.

Grenzfällen nicht hinreichend scharf konturiert sei. Demnach sei es nicht immer möglich, eine klare Abgrenzung „zwischen therapeutischer und verbessernder Behandlung sowie zwischen ärztlich indiziertem und ärztlich nicht indiziertem Handeln" vorzunehmen.[407] Der Ablösung vom Verständnis einer Dichotomie, bezogen auf die Begrifflichkeiten *Gesundheit* und *Krankheit* und der Schwierigkeit der klaren Abgrenzung beider Positionen, wird auch von der Zentralen Ethikkommission Rechnung getragen. Ärztliche Maßnahmen „diesseits und jenseits von Krankheit" seien „in ihren Zielen nicht radikal verschieden". So gibt es laut Aussage der *Zentralen Ethikkommission* „[z]wischen der Heilung von Krankheiten, der Beseitigung von Störungen und der Linderung von Schmerzen und Leiden auf der einen und der Verbesserung des Befindens, der Erweiterung von Freiheitsspielräumen und der Intensivierung von Erlebnisfähigkeit auf der anderen Seite [...] keine in der Natur der Sache liegende Grenze". Vielmehr befänden sich die unterschiedlichen Zielsetzungen im engen Zusammenhang zueinander. Im Ergebnis sei sowohl die Auslotung der „Grenze zwischen Gesundheit und Krankheit" als auch der „Grenze zwischen kompensatorischen und nichtkompensatorischen Behandlungen" jedes Mal erneut in den Fokus „gesellschaftlicher Abwägungen" gestellt.[408]

Eine weitere Meinung der Literatur betrachtet den Krankheitsbegriff ebenfalls als zu unbestimmt und variabel. Die Abgrenzung nach den Kriterien der Dichotomie Krankheit vs. Gesundheit sei für die meisten medizinischen Entscheidungen ohne Belang. Vielmehr handele es sich um eine „begriffliche Zwangsjacke". Ein reifer klinischer Entscheidungsprozess erfordere die Loslösung von einem starren Krankheitskonzept.[409]

(5) Zwischenergebnis

Bezogen auf die medizinische Definition von Krankheit lässt sich festhalten, dass der Begriff Krankheit gerade bei medizinischen Grenzfällen keine exakte Abgrenzung vornehmen kann. Insbesondere das rein deskriptive Verständnis des Krankheitsbegriffs unter Ausklammerung subjektiver Aspekte der betroffenen Person ist nicht zielführend. Neuere Meinungen in der Literatur sind bemüht, gesellschaftliche Aspekte und persönliche Sichtweisen in den Krankheitsbegriff zu

---

407 *Zentrale Ethikkommission*, Deutsches Ärzteblatt 109 (2012), 2000, 2001.

408 *Zentrale Ethikkommission*, Deutsches Ärzteblatt 109 (2012), 2000, 2003; vgl. *Kipke*, in: Rothhaar/Frewer (Hrsg.), Das Gesunde, das Kranke und die Medizinethik 2012, S. 149, 152 m.w.N.

409 *Hesslow*, Theor Med 1993 (14), S. 12. a.E. f.; *Matthis Synofzik*, in: Kettner (Hrsg.), Wunscherfüllende Medizin, 2009, S. 153, 159.

implementieren. Die Abwendung von einem starren Krankheitskonzept hin zur Berücksichtigung der individuellen Patientensituation macht die Bewertung einer Krankheit – insbesondere in ungeklärten medizinischen Grenzfällen – zu einer individuellen Einzelfallentscheidung, bei der das subjektive Patienteninteresse in den Mittelpunkt der Abwägung gestellt wird.

Wie eingangs beleuchtet, verdeutlicht die in der Medizin geführte Debatte um die Unbestimmtheit der Begriffe Gesundheit und Krankheit auch das Bestehen eines Wertepluralismus, bei der ein gesellschaftlicher Konsens, wenn überhaupt, nur schwer zu erreichen ist.

Die Uneinigkeit und die verschiedenen Betrachtungsweisen von Gesundheit und Krankheit stellen auch die Rechtswissenschaft vor Probleme. Insbesondere in medizinischen Grenzfällen und Grauzonen kommt der Konflikt zwischen streng objektiver und subjektiver Bewertung aus Betroffenensicht zum Tragen. Die juristische Bewertung der Begriffe Gesundheit und Krankheit und die Einbeziehung der aufgezählten verschiedenen Interessen soll im Folgenden thematisiert werden.

ccc. Juristische Bewertung

Auch die Rechtswissenschaft sieht sich mit dem Definitionsprozess eines Krankheitsbegriffs konfrontiert. *Wallner* befasst sich mit der rechtlichen Bewertung der Begriffe *Gesundheit* und *Krankheit*. Auch die Rechtsordnung sei nicht in der Lage, die vorliegende Fragestellung eindeutig zu lösen.[410] Vielmehr werde die Entscheidung der Qualität eines Zustands als Krankheit oder nicht in Einzelfallentscheidungen gerichtlich geklärt.[411] Auch *Wallner* betont, dass diese Vorgehensweise den gesunden Menschen zum Maßstab mache und die Annahme einer Krankheit durch die Abweichung von der Norm bestimmt werde. Es sei danach zu fragen, ob die zugrunde gelegte Norm das Ergebnis eines statistischen Durchschnitts darstelle oder „bewusst wertende Zuschreibung". Zudem sei unklar, wer derartige Entschlüsse fasse.[412] Die Begriffe Gesundheit und Krankheit würden immer auch von einer Wertung begleitet, die neben anderen Faktoren auch „von der jeweiligen Zeit, ihrer technologischen Entwicklung und gesamten Kultur mitgeprägt" würden.[413] Auch bei der rechtlichen Bewertung muss auf Aspekte der

410 *Wallner*, Health Care zwischen Ethik und Recht, 2007, S. 78; *Werner/Wiesing*, Gesundheitswesen 2002; 64, S. 400 a.E. f.

411 *Werner/Wiesing*, Gesundheitswesen 2002; 64, S. 401 m.w.N.

412 *Wallner*, Health Care zwischen Ethik und Recht, 2007, S. 78.

413 *Wallner*, Health Care zwischen Ethik und Recht, 2007, S. 80; vgl. *Fedoryka*, The Journal of Medicine and Philosophy 22 (1997), S. 147 ff.; *Wolfslast*, Psychotherapie in den Grenzen des Rechts, S. 11; vgl. *Schneider*, Body Integrity Identity Disorder 2016, S. 96.

Medizinethik zurückgegriffen werden. Wie anfangs beschrieben, handelt es sich bei der Lösung der Frage nach der Zulässigkeit von elektiven Wunschamputationen um eine interdisziplinäre Problematik, bei deren Entscheidungsfindung Argumente aller Disziplinen Berücksichtigung finden. Die Medizinethik hat folglich auch bei der juristischen Bewertung des Krankheitsbegriffs – insbesondere in medizinischen Grenzfällen – ihre Daseinsberechtigung.[414]

Synofzik nimmt Bezug auf die Verbesserung kognitiver Zustände. Die getroffenen Aussagen über die allgemeine Problematik der Einordnung des Krankheitsbegriffs entfalten jedoch eine allgemeinere Relevanz, die sich auch für das vorliegende Phänomen BIID und dessen Bewertung fruchtbar machen lässt. Seiner Ansicht nach ist es kaum möglich, einen „allgemeingültigen Krankheitsbegriff" zu konzipieren, der eine einheitliche Bewertung eines gewissen Zustands als *krank* oder *nicht krank* erlaubt. Eine derartige Einordnung hinge zu sehr von den „evaluativ-individuellen Werten und Vorstellungen eines gelingenden Lebens" des betroffenen Individuums auf der einen Seite und den „Normvorstellungen, den Funktions- und Rollenerwartungen und den technisch-wissenschaftlichen Entwicklungen ihres jeweiligen Gesellschaftskontextes" auf der anderen Seite ab.[415] Auch bereits in der Theorie divergierten die Ansichten zum Definitionsprozess einer Krankheit, sodass ein begriffliches Übereinkommen nicht zu erwarten sei. Ob ein Arzt dem Wunsch seines Patienten nachkommen solle oder nicht, hänge nicht von der „Subsumption [sic!] des Zustands unter einen allgemeingültigen Krankheitsbegriff[]" ab, vielmehr müsse auf den „Nettonutzen der erwünschten Maßnahme" abgestellt werden.[416]

Laut *Synofzik* steht also nicht die Klassifikation eines Zustands als krank oder nicht krank im Vordergrund, sondern vielmehr die Frage: „Was ist für dieses Individuum mit seinen ganz eigenen Interessen und Lebensplänen langfristig wirklich hilfreich?".[417] Auch hieran lässt sich erneut die Abwendung von einem starren, streng objektiven Krankheitsbegriff hin zum subjektiven Krankheitsverständnis belegen. Insbesondere stehen bei dieser Sichtweise die subjektive Lebensqualität des Betroffenen und die Selbstbestimmung im Fokus.[418]

---

414 Vgl. *Schöne-Seifert*, Grundlagen der Medizinethik, 2007, S. 38.

415 *Matthis Synofzik*, in: Kettner (Hrsg.), Wunscherfüllende Medizin, 2009, S. 153, 156.

416 *Matthis Synofzik*, in: Kettner (Hrsg.), Wunscherfüllende Medizin, 2009, S. 153, 158; vgl. *Werner/Wiesing*, Gesundheitswesen 2002; 64, S. 401 f.

417 *Matthis Synofzik*, in: Kettner (Hrsg.), Wunscherfüllende Medizin, 2009, S. 153, 158–159 m.w.N.

418 So auch: *Magnus*, Patientenautonomie im Strafrecht, S. 33; vgl. *Schmidhuber*, in: Frewer/Bielefeldt (Hrsg.), Menschenrecht auf Gesundheit, 2016, S. 197 ff.

Darüber hinaus macht *Synofzik* die Dimension des persönlichen Bezugs und dessen Auswirkungen bei der Entscheidung zum Ergreifen einer Maßnahme deutlich. So könne der Nutzen einer ärztlichen Maßnahme höher bewertet werden, wenn die Ausgangssituation von der betroffenen Person selber als Krankheit empfunden werde. Dennoch sei das nicht zwingend erforderlich. Die Krankheitsbewertung als solche entfalte keine Normativwirkung, sondern die Bewertung des Nutzens einer Maßnahme durch das Individuum selbst.[419] Die oben bereits dargestellte Einbeziehung der subjektiven Patientensicht unter Berücksichtigung von Aspekten der persönlichen Lebensqualität hat auch bei der juristischen Bewertung Zuspruch gefunden. Der Medizinstrafrechtler *Gunnar Duttge* stimmt zu, dass sich „Qualität und Menschlichkeit des Systems nicht am statistischen Durchschnitt" bewerten lassen könne. Vielmehr stünde die individuelle Person im Vordergrund.[420]

Die Ausweitung und Subjektivierung des Krankheitsbegriffs spiegelt sich folglich auch in der rechtlichen Bewertung wieder. Der Jurist und Kriminologe *Michael Walter* rekurriert zur Belegung der Ausweitung und Subjektivierung des Krankheitsbegriffs aus juristischer Sicht sowohl auf die Rechtsprechung als auch auf die bestehende Gesetzeslage. Er nimmt Bezug auf die rechtliche Situation für Transsexuelle zur Zeit vor den gesetzlichen Regelungen durch das Transsexuellengesetz (TSG). Die damalige Aussage des OLG Frankfurt[421], ein erkrankter Transsexueller müsse sich dem körperlichen Ist-Zustand seelisch anpassen ohne jedwede Rücksichtnahme auf psychisches Leiden und innere Konflikte bezeichnet *Walter* als eine „unmenschliche[…], am Einzelnen vorbeigehende[…] Argumentation".[422] Des Weiteren erkennt *Walter* nicht nur die Erweiterung des Krankheitsbegriffs am Beispiel der gesetzlichen Regelungen des Kastrationsgesetzes (KastrG) an, sondern beurteilt diese aus juristischer Sicht darüber hinaus als „sachgerecht".[423] Aus der Gesamtschau der Entwicklung der Rechtslage für Transsexuelle, den Argumentationsstrukturen vor dem Inkrafttreten des TSG und der eingenommenen Position der Rechtsprechung ergibt sich auch eine Erweiterung des Krankheitsbegriffs aus juristischer Sicht, bei der auch der subjektiven Empfindung der einzelnen Person Rechnung getragen wird.[424] So zeichnet sich auch bei der juristischen Sichtweise ab, dass bei der Konturierung des Krankheitsbegriffs nicht auf einen starren, de-

---

419 *Matthis Synofzik*, in: Kettner (Hrsg.), Wunscherfüllende Medizin, 2009, S. 153, 158–159; vgl. *Fedoryka*, The Journal of Medicine and Philosophy 22 (1997), S. 158 a.E.

420 *Duttge*, MedR 2005, 706, 710.

421 OLG *Frankfurt*, NJW 1966, 407.

422 *Walter*, JZ 1972, 263, 266.

423 *Walter*, JZ 1972, 263, 266.

424 *Walter*, JZ 1972, 263, vgl. S. 266 m. w. N.

skriptiven Krankheitsbegriff abgestellt wird, sondern vielmehr auf das subjektive Urteil über die persönliche Lebensqualität der Betroffenen im Einzelfall.

Die Stärkung der psychischen Empfindung, die Berücksichtigung der individuellen Lebensqualität und das nicht alleinige Abstellen auf einen körperlichen Befund verdeutlicht *Roxin* anhand der Beispiele von so genannten Schönheitsoperationen. Bei ganzheitlicher Betrachtung könne ein rein kosmetischer Eingriff ohne körperlichen Befund „dem leib-seelischen Wohlbefinden genauso dienlich sein wie ein Heileingriff im engeren Sinne".[425] Die Wunschbeschaffenheit des Körpers einer Person ist nach *Pollmann* ebenfalls „aufs engste mit Fragen eines gelingenden personalen Selbstseins verknüpft".[426]

Anhand des Beispiels der gängigen Praxis von kosmetischer Chirurgie sieht auch *Nitschmann* den Beweis für eine „gewisse Auflösungserscheinung des klassischen ärztlichen Handlungszwecks ‚Heileingriff'".[427]

Wie *Nitschmann* sieht auch *Damm* in einer Einwilligung im Sinne eines *informed consent* eine Legitimation für einen ärztlichen Eingriff, auch wenn dieser nicht indiziert ist.[428] Laut *Damm* haben Verluste bei der Eindeutigkeit bezüglich einer Indikation eine „Aufwertung subjektiver Patientenorientierung im Entscheidungsprozess" zur Folge. Die „informationelle[] Dimension" zwischen dem Arzt und dem Patienten rücke in den Vordergrund, da die Indikation nicht mehr als alleinige fachliche Leitgröße anzuerkennen sei.[429]

c. *Zwischenergebnis*

Als Zwischenergebnis lässt sich festhalten, dass sowohl die Medizin als auch die Rechtswissenschaft nicht in der Lage sind, einen scharf konturierten, objektiven

---

425 Roxin AT, § 13 Rn. 27; vgl. *Nitschmann*, ZStW 119 (2007), 547, 551.

426 *Pollmann*, in: Walt, Sibylle van der/Menke (Hrsg.), Die Unversehrtheit des Körpers, 2007, S. 214, 215; vgl. *Gerisch*, in: Ach/Pollmann (Hrsg.), No body is perfect, 2006, S. 138 ff.; vgl. *Kröger*, Therapieerfahrung und Therapieerfolg BIID 2013, S. 9; vgl. *Wendland*, Die strafrechtliche Zulässigkeit wunscherfüllender Operationen 2016, S. 5 ff.

427 *Nitschmann*, ZStW 119 (2007), 547, 556; vgl. *Sternberg-Lieben*, Die objektiven Schranken der Einwilligung im Strafrecht 1997, S. 193 f.; vgl. *Joost*, in: Roxin/Schroth, Handbuch des Medizinstrafrechts, Kap. III, S. 424.

428 *Damm*, in: Kettner (Hrsg.), Wunscherfüllende Medizin, 2009, S. 183, 184, im Bedeutungszuwachs der Einwilligung des individuellen Patienten und dem Bedeutungsverlust des Vorliegens einer medizinischen Indikation zeichnet sich laut *Damm* ein „schwerwiegender Gestaltwandel der Medizin ab"; vgl. *Lipp*, MedR 2015, S. 762; vgl. *Rogall*, NJW 1978, S. 2345; vgl. *Frewer*, in: Frewer/Bielefeldt (Hrsg.), Menschenrecht auf Gesundheit, 2016, S. 105.

429 *Damm*, in: Kettner (Hrsg.), Wunscherfüllende Medizin, 2009, S. 183, 187.

Krankheitsbegriff zu definieren. Eine Annäherung der Problematik der Konturierung des Krankheitsbegriffs über die Problematik der Indikation ist darüber hinaus auch nicht zielführend, da dieser Begriff in wesentlichen Teilen auf den Krankheitsbegriff zurückgreift. Der Krankheitsbegriff ist als Summe verschiedener Einflussfaktoren schwierig zu objektivieren, weswegen ein Konsens wohl nicht zu erwarten ist.[430]

In beiden Disziplinen zeichnen sich jedoch ähnliche Strömungsverläufe ab, die die subjektive Bewertung eines Zustands durch die betroffene Person mit einbeziehen.[431] Insbesondere in medizinischen Grenzfällen hilft die strikte Trennung durch vermeintlich bestimmte Begriffe wie *Gesundheit* und *Krankheit* ohne Einbeziehung der persönlichen Bewertung der Lebensqualität durch den Betroffenen selbst nicht weiter. Durch die Abwendung vom bestehenden Indikationskonzept, das, wie belegt, großer Kritik[432] ausgesetzt ist, hat die individuelle Patientenpräferenz bei der Frage nach der Zulässigkeit ärztlicher Handlungen eine erhebliche Aufwertung erfahren, die bereits ihren Niederschlag in Rechtsprechung und Gesetzgebung gefunden hat. Allein hierdurch kommen auch individuelle Interessen der Betroffenen im Sinne der Selbstbestimmung und der subjektiven Lebensqualität zum Tragen.

Wie bereits oben dargestellt, wäre im Falle einer elektiven Wunschamputation, ausgeführt von einem Arzt, der objektive Tatbestand im Sinne des § 223 Abs. 1 StGB verwirklicht.

IV. Qualifikation

Neben dem Grundtatbestand der Körperverletzung im Sinne des § 223 Abs. 1 StGB könnte die bewusste Amputation einer Gliedmaße somit auch die Qualifikationen im Sinne von §§ 226 Abs. 1 Nr. 2 Var. 1, 226 Abs. 2 StGB erfüllen. Gemäß §§ 226 Abs. 1 Nr. 2 Var. 1 müsste der Betroffene durch den Eingriff ein wichtiges Glied des Körpers verlieren. Verlust im Sinne der Norm ist die völlige, möglicherweise erst durch eine ärztlich indizierte Amputation geschehene Abtrennung des Gliedes vom Körper.[433] Die Abtrennung einer Gliedmaße im Rahmen einer elektiven Wunschamputation ausgeführt von einem Arzt stellt einen Verlust im Sinne der Norm dar. Darüber hinaus stellen die vorliegend in-

---

430 Vgl. *Matthis Synofzik*, in: Kettner (Hrsg.), Wunscherfüllende Medizin, 2009, S. 153, 165.
431 Vgl. *Riedelmeier*, Ärztlicher Heileingriff, S. 49 ff.
432 S.o. § 3 III. 2. B. b. dd Bedeutung der fehlenden Indikation im Fall von BIID.
433 An Stelle vieler: Fischer StGB, § 226, Rn. 8.

frage stehenden Beine oder Arme auch wichtige Glieder im Sinne der Norm dar.[434] Eine elektive Wunschamputation erfüllt somit neben dem Grundtatbestand auch die Qualifikation von §§ 226 Abs. 1 Nr. 2 Var. 1 StGB.[435]

V. Subjektiver Tatbestand

Hinsichtlich der Erfüllung des subjektiven Tatbestandes bestehen bei einer bewusst gewollten elektiven Wunschamputation durch einen Arzt wenig Bedenken. Im Sinne des Qualifikationstatbestands von § 226 Abs. 2 StGB – angewendet auf die konkrete Problematik von BIID-Amputationen – wird vorausgesetzt, dass die durch eine elektive Wunschamputation verursachte schwere Folge im Sinne von § 226 Abs. 1 Nr. 2 Var. 1 StGB absichtlich oder wissentlich verursacht wird.[436] Unter der absichtlichen Verursachung im Sinne des dolus directus ersten Grades versteht man die dominierende Willenskomponente gerichtet auf den Taterfolg.[437] Führt ein Arzt eine elektive Wunschamputation an einem Patienten durch, so ist sein Wille auf den Amputationserfolg gerichtet. Die erforderliche Absicht im Sinne der Norm wäre bei einem derartigen Eingriff zu bejahen. Auch hinsichtlich der zweiten Alternative des Qualifikationstatbestandes § 226 Abs. 2 StGB, die auf die dominierende Wissenskomponente im Sinne des dolus directus zweiten Grades abstellt, könnte der Tatbestand durch eine elektive Wunschamputation erfüllt werden, wenn der Arzt vom Eintritt der schweren Folge weiß oder ihn als sicher voraussieht.[438] Auch hiervon ist bei einer von einem Arzt durchgeführten elektiven Wunschamputation auszugehen, sodass auch der subjektive Tatbestand als erfüllt anzusehen ist.

VI. Ergebnis

Im Ergebnis lässt sich festhalten, dass eine elektive Wunschamputation den Tatbestand der schweren Körperverletzung erfüllt. Das oben dargestellte Fehlen der Indikation[439] und die Unklarheit der Bewertung als Krankheit im formellen Sinne

---

434 An Stelle vieler: Fischer StGB, § 226, Rn. 6 f. m.w.N.; bzgl. der konkreten BIID-Problematik: *Franck*, GesR 2009, S. 299; vgl. *Manok*, Body Integrity Identity Disorder 2012, S. 34, der von der Erfüllung des Körperverletzungstatbestandes spricht.

435 So auch: *Wendland*, Die strafrechtliche Zulässigkeit wunscherfüllender Operationen 2016, S. 228.

436 Fischer StGB, § 226, Rn. 15.

437 Fischer StGB, § 15, Rn. 6 m.w.N.

438 Vgl. an Stelle vieler: Fischer StGB, § 15, Rn. 7.

439 S.o. § 3 III. 2. B. b. ee. bbb. (5) Zwischenergebnis.

muss aber nicht die Unzulässigkeit von BIID-Amputationen zur Folge haben. Die Zulässigkeit von BIID-Amputationen könnte sich nämlich aus der Einwilligung des Patienten selbst auf der Ebene der Rechtswidrigkeit ergeben und ist im Folgenden zu erörtern. Wie bereits eingangs beschrieben,[440] muss weder die Unklarheit bezüglich der strengen Definition als Krankheit noch eine fehlende Indikation zwangsläufig eine Strafbarkeit wegen Körperverletzung nach sich ziehen. Vielmehr bewirkt die gerade im Rahmen des Definitionsprozesses von Gesundheit und Krankheit in medizinischen Grenzfällen angesprochene Stärkung des subjektiven Patienteninteresses ein primäres Abstellen auf den Willen des Patienten im Sinne des informed consents. Die Möglichkeit der Einwilligung bleibt vom Fehlen der Indikation und dem, dem Grunde nach verwirklichten, Tatbestand unberührt. Wie bereits eingangs erläutert, darf alleine der Umstand des Fehlens eines „medizinischen Legitimationszusammenhanges" nicht zu einer rechtlichen Sonderregelung führen, indem durch das Aushebeln der garantierten Autonomie von anerkannten Rechtsgrundsätzen abgewichen werde.[441] Der soeben ausgeführte gesteigerte Einfluss subjektiver Interessen im Zusammenhang mit den Parametern Gesundheit und Krankheit könnte folglich ebenfalls in der Einwilligung seinen Niederschlag finden.

Die Bewertung einer elektiven Wunschamputation als Körperverletzung oder schwere Körperverletzung ist letztlich nicht entscheidend, da eine wirksame Einwilligung des Betroffenen auch die Rechtswidrigkeit der schweren Körperverletzung entfallen lässt.[442]

---

440 S.o. § 3 III. 2. B. b. dd Bedeutung der fehlenden Indikation im Fall von BIID.

441 *Nitschmann*, ZStW 119 (2007), 547, 558; *Sternberg-Lieben*, Die objektiven Schranken der Einwilligung im Strafrecht 1997, S. 192 f.; *Rogall*, NJW 1978, S. 2345; vgl. ebenfalls *Gaidzik*, in: Bergmann/Alberts (Hrsg.), Gesamtes Medizinrecht, 2012, § 228 StGB Rn. 15.

442 Siehe hierzu: *Eschelbach*, in: Heintschel-Heinegg StGB, § 226 Rn. 44; Fischer StGB, § 226 Rn. 16; LK-*Hirsch*, § 226, Rn. 36; MüKoStGB/*Hardtung*, § 226 Rn. 47 unter Bezugnahme auf Einwilligungen in ärztliche Eingriffe, die den Verlust der Zeugungsfähigkeit zur Folge haben und dennoch medizinisch alltäglich sind.

§ 4 Rechtfertigende Einwilligung

I. Einleitung

Der Strafbarkeit des ausführenden Arztes einer Wunschamputation könnte eine wirksame Einwilligung entgegenstehen. Zu thematisieren ist die Möglichkeit der Einwilligung in indikationslose elektive Wunschamputationen von Gliedmaßen.

Eine zentrale Aufgabe des Strafrechts ist der Schutz von ausgewählten Rechtsgütern.[443] Im konkreten Fall von elektiven Wunschamputationen ist, wie bereits oben dargestellt[444] das Schutzgut der körperlichen Unversehrtheit betroffen. Was aber geschieht, wenn man in Fallkonstellationen von BIID-Amputationen den staatlich gewährleisteten Schutz nicht für sich in Anspruch nehmen und aktiv auf ihn verzichten möchte? Die Fragestellung der Einwilligung ist insbesondere im Medizin- und Arztstrafrecht von übergeordneter Relevanz. Nicht zuletzt befasst sich der Themenkreis der Einwilligung im Lichte der BIID-Problematik mit dem Ausgleich zwischen dem Selbstbestimmungsrecht des Patienten auf der einen und der Therapiefreiheit des Arztes auf der anderen Seite.

Unabhängig von der Klassifikation einer Amputation als Heileingriff im engeren Sinne bedarf es im Folgenden einer genauen Auseinandersetzung mit der Problematik der Einwilligung in eine elektive Wunschamputation. So ist im Falle von elektiven Wunschamputationen, durchgeführt von einem qualifizierten Arzt, der objektive und subjektive Tatbestand der Körperverletzung erfüllt.[445] Die betroffene Person hat jedoch dem Grunde nach die Möglichkeit auf staatlichen Rechtsgüterschutz zu verzichten. In Betracht kommt vorliegend das Rechtsinstitut der Einwilligung.[446]

Zu betrachten sind die Grundfragen der Einwilligung am Beispiel der Körperverletzungsdelikte vor dem Hintergrund der Frage nach der Zulässigkeit von BIID-Amputationen. Neben der geschichtlichen Einordnung der Einwilligung sind auch deren Herkunft und Legitimation zu untersuchen, ferner die Grenzen

443 Statt vieler: Kindhäuser AT, § 2, Rn. 6 m.w.N.; bzgl. dem von den Körperverletzungsdelikten bezweckten Rechtsgüterschutzes wird auf die oben gemachten Ausführungen verwiesen, s. o. § 3 II Geschützte Rechtsgüter.

444 S.o. § 3 II Geschützte Rechtsgüter.

445 S.o. § 3 VI Ergebnis.

446 Zur Notwendigkeit der Möglichkeit eines Rechtsgutsverzichts im Kontext ärztlicher Heilbehandlung siehe *Rönnau*, Jura 2002, S. 595; vgl. *Bichlmeier*, JZ 1980, S. 54.

der Einwilligung in eine Körperverletzung und die rechtliche Verankerung derartiger Schranken.

Einer gegebenenfalls wirksam erteilten Einwilligung könnte im Kontext von BIID-Amputationen jedoch bereits von vorne herein eine Kontraindikation entgegenstehen.[447] Hierunter versteht man einen Faktor, der trotz gegebener Indikation von Anfang an gegen das Ergreifen einer Maßnahme therapeutischer oder diagnostischer Art spricht. Kontraindizierte Maßnahmen stellen bei ihrer Durchführung Behandlungsfehler dar, in die ein Patient von vorne herein nicht wirksam einwilligen kann.[448]

Im Rahmen von BIID-Amputationen stellt sich die Frage, ob etwaige Eingriffe als Kontraindikation zu bewerten sind. Auch hier ist *Manok* zuzustimmen, der das Vorliegen einer Kontraindikation bereits von vorneherein ausschließt, da es in den vorliegend behandelten Fällen bereits am Vorliegen einer genuinen Indikation fehlt.[449] Bezüglich der fehlenden Indikation aufgrund des heutigen Kenntnisstandes wird auf die oben gemachten Ausführungen[450] verwiesen. Der herrschenden Meinung folgend, kann auch in einen nicht indizierten Eingriff wirksam eingewilligt werden.[451] Fraglich ist, ob die Voraussetzungen einer wirksamen Einwilligung in eine elektive Wunschamputation vorliegen können. In diesem Zusammenhang ist die Rechtsnatur der Einwilligung zu erörtern.

---

447 Vgl. *Manok*, Body Integrity Identity Disorder 2012, S. 34 a.E. f.

448 Vgl. *Bünte*, MedR 1985, S. 21, unter einer Kontraindikation verstehe man einen Zustand, der „jeden chirurgischen Eingriff in Narkose verbiete[...], weil der Kranke diesen nur in seltenen Ausnahmefällen überstehen kann“. Als Beispiel führt er einen frischen massiven Herzinfarkt an; vgl. *Kern/Richter*, in Wienke et al., Die Verbesserung des Menschen, S. 131 m.w.N.; vgl. *Psychrembel*, Klinisches Wörterbuch, Stichwort: Kontraindikation; vgl. *Schneider*, Body Integrity Identity Disorder 2016, S. 173 a.E. f.

449 *Manok*, Body Integrity Identity Disorder 2012, S. 35; so auch im Ergebnis: *Schneider*, Body Integrity Identity Disorder 2016, S. 188; *Wendland*, Die strafrechtliche Zulässigkeit wunscherfüllender Operationen 2016, S. 63.

450 S.o. § 3 III. 2. B. b. cc. ccc Zwischenergebnis.

451 Ausführliche Herleitung in *Sternberg-Lieben*, FS-Amelung S. 325 ff.; i.E. zustimmend *Manok*, Body Integrity Identity Disorder 2012, S. 35; *Nitschmann*, ZStW 119 (2007), 547, 558; a.A.: *Kern/Richter*, in Wienke et al., Die Verbesserung des Menschen, S. 131, die jeden indikationslosen Eingriff als Kontraindikation bewerten; Zum Bedeutungszuwachs von nicht- und kontraindizierten Eingriffen im Medizinrecht siehe: *Duttge*, MedR 2005, 706, 710.

II. Rechtsnatur der Einwilligung

1. Historischer Kontext der Einwilligung

Bereits im römischen Recht statuierte *Ulpian* den Satz „Nulla iniuria est, quae in volentem fiat“[452] (übersetzt: „Was mit dem Willen des Verletzten geschieht, ist kein Unrecht“). Später hat sich daraus der Satz „volenti non fit iniuria“ gebildet, der in seiner Bedeutung festlegt, dass dem Wollenden kein Unrecht geschieht.[453] Der Grundgedanke eines Rechtsschutzverzichts hat seine Ursprünge folglich bereits im römischen Recht.

Im deutschen Strafrecht ist die Einwilligung bis heute nicht positivrechtlich geregelt.[454] Während ein Teil der Literatur das Bestehen der Einwilligung durch die stetige Anwendung im Gewohnheitsrecht verortet,[455] sieht die herrschende Meinung die Möglichkeit, staatlich gewährten Schutz nicht in Anspruch zu nehmen, als Teil des Selbstbestimmungsrechts an, welches in dem Grundrecht der allgemeinen Handlungsfreiheit aus Art. 2 Abs. 1 GG verankert ist.[456] Das generelle Bestehen des Instituts der Einwilligung ist jedoch allgemein anerkannt.[457]

2. Wesen der Einwilligung und Verortung im Deliktsaufbau

Während Einigkeit über das grundsätzliche Bestehen der Möglichkeit von straflosen Schädigungen von Individualrechtsgütern durch Außenstehende im Zuge der Einwilligung herrscht, sind jedoch das Wesen und die Verortung eines solchen Rechtsinstituts im Deliktsaufbau strittig.[458]

Diskutiert wird, ob es sich bei der Einwilligung bereits um einen Tatbestandsausschluss handelt oder ob sie rechtfertigende Wirkung im Rahmen der Rechtswidrigkeit entfaltet. Im Kern liegen den im Folgenden behandelten Konzepten unterschiedliche Bewertungen des Ausmaßes und der Tragweite der zu veräußernden Individualrechtsgüter zugrunde.[459]

---

452 47. Buch der Digesten (D. 47. 10. 1. 5).

453 Roxin AT, § 13, Rn. 1; Kindhäuser AT, § 12, Rn. 1; *Hruschka*, Festschrift Dreher, 1977, S. 197 f.; *Nitschmann*, ZStW 119 (2007), 547.

454 Statt vieler: *Rönnau*, Jura 2002, S. 665; Bollacher/Stockburger, Jura 2006, S. 909 a.E. f.

455 Stratenwerth/Kuhlen AT, § 9, Rn. 3 a.E.; vgl. *Amelung*, NStZ 2006, 317, 318.

456 Wessels/Beulke/Satzger, Strafrecht AT, Rn. 550, 551; *Rönnau*, JURA 2002, S. 595; Jescheck/Weigend AT, § 34, S. 377; NK-*Paeffgen* StGB, § 228, Rn. 3; vgl. Roxin AT, § 13, Rn. 14.

457 Kindhäuser AT, § 12, Rn. 2; *Rönnau*, Jura 2002, S. 595; *Göbel*, Die Einwilligung, 1992, S. 21; *Schneider*, Body Integrity Identity Disorder 2016, S. 192.

458 Vgl. statt vieler: Kindhäuser AT, § 12, Rn. 2 m.w.N.

459 Vgl. anstelle vieler: *Murmann*, Die Selbstverantwortung des Opfers im Strafrecht, 2005, S. 368 a.E. f.; Abzugrenzen ist die Einwilligung zunächst vom tatbestandsaus-

Die herrschende Meinung sieht in der Einwilligung einen Rechtfertigungsgrund, der eine tatbestandliche Handlung als einen Ausnahmefall rechtfertigt.[460] Nach dieser Ansicht ist das begangene Unrecht nur ausnahmsweise nicht rechtswidrig. Sowohl der objektive als auch der subjektive Tatbestand sind nach dieser Ansicht erfüllt, jedoch durch die Einwilligung des Verletzten gerechtfertigt.

Entgegen der herrschenden Lehre[461] und der herrschenden Meinung folgend wird im Weiteren davon ausgegangen, dass es sich bei der Einwilligung um einen Rechtfertigungsgrund handelt, der folglich auf der Ebene der Rechtswidrigkeit verortet werden muss.[462]

3. Rechtsgedanke hinter dem Institut der Einwilligung

Grundgedanke hinter der Einwilligung ist die Möglichkeit des Einzelnen, auf den strafrechtlichen Schutz von Individualrechtsgütern verzichten zu können.[463] Hier-

---

schließenden Einverständnis, bei dem ein Handeln im Willen des Berechtigten bereits die Verwirklichung des Tatbestandes ausschließt. Ein derartiges Einverständnis kommt jedoch nur bei Normen in Betracht, die im Tatbestand bereits ein Handeln gegen oder ohne den Willen des Berechtigten voraussetzen (So beispielsweise § 123 Abs. 1 StGB), statt vieler vgl. *Geerds*, Einwilligung und Einverständnis, GA 1954, 264 ff.

460 BGHSt 43, 306 (308) m.w.N.; BGHR StGB § 223 I Heileingriff 4 m.w.N; BGHSt 16, 309; BGHSt 11, 111 (112); *Geppert*, ZStW 83, 947, 959 f.; *Murmann*, Die Selbstverantwortung des Opfers im Strafrecht, 2005, S. 369 ff.; Jeschek/Weigend AT, § 34, S. 375 ff.; so auch: S/S-*Lenckner/Sternberg-Lieben*, StGB, Vorbem. § 32 ff., Rn. 33; *Sternberg-Lieben*, Die objektiven Schranken, 1997, S. 59 ff. mit Besprechung *Kühl*, ZStW 115 (2003), 385 ff.; zustimmend Lackner/Kühl StGB, Vor § 32 Rn. 10; Wessels/Beulke/Satzger, Strafrecht AT, Rn. 550; *Hruschka*, Festschrift Dreher, 1977, S. 197 f.; *Hirsch*, Festschrift Welzel, 1974, S. 799, Fn. 75; *Bichlmeier*, JZ 1980, S. 54; Fischer StGB, Vor 32 Rn. 3 b; Jescheck/Weigend AT, § 34, S. 375 m.w.N.

461 Zur Tatbestandslehre der h.L., die die Wirkung der Einwilligung bereits auf tatbestandlicher Ebene als „tatbestandlicher Unrechtsausschluss eigener Art" (Kindhäuser AT, § 12, Rn. 5) bezeichnet, siehe: *Weigend*, ZStW 98 (1986), 61; Roxin AT, § 13, Rn. 12 ff.; zustimmend: *Kaufmann*, FS-Klug, S. 282; vgl. Kindhäuser AT, § 12, Rn. 4; *Schmidhäuser*, Festschrift Geerds, 1995, S. 593 (594) m.w.N.; Erkennt man jedoch die Wertegleichheit von Tatbestand und Rechtswidrigkeit an, wirkt sich die Verortung einer wirksamen Einwilligung im Ergebnis nicht unterschiedlich aus. (*Sternberg-Lieben*, Die objektiven Schranken, 1997, S. 59 f.; Kindhäuser AT, § 12 Rn. 6.; mit ausführlicher Erläuterung: *Jansen*, ZJS 2011, S. 485; Murmann Strafrecht, § 25 Rn. 123); *Schneider*, Body Integrity Identity Disorder 2016, S. 194 m.w.N.

462 So auch: *Schneider*, Body Integrity Identity Disorder 2016, S. 168 f.

463 *Bichlmeier*, JZ 1980, S. 54; S/S-*Lenckner/Sternberg-Lieben*, StGB, Vorbem. §§ 32 ff., Rn. 33; *Sternberg-Lieben*, Die objektiven Schranken der Einwilligung im Strafrecht, 1997, S. 81–82; *Amelung*, NStZ 2006, 317, 318.

durch wird dem Individuum die Möglichkeit gegeben, innerhalb gewisser rechtlicher Grenzen anderen zu erlauben, in persönliche Rechtsgüter einzugreifen, ohne dafür bestraft zu werden.[464] Die Befugnis, ausschließlich über Individualrechtsgüter zu disponieren, ergibt sich aus dem Umkehrschluss, dass Verfügungen, im Rahmen einer Einwilligung, über Rechtsgüter, deren Verfügungsbefugnis nicht oder nicht ausschließlich beim Verfügenden selbst liegt, unstrittig als unwirksam zu erachten sind.[465] Der vermeintliche Verzicht wird in der Literatur gerade als Grundrechtsgebrauch betont.[466]

Gerade im Bereich des Arztstrafrechts ist dieses Rechtsinstitut besonders wichtig. Sieht man mit der h.M. im ärztlichen Heileingriff eine tatbestandliche Körperverletzung,[467] bedarf es eines juristischen Regulativs, das dem Arzt unter bestimmten Voraussetzungen Straffreiheit gewährleistet und somit dem Patienten die Inanspruchnahme ärztlicher Therapie überhaupt ermöglicht.

Ohne die Möglichkeit des Rechtsgutsverzichts führte dies in letzter Konsequenz dazu, dass Patienten nicht behandelt werden könnten, die Behandlung nur selber an sich durchführen könnten oder es eines spezialgesetzlich geregelten Rechtfertigungsgrundes bedürfte.[468]

Die Möglichkeit des Verzichts auf Schutz erweitert die Handlungsmöglichkeiten für den Einwilligenden, der sich fremder Hände bedient, und trägt somit zur individuellen Freiheit des Individuums bei.[469] Die Rechtsauffassung, eine von

---

464 *Rönnau*, Jura 2002, S. 595; *Göbel*, Die Einwilligung, 1992, S. 18 ff.; Roxin AT § 13, Rn. 12 ff; *Sternberg-Lieben*, Die objektiven Schranken der Einwilligung im Strafrecht, 1997, S. 17 Fn. 1.

465 An Stelle vieler: *Sternberg-Lieben*, Die objektiven Schranken der Einwilligung im Strafrecht, 1997, S. 42, Fn. 61.

466 „Der Grundrechtsverzicht ist ein »Akt der Freiheitsausübung« und damit »Grundrechtsgebrauch«." *Pietzcker*, Der Staat 17, 1978, S. 527 (540); vgl. *Rönnau*, Jura 2002, S. 598; vgl. *Wietfeld*, Selbstbestimmung und Selbstverantwortung – die gesetzliche Regelung der Patientenverfügung, 2012, S. 61.

467 BGHSt 43, 306 (308); BGHSt 11, 111 (112); für einen Überblick über das Meinungsspektrum siehe: Bollacher/Stockburger, Jura 2006, S. 908 f.; *Puppe*, GA 2003, 765; a.A: Lackner/Kühl StGB, § 223, Rn. 8; S/S-*Eser*, StGB, § 223, Rn. 35 m.w.N.; bzgl. der unterschiedlichen Bewertung des ärztlichen Heileingriffs durch h.M. und h.L. wird auf die oben gemachten Ausführungen verwiesen, s. o. § 3 III. 2 Streitstand zum ärztlichen Heileingriff.

468 *Rönnau*, Jura 2002, S. 595; vgl. *Sternberg-Lieben*, Die objektiven Schranken der Einwilligung im Strafrecht, 1997, S. 23.

469 *Sternberg-Lieben*, Die objektiven Schranken der Einwilligung im Strafrecht, 1997, S. 21.

einer Einwilligung gedeckte Rechtsgutsverletzung durch fremde Hände sei wie eine Selbstverletzung zu bewerten, hat sich hingegen nicht durchgesetzt.[470]

Der Strafrechtler *Thomas Rönnau* weist zutreffend darauf hin, dass die Einschränkung der Möglichkeit wirksam Rechtsgüter durch Einwilligung preiszugeben, ebenfalls eine erhebliche Einschränkung der Handlungsmöglichkeiten des einzelnen Bürgers bedeute, und ein gegen den Willen des Trägers geschütztes Rechtsgut für diesen auch eine „Last" darstellen könne. Aufgrund der engen Verbindung zwischen Einwilligungsdogmatik und Freiheit in Form individueller Selbstbestimmung ließe sich anhand der Einwilligungspraxis der Ausgleich von „Individualismus und sozialer Bindung" ablesen.[471] Die Einwilligung bietet dem Individuum somit eine Grundlage, sein Leben innerhalb der gesetzlichen Grenzen nach seinem persönlichen Lebensentwurf zu gestalten, und steht zugleich im Spannungsfeld staatlicher Bevormundung. Die Brisanz dieses Konfliktfelds wird insbesondere bei der vorliegenden BIID-Problematik deutlich.

III. Voraussetzungen der Einwilligung

In Ermangelung einer positivrechtlichen Normierung erfährt die Einwilligung lediglich eine negative Eingrenzung durch die in §§ 216 und 228 StGB normierten Grenzen. Die Dogmatik der Einwilligung hat sich sowohl durch Rechtsprechung als auch durch die Literatur weiterentwickelt.[472]

Die für eine wirksame Einwilligung zu fordernden Kriterien lassen sich in objektive und subjektive Voraussetzungen unterteilen. Sie „orientieren sich an deren Fundierungen im Selbstbestimmungsrecht"[473].

---

470 Vgl. *Nitschmann*, ZStW 119 (2007), 547, 548, mit Verweis auf *Rudolf Schmitt*, FS-Maurach 1972, S. 113, 117, 126 m.w.N., der den Nachwies führen will, dass jede mangelfreie Einwilligung des Rechtsgutträgers zur Straflosigkeit führen muss; In diesem Sinne ebenfalls schon: *v. Humboldt*, Ideen zu einem Versuch, die Grenzen der Wirksamkeit des Staats zu bestimmen, Kap. XI, S. 132: [„Handlungen, die mit gegenseitiger Einwilligung vorgenommen werden, sind völlig denjenigen gleich, welche ein Mensch für sich, ohne unmittelbare Beziehung auf andre ausübt."]; vgl. *Hirsch*, Festschrift Welzel, 1974, S. 775 m.w.N.; vgl. *Engisch*, FS-Mayer, S. 407.

471 *Rönnau*, Jura 2002, S. 595; vgl. *Göbel*, Die Einwilligung, 1993, S. 18 ff; vgl. *Frisch*, FS-Hirsch 1999, S. 502.

472 Vgl. Rönnau, Jura 2002, S. 665 a.E. f.; Darüber hinaus nimmt auch § 8 MBO ((Muster-) Berufsordnung) Bezug auf die notwendige Einwilligung im Arzt-Patienten-Verhältnis.

473 *Murmann*, Strafrecht, § 25, Rn. 124.

1. Objektive Voraussetzungen der Einwilligung

A. Eindeutige Willensäußerung

Als objektive Voraussetzung bedarf es zunächst einer wirksamen Einwilligungserklärung. Hierunter versteht man die ausdrückliche oder konkludente Willensäußerung vor der Tat.[474] Bei Anwendung der Voraussetzungen auf die konkrete BIID-Problematik ergeben sich bezüglich der Einwilligungserklärung vor der Tat keine Probleme, da diese im Falle der Einwilligung in eine derartige Wunschamputation unmissverständlich und ausdrücklich erfolgt.

B. Disponibilität des Rechtsguts

Die Voraussetzungen einer wirksamen Einwilligungserklärung sind des Weiteren an die Disponibilität des Rechtsguts und die Verfügungsberechtigung des Einwilligenden gekoppelt. Hierbei kommt es darauf an, dass der Einwilligende alleine berechtigt ist, über das betreffende Rechtsgut zu verfügen. Folgerichtig ist die Preisgabe von Rechtsgütern zum Schutze der Allgemeinheit (so genannte Universalrechtsgüter) von vorne herein ausgeschlossen, und die Dispositionsbefugnis des Einzelnen erstreckt sich somit ausschließlich auf Individualrechtsgüter.[475] Wie bereits oben dargestellt,[476] handelt es sich bei dem infrage stehenden Rechtsgut der körperlichen Unversehrtheit um ein Individualrechtsgut, auf dessen Schutz dem Grunde nach verzichtet werden kann.

C. Einwilligungsfähigkeit

Wie bereits oben erörtert[477], fußt das Prinzip der Einwilligung im Selbstbestimmungsrecht und damit in der individuellen Privatautonomie. Für das Vorliegen einer autonomen und freiwilligen Entscheidung im Sinne der Selbstbestimmung bedarf es der Einwilligungsfähigkeit des Betroffenen. Hierunter versteht man, dass der Betroffene nach seiner geistigen und sittlichen Reife imstande ist, Bedeutung

---

474 Aus Gründen der Rechtssicherheit erscheint die Notwendigkeit der Äußerung vor der Tat im Sinne der Willenskundgabetheorie (auch bezeichnet als eingeschränkte Willenserklärungstheorie) als notwendig.; LK-*Rönnau*, Vor § 32 Rn. 161 f. m.w.N.; BayOLG NJW, 1968, 665; OLG Celle, NJW 1964, 736; *Geppert*, ZStW 83 (1971), S. 955; a.A.: Ist die „Willensrichtungstheorie", die die innerliche Zustimmung des Rechtsgutveräußerers ausreichen lässt. (Schmidhäuser AT, 5/126 a.E.).

475 An Stelle vieler: Jescheck/Weigend AT, § 34, S. 377; Geppert, ZStW 83, 953.

476 S.o. § 3 II Geschützte Rechtsgüter.

477 S.o. § 4 II. 1 Historischer Kontext der Einwilligung.

und Tragweite des Rechtsgutsverzichts zu erkennen und sachgerecht zu beurteilen.[478] Richtigerweise wird in der Literatur darauf hingewiesen, dass die Fähigkeit des Einzelnen zur selbstbestimmten Entscheidung abhängig vom konkreten Ausgangsfall deutlich variieren könne, sodass auch hier die individualisierende Betrachtung ausschlaggebend ist.[479]

a. Amputationswunsch als autonome Entscheidung im Sinne der Einwilligungsfähigkeit

Bei der Problematik der Bewertung des Amputationswunsches stellt sich die Frage, ob BIID-Betroffenen unter Umständen die Befähigung zu autonomen Entscheidungen abgesprochen werden muss. Hierzu müssten die Betroffenen nach ihrer geistigen und sittlichen Reife **nicht** imstande sein, Bedeutung und Tragweite des Rechtsgutsverzichts zu erkennen und sachgerecht zu beurteilen.[480]

Nach einer Ansicht sind Patienten gar nicht in der Lage, autonome Entscheidungen zu treffen. Befürworter einer ärztlichen Fürsorgepflicht, die primär auf das (vermeintliche) Patientenwohl an Stelle des geäußerten Willens abstellen,[481] berufen sich auf den „hinsichtlich seiner defizitären Kompetenz zu autonomen Entscheidungen *imperfekten Patienten*". Insbesondere gelte dies „für schwere Krisensituationen, in denen die Fähigkeit des Patienten zu eigenständigen Entscheidungen drastisch vermindert oder gar nicht mehr gegeben" sei.[482] Diese Ansicht fordert demzufolge eine fürsorgliche Schutzinstanz gegenüber dem eigentlichen Patientenwillen.[483]

Die Gegenansicht räumt der Autonomie des Patienten „nicht nur einen hohen, sondern einen prioritären Stellenwert"[484] ein und spricht sich gleichzeitig gegen eine Willenskorrektur zum vermeintlichen Wohle des Patienten aus.[485] Auch in

---

478 Wessels/Beulke/Satzger, Strafrecht AT, Rn. 554 m.w.N.; *Tag*, Der Körperverletzungstatbestand, S. 309; vgl. *Bichlmeier*, JZ 1980, S. 55.

479 *Murmann*, Strafrecht, § 25, Rn. 126.

480 Siehe hierzu den bekannten „Zahnextraktionsfall" BGH NJW 1978, 1206, der bei der Betroffenen nicht von der erforderlichen Einsichtsfähigkeit ausging und ihr die „erforderliche Urteilskraft" absprach; vgl. *Wendland*, Die strafrechtliche Zulässigkeit wunscherfüllender Operationen 2016, S. 73 ff.

481 *Eibach/Schaefer*, MedR 2001, S. 21, 25 ff.

482 Vgl. *Damm*, MedR 2002, 375, 381 m.w.N.

483 So auch: *Loewy*, Theoretical Medicine and Bioethics (2005) 26: S. 445 ff., der sich dagegen ausspricht die Menschen sich selbst und ihrer Autonomie zu überlassen.

484 *Damm*, MedR 2002, 375, 378 m.w.N.

485 *Maio*, Mittelpunkt Mensch: Ethik in der Medizin, 2012, S. 148.

einer schweren Krisensituation könne der Patient mit den gegebenen Informationen umgehen und selbstbestimmt entscheiden.[486]

Maßgeblicher Faktor zur Bewertung der Patientenautonomie ist demnach das Verhältnis zwischen dem Arzt und seinem Patienten im Spannungsfeld „zwischen Autonomie und Heteronomie, zwischen Partnerschaftlichkeit und Paternalismus“[487].

Zusätzlich zur Frage, ob im Sinne eines positiven Neopaternalismus eine Fürsorgepflicht als letztinstanzliche Kontrollbarriere gegenüber dem Patienten zur Förderung seines objektiven Wohls besteht, stellt sich das Problem des negativen Paternalismus und einer kritischen Auseinandersetzung. Die Berücksichtigung von Drittinteressen innerhalb des Verhältnisses von Patient und Arzt könnten – laut *Damm* – „gerade unter dem Deckmantel von Autonomie und Partnerschaftlichkeit inhaltlich, wenn auch subkutan paternalistische Wirkungsgeflechte“ entstehen lassen, indem eine „Orientierung an ökonomischen Gesichtspunkten“ erfolge, die ein wichtiger Bestandteil „einer am ‚Gemeinwohl‘ orientierten Gesundheitspolitik“ darstelle. Es geht also zusätzlich um die Fragestellung, „ob oder wie weitgehend neben den Interessen des *konkreten Patienten* andere, *patientenexterne Zwecke* in die individuelle Behandlungssituation einbezogen werden“[488]. Die Frage der Vertretbarkeit von Amputationen gesunder Gliedmaßen bei BIID-Betroffenen in Verbindung mit einer eventuellen Schutz- und Fürsorgepflicht des Arztes gegenüber seinen Patienten, möglicherweise entgegen deren Willen, eröffnet die Problematik eines unter Umständen neu zu definierenden Arzt/Patientenverhältnisses.

Hierbei stellt sich erneut die Frage eines eventuellen Ausgleichs zwischen Paternalismus auf der einen und vollständiger Autonomie auf der anderen Seite. In diesem Sinne steht die Problematik im Spannungsfeld zwischen Autonomie mit der Gefahr von selbstschädigendem Verhalten und einer paternalistischen und somit fremdbestimmten Fürsorge, die dem Gedanken von Patientenautonomie widerspricht.[489]

Laut *Damm* könnte man bei dem infrage stehenden Konturierungsprozess „von einer *Re-Paternalisierung* dieses Verhältnisses oder gar einer neopaternalistischen Revolte sprechen, die sich gegen geltend gemachte ‚Radikalisierungen‘ und Dysfunktionen des Autonomiekonzepts wendet.“ Bei der vorliegenden Problematik seien nicht

486 *Damm*, MedR 2002, 375, 383; so auch: *Amelung*, NStZ 2006, 317, 318.

487 *Damm*, MedR 2002, 375.

488 *Damm*, MedR 2002, S. 375, 382; vgl. *Schneider*, Body Integrity Identity Disorder 2016, S. 157

489 *Damm*, MedR 2015, S. 775.

nur „*empirische* und *normative* Gesichtspunkte, sondern auch Autonomieprobleme in der *individuellen Behandlungssituation* und *systemische* Hintergründe dieser Probleme analytisch zu trennen." Zeitgleich müssten aber auch die Wechselbeziehungen dieser Parameter Berücksichtigung finden.[490] Richtigerweise macht *Damm* darauf aufmerksam, dass die Begriffe der „‚gute Arzt', ‚gelingendes' Arzthandeln und ‚Patientenwohl'" ebenso normativer Natur sind wie das Schlagwort „Patientenautonomie".[491] Der Bedeutungszuwachs subjektiver und individueller Bewertung der persönlichen Lebensqualität und die individuelle Gewichtung eigener Werte durch den Patienten und damit einhergehende Konflikte schließen laut *Damm* „eine ausschließlich fachwissenschaftlich orientierte Beurteilung des Patienteninteresses" von vorneherein aus.[492]

Damm weist darüber hinaus auf die Vielschichtigkeit des Autonomiebegriffs hin.[493] Neben der normativen Autonomie im moralischen und rechtlichen Sinne gebe es auch eine idealistische Autonomie im Sinne *Kants*, die sich mit der Konzeption von Vernunft und Willensfreiheit auf der einen und einem Determinismus auf der anderen Seite befasse. Hinzuträten auch Aspekte im Sinne der psychischen Selbstbestimmung, die die „persönliche Autonomiekompetenz" einer Person erfasse. Die soziale Dimension von Selbstbestimmung werde als „Abwesenheit äußeren, gesellschaftlichen Zwangs" definiert.[494] Laut *Damm* lassen sich alle aufgezählten Dimensionen von Autonomie aus dem Verfassungsrecht, „insbesondere [aus dem] Würde- und Persönlichkeitsschutz" im Sinne der Artikel 1 und 2 GG, ableiten und entfalten ihre Wirkung in den „Einzelprinzipien der Rechtsordnung" wie dem „zentrale[n] Prinzip der Privatautonomie".[495] Die grundrechtlich garantierte Privatautonomie im Sinne des Allgemeinen Persönlichkeitsrechts aus Art. 1 Abs. 1, Art. 2 Abs. 2, S. 1 GG ist demzufolge auch der Anknüpfungspunkt für ein dem Grunde nach bestehendes Recht auf Behinderung.[496] Bei der Bewertung der medizinrechtlichen Autonomie kommen nach *Damm* auch Autonomieaspekte der Rechtsphilosophie und der Medizinethik zum Tragen.[497]

490 *Damm*, MedR 2002, S. 375, 381.
491 *Damm*, MedR 2002, S. 375, 383.
492 *Damm*, MedR 2002, S. 375, 383; so auch: *Maio*, Mittelpunkt Mensch: Ethik in der Medizin, 2012, S. 148.
493 Vgl. *Swindell*, The American Journal of Bioethics-Neuroscience 9 (2009), 52.
494 *Damm*, MedR 2002, 375, 376; zu philosophischen Aspekten von Autonomie und deren Divergenzen zu anderen Autonomiekonzepten vgl. *Swindell*, The American Journal of Bioethics-Neuroscience 9 (2009), 52.
495 *Damm*, MedR 2002, 375, 376–377.
496 *Franck*, GesR 2009, S. 298.
497 Vgl. *Damm*, MedR 2002, 375, 376–377; vgl. hierzu ebenfalls *Duttge*, NJW 2005, S. 263 a.E.

Konkret entfacht sich hier der Streit, ob BIID-Betroffene an beispielsweise wahnähnlichen Zuständen oder Zwängen leiden, oder ob sie sehr wohl in der Lage sind, über ihren eigenen Körper zu verfügen im Sinne einer selbstbestimmten und autonomen, freien Entscheidung.

b. BIID als Ausschlussgrund für autonome, freie Entscheidungen

Müller vertritt einen Standpunkt, der BIID-Betroffenen die Autonomie und Freiheit der Entscheidung für eine Wunschamputation von vorne herein abspricht. Auch wenn die Betroffenen nicht an einer Psychose litten,[498] könnten ihre Entscheidungen weder als rational noch als autonom bewertet werden. Das Verlangen nach einer Wunschamputation sei „als zwanghafter Wunsch, nicht als freier Wunsch" zu bewerten.[499] Den Befürwortern von Amputationen wirft *Müller* einen Missbrauch des Begriffs *Autonomie* vor, „um zwanghafte, selbstschädigende Wünsche zu autonomen Entscheidungen zu adeln".[500] Kämen Chirurgen dem Wunsch nach einer derartigen Amputation nach, obwohl die Betroffenen keine autonomen Entscheidungen treffen könnten, müsse das medizinische Handeln des Arztes als schwerwiegender Verstoß gegen den Nicht-Schadensgrundsatz bewertet werden. Im Einzelfall könnten die Diagnose einer psychiatrischen Störung und ein Autonomieverlust eine kontroverse Debatte sein. Diese Entscheidung obliege jedoch nicht dem ausführenden Chirurgen, sondern sei alleine von Psychiatern zu fällen, und Chirurgen könnten sich nicht auf das Vorliegen einer autonomen Entscheidung berufen.[501]

In ihrer Abhandlung bezieht sich *Müller* auf die Konzeption von Autonomie nach *Frankfurt* und *Kant* und wendet sie auf die Fälle von BIID an.[502] *Müller* beruft sich zudem auf psychiatrische Forschung, die belege, dass der Amputationswunsch als zwanghaft oder als monothematischer Wahn bewertet werden

498 *Müller*, in: Groß/Müller/Steinmetzer (Hrsg.), Normal – anders – krank?, 2008, S. 229, 231.

499 *Müller*, in: Groß/Müller/Steinmetzer (Hrsg.), Normal – anders – krank?, 2008, S. 229, 254 a.E. – 255.

500 *Müller*, in: Groß/Müller/Steinmetzer (Hrsg.), Normal – anders – krank?, 2008, S. 229, 263.

501 *Müller*, The American Journal of Bioethics-Neuroscience 9 (2009), 36, 40.

502 Vgl. *Swindell*, The American Journal of Bioethics-Neuroscience 9 (2009), 52 [„The philosphical notions of autonomy that Müller employs (e.g. Kant and Frankfurt) are quite different from the conception of autonomy that is operative in medicine"]; bzgl. der Autonomiekonzepts nach *Frankfurt* siehe: *Frankfurt*, Journal of Philosophy 68 (1), S. 5 ff.; bzgl. *Kant* siehe: *Lim*, Der Begriff der Autonomie und des Menschenrechts bei Kant, S. 39 ff.

müsse.[503] Laut *Müller* müssen elektive Wunschamputationen demnach als schwere Körperverletzung von Patienten mit wesentlichem Autonomiedefizit angesehen werden.[504]

Zusammenfassend lässt sich festhalten, dass *Müller* die Annahme der Einwilligungsfähigkeit von BIID-Betroffenen von vorneherein ablehnt. Dies begründet sie mit der nach ihrer Ansicht fehlenden Autonomie der Betroffenen. Im Sinne der oben aufgezählten Dimensionen von Autonomie[505] macht *Müller* sowohl die idealistische Autonomie als auch die psychische Autonomie zum Anknüpfungspunkt. Als Indikator sieht sie sowohl die vermeintliche Selbstschädigung der Handlung als solche als auch einen – nach ihrer Ansicht – bestehenden Zwang, der eine selbstbestimmte Entscheidung von Anfang an ausschließe. Sie schließt daher vom Wunsch nach einer Amputation auf die fehlende Autonomie.

Auch andere Stimmen aus der Literatur vertreten einen ähnlichen Ansatz. So sei das Verlangen nach einer Wunschamputation eine vollkommene Geistesstörung. Man müsse sich die Frage stellen, ob Menschen mit dem Verlangen, sich das Bein „abhacken" zu lassen, überhaupt ermächtigt seien, Entscheidungen zu treffen.[506] So auch der US-amerikanische Bioethiker *Daniel Patrone*, der bei Betroffenen mit Amputationswunsch nicht von einer autonomen Entscheidung ausgeht.[507]

c. *Autonomie und Selbstbestimmung trotz BIID*

Die pauschale Verneinung der Autonomie von BIIDlern wird in der Literatur stark angegriffen. Nach Ansicht von *Levy* versteht *Müller* ihr eigenes Autonomiekonzept nicht. Der Amputationswunsch an sich reiche nicht aus, um den Betroffenen ein Autonomiedefizit zu unterstellen. Wende man das Konzept von

---

503 *Müller*, The American Journal of Bioethics-Neuroscience 9 (2009), 36, 40 [„In all cases of BIID that have been investigated by psychiatrists, the diagnosis states that the amputation desire is obsessive or results from monothematic delusion".].

504 *Müller*, The American Journal of Bioethics-Neuroscience 9 (2009), 36, 42; vgl. *Stirn/Thiel/Oddo*, S. 171 f.

505 S.o. § 4 III. 1. C. a Amputationswunsch als autonome Entscheidung im Sinne der Einwilligungsfähigkeit.

506 *Arthur Caplan*, zitiert nach: *Dotinga*, Out on a limb 2000 [„It's absolute, utter lunacy to go along with a request to maim somebody."][„And this is not just about ‚do no harm.' It's also about whether (sufferers) are competent to make a decision when they're running around saying, ‚Chop my leg off.'"].

507 *Patrone*, Journal of Medical Ethics 35 (2009), 541, 545; ebenfalls gegen die Durchführung von Amputationen: *Johnston/Elliot*, Clin Med 2002; 2, S. 434 f; *Pies*, Neuroethics 2 (2009), 179, 180, der die Behandlung des Gehirns der Betroffenen anstelle von Amputationen vorschlägt. Eine konkrete Lösung des Problems hat er jedoch nicht.

Autonomie des US-amerikanischen Philosophen *Harry Frankfurt* korrekt auf die Fallsituation an, so müsse man die Autonomie der Betroffenen bejahen.[508] Unter Heranziehung des Autonomiekonzepts von Frankfurt kommt *Levy* somit zu dem Ergebnis, dass der Amputationswunsch von BIID-Betroffenen nicht an fehlender (idealistischer) Autonomie scheitert. Weder nach dem Frankfurt'schen Modell noch nach anderen überzeugenden Betrachtungsweisen könne die fehlende Autonomie von BIID-Betroffenen von vorneherein angenommen werden.[509]

Auch bezüglich der Frage nach Wahnvorstellungen und Zwängen der Betroffenen im Sinne der psychischen Autonomie ist *Levy* anderer Ansicht als *Müller*. *Müller* bediene sich zur Untermauerung ihres Arguments der Autorität mehrerer Psychiater. Der einzig zitierte Psychiater sei jedoch *Michael First*. Dieser hingegen verneine explizit, dass BIID-Betroffene an Wahnvorstellungen oder ähnlichen pathologischen Zuständen litten. Laut *Levy* entpuppt sich die Argumentation von *Müller* als gänzlich unbewiesen.[510]

---

508 *Levy*, The American Journal of Bioethics-Neuroscience 9 (2009), 50 [„Müller [...] misunderstands her own official account of autonomy. Turn now to the question whether on this account BIID is nonautonomous. Müller thinks that it is. She attributes to the BIID sufferer the following mental states: a first-order desire (the desire for amputation) and a second-order volition (a desire not to have an amputation desire)."] [„we have no reason to attribute to all BIID sufferers seeking an amputation a mental state with this content. they do not have the desire that they lack the amputation desire; they have the narrower second-order desire that their amputation desire be satisfied. Since that it is the case, Frankfurt's account entails that they are autonomous with respect to their desire: they have a second-order volition that that first-order desire be their will, and that is sufficient for autonomy on his account."].

509 *Levy*, The American Journal of Bioethics-Neuroscience 9 (2009), 50, 51 [„Neither on Frankfurt's (1971) account nor on a substantive account are BIID sufferers necessarily nonautonomous."]; so auch *Braude*, The American Journal of Bioethics-Neuroscience 9 (2009), 46 m.w.N., die sich gegen die von Müller herangezogene Theorie Frankfurts ausspricht; Zur Anwendung einer Kant'schen Sichtweise auf die Thematik von elektiven Wunschamputationen siehe: *Tomasini*, Ethics & Medicine 22 (2006), 99, 101–103; vgl. *Ryan*, Neuroethics 2 (2009), 21, 30; Auch *Nitschmann* (*Nitschmann*, ZStW 119 (2007), 547, 559) spricht sich unter Berufung auf *Kant* (*Kant*, Grundlegung zur Metaphysik der Sitten, S. 54, Rn. 431) gegen eine Beschränkung der Einwilligung im Interesse der Betroffenen aus. Die Menschenwürde im Kant'schen Verständnis basiere auf der Annahme des „autonomen vernünftigen Individuums"; vgl. ebenfalls *Franck*, GesR 2009, S. 298; a.A.: *Hoerster*, NJW 1986, 1786, 1789; vgl. auch den Überblick bei *Kargl*, JZ 2002, 389, 397.

510 *Levy*, The American Journal of Bioethics-Neuroscience 9 (2009), 50, 50–51 [„[Michael First] who explicitly denies that BIID are suffering from a delusion or any

Des Weiteren führt *Levy* aus, dass BIID-Betroffene keinen Wahnvorstellungen erliegen, und spricht sich folglich gegen die Ansicht von *Müller* aus. Es könne gar nicht der Fall sein, dass BIID-Betroffene an Wahnvorstellungen litten. Es sei sogar möglich, dass sie überhaupt keiner Fehlvorstellung unterlägen. Weder leugneten Betroffene, dass es sich bei der zu amputierenden Gliedmaße um ihre eigene handele, noch deuteten die Fälle von BIID auf Fehlwahrnehmungen hin. Vielmehr beteuerten die Betroffenen, dass die Gliedmaße ein Teil ihres Körpers seien.[511]

Auch der US-amerikanische Philosoph *Avi Craimer* widerspricht *Müller* vehement. Es sei bewiesen, dass BIID weder eine Zwangserkrankung sei noch dass sie auf einer Wahnvorstellung beruhe, wie es bei Body Dysmorphic Disorder (BDD) der Fall wäre.[512]

Die Chirurgin *Anahita Dua* aus den USA verweist auf das Kernproblem bei der Frage der Einwilligungsfähigkeit in eine Wunschamputation. Die Annahme, dass jede Person mit einem Amputationswunsch automatisch irrational sein müsse, bezeichnet sie als offensichtliches Vorurteil. Studien belegten, dass die Betroffenen keine Defizite in ihrer Rationalität aufweisen.[513] Auch *Bayne* und *Levy* sprechen BIID-Betroffenen nicht per se die Kompetenz zur wirksamen Einwilligung ab und bejahen somit die psychische Autonomie. Der Wunsch nach einer Amputation fordere sicherlich zu einer Auseinandersetzung mit der Problematik von Autonomie und Kompetenz heraus. Dennoch sei das Ansinnen der Betroffenen weit davon entfernt, den Rückschluss auf eine Unzurechnungsfähigkeit zu zulassen.[514] Im Ergebnis widersprechen somit auch *Bayne* und *Levy* der Gegenansicht und beurteilen BIID-Betroffene als rational und autonom.[515]

---

other pathology of belief"]; im Ergebnis so auch: *Kovacs*, The American Journal of Bioethics-Neuroscience 9 (2009), 44, 45.

511 *Levy*, The American Journal of Bioethics-Neuroscience 9 (2009), 50, 50–51; vgl. *Kasten*, Fortschr Neurol Psychiat (77) 2009, S. 20 ff.; vgl. *Schneider*, Body Integrity Identity Disorder 2016, S. 203 ff.

512 *Craimer*, The American Journal of Bioethics-Neuroscience 9 (2009), 53, 54, *Craimer* verweist zur Untermauerung seines Arguments auf die Studien von *First*, Psychological Medicine 35 (2005), S. 919 ff., *Elliot*, in: Kuhse/Singer (Hrsg.), Bioethics, 2006, S. 627 f.; *Fisher/Smith*, British Medical Journal 320 (2000), S. 1147; *Oddo et al.*; Fortschr Neurol Psychiat (82) 2014; S. 250 f.; *Kasten*, Fortschr Neurol Psychiat (77) 2009, S. 20 f.

513 *Dua*, Journal of Medical Ethics 36 (2010), 75, 75–76 m.w.N. [„the obvious prejudice in this claim being the assumption that anyone wishing for an amputation automatically must be irrational."]; *White*, HEC Forum (2014) 26, S. 230 f. m.w.N.

514 *Bayne/Levy*, Journal of Applied Philosophy 22 (2005), 75, 81; *Ryan*, Neuroethics 2 (2009), 21, 30; vgl. ebenfalls *Bridy*, Journal of Law, Medicine & Ethics 32 (2004), 148, 154.

515 *Bayne/Levy*, Journal of Applied Philosophy 22 (2005), 75; so auch: *Franck*, GesR 2009, S. 299; *Schneider*, Body Integrity Identity Disorder 2016, S. 207 a.E. f.; *Noll/Kasten*,

Das Verlangen von BIID-Betroffenen nach elektiven Wunschamputationen wird ebenfalls in den Medien abseits der Fachliteratur diskutiert. Unter Heranziehung der Fachliteratur wird versucht, den an sich schwer nachvollziehbaren Wunsch nach einer Amputation zu verdeutlichen. Auch die Presse ist bemüht, die Betroffenen nicht mit dem Label „verrückt"[516] zu versehen, und betont die Fähigkeit der Betroffenen zu autonomen Entscheidungen.[517]

d. Zirkelschlussargument

Richtigerweise kann die Einwilligungsunfähigkeit der Betroffenen nicht bereits aufgrund der Eigenartigkeit des Amputationsverlangens angenommen werden. Ein Rückschluss vom Amputationswunsch auf die Einsichts- und Urteilsfähigkeit im Sinne von „Wer so einen Wunsch hat, kann nicht mehr normal sein!" stellt einen unzulässigen Zirkelschluss dar. Im Ergebnis könnte hierdurch der Einwilligung in eine ungewöhnliche Körperverletzung über den Umweg der Autonomie die Grundlage entzogen werden und so in eine Normalitätskontrolle umgedeutet werden.

Der Rückschluss von einer fehlenden Indikation auf ein Defizit in der Einwilligungsfähigkeit wird in der Literatur zu Recht vehement verneint.[518]

Auch für *Duttge* stellt die Argumentationsweise „wer von einem Arzt derart sinnlose Eingriffe verlange, der *müsse* sich in einer krankhaften seelischen Verfassung befinden"[519] einen Trugschluss dar. Richtigerweise kommt auch er zum

---

Psychology and Behavioral Sciences 2014, S. 231; *Gert*, in: Rothhaar/Frewer (Hrsg.), Das Gesunde, das Kranke und die Medizinethik 2012, S. 73 f.; *White*, HEC Forum (2014) 26, S. 234; vgl. *Stirn/Thiel/Oddo*, S. 171 f.; vgl. *Kissler*, Süddeutsche Zeitung 11.05.2010, Mein Bein gehört mir, S. 1.

516 *Kneip*, Der Spiegel 34/2009 (17.08.2009); *Stephan*, Süddeutsche Zeitung Magazin 2014, S. 46.

517 *Langer*, SPIEGEL ONLINE 24.06.2010, 1 ff.; *Kissler*, Süddeutsche Zeitung 11.05.2010, Gewollt behindert, S. 1; *Bigalke*, Süddeutsche Zeitung 12.05.2010, 1; *Russell Reid*, in: *British Broadcasting Company*, Complete Obsession (17.02.2000) [„These people are not mentally ill in the sense of having a serious mental illness or psychosis"].

518 *Göbel*, Die Einwilligung, S. 60; *Amelung/Eymann*, JuS 2001, S. 942; *Hruschka*, JR 1978, 520 f.; *Horn*, JuS 1979, 30; *Wendland*, Die strafrechtliche Zulässigkeit wunscherfüllender Operationen 2016, S. 108 ff.

519 *Duttge*, MedR 2005, 706, 707, der sich auf den Zahnexktraktionsfall bezieht. Die Argumentationsstruktur lässt sich jedoch auch auf die Problematik von elektiven Wunschamputationen aufgrund von BIID anwenden. Im Zahnextraktionsfall (BGH NJW 1978, 1206) führte der BGH aus: „Der Zeugin fehlte die zur Beurteilung der Zahnextraktion erfoderliche Urteilskraft. [...] Gleichwohl hielt sie in laienhaftem Unverstand beharrlich an der von ihr selbst gestellten Diagnose fest. Ihre mangelnde

dem Ergebnis, dass eine solche Begründung den jeweiligen „Rechtsgutsträger zwar nicht offen ‚entmündigt', wohl aber pauschaliter ‚verdummt' – was in der Sache auf dasselbe hinausläuft"[520] und nicht mit dem Grundgedanken der Autonomie vereinbar ist.

Viele weitere Stimmen in der Fachliteratur sprechen sich ebenfalls deutlich gegen eine derartige Argumentationsweise aus. So sei es offensichtlich sehr einfach, einen dauerhaften Amputationswunsch in ein zwanghaftes Verlangen umzudeuten mit der Konsequenz, den Betroffenen die Fähigkeit zu rationalen Entscheidungen abzusprechen. Auch sie betonen die Autonomie von BIID-Betroffenen.[521]

Ob das Verlangen nach einer elektiven Wunschamputation als freiwilligkeitsausschließender Zwang zu bewerten ist und folglich die Autonomie der Betroffenen ausschließt, ist auch Gegenstand von *Schrammes* Argumentation. So könne man behaupten, dass Wunschamputationen immer unfreiwillig erfolgen müssten. Dies sei der Fall, wenn das Kriterium der Freiwilligkeit „die Abwesenheit von äußerem und innerem Zwang" erfordere. Stelle man bei der Bewertung der Autonomie nicht auf das Ergebnis – die Amputation – ab, sondern stelle bei der Frage nach der Freiwilligkeit auf den „Prozess der *Entscheidungsfindung*" ab, so gäbe es tatsächlich „ganz offensichtliche Beispiele von zwar unverständlich anmutenden, aber dennoch tatsächlich freiwillig erfolgenden Verstümmelungen".[522] Ein

---

Belehrbarkeit beruhte [...] auf Unkenntnis und einer seelischen Verfassung, die ein verstandesmäßiges Abwägen der vorgebrachten medizinischen Argumente verhinderte".

520 *Duttge*, MedR 2005, 706, 707; vgl. *Wietfeld*, Selbstbestimmung und Selbstverantwortung – die gesetzliche Regelung der Patientenverfügung, 2012, S. 69, der in im Zusammenhang staatlicher Oktroyierung von „Entmündigung des Patienten" spricht und darin eine „paternalistische Bevormundung" sieht; vgl. *Shafer-Landau*, Legal Theory 2005 11(3), S. 172.

521 *Slatman/Widdershoven*, The American Journal of Bioethics-Neuroscience 9 (2009), 48, 49[„Is is obviously very easy to call a persistent wish an obsessive desire, suggesting that the person in question is not competent in making rational decisions. We believe, however, that one cannot deny *a priori* that BIID patients are autonomous."]; *Craimer*, The American Journal of Bioethics-Neuroscience 9 (2009), 53, 54 so auch: *Tomasini*, Ethics & Medicine 22 (2006), 99, 109; *Nitschmann*, ZStW 119 (2007), 547, 563; zu den unterschieden der Begriffe Zwang und Zwangserkrankung im Sinne einer medizinischen Diagnose am Beispiel von Transsexualität siehe *Schneider/Frister/Olzen*, Begutachtung psychischer Störungen, 2010, S. 254 m.w.N.

522 *Schramme*, in: Ach/Pollmann (Hrsg.), No body is perfect, 2006, S. 163, 169 m.w.N.; *Pollmann*, in: Walt, Sibylle van der/Menke (Hrsg.), Die Unversehrtheit des Körpers, 2007, S. 214, 234; vgl. *Schreiber*, NeuroTransmitter 2015; 26 (5), S. 38; vgl. *Patrone*, Journal of Medical Ethics 35 (2009), 541, 543 [„Of course, defender of the right to self-demanded amputation in BIID cases hold that the demand to ‚chop off my

Rückschluss vom ersehnten Ergebnis der Einwilligung auf die Autonomie unter Ausklammerung des eigentlichen Entscheidungsfindungsprozesses verbietet sich folglich.

Auch der Strafrechtswissenschaftler *Knut Amelung* befasst sich mit den Auswirkungen von Zwängen auf die Freiwilligkeit der Einwilligung. Das Verständnis des Zwangsbegriffs ist seiner Ansicht nach als Redewendung der Umgangssprache zu verstehen, die nicht von der Rechtswissenschaft übernommen werden dürfe, wenn diese am Postulat der Freiwilligkeit im Sinne der Einwilligung festhalten wolle. Die Einstellung, eine Erkrankung zwinge die Person zur Ergreifung von Maßnahmen, sei nicht als freiwilligkeitsausschließender Zwang zu bewerten, da der Einwilligung aufgrund von Zwang sonst die Wirksamkeit abgesprochen werden müsse. Dies decke sich auch mit dem Empfinden der Bevölkerung, die auch im Krankheitsfall von einer auf Freiwilligkeit beruhenden Entscheidung ausginge.[523] Bei der Bewertung von Zwängen bleibt – laut *Amelung* – die Krankheit selber, als aus der Natur stammender Zwang, unberücksichtigt. Anderenfalls habe die Annahme eines freiwilligkeitsausschließenden Zwangs zur Folge, dass das Rechtsinstitut der Einwilligung im „wichtigsten Fall, in dem der Mensch es braucht, rechtlich unmöglich" sei.[524] Das Kriterium der Freiwilligkeit und Autonomie im Sinne des Rechtsinstituts der Einwilligung meine folglich „*Freiheit von sozialem Zwang*" und nicht „Freiheit von Naturprozessen, die den Handlungsspielraum einengen". Der Krankheit als solcher käme damit kein freiheitseinschränkender Charakter zu. Das Vorliegen einer Krankheit könne sich höchstens auf die „Fähigkeit zur (subjektiv) vernünftigen Entscheidung" auswirken, die dann im Rahmen der Einwilligungsfähigkeit betrachtet werden müsste.[525]

e. Vernunftkontrolle der Entscheidung im Rahmen der Einwilligungsfähigkeit

Im Folgenden stellt sich zudem die Frage, inwieweit Vernunftaspekte im Rahmen der Einwilligungsfähigkeit Berücksichtigung finden, wie sie auch oben[526] von *Müller* unter dem Aspekt der Rationalität des Amputationswunsches angebracht wurden.

---

leg' is not unreasonable simpy because it is a drastic procedure, and on this point, they are surely right."]; so auch: *Wendland*, Die strafrechtliche Zulässigkeit wunscherfüllender Operationen 2016, S. 115.

523 *Amelung*, NStZ 2006, 317, 319.

524 *Amelung*, NStZ 2006, 317, 318; vgl. *Frewer/Bielefeldt*, in: Frewer/Bielefeldt (Hrsg.), Menschenrecht auf Gesundheit, 2016, S. 10 a.E.

525 *Amelung*, NStZ 2006, 317, 319.

526 S.o. § 4 III. 1. C. b BIID als Ausschlussgrund für autonome, freie Entscheidungen.

Richtigerweise macht der deutsche Strafrechtswissenschaftler *Detlev Sternberg-Lieben* darauf aufmerksam, dass auch eine „bei objektiver Betrachtung als ‚unvernünftig' zu qualifizierende Selbstverletzung bzw. -gefährdung", als autonome Verfügung über sich selbst, von den Grundrechten geschützt wird.[527] In diesem Sinne statuierte das OLG München:

> *„Selbstbestimmungsrecht beinhaltet für den Einzelnen, auch eine metaphysische und durch irrationale Komponenten gestützte Entscheidung treffen zu können".*[528]

Die grundrechtlich garantierte Autonomie beinhaltet folglich ein Recht auf Unvernunft.[529] Von einer Adelung des Amputationswunsches zu einer autonomen Entscheidung im Sinne von Müller[530] kann also demnach nicht die Rede sein,

---

527 *Sternberg-Lieben*, Die objektiven Schranken der Einwilligung im Strafrecht, 1997, S. 39, 51; so auch: *Göbel*, Die Einwilligung, S. 22.

528 OLG München, NJW-RR 2002, 811 m.w.N.; siehe ebenfalls die Besprechung von Ulsenheimer, FS-Eser 2005, S. 1235 ff.; vgl. *Saliger*, Selbstbestimmung bis zuletzt 2015, S. 61.

529 *Joerden*, Jahrbuch für Recht und Ethik, Band 14, S. 407 (421), der ein „Recht auf verrückte Pläne" bejaht, dieses jedoch nur mit Blick auf die Beeinträchtigung fremder Rechtsgüter einschränkt. Bzgl. der Qualität der körperlichen Unversehrtheit als Individualrechtsgut wird auf die oben gemachten Ausführungen verwiesen; vgl. *Nitschmann*, ZStW 119 (2007), 547, 548, 561, die plakativ von einem „Recht auf vorsätzliche Behinderung" spricht; *Duttge*, NJW 2005, S. 261; vgl. *Sternberg-Lieben*, Die objektiven Schranken der Einwilligung im Strafrecht, 1997, S. 39, 51; OLG München, NJW-RR 2002, 811 a.E.; vgl. *Murmann*, Die Selbstverantwortung des Opfers im Strafrecht, S. 503, der darauf hinweist, dass eine von der Mehrheit als unvernünftig bewertete Entscheidung dennoch keine unvernünftige Entscheidung sein müsse; vgl. zum Recht auf Unvernunft *Engisch*, FS-Mayer, S. 410, der sich auf die Beispiele des Alkohol- und Tabakkonsums und andere gesundheitsgefährliche Praktiken bezieht; vgl. *Mackenzie/Cox*, International Journal of Law in Context 2007, S. 364, die auf zahlreiche schädliche Lebensweisen eingehen; dieses Argument wird auch von BIID-Betroffenen angeführt: Süddeutsche Zeitung Magazin 2014, S. 51 („Was tun Raucher und Trinker anderes, als ihren Körper mutwillig zu zerstören?"); Das Recht auf Unvernunft findet hierin seine Bestätigung siehe *Neubacher*, Total Beschränkt 2014, S. 122 ff. (Recht auf Rauch), S. 268 ff. (Kein Schutz des Einzelnen vor sich selbst); vgl. *Bielefeldt*, in: Frewer/Bielefeldt (Hrsg.), Menschenrecht auf Gesundheit, 2016, S. 37 f.; vgl. *Welsh*, in: Frewer/Bielefeldt (Hrsg.), Menschenrecht auf Gesundheit, 2016, S. 229 m.w.N., die verdeutlicht, dass das Recht auf Gesundheit in keinem Fall „eine Bürgerpflicht, gesund zu sein und zu bleiben" beinhaltet, da eine derartige Interpretation dem Recht auf Gesundheit genau zuwiderlaufe; so auch: *Schneider*, Body Integrity Identity Disorder 2016, S. 85 ff., 160, 251; vgl. *Wendland*, Die strafrechtliche Zulässigkeit wunscherfüllender Operationen 2016, S. 184 ff.

530 S.o. § 4 III. 1. C. b BIID als Ausschlussgrund für autonome, freie Entscheidungen.

da auch derartige Entscheidungen bereits Ergebnis eines durchweg autonomen Entscheidungsprozesses sein können.

Bezogen auf den medizinischen Sektor verweist *Duttge* auf die extremen Konsequenzen einer Einbeziehung von Vernunftaspekten auf die Wirksamkeit der Einwilligung. Beschränke man die Geltungskraft von Autonomie und Selbstbestimmung alleine auf Fälle „innerhalb der Grenzen des medizinisch ‚Vernünftigen'", „so stünde die vermeintliche Entscheidungshoheit des Betroffenen *von vornherein* unter dem Diktat externer ‚Genehmigung' und wäre das Papier nicht wert, auf dem sich ein solches ‚Selbstbestimmungsrecht' geschrieben fände."[531] Die Einbeziehung des aus medizinischer Sicht Vernünftigen höhle die persönliche Sichtweise des individuellen Patienten aus und mache den „reasonable standard of good medical practice" zum ausnahmslosen Entscheidungskriterium, indem es das „Personsein" des Betroffenen unberücksichtigt lässt.[532] Die grundrechtlich garantierte Selbstbestimmung wird demnach nicht zum Schutze der Betroffenen vor sich selbst eingeschränkt.[533] Ein „für beobachtende Dritte scheinbarer ‚Fehlgebrauch' in Form einer ‚Exekution' des Selbstbestimmungsrechts durch Beeinträchtigung der personengebundenen Grundlagen für zukünftige selbstbestimmte Entscheidungen"[534] ändert hieran nichts. Zumal ein „staatlich oktroyierter Schutz für einen im Vollbesitz seiner geistigen Kräfte befindlichen Menschen im Widerspruch zu dem Leitbild des Grundgesetzes vom selbstverantwortlichen und mündigen Bürger"[535] steht.

531 *Duttge*, MedR 2005, 706, 707; vgl. *Amelung/Eymann*, JuS 2001, S. 942; *Maio*, Mittelpunkt Mensch: Ethik in der Medizin, 2012, S. 148; vgl. *White*, HEC Forum (2014) 26, S. 230 m.w.N.; vgl. *Schneider*, Body Integrity Identity Disorder 2016, S. 148.

532 *Duttge*, MedR 2005, 706, 707; *Amelung/Eymann*, JuS 2001, S. 942.

533 *Wietfeld*, Selbstbestimmung und Selbstverantwortung – die gesetzliche Regelung der Patientenverfügung, 2012, S. 80; so auch: Hermes, Das Grundrecht auf Schutz von Leben und Gesundheit, S. 229 f.; *Sternberg-Lieben*, Die objektiven Schranken der Einwilligung im Strafrecht, 1997, S. 35 m.w.N. in Fn. 21, S. 38, 54; *Sternberg-Lieben*, FS-Eser 2005, S. 1185, 1186 f.; *Schwabe*, JZ 1998, S. 66 (70), der darauf hinweist, dass es keine aus den Grundrechten stammende Befugnis gibt, „Rechtsgüter gegen den Willen ihres Trägers zu schützen"; *Hillgruber*, Der Schutz des Menschen vor sich selbst, S. 147; *Neubacher*, Total Beschränkt 2014, S. 268 ff. (Kein Schutz des Menschen vor sich selbst); Der Spiegel, 23.06.2014, 10; vgl. *Murmann*, Die Selbstverantwortung des Opfers im Strafrecht, S. 263.

534 *Sternberg-Lieben*, Die objektiven Schranken der Einwilligung im Strafrecht, 1997, S. 39.

535 *Sternberg-Lieben*, Die objektiven Schranken der Einwilligung im Strafrecht, 1997, S. 40–41; bzgl. der Mündigkeit des Bürgers und die Respektierung der Patientenauto-

So stellte das Bundesverfassungsgericht fest, dass es nicht die Aufgabe des Staates sei, „seine Bürger zu ‚bessern'" und er somit nicht über das Recht verfüge, „ihnen die Freiheit zu entziehen, nur um sie zu ‚bessern'".[536] Ebenso wenig ist es staatliche Aufgabe, „mit der Keule des Strafrechts Tugend zu erzwingen".[537] Vielmehr bestehe die staatliche Aufgabe darin, die individuelle Ausübung der garantierten Freiheit zu gewährleisten.[538] Grundrechtlicher Schutz bedeute nicht aufgedrängter Schutz des Einzelnen „gegen seinen freien Willen"[539].[540] Vielmehr setze schon der Begriff *Selbstbestimmung* die Möglichkeit voraus, „sich *selbstbestimmt* zu verhalten"[541]. Zu einem „fremddefinierten ‚wahren Wohl'" könne eine Person erst Recht nicht gedrängt werden, wenn ihre Entscheidung das Ergebnis eines überlegten Abwägungsprozesses der Vor- und Nachteile der Entscheidung darstellt.[542] So ist es gerade das Wesen des grundrechtlich garantierten Prinzips der Selbstbestimmung, „die Ziele und Mittel des eigenen Handelns selbst festlegen zu können"[543]. Richtigerweise wird davon ausgegangen, dass die Patientenselbst-

---

nomie siehe auch: *Maio*, Mittelpunkt Mensch: Ethik in der Medizin, 2012, S. 148; vgl. *Welsh*, in: Frewer/Bielefeldt (Hrsg.), Menschenrecht auf Gesundheit, 2016, S. 227, die sich darüber hinaus mit der Frage befasst, ob es ein „Recht auf Krankheit" geben muss.

536 BVerfGE 22, 180, (219); vgl. *Welsh*, in: Frewer/Bielefeldt (Hrsg.), Menschenrecht auf Gesundheit, 2016, S. 227 ff.

537 *Kaufmann*, JuS 1978, S. 365; vgl. *Bielefeldt*, in: Frewer/Bielefeldt (Hrsg.), Menschenrecht auf Gesundheit, 2016, S. 38.

538 BVerfGE 22, 180, (219); so auch *Hesse*, FS-Mahrenholz, S. 541, (544).

539 *Wietfeld*, Selbstbestimmung und Selbstverantwortung – die gesetzliche Regelung der Patientenverfügung, 2012, S. 80–81.

540 *Sternberg-Lieben*, Die objektiven Schranken der Einwilligung im Strafrecht, 1997, S. 38; *Nitschmann*, ZStW 119 (2007), 547, 560.

541 *Wietfeld*, Selbstbestimmung und Selbstverantwortung – die gesetzliche Regelung der Patientenverfügung, 2012, S. 81.

542 *Sternberg-Lieben*, FS-Lenckner 1998, S. 357 a.E. ff.; so auch in: *Sternberg-Lieben*, Die objektiven Schranken der Einwilligung im Strafrecht, 1997, S. 34–35, in der vor einer „gängelnde[n]" Funktion der Grundrechte gewarnt wird, wenn der Grundrechtsträger zu „zu seinem fremdbestimmten ‚besten Wohl'" bevormundet werde und so der „individualfreiheitssichernde Gehalt der Grundrechte" außer Kraft tritt; vgl. *Wietfeld*, Selbstbestimmung und Selbstverantwortung – die gesetzliche Regelung der Patientenverfügung, 2012, S. 81; vgl. *Wendland*, Die strafrechtliche Zulässigkeit wunscherfüllender Operationen 2016, S. 209.

543 *Sternberg-Lieben*, Die objektiven Schranken der Einwilligung im Strafrecht, 1997, S. 38 zu den Folgen staatlicher Bevormundung durch die Umkehrung von staatlichen Schutzplichten „unter der Hand zu einer Plage", nämlich den „Zwang, den status quo hinnehmen zu müssen" siehe S. 23.

bestimmung „eine umfassende Befugnis zum selbstbestimmten Leben“ beinhaltet und dem Individuum „zu jeder autonomen Entscheidung unabhängig von ihrer objektiv zu wertenden Richtigkeit“ die Befähigung gibt.[544]

In Fällen der Einwilligung im Spannungsfeld der Schutzpflicht des Staates handelt es sich nicht um zwei kollidierende Rechtsgüter, vielmehr geht es um die Bewertung „des Verhältnisses einzelner Grundrechtsschichten innerhalb desselben Rechts zueinander“[545]. Hieraus ergibt sich die Bindung des Staates „an das von den Grundrechten geschützte Autonomieprinzip des Grundrechtsberechtigten und damit auch an seine freiverantwortlich getroffene Entscheidung, Gutseinbußen hinzunehmen“[546]. Abgestellt wird folglich nicht auf die Bewertung eines objektiven Dritten, sondern auf die subjektive Präferenz des Rechtsgutsinhabers selbst.[547] In diesem Sinne weist auch der Jurist *Dominik Wietfeld* darauf hin, dass der einst geltende „Grundsatz des ‚Patientenwohls‘ (salus aegroti suprema lex)“ durch den Grundsatz des „‚Patientenwillens‘ (voluntas aegroti suprema lex)“ ersetzt wurde.[548]

---

544 *Wietfeld*, Selbstbestimmung und Selbstverantwortung – die gesetzliche Regelung der Patientenverfügung, 2012, S. 69 m.w.N. in Fn. 249, S. 74.

545 *Sternberg-Lieben*, Die objektiven Schranken der Einwilligung im Strafrecht, 1997, S. 35–36.

546 *Sternberg-Lieben*, Die objektiven Schranken der Einwilligung im Strafrecht, 1997, S. 35–36.

547 *Nitschmann*, ZStW 119 (2007), 547, 550, die von „individuellen Risikopräferenzen“ anstelle „einer objektiven Interessenabwägung“ ausgeht; so auch *Amelung*, NStZ 2006, 317, 318, der betont, dass „der Einwilligende nach seinem und nur nach seinem Wertgefüge darüber entscheiden kann, ob er strafrechtlich sanktionierte Verbotsnormen außer Kraft setzen soll, um anderen die Möglichkeit zu geben, ihn unter Beeinträchtigung der normativ geschützten Güter bei der Erreichung eines subjektiv höheren Nutzens zu unterstützen“; vgl. *Duttge*, NJW 2005, S. 262; vgl. *Patrone*, Journal of Medical Ethics 35 (2009), 541, 542; vgl. ebenfalls *Schöne-Seifert*, Grundlagen der Medizinethik, 2007, S. 39 mit dem Hinweis darauf, dass der Anspruch auf Autonomie und Selbstbestimmung „in Fragen der medizinischen Behandlung ebenso am Platze sei wie in Fragen der sonstigen Lebensführung“; vgl. *Maio*, Mittelpunkt Mensch: Ethik in der Medizin, 2012, S. 148; vgl. NK-*Paeffgen*, § 228, Rn. 16; vgl. *Schneider*, Body Integrity Identity Disorder 2016, S. 193.

548 *Wietfeld*, Selbstbestimmung und Selbstverantwortung – die gesetzliche Regelung der Patientenverfügung, 2012, S. 46 a.E. – 47; *Damm*, MedR 2002, 375, 378 m.w.N., der von einer „folgenschweren normativen Akzentverlagerung vom *Patientenwohl* zu *Patientenwillen*“ spricht; vgl. *Schneider*, Body Integrity Identity Disorder 2016, S. 23; vgl. auch *Schreiber*, FS-Starck, S. 111; *Eibach/Schaefer*, MedR 2001, S. 21, 28, die wieder für einen Wandel in Richtung Fürsorge und Paternalismus plädieren.

f. Zwischenergebnis

Zusammenfassend lässt sich sagen, dass den Betroffenen von BIID nicht aufgrund ihres Amputationswunsches die Fähigkeit zur selbstbestimmten Entscheidung im Sinne der Autonomie abgesprochen werden kann. Der Amputationswunsch ist das Ergebnis eines persönlichen Abwägungsprozesses der subjektiv empfundenen Vor- und Nachteile.[549] Insbesondere entzieht sich eine derartige Entscheidung aus den genannten Gründen einer externen Vernunftkontrolle, sodass es im Falle von Wunschamputationen nicht einmal einer Erörterung bedarf, ob die Entscheidung für Außenstehende als vernünftig anzuerkennen wäre oder nicht. Darüber hinaus verbietet sich ein Rückschluss vom Amputationsverlangen auf die Selbstbestimmung der Betroffenen. Das Abstellen auf die subjektive Betrachtungsweise des betroffenen Individuums gibt der Einbeziehung von Drittinteressen in Form von Erwägungen des objektiv bestimmten Wohls keinen Raum. Gerade im direkten Verhältnis zwischen Arzt und Patient kommt dem Patientenwillen eine enorme Bedeutung zu, die paternalistische Betrachtungsweisen aufgrund der angesprochenen Selbstbestimmung ausschließen. Arzt und Patient begegnen sich insofern auf Augenhöhe.[550] Hierbei ist jedoch der Wille des Patienten entscheidend dafür, welche Therapie vollzogen wird und welche nicht. Der Arzt ist aber berechtigt, gegebenenfalls Maßnahmen zu verweigern.

Das Recht auf Selbstbestimmung in Form der individuellen Autonomie darf zudem nicht in einen Schutz des Individuums vor sich selbst münden, bei dem von staatlicher Seite aus die grundrechtlichen Freiheiten in einen edukativen Zweck umgedeutet werden. Die angesprochenen Bedenken der Gegenansicht sind jedoch mit den ausgeführten Grundrechtspositionen nicht in Einklang zu bringen, sodass das Selbstbestimmungsrecht als Leitgröße nicht über Umwege in eine Vernunftkontrolle umgemünzt werden kann.

Konkret auf den Fall von BIID angewendet ist mit der überwiegenden Mehrheit der Fachliteratur als Zwischenergebnis festzuhalten, dass die Einwilligungsfähigkeit und Autonomie der Betroffenen als gegeben anzusehen ist.

D. Keine wesentlichen Willensmängel i.S.d. informed consent

Der Autonomie der Entscheidung der Einwilligung könnten jedoch unter Umständen wesentliche Willensmängel entgegenstehen.[551] Ein Ausschluss bei

---

549 *Kasten*, Fortschr Neurol Psychiat (77) 2009, S. 23, der darauf aufmerksam macht, dass der Abwägungsprozess bei den Betroffenen oftmals „jahrzehntelang" dauern kann; *Kasten*, Ergopraxis 3, 2011, S. 24.

550 Vgl. *Maio*, Mittelpunkt Mensch: Ethik in der Medizin, 2012, S. 148.

551 Siehe hierzu: *Kuhlen*, Festschrift Müller-Dietz, 2001, S. 440 ff.

Willensmängeln ist ebenfalls auf die Selbstbestimmungskomponente bei der Einwilligung zurück zu führen.[552] Insbesondere stehen der Wirksamkeit der Einwilligung Drohung, Täuschung und Irrtum entgegen. Im Regelfall wird das Motiv der BIID-Betroffenen für den erstrebten Eingriff nicht auf Druck von außen beruhen, wie es bei einem Erzwingen durch Nötigung der Fall wäre. Eine Täuschung kann im Regelfall auch ausgeschlossen werden. Als wesentlicher Willensmangel könnte im Fall der Einwilligung in eine elektive Wunschamputation ein Irrtum auf informationeller Ebene in Betracht kommen. In medizinischen Fällen trifft den Arzt eine besondere Verantwortung für das Beseitigen von Fehlvorstellungen seiner Patienten.[553]

Insbesondere unter dem Aspekt eines ärztlichen Eingriffs in die körperliche Integrität des Patienten setzt das Nichtvorliegen von Irrtümern voraus, dass der Einwilligende zuvor ordnungsgemäß aufgeklärt wurde.[554] Art und Umfang der Aufklärungspflicht bemessen sich anhand der Regelungen des Behandlungsvertrages im Sinne der §§ 630 a ff. BGB, deren Normierung eine Konsolidierung der grundrechtlich gewährten Autonomie darstellt.[555]

Die Anforderungen an die ärztliche Aufklärungspflicht sind in § 630 e I BGB geregelt.[556] Laut Gesetz wird von dem aufklärenden Arzt erwartet, dass er insbesondere bezüglich Art, Umfang, Durchführung, zu erwartenden Folgen und Risiken der Maßnahme sowie ihrer Notwendigkeit, Dringlichkeit, Eignung und Erfolgsaussichten im Hinblick auf die Diagnose oder die Therapie aufklärt. Die informierte Einwilligung eines Patienten aufgrund einer ordnungsgemäß durchgeführten Aufklärung wird als *informed consent* bezeichnet und stellt „Leitprinzip und Prüfstein des Arzt-Patienten-Verhältnisses" dar.[557] Dem informierten Patienten wird somit die Position „als letztgültigem Entscheidungsträger über *sein*

552 An Stelle vieler: Baumann/Weber/Mitsch AT, § 17 Rn. 107 ff.

553 Murmann Strafrecht, § 25, Rn. 131.

554 Vgl. *Duttge*, MedR 2005, 706; bzgl. der gesteigerten Anforderungen bei medizinisch nicht indizierten Eingriffen und „unerprobten Neuerungen" siehe: NK-*Paeffgen* StGB, § 228, Rn. 87 m.w.N.; BGHZ NJW 2006, 2108 m.w.N.

555 Wessels/Beulke/Satzger, Strafrecht AT, Rn. 558; Frister/Lindemann/Peters, Arztstrafrecht, Rn. 20 ff.; vgl. *Ulsenheimer*, Rn. 338; vgl. hierzu § 8 MBO.

556 Vgl. *Spickhoff*, § 630 e Rn. 2.

557 *Damm*, in: Kettner (Hrsg.), Wunscherfüllende Medizin, 2009, S. 183, 184–185 m.w.N.; vgl. *Dua*, Journal of Medical Ethics 36 (2010), 75; vgl. *Glannon*, Biomedical Ethics, 2005, S. 30; vgl. *Ryan*, Neuroethics 2 (2009), 21, 30; Zu den Entwicklungen vom „Indikationskonzept" hin zum „Informationskonzept" siehe *Damm*, in: Kettner (Hrsg.), Wunscherfüllende Medizin, 2009, S. 183, 200.

höchstpersönliches Wohl und Wehe“[558] zu Teil, wobei die Achtung des Arztes der autonom getroffenen Entscheidung wiederum einen medizinischen Behandlungsgrundsatz darstellt.[559]

Auch die Frage möglicher Ausschlusskriterien bezüglich der Einwilligung von BIID-Betroffenen auf informationeller Ebene im Sinne des *informed consent* ist Diskussionsgegenstand in der Fachliteratur.[560]

Richtigerweise lassen *Bayne* und *Levy* das Argument nicht gelten, ein BIID-Betroffener könne nicht wirksam in eine Amputation einwilligen, da er oder sie gar nicht wissen könne, wie es sei, ein Amputierter zu sein und als solcher zu leben. Die Autonomie bezogen auf den *informed consent* verlange nur, dass man ein angemessenes Verständnis der wahrscheinlichen Konsequenzen eines Eingriffs habe. Die Vorstellungskraft reiche aus, sich ein Leben als Amputierter vorzustellen, ohne dafür vorher amputiert sein zu müssen.[561] Diesbezüglich kann hier auf das oben dargestellte Pretendingverhalten der Betroffenen[562] verwiesen werden. Darüber hinaus kann eine exakte Vorstellung vom Zustand, in den eingewilligt wird, nicht Voraussetzung für die Einwilligung als solche sein, da im Ergebnis folglich in fast keine Maßnahme mehr eingewilligt werden könnte. Auch ein nichtoperierter Transsexueller dürfte nach dieser Logik ebenso wenig in eine geschlechtsangleichende Operation einwilligen, da die betroffene Person vorher nicht exakt wissen kann, wie sich das Leben nach dem Eingriff gestaltet.[563]

Robert Smith[564] beruft sich auf seine persönliche Erfahrung mit BIID-Patienten. Nicht nur verweist er auf die psychiatrischen Gutachten, die bestätigten, dass die

---

558 *Duttge*, MedR 2005, 706.

559 *Duttge*, MedR 2005, 706, 709, so auch: *Weltärztebund/Williams*, Handbuch der ärztlichen Ethik // Medical ethics manual, 2005, S. 35 mit Verweis auf die Deklaration von Lissabon zu den Rechten des Patienten: „Der Patient hat ein Selbstbestimmungsrecht und kann über sich frei entscheiden. Der Arzt informiert den Patienten über die Folgen seiner Entscheidungen. Ein geistig zurechnungsfähiger erwachsener Patient hat das Recht, die Einwilligung in jeden diagnostischen Eingriff oder jede Therapie zu erteilen oder zu verweigern. Der Patient hat ein Anrecht auf die für seine Entscheidungen nötigen Informationen. Der Patient sollte klar verstehen, worum es bei der jeweiligen Untersuchung oder Behandlung geht, was die Ergebnisse nach sich ziehen und wie die Folgen einer Verweigerung der Einwilligung aussehen würden.“.

560 *Swindell*, The American Journal of Bioethics-Neuroscience 9 (2009), 52, 53.

561 *Bayne/Levy*, Journal of Applied Philosophy 22 (2005), 75, 82; *White*, HEC Forum (2014) 26, S. 233.

562 S.o. § 2 I. 2 Begriffserklärung.

563 Vgl. *White*, HEC Forum (2014) 26, S. 233.

564 S.o. § 2 I. 4 Robert-Smith-Fall.

Betroffenen die Konsequenzen der verlangten Wunschamputation vorbehaltlos verstünden, sondern er bezeichnet sie auch als die vermutlich am besten informierten Patienten, mit denen er jemals zu tun hatte.[565]

Bei der Aufklärung der Patienten und der darauf beruhenden Einwilligung dürften folglich regelmäßig keine Probleme zu erwarten sein. Insbesondere Irrtümer der Betroffenen sind aufgrund der intensiven Auseinandersetzung mit dem eigenen Amputationswunsch nicht wahrscheinlich.[566]

2. Subjektive Voraussetzungen und Ergebnis

Auf Täterseite setzt die wirksame Einwilligung ein Handeln des Täters in Kenntnis und aufgrund der Einwilligung voraus.[567] Bei einem behandelnden Arzt, der sich bereit erklärt, eine elektive Wunschamputation durchzuführen, dürften auch hier regelmäßig keine Probleme liegen.

IV. Ergebnis

Zusammenfassend lässt sich festhalten, dass zunächst keine Gründe gegen die Wirksamkeit der Einwilligung in eine Wunschamputation sprechen und der Eingriff dem Grunde nach zulässig ist.

Ferner dürfen der Einwilligung jedoch keine Schranken entgegenstehen. Gerade bezogen auf die Problematik von elektiven Wunschamputationen aufgrund von BIID darf der infrage stehende Eingriff nicht sittenwidrig im Sinne von § 228 StGB sein.

---

565 *Robert Smith, British Broadcasting Company*, Complete Obsession (17.02.2000) [„The patients that I've seen, I've had psychiatric reports on them and the psychiatrists have indicated that these patients perfectly understand, they perfectly understand the consequences of what they're requesting. They really are probably the best informed patients that I have ever had to deal with."]; ebenfalls in Teilen zitiert in *Bridy*, Journal of Law, Medicine & Ethics 32 (2004), 148, 154; vgl. *White*, HEC Forum (2014) 26, S. 233.

566 Vgl. *Nitschmann*, ZStW 119 (2007), 547, 558 ff.; *Manok*, Body Integrity Identity Disorder 2012, S. 41 f.; *Schneider*, Body Integrity Identity Disorder 2016, S. 208 f.

567 Wessels/Beulke/Satzger, Strafrecht AT, Rn. 567; Jescheck/Weigend AT, § 34 S. 383; a.A.: LK-*Rönnau*, Vor § 32, Rn. 211; Kühl AT, § 9 Rn. 41; *Otto*, Festschrift Geerds, 1995, S. 603, 620; S/S-*Lenckner/Sternberg-Lieben*, StGB, Vorbem §§ 32 ff., Rn. 51, die auf das Erfordernis der Tatbegehung aufgrund der Einwilligung verzichten.

§ 5 Schranken der Einwilligung

I. Einleitung

Auch wenn der Grundgedanke hinter dem Prinzip der Einwilligung seinen Ursprung in der Selbstbestimmung und Autonomie des Individuums hat und ihm einen freien Umgang mit seinen Individualrechtsgütern ermöglichen soll, kann die einwilligende Person dennoch nicht uneingeschränkt über sie verfügen.[568] Die Freiheit, seine Rechtsgüter zur Disposition zu stellen, kann sowohl in subjektiver[569] als auch in objektiver Weise eingeschränkt werden. Bei den objektiven Schranken handelt es sich um Grenzen der Einwilligung, die von der Person des Einwilligenden unabhängig sind.[570]

Die verfassungsrechtliche Legitimation für die Einschränkung der Dispositionsfreiheit wird nach herrschender Meinung auf die Schrankentrias aus Art. 2 Abs. 1 GG gestützt, nach welcher die grundrechtlich garantierte allgemeine Handlungsfreiheit ihre Grenzen in den Rechten anderer, der verfassungsmäßigen Ordnung und den Sittengesetzen findet.[571]

Wie bereits eingangs erläutert, ist die Einwilligung im Strafrecht nicht positivrechtlich geregelt. Sie erfährt lediglich eine Konturierung durch strafgesetzliche Schranken, namentlich §§ 216 und 228 StGB.[572] § 216 StGB stellt hierbei eine absolute und § 228 StGB eine relative Dispositionsschranke dar.[573]

II. Die relative Einwilligungssperre des § 228 StGB

Im Rahmen der vorliegenden Auseinandersetzung mit der Thematik der Einwilligung in eine Körperverletzung bedarf es einer kritischen Beleuchtung des § 228 StGB und der in ihm enthaltenen Guten-Sitten-Klausel. Im Sinne der Norm ist

---

568 An Stelle vieler: Roxin AT, § 13, Rn. 13.

569 S.o. § 4 III. 1. C Einwilligungsfähigkeit.

570 *Rönnau*, Jura 2002, 667.

571 Roxin AT, § 13, Rn. 38; *Amelung*, Die Einwilligung, 1981, S. 32; a.A.: NK-*Paeffgen* StGB, § 228, Rn. 3 f., der auf das Sittengesetz verzichten will.

572 *Rönnau*, Jura 2002, 666; vgl. SK-StGB-*Hoyer*, Vor § 32 ff. Rn. 32; vgl. *Schneider*, Body Integrity Identity Disorder 2016, S. 181 m.w.N.

573 Die absolute Einwilligungssperre aus § 216 StGB ist nicht Gegenstand der vorliegenden Aufarbeitung der Einwilligungsproblematik im Rahmen der Körperverletzungsdelikte. Weiterführende Literatur zum absoluten Lebensschutz siehe *Schroeder*, ZStW 106 (1994), 565 ff.

eine Körperverletzung trotz Einwilligung rechtswidrig, wenn die Tat einen Verstoß gegen die guten Sitten darstellt.[574] Der Begriff der guten Sitten im Sinne der Norm wird als das Anstandsgefühl aller billig und gerecht Denkenden definiert.[575] Zum Tragen kommt die Einwilligungssperre des § 228 StGB auf dem Gebiet des Medizinstrafrechts in dem Fall, wenn eine Einwilligung trotz Einsichtsfähigkeit und erfolgter Aufklärung aufgrund eines Sittenverstoßes versagt werden muss.[576]

1. Streitstand zum Sittenwidrigkeitsparagrafen (§ 228 StGB)

Zur Konkretisierung und Konturierung der Guten-Sitten-Klausel haben sich in der Literatur und Rechtsprechung verschiedene Ansätze herausgebildet. Im Folgenden gilt es, sich mit den verschiedenen Theorien zur Findung eines Bewertungsmaßstabs der guten Sitten im Sinne des § 228 StGB und mit den zwei dazu existierenden Paradigmen zu befassen.

Die Hauptströmungen des Streitstands zum § 228 StGB lassen sich zunächst in eine moralisch-sittliche Betrachtungsweise und eine objektiv-rechtliche Bewertung unterteilen. Anzumerken ist jedoch, dass eine exakte Konturierung der guten Sitten anhand ausschließlich objektiver bzw. sittlicher Kriterien nicht möglich erscheint, sodass beide im Folgenden dargestellten Paradigmen aufeinander Bezug nehmen oder sich sogar überschneiden.

A. Moralisch-sittliche Betrachtungsweise

Die moralisch-sittliche Betrachtungsweise ist bemüht, einen außerrechtlichen Sittenwidrigkeitsmaßstab anhand des Begriffs „elementare Sittlichkeit“[577] oder unter der Hinzuziehung sozialethischer Wertvorstellungen[578] zu ermitteln. Wiederum eine andere Ansicht stellt auf allgemeine gesellschaftliche Wertvorstellungen ab, denen im Rahmen von § 228 StGB ausnahmsweise ein normativer Charakter zukomme.[579] Eine Lösung für einen konkreten Beurteilungsmaßstab bleibt diese Meinung jedoch

---

574 Materiell-rechtlich findet die Norm ihre Grundlage in Art. 2 Abs. 1 GG und dem dort als Verfügungsgrenze aufgeführten Sittengesetz, vgl. Roxin AT, § 13, Rn. 38.

575 Wessels/Beulke/Satzger, Strafrecht AT, Rn. 560; BGHSt 49, 166, 169.

576 *Gaidzik*, in: Bergmann/Alberts (Hrsg.), Gesamtes Medizinrecht, 2012, § 228 StGB Rn. 15 mit Verweis auf den Zahnextraktionsfall (BGH NJW 1978, 1206).

577 *Kaufmann*, JuS 1978, 361, 364 ff.

578 Maurach/Schroeder/Maiwald BT, § 8 Rn. 14; so auch: *Otto*, Grundkurs Strafrecht, § 8, Rn. 122; kritisch: *Kühl*, Festschrift für FC Schroeder, S. 524, der darauf hinweist, dass der Begriff „sozialethisch“ „keinen großen Gewinn an Bestimmtheit bringt“.

579 *Jung*, JuS 1992, 131, 132.

schuldig. Nach einer weiteren Ansicht müssten die guten Sitten im Sinne der Norm als Verweis auf die Gehalte einer außerrechtlichen Sozialordnung gewertet werden.[580] *Niedermair* ist der Ansicht, bei der Sitte im Sinne des § 228 StGB handele es sich um außerhalb des Gesetzes verankerte Wertungen der Gesellschaftsordnung. Er betont jedoch, dass subjektive Bewertungen des einzelnen bezüglich der Sittenwidrigkeit nicht von einer unter Umständen mehrheitlichen Moral ausgehebelt werden können.[581]

Die oben aufgeführten Meinungsströmungen offenbaren zugleich das sich stellende Problem. Der Versuch, die Gute-Sitten-Klausel über Begriffe wie Moral, Sittlichkeit oder allgemeingültige Wertmaßstäbe zu definieren, ist nicht in der Lage, einen eindeutigen Beurteilungsmaßstab zu statuieren. Problematisch ist hierbei insbesondere die Frage, ob es einen gesellschaftlichen Konsens in Form einer Einheitsmoral überhaupt geben kann, oder ob ein gesellschaftlicher Wertepluralismus eine derartige Generalisierung der Sitte bereits von vorneherein unmöglich macht.

Im Ergebnis lässt sich festhalten, dass keine dieser Ansichten einen konkreten Bewertungsmaßstab für oder gegen die Annahme der Sittenwidrigkeit im Sinne von § 228 StGB bereitstellt. Grund dafür ist der Rückgriff auf nicht hinreichend bestimmte und bestimmbare Begriffe zur Konturierung eines als unbestimmt geltenden Rechtsbegriffs.

B. Objektiv-rechtliche Betrachtungsweise

Wie bereits oben aufgeführt, steht der moralisch-sittlichen Betrachtung eine objektiv-rechtliche Bewertung der guten Sitten im Sinne von § 228 StGB gegenüber. In ihrem Kern versuchen die objektiv-rechtlichen Theorien, die guten Sitten anhand dem Grunde nach objektiver Kriterien wie den betroffenen Rechtsgütern, dem mit der Körperverletzung verfolgten Zweck oder der Eingriffsschwere zu beschreiben.

a. Lehre vom Tatzweck

Eine Ansicht der Literatur macht den mit der Tat verfolgten Zweck zum alleinigen Anknüpfungspunkt für die Betrachtung der Sittenwidrigkeit.[582] Richtigerweise mahnt *Hirsch* an, dass eine derartige Betrachtungsweise nicht mehr die Tat, sondern die Einwilligung als solche zum Prüfungsgegenstand der Sittenwidrigkeit mache.[583] Die alleinige Heranziehung des Tatzwecks ist aus diesem Grund abzulehnen.

---

580 *Duttge*, NJW 2005, 260, 261.

581 *Niedermair*, Körperverletzung mit Einwilligung, 1999, S. 1, 66, 92, 93 ff., 105 ff.

582 *Gülpen*, Der Begriff der guten Sitten, 2009, 287 ff.; vgl. Lackner/Kühl StGB, § 228 Rn. 10 f.

583 LK-*Hirsch*, § 228 Rn. 9.

b. Schwere- und Folgentheorie

Eine in der Literatur etablierte und sich weiter verbreitende Ansicht macht die Eingriffsschwere zum Beurteilungskriterium der Sittenwidrigkeit. Hierbei greift sie auf die Gefährlichkeit im Sinne des § 224 StGB und die Kriterien der schweren Körperverletzung im Sinne des § 226 StGB zurück.[584] Bei der Betrachtung der Schwere des Eingriffs kommt es nach dieser Ansicht nicht auf den der Einwilligung zugrunde liegenden Eingriffszweck an.[585] Der deutsche Strafrechtswissenschaftler *Claus Roxin* merkt an, dass die Vernachlässigung des Zwecks nicht zielführend sein könne. Zwar enthalte die Schweretheorie einen richtigen Ansatz, dennoch bewiesen zulässige Fälle von schweren und gefährlichen Eingriffen, namentlich geschlechtsändernder Operationen, Organtransplantationen und Sterilisationen, dass ein alleiniges Abstellen auf die Eingriffsschwere nicht ohne Ausnahmeregelungen auskäme.[586] Hierbei verweist er auf die von den Vertretern der Schweretheorie selbst geforderte Straflosigkeit von Wunschsterilisationen, die im Ergebnis vom alleinigen Abstellen auf die Schwere abrücke.[587]

Auch wenn die Schweretheorie dem Grunde nach einzig auf die Rechtsgutsbeeinträchtigung abstellt, kann sie insbesondere in medizinischen Sonderfällen nicht auf die Hinzuziehung des mit der Tat verfolgten Zwecks verzichten.[588]

c. Entwicklung der Rechtsprechung

Bei der Bewertung der Sittenwidrigkeit stellte die höchstrichterliche Rechtsprechung zunächst vorrangig auf den mit der Handlung verfolgten Zweck ab.[589] In diesem Zusammenhang bemüht sich die Schweretheorie, einen einheitlichen

---

584 *Arzt*, Willensmängel, 36 ff.; LK-*Hirsch*, § 228 Rn. 9; Jescheck/Weigend AT, § 34, S. 379; *Otto*, Festschrift Geerds, 1995, 619 a.E. f.; vgl. Stratenwerth/Kuhlen, Strafrecht AT, § 9 Rn. 21; vgl. *Gülpen*, Der Begriff der guten Sitten, 2009, S. 295.

585 LK-*Hirsch*, § 228 Rn. 9; Stratenwerth/Kuhlen AT, § 9 Rn. 20.

586 Roxin AT, § 13 Rn. 40; vgl. *Lee*, Festschrift für Eser, 2005 S. 545 f.; vgl. *Stegmüller*, Die Sittenwidrigkeit, S. 147 ff.

587 Roxin AT, § 13 Rn. 40 Fn. 71 mit Verweis auf Jescheck/Weigend AT, § 34 III 3 b; LK-*Hirsch*, § 228 Rn. 41. Bezüglich der Straflosigkeit von elektiven Sterilisationen fordern Stratenwerth/Kuhlen AT, § 9 Rn. 22 vertretbare Gründe und entfernen sich somit ebenfalls von der Eingriffsschwere als einziges verwertbares Bewertungskriterium; so auch *Franck*, GesR 2009, S. 299.

588 *Gülpen*, Der Begriff der guten Sitten, 2009, S. 296 ff.

589 BGHSt 4, 24 (31); RGSt 74, 91 (94), das Körperverletzungen zu „Unzuchtszwecken" als Verstoß gegen die guten Sitten bewertete; Bezüglich der Problematik des Abstellens auf den verfolgten Zweck wird auf die oben gemachten Ausführungen verwiesen (vgl. Fischer StGB, § 228 Rn. 9; *Otto*, Festschrift Tröndle S. 168).

Bewertungsmaßstab zu finden. Die Rechtsprechung kommt jedoch bei der Beurteilung von Grenzfällen nicht ohne das Kriterium des mit dem Eingriff verfolgten Zwecks zur Bewertung der Sittenwidrigkeit aus. Hierbei sollen sowohl Mittel als auch der mit dem Eingriff verfolgte Zweck auf Seite des Ausführenden und des Empfängers behandelt werden. Alle aufgezählten Komponenten werden nach dieser Ansicht insgesamt betrachtet und einer Art Verwerflichkeitsprüfung unterzogen.[590] Dennoch lässt sich auch aus der höchstrichterlichen Rechtsprechung kein exakt einheitliches Bewertungskriterium ableiten. Im Heroin-Fall[591] verdeutlichte der BGH, dass es sich beim Bewertungsprozess der Sittenwidrigkeit weniger um einen „Akt normativ-wertender Gesetzesauslegung" handele, sondern vielmehr um eine „empirische [...] Feststellung bestehender Moralüberzeugungen".[592] Im konkreten Fall nahm der BGH die Sittenwidrigkeitsbewertung anhand der Eingriffsschwere in das betroffene Rechtsgut vor und stellte auf den Verletzungserfolg ab.

In einem anderen Fall statuierte der BGH, dass der Gute-Sitten-Begriff „weniger außerrechtliche, ethisch-moralische Kategorien" beträfe, sondern vielmehr auf seinen rechtlichen Wesensgehalt reduziert werden müsse.[593] Dies gelinge, indem man primär auf „Art und Gewicht des Körperverletzungserfolgs"[594] abstelle. Das Zweckkriterium sei nur in Ausnahmefällen mit einzubeziehen, wenn zwar die isolierte Bewertung der Körperverletzung zum Ergebnis der Sittenwidrigkeit gelange, eine Kompensation aber durch einen positiven Zweck erreicht werde.[595]

d. Ergebnis

Im Ergebnis lässt sich festhalten, dass es weder der herrschenden Meinung noch der Literatur gelingt, einen einheitlichen objektivierten Maßstab zu konstruieren. Insbesondere in medizinischen Grenzfällen versagt ein alleiniges

590 Vgl. den Auto-Surfen-Fall (BGH NStZ-RR 1997, 325), bei dem der BGH die Sittenwidrigkeit annahm. Jugendliche „surften" im konkreten Fall auf der Motorhaube eines fahrenden Autos zum alleinigen Zweck des Nervenkitzels. Zusätzlich berief sich der BGH auf die extreme Gefahr, die von derartigem Verhalten ausginge. Zur weiteren Bewertungsgrundlage wurde auf die Gesamtumstände abgestellt.

591 BGHSt 49, 34.

592 BGHSt 49, 34 (41) Hierbei räumt der BGH selbst ein, dass der Begriff der guten Sitten für sich genommen „konturenlos" ist.

593 BGHSt 49, 166 (169).

594 BGHSt 49, 166 (171).

595 BGHSt 49, 166 (171); Eine ausführliche Aufarbeitung der Entwicklung der Rechtsprechung zur Sittenwidrigkeitsklausel findet sich in: *Hardtung*, Jura 2005, S. 401 ff.

Abstellen auf den Körperverletzungserfolg und macht die Hinzuziehung des Zwecks notwendig, um nicht zu unbilligen Ergebnissen zu gelangen. Ein Rückgriff auf Moral oder anerkannte Wertvorstellungen eignet sich aufgrund der Unbestimmtheit der zugrunde gelegten Rechtsbegriffe nicht, um den guten Sitten im Sinne von § 228 StGB Kontur zu verleihen und Rechtsfolgen daran zu knüpfen. Die Norm ist folglich nicht imstande, einen objektiven Sittenwidrigkeitsmaßstab zu etablieren.[596]

2. Verfassungsmäßigkeit der Norm

Wie soeben gezeigt, bleibt unklar, was genau unter dem Begriff der guten Sitten im Sinne von § 228 StGB zu verstehen ist. Die Definition im Sinne eines Anstandsgefühls aller billig und gerecht Denkenden hilft bei näherer Betrachtung nicht weiter. Das Fehlen eines bestimmbaren Beurteilungsmaßstabes, anhand dessen die Rechtswidrigkeit einer Tat statuiert werden soll, verleitet nicht wenige Stimmen der Literatur dazu, der Norm die Verfassungskonformität im Sinne des Bestimmtheitsgebots gem. Art. 103 Abs. 2 GG abzusprechen.[597] Die Problematik bestehe in der Unbestimmtheit des Begriffs der guten Sitten und dem dem Begriff innewohnenden ethischen Werturteil, das sich unter Umständen überhaupt nicht einheitlich ermitteln lässt, da insbesondere Moralvorstellungen einem gesellschaftlichen und zeitlichen Wandel unterliegen.[598] Die herrschende

---

596 Vgl. Wessels/Beulke/Satzger, Strafrecht AT, Rn. 560, die die Definition der guten Sitten als „wenig hilfreich" bezeichnen; a.A.: Wolfgang Putz in *Langer*, SPIEGEL ONLINE 24.06.2010, 1 ff., der von einem eindeutigen Vorliegen eines Sittenverstoßes im Falle von elektiven Wunschamputationen überzeugt ist [„‚Ich kann nur jeden Chirurgen eindringlich warnen, solche Eingriffe vorzunehmen', sagt Wolfgang Putz, Lehrbeauftragter für Medizinrecht und Medizinethik an der Universität München. Auch die explizite Einwilligung des Patienten schütze keineswegs vor Strafverfolgung, wenn der Eingriff gegen die guten Sitten verstoße – und dies sei beim Abtrennen eines gesunden Körperteils eindeutig der Fall. ‚Die Grenze ist immer da, wo der Patient Schaden nimmt', so der Anwalt."].

597 *Sternberg-Lieben*, Die objektiven Schranken der Einwilligung, 1997, S. 135; *Kühl*, ZStW 115, 385; NK-*Paeffgen*, § 228 Rn. 46; S/S-*Stree*/*Sternberg-Lieben*, StGB, § 228, Rn. 1 ff. m.w.N.; *Reinhardt*, JR 1964, S. 374; vgl. Maurach/Schroeder/Maiwald BT, § 8 Rn, die verfassungsrechtliche Bedenken äußern; vgl. *Schneider*, Body Integrity Identity Disorder 2016, S. 218 f.; vgl. *Wendland*, Die strafrechtliche Zulässigkeit wunscherfüllender Operationen 2016, S. 144 ff.

598 Vgl. NK-*Paeffgen* StGB, § 228 Rn. 46 f.; vgl. Amelung/Eymann, JuS 2001, S. 940 a.E. f.; vgl. *Franck*, GesR 2009, S. 299 a.E. f.

Meinung betrachtet § 228 StGB als verfassungskonform.[599] Zwar gebe die Norm keinen Aufschluss über die objektiv an die Sittenwidrigkeit zu stellenden Anforderungen, diese seien jedoch im Wege einer verfassungskonformen Auslegung zu ermitteln.[600]

Das Fehlen eines einheitlichen Bewertungsmaßstabs für die guten Sitten im Sinne von § 228 StGB macht eine verfassungskonforme Auslegung der Norm folglich unumgänglich. Wie bereits an mehreren Stellen angesprochen[601] bedient sich die Rechtswissenschaft bei der Lösung der Frage der Zulässigkeit von Wunschamputationen medizinischer Vergleichsfälle. Die Beleuchtung der medizinischen Vergleichsfälle im Lichte der Grundrechte ist somit im Folgenden Gegenstand der Bearbeitung zur Klärung der Frage nach der Zulässigkeit von elektiven Wunschamputationen aufgrund von BIID.

3. Auslegung der Norm im Lichte der Grundrechte

A. Vergleichsfälle zu Wunschamputationen innerhalb von BIID und deren juristische Lösung

Wenn auch die Norm selber keinen Aufschluss über die an die Sittenwidrigkeit zu stellende Anforderung gibt, so bestehen juristische Vergleichsfälle, die aufgrund ihrer Vergleichbarkeit mit der Problematik von elektiven Wunschamputationen aufgrund von BIID dabei helfen können, einen Maßstab bei der Sittenwidrigkeitsprüfung zu etablieren. Alle herangezogenen Vergleichsfälle zur BIID-Problematik haben einen engeren oder weiteren Bezug zur Guten-Sitten-Klausel aus § 228 StGB und der Patientenautonomie. Ein Unterschied besteht lediglich darin, dass zu manchen medizinischen Phänomenen und Randerscheinungen bereits spezialgesetzliche Regelungen bestehen.[602] Aber auch bei den Vergleichsfällen, denen keine gesetzliche Regelung zugrunde liegt, bietet die Rechtsprechung einen Indikator für die Wandelbarkeit des Gute-Sitten-Verständnisses und das Ausmaß des Selbstbestimmungsrechts im Lichte der Grundrechte.[603]

---

599 BGHSt 49, 34 (41); *Hardtung*, Jura 2005, S. 405; *Gülpen*, Der Begriff der guten Sitten, 2009, S. 230 m.w.N.; vgl. *Stegmüller*, Die Sittenwidrigkeit, S. 119 a.E. ff. m.w.N.; *Schneider*, Body Integrity Identity Disorder 2016, S. 220.

600 *Hardtung*, Jura 2005, S. 405 a.E. f.; *Gülpen*, Der Begriff der guten Sitten, 2009, S. 224 ff., 230; Maurach/Schroeder/Maiwald BT, § 8 Rn. 14.

601 S.o. § 1 Einleitung, § 2 I. 2 Begriffserklärung, § 2 II. 3 Unerforschtheit des Phänomens BIID, § 3 III. 2. B. b. ee. bbb. (5) Zwischenergebnis.

602 Vgl. *Nitschmann*, ZStW 119 (2007), 547, 571.

603 *Nitschmann*, ZStW 119 (2007), 547, 570–571; vgl. *Stirn/Thiel/Oddo*, S. 167.

B. Transsexualität und geschlechtsumwandelnde Operationen

a. Einleitung

Der häufigste Vergleichsfall, der im Zusammenhang mit dem Phänomen BIID genannt wird, ist die so genannte Geschlechtsidentitätsstörung (GIS) oder auch GID genannt (englisch für Gender Identity Disorder). Bekannter ist dieses Phänomen unter dem Namen Transsexualität.[604] Bei dieser Störung haben die Betroffenen das Gefühl, von Geburt an dem empfunden falschen Geschlecht anzugehören. Diese Diskrepanz zwischen anatomischer und empfundener Geschlechtszugehörigkeit führt zu einem erheblichen Leidensdruck der Betroffenen, sodass viele eine operative Geschlechtsangleichung anstreben.[605] Wie auch bei BIID führt das Auseinanderfallen der subjektiven Empfindung und des tatsächlichen Körperbildes bei den Patienten zu einem enormen Leidensdruck, der unter anderem dazu führt, dass sich die Betroffenen selbst verletzen oder Suizid begehen.[606] Sowohl bei GID als auch bei BIID kann der empfundene Widerspruch zu einem derart großen Leidensdruck führen, dass er von den betroffenen Patienten bis zum Ausmaß physischer Schmerzen erfahren wird.[607]

Beim Vergleich beider Phänomene finden sich weitere deutliche Parallelen.[608] Die mangelnde gesellschaftliche Akzeptanz gegenüber Transsexualität stellt ein großes Problem für die Betroffenen dar. So wird die Tragik für Transsexuelle mit den entstehenden Problemen und bisweilen auch der Unmöglichkeit be-

---

604 Vgl. *Nitschmann*, ZStW 119 (2007), 547, 573; vgl. *Johnston/Elliot*, Clin Med 2002; 2, S. 432; *First/Fisher*, Psychopathology 2012(45), S. 6; vgl. *Mackenzie/Cox*, International Journal of Law in Context 2007, S. 368.

605 *Möller/Oddo/Stirn*, Persönlichkeitsstörungen 17 (2013), 99, 100; vgl. Bundesverfassungsgericht, Urt. v. 11.10.1978, Rs. 1 BvR 16/72, NJW 1979, 595 = BVerfGE 49, 286 ff., 595, das bereits im Jahre 1978 auf die bei Transsexuellen auftretende erhebliche Diskrepanz zwischen Physis und Psyche „in besonders krasser Form" hinweist; *Koch*, MedR 1986, S. 173.

606 *Correll*, NJW 1999, 3372, 3373; *Nevinny-Stickel/Hammerstein*, NJW 1967, 663 (665); *Eberle*, NJW 1971, 221; vgl. *Nitschmann*, ZStW 119 (2007), 547, 555, 573; Zu der Entstehung der empfundenen Divergenz zwischen Physis und Psyche bereits in der Kindheit siehe: *Korte et al.*, Deutsches Ärzteblatt 2008 (105), S. 834 ff.

607 *Nitschmann*, ZStW 119 (2007), 547, 574.

608 Zu den Gemeinsamkeiten und Unterschieden siehe die Diffentialdiagnostik von BIID zur Transsexualität in: *Stirn/Thiel/Oddo*, S. 30, 36 ff.; siehe ebenfalls *Ostgathe/Schnell/Kasten*, ajap 2014; 3(6), S. 138 ff., mit dem Ergebnis, dass BIID ebenfalls als Identitätsstörung bewertet werden kann.

schrieben, mit dem persönlichen Lebensentwurf in einer Zweigeschlechter-Gesellschaft anerkannt zu werden.[609] Diese gesellschaftliche Resonanz führt im Ergebnis dazu, dass die Betroffenen den empfundenen Leidensdruck verleugnen, die Rechtmäßigkeit des Zugangs zu medizinischer Hilfe anzweifeln oder sogar eine angestrebte geschlechtsändernde Operation als ästhetische Maßnahme deklarieren obwohl sie zum Zwecke der Heilung durchgeführt werden soll.[610] Die Ausgangssituation von Transsexuellen ist insoweit mit der Situation von BIID-Betroffenen deckungsgleich. Auch bezüglich der Frage, ob geschlechtsangleichende Maßnahmen eher sexuell motiviert oder vom Bestreben der Identitätsangleichung getragen werden, besteht eine Vergleichbarkeit. Ähnlich dem oben bereits aufgeführten Begriff „transabled“[611] bezeichnen sich manche Patienten mit dem Wunsch nach einer operativen Änderung des Geschlechts als „transident(isch)“, um zum Ausdruck zu bringen, dass ihr Verlangen primär vom Wunsch der Veränderung geschlechtlicher Identität getragen wird. Die sexuelle Komponente ist für die Betroffenen meist von untergeordnetem Rang.[612] Bezüglich der Schwierigkeiten der exakten Trennung von Sexualität und Identität aufgrund eines engen Zusammenhangs beider Begriffe wird auf die im Rahmen der Abgrenzung zwischen Apotemnophilie und Acrotomophilie gemachten Ausführungen[613] verwiesen. Die deutlichen Parallelen zwischen GID und BIID wurden bereits im Rahmen der Studien und Fallbeispiele konkretisiert.[614]

---

609 *Neuschaefer-Rube/Scheidt/Groß*, in: Groß/Müller/Steinmetzer (Hrsg.), Normal - anders - krank?, 2008, S. 171, 175; vgl. *Wiedner*, Z Sexualforsch 2016; 29, S. 69; zur nunmehr unterschiedlichen gesellschaftlichen Bewertung von geschlechtsangleichenden Maßnahmen und Amputationen gesunder Gliedmaße vgl. *Dickenson/Widdershoven*, Vol. 15, Nr. 2, 2001, S. 116, heutzutage erschienen Geschlechtsumwandlungen hinnehmbarer als elektive Wunschamputationen. Mögliche Faktoren könnten ihnen zufolge die Neuheit, die Merkwürdigkeit oder der Ekelfaktor von derartigen Amputationen sein.

610 *Neuschaefer-Rube/Scheidt/Groß*, in: Groß/Müller/Steinmetzer (Hrsg.), Normal - anders - krank?, 2008, S. 171, 175.

611 S.o. § 2 I. 2 Begriffserklärung; vgl. *Müller*, in: Groß/Müller/Steinmetzer (Hrsg.), Normal - anders - krank?, 2008, S. 229, 241.

612 *Neuschaefer-Rube/Scheidt/Groß*, in: Groß/Müller/Steinmetzer (Hrsg.), Normal - anders - krank?, 2008, S. 171, 177; *Langer*, SPIEGEL ONLINE 24.06.2010, 1 ff. Bezug nehmend auf Stellungnahme von Erich Kasten.

613 S.o. § 2 I. 3. A Apotemnophilie und Acrotomophilie.

614 S.o. § 2 II. 2 Studien und Fallbeispiele.

b. *Forschungsstand*

Parallel zum Phänomen BIID können über die Herkunft und Ursache von Transsexualität keine gesicherten wissenschaftlichen Aussagen getroffen werden.[615] In diesem Sinne wird das Phänomen Transsexualität und die damit verbundene Diskrepanz zwischen psychisch empfundenem und tatsachlich erlebtem Geschlecht auch zum jetzigen Stand der Forschung als „nach wie vor ein Rätsel"[616] bezeichnet.[617] Dennoch wird den betroffenen Personen heute kein Zuwarten auf wissenschaftliche Gewissheit zugemutet. Genau wie bei BIID bestehen auch bei der Gender Identity Disorder zwei theoretische Möglichkeiten, Abhilfe zu schaffen. Zum einen besteht die Möglichkeit, das subjektive Empfinden der Patienten an den tatsächlichen Ist-Zustand des Körpers anzugleichen. Dahin gehende Therapiemethoden wie Hormontherapie und Psychotherapie zeigen jedoch – wie auch bei Patienten mit BIID – keinen Erfolg.[618]

Nach verbreiteter Auffassung sei es sogar unmöglich, das Gefühl der Zugehörigkeit zum anderen Geschlecht mit Hilfe einer kausalen Therapiemethode zu korrigieren, auch wenn diese Möglichkeit nicht ausgeschlossen werden könne.[619] Die zweite denkbare Möglichkeit der Abhilfe ist die Angleichung des Körpers an das subjektiv empfundene Ich der betroffenen Person. Hierin wird auch in der Literatur die einzige sinnvolle Therapiemethode gesehen, die die betroffenen Transsexuellen erfolgreich von ihrem Leidensdruck befreit.[620]

---

615 *Correll*, NJW 1999, 3372, 3373; *Schneider/Frister/Olzen*, Begutachtung psychischer Störungen, 2010, S. 248; zum Forschungsstand und der ungeklärten Frage des Ursprungs von BIID wird auf die oben gemachten Ausführungen verwiesen, s. o. § 2 II. 7 Zwischenergebnis.

616 *Sigusch*, Praktische Sexualmedizin, S. 139; so auch *Wiedner*, Z Sexualforsch 2016; 29, S. 69 m.w.N.; vgl. *Neuschaefer-Rube/Scheidt/Groß*, in: Groß/Müller/Steinmetzer (Hrsg.), Normal – anders – krank?, 2008, S. 171, 175.

617 *Hartmann/Becker*, Störungen der Geschlechtsidentität, S. 25; *Becker et al.*, Standards der Behandlung und Begutachtung von Transsexuellen 1997, S. 2; vgl. *Stirn/Thiel/Oddo*, S. 40.

618 *Schneider/Frister/Olzen*, Begutachtung psychischer Störungen, 2010, S. 249 m. w. N.; *Correll*, NJW 1999, 3372, 3373; *Koch*, MedR 1986, S. 173; *Sigusch*, Praktische Sexualmedizin, S. 136 f.

619 *Neuschaefer-Rube/Scheidt/Groß*, in: Groß/Müller/Steinmetzer (Hrsg.), Normal – anders – krank?, 2008, S. 171, 175; vgl. *Correll*, NJW 1999, 3372, 3373, die die Ursache von Transsexualität bis zum heutigen Kenntnisstand der Wissenschaft als unheilbar bezeichnet.

620 *Correll*, NJW 1999, 3372, 3373; BVerfG 49, 286 (288) = NJW 1979, 595 ff.; LSG *Stuttgart*, NJW 1982, 719; *Nevinny-Stickel/Hammerstein*, NJW 1967, 663 (665).

Aufgrund der Unheilbarkeit des Grundleidens – der Diskrepanz zwischen Ist- und Sollkörper – zum jetzigen Zeitpunkt der Wissenschaft verlagert sich die medizinische Arbeit hin zur Entwicklung neuer Methoden zur Anpassung des Körpers an die Psyche.[621] Beispielhaft zu nennen sind die Hormontherapie in Verbindung mit invasiven Eingriffen wie Kastration, Amputation des Penis, die operative Herstellung einer Vagina, Amputation von Brüsten, die Entfernung von sowohl Ovarien als auch Gebärmüttern und die Applikation artifizieller Penisse.[622] Anzumerken ist, dass der Verlust der Fortpflanzungsfähigkeit selbst bereits ein Befund mit Krankheitswert im Sinne des oben aufgezeigten medizinischen Klassifikationsrasters[623] darstellt, der darüber hinaus ohne Einwilligung des Verletzten als schwere Körperverletzung im Sinne von § 226 Abs. 1 Nr. 1 StGB bewertet wird. Des Weiteren wird in der Literatur ausdrücklich darauf hingewiesen, dass das Wissensdefizit der Forschung bezüglich des Ursprungs der Krankheit und Heilung des Grundleidens nicht zu Lasten der Betroffenen gehen dürfe, sodass den Patienten trotz unzureichender wissenschaftlicher Aufklärung des Phänomens ein Angebot der Hilfe zuteil wird.[624] Die Lösungsansätze zur Behandlung von GID-Patienten erscheinen im direkten Vergleich zu BIID als deutlich fortgeschrittener. Trotz der Vergleichbarkeit der Ausgangssituation Betroffener beider Phänomene zeichnet sich ein deutlich liberalerer Umgang der medizinischen Fachliteratur mit dem Thema geschlechtsändernder Operationen ab. Es zeigen sich nicht nur deutliche Parallelen mit Hinblick auf die Abhilfe, die nur mittels invasiver Eingriffe erreichbar zu sein scheint. Auch die psychische Ausgangssituation der Betroffenen ist bezüglich eines Angleichungsverlangens des Körpers an die empfundene Psyche gleich.

Beide Phänomene haben zudem gemeinsam, dass zum jetzigen Zeitpunkt keine gesicherte Aussage darüber getroffen werden kann, ob die von den Betroffenen geäußerte Beschreibung des Fremdheitsgefühls einer Gliedmaße bzw. des Gefühls der Zugehörigkeit zum anderen Geschlecht objektiv wahr oder unwahr ist.[625] Zur Frage der Beweisbarkeit der Notwendigkeit einer Geschlechtsumwandlung durch den Betroffenen statuierte der EGMR, dass Art. 8 EMRK auf Achtung der Menschenwürde und Freiheit gerichtet sei und folglich auch das Recht transsexueller Menschen auf persönliche Entwicklung sowie auf moralische und phy-

621 *Schneider/Frister/Olzen*, Begutachtung psychischer Störungen, 2010, S. 249 m. w. N.

622 *Schneider/Frister/Olzen*, Begutachtung psychischer Störungen, 2010, S. 249 m. w. N.

623 S.o. § 3 III. 2. B. b. ee. bbb Medizinischer Krankheitsbegriff.

624 *Neuschaefer-Rube/Scheidt/Groß*, in: Groß/Müller/Steinmetzer (Hrsg.), Normal – anders – krank?, 2008, S. 171, 175.

625 Vgl. *Ryan*, Neuroethics 2 (2009), 21, 24.

sische Sicherheit erfasse. Die Auferlegung der Beweislast für die Notwendigkeit einer geschlechtsumwandelnden Maßnahme sei mit Art. 8 EMRK nicht vereinbar.[626] Des Weiteren stellte der EGMR fest, dass es sich bei der Feststellung der medizinischen Notwendigkeit einer operativen Geschlechtsangleichung – entgegen der Meinung deutscher Gerichte – nicht um eine Rechtsfrage handele. Zum einen weil das medizinische Phänomen Transsexualität und dessen Behandlung weitestgehend anerkannt sei.[627] Zum anderen gehöre „die Geschlechtsidentität zum Intimsten des Privatlebens eines Menschen", sodass es unverhältnismäßig sei, den Betroffenen „die Beweislast für die medizinische Notwendigkeit einer Behandlung einschließlich Operation aufzuerlegen".[628]

c. *Pretendingverhalten im Vergleich*

Eine weitere deutliche Parallele zwischen GID und BIID ist das Verhalten, den ersehnten Zustand – sei es das andere Geschlecht oder den Zustand einer körperlichen Behinderung – bereits vor dessen Eintreten zu simulieren. Dieses Verhalten wird im Rahmen von BIID als so genanntes Pretendingverhalten bezeichnet. Während BIID-Betroffene den Zustand einer ersehnten Amputation mittels Abbinden der Gliedmaße, mit Hilfe von Krücken oder Rollstühlen simulieren und imitieren,[629] findet bei GID-Patienten ein gleiches Verhalten statt, indem durch so genanntes cross-dressing die Zugehörigkeit zum jeweils anderen Geschlecht dargestellt wird.[630] So macht auch *Müller* auf die deutlichen Parallelen zwischen GID und BIID aufmerksam. Während beispielsweise bei Mann-zu-Frau-Transsexuellen Frauenkleider und Damenschuhe sowie andere weibliche Attribute Verwendung fänden, um die gewünschte Identität zu simulieren, seien die Mittel der Simulation bei BIID-Patienten Rollstühle und Krücken. Die von Mann-zu-Frau-Transsexuellen

---

626 EGMR, Urt. v. 12.06.2003, Rs. 35968/97, NJW, 2004, 2505.

627 Vgl. hierzu: *Wendland*, Die strafrechtliche Zulässigkeit wunscherfüllender Operationen 2016, S. 269.

628 EGMR, Urt. v. 12.06.2003, Rs. 35968/97, NJW, 2004, 2505 f. m.w.N., S. 2508.

629 Bzgl. der genauen Ausgestaltung des Pretendingverhaltens wird auf die oben gemachten Ausführungen verwiesen, § 2 I. 2 Begriffserklärung,; zur Vergleichbarkeit siehe auch: *Stirn/Thiel/Oddo*, S. 40.

630 *Elliot*, in: Kuhse/Singer (Hrsg.), Bioethics, 2006, S. 625, 629 [„The parallel extends to amputee pretenders, who, like cross-dressers, act out their fantasies by impersonating what they imagine themselves to be."]; vgl. *Möller/Oddo/Stirn*, Persönlichkeitsstörungen 17 (2013), 99, 100; vgl. *First*, Psychological Medicine 35 (2005), S. 919 ff.; vgl. *Stirn/Thiel/Oddo*, S. 30; zum Cross-dressing bei Transsexuellen siehe: *Sigusch*, NJW 1980, S. 2742 a.E. f.

angestrebte Amputation des Penis und der Hoden fände ihre Entsprechung in der ersehnten Wunschamputation von Armen oder Beinen.[631]

Das Simulieren der Zugehörigkeit zum anderen Geschlecht erfüllt nicht nur den Zweck der Verminderung des Leidensdrucks bei den Betroffenen, die sich ihrem Wunschziel durch ihre nach außen hin kommunizierte Veränderung ein Stück näher gekommen sehen, sondern die Simulation dient auch der Auseinandersetzung mit der gewünschten Geschlechterrolle in allen Bereichen des Lebens. Auf diese Weise sollen die Betroffenen für sich selber herausfinden können, ob ein Leben im anderen Geschlecht tatsächlich dem empfundenen Wunsch entspricht oder nicht. Darüber hinaus dient es der Erprobung von und Auseinandersetzung mit Reaktionen des sozialen Umfelds der Betroffenen und ihrem persönlichen Umgang mit der erfahrenen Resonanz. Auf diese Weise könne die Diagnose zusätzlich verifiziert werden.[632]

Auch wenn es sich erneut um eines von vielen häufig beschriebenen Einzelfallbeispielen handelt, erscheint das Pretendingverhalten bei BIID-Betroffenen denselben Zweck zu erfüllen. Bezüglich der beschriebenen Beispiele von Pretending wird auf die oben gemachten Ausführungen[633] verwiesen. Es lässt sich somit festhalten, dass auch bezüglich des Pretendingverhaltens eine phänotypische Vergleichbarkeit zwischen dem Phänomen BIID und dem Phänomen GID besteht.

d. Rechtliche Aspekte von Geschlechtsumwandlungen zur Zeit vor dem TSG (Transsexuellengesetz)

Auch bezüglich der Betrachtung der Debatte um geschlechtsändernde Operationen aus rechtlicher Sicht finden sich deutliche Parallelen zwischen GID und den elektiven Wunschamputationen innerhalb von BIID. Zu unterscheiden ist hierbei die rechtliche Bewertung von geschlechtsändernden Operationen vor und nach Erlass einer gesetzlichen Regelung. So weist ebenfalls die Historie der juristischen Debatte über die Zulässigkeit von geschlechtsändernden Operationen deutliche Ähnlichkeit mit der heutigen Diskussion über BIID-Amputationen auf. Aus dem rechtlichen und gesellschaftlichen Entwicklungsprozess der Zulässigkeit von geschlechtsändernden Operationen könnten sich wichtige Erkenntnisse für die Frage der Zulässigkeit von Wunschamputationen gewinnen lassen.[634]

---

631 *Müller*, in: Groß/Müller/Steinmetzer (Hrsg.), Normal - anders - krank?, 2008, S. 229, 233; *dies.*, Gehirn & Geist 7–8 (2007), 66, 68.

632 *Schneider/Frister/Olzen*, Begutachtung psychischer Störungen, 2010, S. 249 mit Verweis auf BVerfG NJW 1993, 1517 f.

633 S.o. § 2 I. 2 Begriffserklärung.

634 Vgl. *Smith*, in: Bioethics, Medicine and the Criminal Law (Vol. 1), 2013, S. 85.

Eine Beleuchtung der Rechtsentwicklung erfolgt unter dem Aspekt des Vergleichs mit der aktuellen Situation von BIID-Betroffenen. Darüber hinaus erfolgt die Betrachtung der Zulässigkeit von geschlechtsändernden Operationen im Lichte des Verfassungsrechts unter Berücksichtigung der Rechtsprechung. Wenig überraschend wurde der Problematik von Transsexualität von der Rechtsseite aus lange Zeit kein Verständnis entgegengebracht.[635]

Bereits vor Eintritt einer gesetzlichen Regelung hatte sich der BGH mit der Problematik der Zulässigkeit von Geschlechtsumwandlungen zu beschäftigen. In den 70er Jahren äußerte sich der BGH in einem Beschluss zu diesem Thema. Da geschlechtsändernde Operationen bis dahin meistens im Ausland ausgeführt wurden, wurde die Entscheidung über die Sittenwidrigkeit vom BGH zuvor meist nicht vorgenommen.[636] So ist der Beschluss des BGH aus dem Jahre 1971 ein Indikator für eine ablesbare Steigerung der Akzeptanz und rechtlichen Anerkennung von Transsexuellen. Das Gericht führte aus, dass die Menschenwürde gem. Art. 1 GG in Verbindung mit dem Grundrecht auf freie Persönlichkeitsentfaltung gem. Art. 2 Abs. 1 GG einen Zwang für Transsexuelle, im ungewollten Geschlecht zu leben, verböte. Eine Einschränkung der Änderung der geschlechtlichen Zugehörigkeit aufgrund der Sittengesetze könne nur erfolgen, wenn die betroffene Person ihr Geschlecht willkürlich ändern wolle. Die Willkürlichkeit der körperlichen Modifikation schloss das Gericht im Falle des Antragstellers jedoch aus.[637] Definitive Aussagen bezüglich der Zulässigkeit von geschlechtsändernden Operationen fielen dennoch verhalten aus.[638]

Bezüglich der Sittenwidrigkeit von operativen geschlechtsangleichenden Maßnahmen führte das Gericht aus, dass ein Eingriff aufgrund der Eingriffsschwere und seines Einflusses auf die gesamte Persönlichkeit des Betroffenen nur dann nicht als sittenwidrig gelte, wenn durch ihn schwerste seelische und körperliche Beeinträchtigungen vermieden werden könnten. Explizit verwies das Gericht auf den Eingriff in somatisch gesunde Teile des Körpers und verneinte die Sitten-

---

635 *Koch*, MedR 1986, S. 173.

636 *Walter*, JZ 1972, 263, der sich auf den BGH Beschluss vom 21.09.1971 (JZ 1972, 281 ff.) bezieht; bzgl. der Möglichkeit von Hinterhofamputationen im Ausland wird auf die oben gemachten Ausführungen verwiesen, § 2 I. 1 Problemaufriss.

637 BGH JZ 1972, 281, 282.

638 *Walter*, JZ 1972, 263; anders jedoch rückblickend *Pfäfflin*, in: Roxin/Schroth, Handbuch des Medizinstrafrechts, Kap. III, S. 658, die aufgrund des Beschlusses des BGH die infrage stehende Strafbarkeit nach § 226 StGB und auch bzgl. der Sittenwidrigkeit i.S.v. § 228 StGB als zugunsten der Betroffenen geklärt ansahen, noch bevor Transsexualität überhaupt in das DSM-Manual und ICD-10-Manual aufgenommen wurden.

widrigkeit derartiger Operationen „nur in ganz eindeutigen Ausnahmefällen".[639] Auch wenn das Gericht zur damaligen Zeit die Durchführung einer Geschlechtsänderung als Ausnahme bezeichnete, sprach es sich nicht ausdrücklich gegen die Zulässigkeit solcher Eingriffe aus und nahm bei der Begründung Bezug auf die Menschenwürde und das Grundrecht auf freie Entfaltung der Persönlichkeit.

Bezogen auf den Fall von elektiven Wunschamputationen könnten sich invasive Eingriffe bereits mit der Argumentation des Gerichts aus den 70er Jahren rechtfertigen lassen und als zulässig zu erachten sein, da auch im Falle von BIID-Patienten anderenfalls zumindest schwerste seelische Schäden zu befürchten sein könnten. Mit Hinblick auf den Leidensdruck von BIID-Betroffen wird auf die oben gemachten Ausführungen[640] verwiesen.

Bezüglich einer Änderung der personenstandsrechtlichen Anerkennung verdeutlichte das Gericht jedoch, dass mangels gesetzlicher Grundlage eine Änderung des Personenstands nach erfolgter Geschlechtsangleichung nicht möglich sei. Zu diesem Zeitpunkt argumentierte das Gericht, dass die Rechtsordnung „von dem Grundsatz der geschlechtlichen Unwandelbarkeit des Menschen bestimmt" sei, wenngleich das Gericht das Anliegen von Transsexuellen als verständliches Interesse bewertete.[641] Dem Antrag nach personenstandsrechtlicher Anerkennung einer erfolgten Geschlechtsumwandlung gab das Gericht in Ermangelung einer Gesetzesgrundlage im Jahre 1971 nicht statt.[642] Aus der selben Zeit lassen sich jedoch ebenfalls Stimmen der Literatur mit bereits gegenteiliger Meinung anführen.[643] In seiner Abhandlung über die rechtlichen Problematiken von Transsexualität aus der Zeit vor einer gesetzlichen Regelung beschreibt *Walter* den immensen Leidensdruck von Transsexuellen, deren Körper noch nicht an das psychisch empfundene Geschlecht angeglichen wurde. Hierbei nimmt er Bezug auf die Eindringlichkeit und Beharrlichkeit, mit welcher die Betroffenen eine Lösung für die Diskrepanz zwischen Körper und Psyche forderten. Des Weiteren macht er auf den „psychischen Zwang" aufmerksam, dem die Betroffenen mit Hinblick auf eine Änderung des Geschlechts unterlägen. Zur Verdeutlichung dieses Zwangs verweist er auf die Reaktionen von Transsexuellen, denen Hilfe verwehrt bliebe, die sich entweder selbst verstümmelten oder Suizid begingen. Der Rückschluss

639 BGH JZ 1972, 281, 283.

640 S.o. § 2 I. 1 Problemaufriss.

641 BGH JZ 1972, 281, 282; a.A. schon vorher: *Nevinny-Stickel/Hammerstein*, NJW 1967, 664 ff.

642 BGH JZ 1972, 281, 281.

643 *Nevinny-Stickel/Hammerstein*, NJW 1967, 664 ff.; Walter, JZ 1972, 263 ff.

von derartigen Taten auf den enormen Leidensdruck der Betroffenen könne nicht angezweifelt werden.[644]

Wie bereits eingangs erläutert, zeigt sich auch in diesem Punkt die Vergleichbarkeit der Phänomene BIID und GID. Nicht nur sind die Reaktionen der Betroffenen gleich, sondern auch der rechtliche Status quo in puncto Ungewissheit von BIID-Betroffenen ist mit dem der Transsexuellen in der Zeit vor dem TSG identisch.[645]

Bei der Fragestellung, ob eine psychische Indikation ausreiche, um einen körperlichen Eingriff zu rechtfertigen, argumentiert *Walter* gegen die Ansicht des Gerichts und verweist schon im Jahre 1972 auf eine höchstrichterliche Entscheidung des BGH.[646] Bereits vor dem Inkrafttreten des Kastrationsgesetzes (KastrG) habe sich der BGH mit dieser Problematik auseinandergesetzt. Unter Verweis auf eine frühere Entscheidung[647] habe der BGH die psychische Indikation eines abnormen Geschlechtstriebes ohne Vorliegen eines organischen Befundes als Krankheit bewertet und somit den Krankheitsbegriff der klassischen Medizin weiter gefasst.[648]

Am Entwicklungsprozess bezüglich der Debatte um die Zulässigkeit von geschlechtsangleichenden Maßnahmen lässt sich ablesen, dass zur Lösung der Frage Vergleichsfälle wie die gesetzlich geregelte Kastration herangezogen wurden. Zur rechtlichen Lösung der Transsexuellen-Problematik wurde unter anderem auf die Rechtsprechung und Gesetzgebung zu Kastration rekurriert.

Die Wechselbeziehung der in diesem Kapitel behandelten Vergleichsfälle wird überdeutlich. Die im Folgenden behandelten Vergleichsfälle entfalten ihre Relevanz somit nicht nur im direkten Vergleich mit dem Phänomen BIID, sie werden auch mittelbar als Argumente für andere medizinische Vergleichsfälle herangezogen, die sich dann wiederum direkt mit BIID vergleichen lassen. Bei der Bildung von Vergleichsfällen besteht demzufolge auch ein Konnex der Vergleichsfälle untereinander.

Ein Problem bezüglich der rechtlichen Zulässigkeit von geschlechtsändernden Operationen war zum damaligen Zeitpunkt die Frage nach der Sittenwidrigkeit derartiger Eingriffe. Argumentationsstrukturen aus der damaligen Zeit vor einer gesetzlichen Regelung ähneln ebenfalls denen von heute bezüglich der Problematik der rechtlichen Zulässigkeit von elektiven Wunschamputationen frappierend.

---

644 *Walter*, JZ 1972, 263, 265.

645 Vgl. *Nevinny-Stickel/Hammerstein*, NJW 1967, 633, 665; *Eberle*, NJW 1971, 220, 221 f.; zu den einstigen gesellschaftlichen Irritationen bzgl. der Durchführung von Geschlechtsumwandlungen siehe: *Stirn/Thiel/Oddo*, S. 37 m.w.N.

646 BGHSt 19, 201 ff. = JZ 1964, 296 ff. mit Anmerkung Eberhard Schmidt.

647 BGHSt 14, 30.

648 *Walter*, JZ 1972, 263, 265–266.

Gegenstand der Diskussion war die damalige Sittenwidrigkeitsnorm § 226 a StGB (heute § 228 StGB). Die Einwilligung als solche durch die Betroffenen betrachtete *Walter* damals als unproblematisch und verortete das Problem in der infrage stehenden Sittenwidrigkeit der Tat. Hierzu bedürfe es einer genauen Betrachtung der mit der Tat verfolgten Zwecke sowohl in subjektiver als auch objektiver Sicht, wobei eine strikte Trennung beider Paradigmen ohnehin unmöglich sei.[649]

Die damals von *Walter* aufgestellten Kriterien lassen sich auf die aktuelle BIID-Debatte anwenden. Eine Antwort auf die Sittenwidrigkeitsproblematik von geschlechtsändernden Operationen könne nur im Wege eines Abwägungsprozesses ermittelt werden. Laut *Walter* bedarf es hierzu einer Abwägung der vorgebrachten Beweggründe für die angestrebte Operation. Das Hauptaugenmerk liege hierbei auf einer Betrachtung des Schwerpunkts, ob das Motiv für den Eingriff auf gesellschaftlichen oder sozialen Zielen beruhe oder ob ihm der Wunsch nach Genesung zugrunde läge. Im letzteren Fall sei nicht von rechtlicher Sittenwidrigkeit auszugehen.[650]

Es sei darüber hinaus anerkannt, dass ein Eingriff, der die gesamte Persönlichkeit eines Menschen betreffe, nicht aus gesellschaftspolitischen und überindividuellen Gründen gerechtfertigt werden könne, wohl aber, sofern er zum Zwecke der Heilung oder Erhaltung der Gesundheit diene.[651] Anhand dieser Aussage wird die Dimension des gesellschaftlichen Urteils auf die Zulässigkeit von geschlechtsändernden Operationen deutlich.

Ferner konkretisiert *Walter* die aufgestellten Unterscheidungsmerkmale. So sei beispielsweise das Nichtvorliegen eines Leidensdrucks ein Indiz für die Sittenwidrigkeit. Ebenso, wenn die betroffene Person den Zeitpunkt der Operation willkürlich auswähle. Für die Sittenwidrigkeit spreche ebenfalls, wenn der Anlass für den Eingriff zwar nachvollziehbar, aber nicht zwingend erforderlich sei, und ein bestehender Zwang von externer anstelle von interner Seite herrühre. Ebenfalls sei es ein Indiz für die Sittenwidrigkeit, wenn das Motiv für den Eingriff auf anderem Wege behoben werden könne oder durch den operativen Eingriff ein Verlust oder eine Einschränkung beabsichtigt werde.[652] Bezüglich der Problematik des Zwangsbegriffs und anderer Therapiealternativen wird auf die oben gemachten Ausführungen[653] verwiesen.

---

649 *Walter*, JZ 1972, 263.

650 *Walter*, JZ 1972, 263, 265.

651 *Walter*, JZ 1972, 263, 265 m.w.N.; vgl. *Hanack*, JZ 1964, 393, 401; vgl. *Schmidt*, JZ 1964, 298 (299); vgl. *Noll*, ZStW (77), 1965, 24 ff.

652 *Walter*, JZ 1972, 263, 265.

653 S.o. § 2 II. 8 Therapierbarkeit und Heilungsmethoden; bzgl. des Zwangsbegriffs s. o. § 4 III. 1. C. b BIID als Ausschlussgrund für autonome, freie Entscheidungen.

Dem Grunde nach müsste sich diese Argumentationsstruktur, angewendet sowohl auf geschlechtsändernde Operationen als auch auf elektive Wunschamputationen, entgegenhalten lassen, dass ein Verlust, in welcher konkreten Form auch immer, angestrebt wird.

Diesem Problem begegnet *Walter* jedoch mit einer differenzierten Betrachtung, indem er die Kriterien, die gegen die Sittenwidrigkeit von geschlechtsändernden Operationen sprechen, anführt. Spiegelbildlich bedürfe es zur Verneinung der Sittenwidrigkeit, dass die betroffene Person einem enormen Leidensdruck ausgesetzt ist. Gegen einen Verstoß gegen die guten Sitten spreche ebenfalls, wenn der Eingriff aus individueller Sicht der Betroffenen als zwingend angesehen werde und der erwünschte Eingriff als notwendiges Mittel betrachtet wird, den erlebten Leidensdruck zu beenden, da keine wirksamen Behandlungsalternativen bestehen. Bezüglich der oben angeführten Verluste und Einschränkungen führt *Walter* aus, dass diese nicht die Sittenwidrigkeit zur Folge haben, wenn es sich dabei um nicht erwünschte Nebenfolgen handele.[654]

Bezüglich der unerwünschten Nebenfolgen könnte sich bei dem Thema von elektiven Wunschamputationen innerhalb von BIID dem Grunde nach ein Problem ergeben. Die Behinderung stellt gerade die gewünschte Nebenfolge dar. Dem lässt sich jedoch entgegenhalten, dass der Wunsch von Transsexuellen, im anderen Geschlecht leben zu wollen, und die damit verbundene Behinderung durch eine geschlechtsumwandelnde Operation ebenfalls durchaus angestrebt sind. In beiden Fällen dienen die invasiven Eingriffe jedoch primär dazu, den Leidensdruck der Betroffenen zu beseitigen.

Es könnte sich letztendlich um eine reine Definitionsfrage handeln, ob ein Transsexueller/BIID-Betroffener sagt, er wolle durch die Durchführung der Operation das Leid beheben, um dem anderen Geschlecht anzugehören, oder er wolle durch eine Operation dem anderen Geschlecht angehören, um das Leid zu beenden.[655]

Walter befasst sich ebenfalls mit der Problematik des fehlenden somatischen Befundes bezüglich der von einer geschlechtsändernden Operation betroffenen Gliedmaße. Bei dieser Fragestellung sei besonders relevant, dass die von der Operation betroffenen Körperteile nach außen hin keinen krankhaften Befund aufwiesen. Es sei folglich nicht verwunderlich, wenn das OLG *Frankfurt*[656] die infrage stehende Operation als ‚willkürliche und grundlose Veränderung naturbedingter

654 *Walter*, JZ 1972, 263, 265.

655 Vgl. *Walter*, JZ 1972, 263, 265.

656 OLG *Frankfurt*, NJW 1966, 407 ff.

Zustände' betrachtete, die nicht durch eine psychische Krankheit gerechtfertigt werden könne.[657] *Walter* weist jedoch schon im Jahre 1972 darauf hin, dass der intendierte Eingriff einer geschlechtsändernden Operation nicht der Beschränkung, sondern der Entfaltung der Persönlichkeit im jeweils anderen Geschlecht diene. Die Amputation der ursprünglichen Geschlechtsorgane sei nur das „negative" Verfahren, um zu einem „positiven Ziel" zu gelangen. Die Aussage des OLG *Frankfurt*, die bereits im Rahmen der Bewertung von Gesundheit und Krankheit ihren Niederschlag gefunden hat, ein erkrankter Transsexueller müsse sich dem körperlichen Ist-Zustand seelisch anpassen ohne jedwede Rücksichtnahme auf psychisches Leiden und innere Konflikte, stellen für *Walter* eine „unmenschliche[], am Einzelnen vorbeigehende[] Argumentation" dar. Für die Beantwortung der Frage nach der Sittenwidrigkeit von Geschlechtsumwandlungen bedürfe es eines Verweises auf den von der Rechtsprechung hervorgehobenen Vorrang der individuellen Hilfe. Was zur Genesung eines Menschen beitrüge, sei folglich nie als sittenwidrig zu beurteilen, zumal aus ärztlicher Sicht sowohl Physis als auch Psyche zum Menschen dazu gehörten.[658]

Die detaillierten Ausführungen von *Walter* belegen dieselbe Ausgangssituation von Transsexuellen vor der Zeit einer rechtlichen Grundlage und BIID-Betroffenen heute, die sich mit denselben Vorwürfen konfrontiert sehen. Das Argument der individuellen Hilfe findet auch im Hinblick auf die für die Betroffenen von BIID ausweglose Situation Berücksichtigung.

Gemäß dem Fall, dass auch eine Operation gesunder Organe zur Heilung von psychischen Krankheiten ohne körperlichen Befund erfasst sei, sieht *Walter* einen Eingriff in Form einer geschlechtsändernden Operation als nicht sittenwidrig und somit rechtmäßig an.[659] Bezüglich der Argumentation zur Erweiterung des Krankheitsbegriffs und der Einbeziehung psychischer Krankheiten durch einen Beschluss des BGH bzgl. der Zulässigkeit von Kastrationen wird auf die oben gemachten Ausführungen verwiesen.[660]

Walter greift darüber hinaus die Problematik von Kastrationen auf und beschreibt die parallele Struktur der Problematik von sowohl Kastrationen als auch geschlechtsändernden Operationen hinsichtlich des Problemkreises der Beeinträchtigung organisch nicht erkrankter Organe und Gliedmaße. Er nimmt erneut Bezug auf die Rechtsprechung des BGH und stimmt ihr zu unter Hinzunahme der Kastration als Vergleichsfall zur Transsexualität und dem damit verbundenen

---

657 *Walter*, JZ 1972, 263, 265 Bezug nehmend auf OLG *Frankfurt*, NJW 1969, 1575.
658 *Walter*, JZ 1972, 263, 266.
659 *Walter*, JZ 1972, 263, 265.
660 § 5 II. 3. E Kastrationen und Sterilisationen.

Wunsch nach einer operativen Geschlechtsangleichung. Die Modifikation gesunder Geschlechtsteile sei in Ermangelung weniger invasiver Therapieformen die einzige Therapiemethode, die den Betroffenen helfen könne.[661] *Walter* nimmt Bezug auf den Beschluss des BGH[662]. In diesem Urteil stellte der BGH fest, dass die Kastration eines Mannes zulässig ist, sofern sie nach sorgfältiger ärztlicher Aufklärung freiwillig gewünscht wird. Unter einer Krankheit seien rechtlich gesehen auch leib-seelische Folgen gefasst, sodass nicht an den engen ärztlichen Krankheitsbegriff mit nachweisbarem somatologischen Befund angeknüpft werde könne.[663]

Die Ausweitung des Krankheitsbegriffs durch den BGH erachtet er schon vor dem Bestehen einer gesetzlichen Regelung als sachgerecht und als eine schlüssige Fortführung der Rechtsprechung.[664] Den Wertungen des BGH, abgeleitet aus den §§ 2 und 4 des KastrG, sei zuzustimmen. In puncto Sittenwidrigkeit sei es nicht sachgemäß, die von der Norm geschützten Rechtsgüter der körperlichen Unversehrtheit, des körperlichen Wohlbefindens und des Schutzes der Gesundheit gegen die Person anzuwenden, deren Schutz sie eigentlich diene. Wolle man jedoch aus den Unterscheidungsmerkmalen Physis und Psyche ein Gegensatzpaar entwickeln, so geschehe das zu Lasten der Betroffenen.[665] Bezüglich der Problematik des grundrechtlichen Schutzes des Menschen vor sich selbst zu Lasten des Grundrechtsträgers wird auf die oben gemachten Ausführungen[666] verwiesen.

Nicht zuletzt bei der Einbeziehung von gesellschaftlichen Aspekten bei der Zulässigkeit von geschlechtsändernden Operationen vor einer gesetzlichen Regelung wird die Weitsichtigkeit der Argumentation von *Walter* deutlich; insbesondere vor dem Hintergrund des zeitlichen Kontextes. Schon im Jahre 1972 macht er darauf aufmerksam, dass allgemeine soziale und geschlechtsspezifische Rollenerwartungen einer individuellen Heilung nicht den Weg versperren dürften. Das individuelle Rechtsgut der psycho-physischen Gesundheit sei zweifellos höher zu bewerten.[667]

Auch das Bundesverfassungsgericht befasste sich im Jahre 1978 – vor dem Bestehen einer gesetzlichen Regelung bezüglich geschlechtsändernder Operationen – mit der Sittenwidrigkeit von operativen Geschlechtsumwandlungen. So ließ

---

661 *Walter*, JZ 1972, 263, 266.

662 BGHSt 19, 201.

663 BGHSt 19, 201 (204).

664 *Walter*, JZ 1972, 263, 265–266.

665 *Walter*, JZ 1972, 263, 266.

666 S.o. § 4 III. 1. C. e Vernunftkontrolle der Entscheidung im Rahmen der Einwilligungsfähigkeit.

667 *Walter*, JZ 1972, 263, 266.

das Gericht die Frage offen, ob eine aus therapeutischer Sicht nicht gebotene Geschlechtsumwandlung gegen die guten Sitten verstoße oder nicht. Im konkreten Fall sei es dem betroffenen Transsexuellen nicht primär um sexuelle Interessen gegangen, sondern um die Harmonisierung von Körper und Psyche, die nur durch eine Operation erreicht werden könne. Das Bundesverfassungsgericht sah in diesem Harmonisierungsprozess das Vorliegen einer medizinischen Indikation. Zudem nahm das Gericht ebenfalls Bezug auf den enormen Leidensdruck der Betroffenen und verneinte, in Anbetracht der durch eine Operation erreichten Verbesserung, die Sittenwidrigkeit von geschlechtsändernden Operationen.[668]

Aus dieser rechtlichen Bewertung aus der Zeit vor einer gesetzlichen Regelung von geschlechtsändernden Operationen lassen sich Erkenntnisse für die Amputations-Debatte gewinnen. Das Gericht machte den erheblichen Leidensdruck der Betroffenen zur Entscheidungsgrundlage und verneinte aufgrund dessen die Sittenwidrigkeit. An dieser Begründung war bereits ein Richtungswechsel der Rechtsprechung erkennbar.

Bei dieser Entscheidung nahm das Bundesverfassungsgericht Bezug auf den zugrunde liegenden Beschluss des Bundesgerichtshofs, der Geschlechtsangleichungen ebenfalls nicht als sittenwidrig bewertete, wenn durch den Eingriff schwerste Beeinträchtigungen sowohl seelischer als auch körperlicher Natur vermieden werden könnten.[669] Bezogen auf die Änderung der Geschlechtszugehörigkeit im Geburtenbuch[670] der Betroffenen und die dieser vorgelagerten Geschlechtsänderung äußerte sich das Bundesverfassungsgericht, dass eventuelle Einschränkungen nur dann möglich seien, sofern nicht der innerste Lebensbereich betroffen sei. Das ausschließliche Bestimmungsrecht der Betroffenen über Belange des Privatbereichs könnte im Sinne der Rechtsprechung des Bundesverfassungsgerichts nur dann eingeschränkt werden, sofern es sich nicht um den unantastbaren innersten Lebensbereich handele.[671]

Zur Begründung zog das Gericht die Grundrechte der Menschenwürde und der Allgemeinen Handlungsfreiheit (Art. 1 Abs. 1 GG und Art. 2 Abs. 2 GG) heran. Zum Schutzbereich der Grundrechte gehöre, wie sich ein Mensch in seiner Indivi-

---

668 BVerfG NJW 1979, 595 (= BVerfGE 49, 286 ff.).

669 BVerfG NJW 1979, 595 (= BVerfGE 49, 286 ff.).

670 Der Begriff Geburtenbuch bezeichnete bis zum 31. Dezember 2008 das geführte Verzeichnis des Standesamtes über Neugeborene. Im Zuge des Personenstandsrechtsreformgesetzes (PStRG) wurde dafür der Begriff Geburtenregister eingeführt. ((vgl. § 21 Personenstandsgesetz) (PStG)).

671 BVerfG NJW 1979, 595, 596 (= BVerfGE 49, 286 ff.); 35, BVerfG 202 [220] =NJW, 1973, 1226 (Lebachentscheidung) m.w.N.

dualität selbst verstehe, und darüber hinaus das individuelle Bewusstwerden bezüglich der eigenen Person. Davon erfasst werde, dass jeder Mensch über sich selbst eigenständig Verfügungen treffen könne und sein persönliches Schicksal in eigener Verantwortung gestalten könne. Art. 2 Abs. 1 GG in Verbindung mit Art. 1 Abs. 1 GG böten folglich die Grundlage für die Gewährleistung der freien Persönlichkeitsentfaltung.[672] Mit dieser Aussage verdeutlichte das Bundesverfassungsgericht, dass das persönliche Selbstbild einer Person individuell und frei bestimmt und erschaffen werden kann. Diese Aussage bezieht sich auf das Körperbild von Transsexuellen und erkennt folglich Modifikationen des Körpers zum Zwecke der psychischen Genesung an. Eine sachlich andere Bewertung von Wunschamputationen erschließt sich aufgrund der angeführten grundrechtlichen Gewährleistungen nicht.[673]

Das Gericht konkretisiert diese Bewertung. Die angeführten Grundrechte geböten, den ersehnten geschlechtlichen Personenstand eines Individuums aufgrund sowohl körperlicher als auch seelischer Verfassung des betroffenen Menschen anzuerkennen.[674] Diese Aussage aus dem Jahr 1978 verdeutlicht, dass auch psychischen Belangen ein grundrechtlicher Schutz einzuräumen ist. Gerade vor dem Hintergrund, dass eine geschlechtsumwandelnde Operation bei streng medizinisch-somatischer Betrachtung ebenfalls eine körperlich nicht indizierte Wunschbehinderung darstellt, die lediglich mit psychischem Leiden begründet werden kann, erscheint dieses Argument auch für die Problematik von BIID im Lichte der Grundrechte Anwendung finden zu können.

Ferner statuierte das Gericht, dass die Verweigerung der Änderung der Geschlechtszugehörigkeit eines operierten transsexuellen Menschen im Geburtenbuch nicht mit den Grundrechten aus Art. 2 I in Verbindung mit Art. 1 I GG vereinbar sei. Des Weiteren verdeutlichte das Bundesverfassungsgericht, dass das Fehlen einer gesetzlichen Regelung die Gerichte nicht von der Pflicht zur Grundrechtskonformität entbinde.[675] Diese Aussage des Bundesverfassungsgerichts belegt erneut den starken Einfluss des Verfassungsrechts bei gesetzlich nicht geregelten Grenzfällen.

Zur weiteren Konkretisierung führte das Gericht die an die Änderung im Geburtenbuch zu stellenden Anforderungen auf. So war es damals Voraussetzung, dass der Antragstellende mindestens 25 Jahre alt und transsexuell ist. Darüber hinaus

---

672 BVerfG NJW 1979, 595 (= BVerfGE 49, 286 ff.); vgl. *Murmann*, Die Selbstverantwortung des Opfers im Strafrecht, S. 219 m.w.N.

673 So auch: *Franck*, GesR 2009, S. 298; vgl. *Manok*, Body Integrity Identity Disorder 2012, S. 88.

674 BVerfG NJW 1979, 595 (= BVerfGE 49, 286 ff.).

675 BVerfG NJW 1979, 595, 596 (= BVerfGE 49, 286 ff.).

forderte das Gericht, dass der Betroffene seit mindestens drei Jahren „unter dem Zwang" steht, dem gegenteiligen Geschlecht anzugehören, und an der betroffenen Person bereits eine geschlechtsändernde Maßnahme vorgenommen wurde, die die Angleichung an das erwünschte Geschlecht erreicht habe. Lägen diese Voraussetzungen vor, könne die Änderung des Geschlechts gerichtlich festgestellt werden.[676]

An der Gesamtschau der Aussagen des Gerichts lassen sich bereits viele Tendenzen hin zur Anerkennung von Transsexuellen und der mit Transsexualität verbundenen geschlechtsändernden Operationen erkennen, abgeleitet aus den Grundrechten ohne das Bestehen einer spezialgesetzlichen Regelung.

Auch verdeutlichte das Bundesverfassungsgericht, dass irrationale und emotionale Erwägungen nicht entgegen gehalten werden dürften. Hierbei nahm das Gericht Bezug auf gesellschaftliche und moralische Gegenargumente. Als gesellschaftliches Kontra-Argument führte das Gericht jedoch nicht die etwaige gesellschaftliche Abneigung gegenüber geschlechtsändernden Operationen, sondern die sich aus der Durchführung derartiger Eingriffe ergebende Möglichkeit der Eheschließung eines Transsexuellen männlichen Geschlechts mit einem anderen Mann. Das Gericht wies darauf hin, dass trotz einer Ablehnungshaltung der Bevölkerung und der Vorstellung der Unsittlichkeit dieses Argument aufgrund von Irrationalität nicht gegen geschlechtliche Änderungen angeführt werden könne.[677]

Dieser Ansicht ist auch *Walter.* Allgemeine soziale Rollenbilder, die von der Gesellschaft von der jeweiligen Zugehörigkeit zu einem Geschlecht erwartet würden, dürften der Heilung eines Individuums nicht entgegengehalten werden, da das Individualrechtsgut der persönlichen Gesundheit im physischen und psychischen Sinne als höherrangig zu bewerten sei. Die Problematik eines Interessenkonflikts der Betroffenen Transsexuellen zwischen dem Interesse an der eigenen Genesung und dem sozialen Interesse existierten somit nicht auf rationaler Ebene, da das individuelle Heilungsinteresse der Betroffenen offensichtlich vorrangig sei. Konflikte sozialer Natur ergäben sich allenfalls auf einer persönlichen Ebene.[678] In diesem Sinne wird ebenfalls angeführt, dass ein Grund für die gesellschaftliche Ablehnung das Fehlen eines äußerlich erkennbaren Krankheitsbilds ist.[679]

An den aufgezeigten Wertungen des Gerichts und der Literatur lassen sich folglich schon die Tendenzen für eine spezialgesetzliche Regelung ablesen, auch wenn deren Fehlen, wie bereits dargestellt, keine Auswirkungen auf die Bindung der Gerichte an die Grundrechte hat.

676 BVerfG NJW 1979, 595, 596 (= BVerfGE 49, 286 ff.).
677 BVerfG NJW 1979, 595 (= BVerfGE 49, 286 ff.).
678 *Walter*, JZ 1972, 263, 266.
679 *Lomb*, Der Schutz des Lebendorganspenders 2012, S. 65.

e. Gesetzliche Regelung durch das TSG („kleine“ und „große“ Lösung)

Die Debatte um die Sittenwidrigkeit und damit die Zulässigkeit von Geschlechtsumwandlungen erfuhr im Jahre 1980 juristische Aufklärung durch den Erlass einer Rechtsgrundlage in Form des Transsexuellengesetzes (TSG). Das TSG manifestierte gesetzlich die Anerkennung von Transsexuellen nach Änderung der persönlichen Geschlechtszugehörigkeit. Die Grundlagen dieser Anerkennung bilden zwei im TSG fußende Modelle, namentlich die so genannte „kleine“ und „große“ Lösung.[680]

Die „kleine“ Lösung hat gesetzlich in den §§ 1–7 TSG ihren Niederschlag gefunden. Hiernach wird ausschließlich der Vorname des transsexuellen Menschen geändert. Eine operative Geschlechtsumwandlung ist indes nicht erforderlich. Die Änderung des Namens solle der Betroffenen Person ermöglichen, die andere Geschlechterrolle im Alltag erproben zu können, ohne irreversible Operationen vorzunehmen oder sonstige unumkehrbare Maßnahmen zu treffen.[681]

Die Maßgaben der „kleinen“ Lösung für Transsexuelle sind in Ausgestaltung und Wirkung – bei Anwendung auf Fälle von Amputationswünschen innerhalb von BIID – mit dem bereits dargestellten Pretendingverhalten[682] der Betroffenen zu vergleichen. Bei dieser selbstgewählten „Übergangsform“ fühlen sich die Patienten in die von ihnen selbst ersehnte Rolle ein. Eine Erprobung des Alltags findet somit auch bei BIID-Patienten statt.

Für die Abänderung der rechtlichen Geschlechtszugehörigkeit im Sinne der „großen“ Lösung ist unter anderem erforderlich, dass die transsexuelle Person dauernd fortpflanzungsunfähig ist (§ 8 I Nr. 3 TSG) und sich einem die äußeren Geschlechtsmerkmale verändernden operativen Eingriff unterzogen hat, durch den zumindest eine deutliche Annäherung an das Erscheinungsbild des anderen Geschlechts erreicht worden ist (§ 8 I Nr. 4 TSG).[683]

Die Regelungen des TSG für die so genannte „große“ Lösung orientieren sich bezüglich der Voraussetzungen zur Namensänderung an der oben aufgeführten Rechtsprechung[684] vor der Zeit des TSG. Ein Unterschied zur vormaligen Recht-

---

680 Vgl. *Correll*, NJW 1999, 3372, 3373; vgl. *Schneider/Frister/Olzen*, Begutachtung psychischer Störungen, 2010, S. 257–258.

681 *Correll*, NJW 1999, 3372, 3373; siehe: Begründung des Regierungsentwurfs zum TSG, BT-Dr. 8/2947, S. 12, Rn. 2.5; BAG NJW 1991, 2723 (2724).

682 S.o. § 2 I. 2 Begriffserklärung.

683 Vgl. *Nitschmann*, ZStW 119 (2007), 547, 573.

684 S.o. § 5 II. 3. B. d Rechtliche Aspekte von Geschlechtsumwandlungen zur Zeit vor dem TSG (Transsexuellengesetz).

sprechung ist jedoch, dass die Regelungen des TSG die Durchführungen von geschlechtsangleichenden Maßnahmen nicht an ein Mindestalter geknüpft haben.[685]

Aus dieser gesetzlichen Wertung lässt sich ableiten, dass auch das Bundesverfassungsgericht davon ausgeht, dass es sich bei Krankheiten mit einem Bezug zur Identitätsstörung um altersunabhängige Befunde handelt. Der rechtlichen Bewertung liegt somit nicht der Gedanke zugrunde, durch einen Reifungsprozess der Betroffenen könne eine Umkehrung erreicht werden. Ein Übereilungsschutz wird vom Gesetzgeber folglich auf anderem Wege sichergestellt.

Anträge der Betroffenen dürfen gerichtlich nur nach der Einholung von Gutachten von zwei Sachverständigen stattgegeben werden. Die Anforderungen an die Sachverständigen erfordern, dass diese gem. § 4 Abs. 3 S. 1 TSG aufgrund ihrer Ausbildung und Berufserfahrung ausreichende Kenntnisse auf dem Gebiet der Transsexualität haben. Die Maßgaben der Norm finden hierbei nicht nur Anwendung auf die so genannte „kleine Lösung", sondern gelten aufgrund der Verweise in § 6 Abs. 2 und § 9 Abs. 3 S. 1 TSG für alle Belange des TSG.[686]

Es lässt sich somit festhalten, dass das Gesetz für Transsexuelle (TSG) dem Grunde nach eine bewusst gewollte Behinderung in Form einer dauerhaften Fortpflanzungsunfähigkeit nicht nur duldet und toleriert, sondern sie sogar explizit zur Tatbestandsvoraussetzung macht. Dies ist ein nennenswerter Faktor. Während Argumentationen gegen Wunschamputationen innerhalb von BIID anführen, man dürfe Gesunde nicht körperlich behindert machen, um seelische Leiden zu heilen, normiert der Gesetzgeber im Falle von Transsexuellen – deren Identitätsstörung der von BIID über weite Teile gleicht – eine solche Behinderung. Die Irreversibilität der Maßnahmen ergibt sich nicht nur aus den operativen Eingriffen selbst. Namentlich die Amputation von Penis und Hoden bei Mann-zu-Frau-Transsexuellen und die Entfernung der Eierstöcke bei Frau-zu-Mann-Transsexuellen.[687] Im letzteren Fall geht diese mit der Entfernung oder Minimierung der Brust einher.[688] Nicht nur operative Eingriffe sondern auch die Einnahme von gegengeschlechtlichen Hormonpräparaten haben zur Folge, dass

685 *Pfäfflin*, in: Roxin/Schroth, Handbuch des Medizinstrafrechts, Kap. III, S. 660; vgl. BVerfG NJW 1982, 2061 (=BVerfGE 60, 123); *Correll*, NJW 1999, 3372, 3374, Fn. 22.

686 *Schneider/Frister/Olzen*, Begutachtung psychischer Störungen, 2010, S. 251; vgl. *Koch*, MedR 1986, S. 174, der darauf aufmerksam macht, dass somit der behandelnde Arzt die alleinige Verantwortung für die Durchführung der Geschlechtsumwandlung trägt.

687 *Schneider/Frister/Olzen*, Begutachtung psychischer Störungen, 2010, S. 257–258 m.w.N.

688 Siehe hierzu: OLG Hamm FamRZ 1983, S. 491 ff., welches damals die dauernde Fortpflanzungsunfähigkeit zu einer unabdingbaren Voraussetzungen für die Feststellung der Zugehörigkeit des anderen Geschlechts machte.

eine Rückabwicklung hinsichtlich der Herstellung des vorherigen körperlichen Zustandes nicht durchführbar ist und unter Umständen mit Risiken und schweren Komplikationen einher geht.[689] Hierin ist auch ein gutes Argument dafür zu sehen, dass die Irreversibilität von BIID-Amputationen der grundsätzlichen Zulässigkeit nicht per se entgegensteht. Das Argument der Zulässigkeit von unumkehrbaren Maßnahmen müssen folglich auch Gegner von elektiven Wunschamputationen gegen sich geltend machen lassen.

§ 8 Abs. 1 statuiert des Weiteren, dass die betroffene Person seit mindestens drei Jahren unter dem Zwang steht, entsprechend den Vorstellungen im anderen Geschlecht leben zu wollen. Trotz der Verwendung des Begriffs Zwang bestehen keine Zweifel an der für eine rechtlich wirksame Einwilligung erforderlichen Willensfreiheit.[690] Bezüglich der verschiedenen Wertungsebenen des Zwangsbegriffs wird erneut auf die oben gemachten Ausführungen[691] verwiesen. So machen auch andere Stimmen der Literatur darauf aufmerksam, dass der in der Norm verwendete Zwangsbegriff nicht mit dem der medizinischen Diagnostik von Zwangserkrankungen gleichgesetzt werden dürfe. Ein derartiger Zwang entstünde erst dann, wenn die Betroffenen sich dem ursprünglichen und abgelehnten Geschlecht gemäß verhalten müssten.[692]

Mit der Schaffung der Gesetzesgrundlage des TSG wurde die rechtliche Anerkennung von Transsexuellen normiert, und somit die Frage der Sittenwidrigkeit von geschlechtsangleichenden Maßnahmen für den Fall der Erfüllung der gesetzlichen Voraussetzungen verneint.[693] Dennoch beinhaltet das TSG lediglich die juristischen Voraussetzungen der Vornamens- und Personenstandsänderung und stellt keine verbindlichen Standards für die Begutachtung und Behandlung von Transsexuellen dar.[694]

f. Neuere verfassungsrechtliche Aspekte zum TSG

Das TSG stellt eine Ausgestaltung verfassungsrechtlich garantierter Grundsätze dar, indem es auf der einen Seite die rechtliche Möglichkeit der Entfaltung der Persönlichkeit hinsichtlich der Wandlung der individuellen Geschlechtsidentität

---

689 *Neuschaefer-Rube/Scheidt/Groß*, in: Groß/Müller/Steinmetzer (Hrsg.), Normal – anders – krank?, 2008, S. 171, 180.

690 *Nitschmann*, ZStW 119 (2007), 547, 575; *Franck*, GesR 2009, S. 299; *Schneider*, Body Integrity Identity Disorder 2016, S. 206.

691 S.o. § 4 III. 1. C. d Zirkelschlussargument.

692 *Schneider/Frister/Olzen*, Begutachtung psychischer Störungen, 2010, S. 254 m.w.N.

693 Vgl. *Koch*, MedR 1986, S. 174.

694 *Becker et al.*, Standards der Behandlung und Begutachtung von Transsexuellen 1997, S. 1.

schafft; auf der anderen Seite macht es dafür insbesondere objektive körperliche Kriterien zur Bedingung.[695]

Die Anforderungen an die körperlichen Modifikationen des § 8 Abs. 1 Nr. 3 und Nr. 4 TSG erklärte das Bundesverfassungsgericht jedoch in einem Beschluss vom 11. Januar 2011 für verfassungswidrig und nicht anwendbar.[696] Die Verfassungswidrigkeit beruht dem Bundesverfassungsgericht zu Folge jedoch nicht auf der Durchführung geschlechtsangleichender Operationen, sondern auf der normativen Voraussetzung einer solchen zur Änderung des geschlechtlichen Personenstandes. Die Ansicht, alle Transsexuellen hätten das Verlangen nach einer Geschlechtsumwandlung, habe sich als falsch erwiesen.[697]

Zwar beseitige eine operative Geschlechtsangleichung bei vielen Transsexuellen den empfundenen Leidensdruck, welcher oftmals durch selbstverstümmelnde Maßnahmen oder mittels eigenhändiger Kastration zu lindern versucht würde, dennoch könne laut Bundesverfassungsgericht die Anzahl derer (ca. 20–30 %), die nach Erreichung einer Vornamensänderung im Sinne der „kleinen Lösung" keine operativen Maßnahmen an sich vornehmen lassen wollen, nicht außer Acht gelassen werden.[698] Aufgrund dieser Tatsache müsse das Augenmerk auf „individuelle therapeutische Lösungen" gelegt werden anstelle vom generalisierten Abstellen auf einen Operationswunsch oder dessen Durchführung. In diesem Sinne sind die Aussagen des Bundesverfassungsgerichts ein erneuter Beleg für die Maßgeblichkeit der subjektiven Empfindung der Betroffenen an Stelle von pauschalen objektiven Kriterien.

Das Bundesverfassungsgericht nimmt zudem Stellung zur Rückfallquote. Über die Anzahl der Transsexuellen, die sowohl nach „kleiner" als auch nach „großer" Lösung wieder eine Rückabwicklung zum anatomischen Ausgangsgeschlecht wollte, gebe es keine gesicherten Aussagen. Dennoch verweist das Gericht darauf, dass dies

---

695 *Schneider/Frister/Olzen*, Begutachtung psychischer Störungen, 2010, S. 250.

696 BVerfGE 128, 109–137; siehe: http://www.bundesverfassungsgericht.de/entscheidungen/rs20110111_1bvr329507.html, 1, 1–13, (zuletzt aufgerufen am 12.10.2017).

697 BVerfGE 128, 109–137; siehe: http://www.bundesverfassungsgericht.de/entscheidungen/rs20110111_1bvr329507.html, Rn. 30 m.w.N. (zuletzt aufgerufen am 12.10.2017); *Steger*, in: Joerden/Hilgendorf/Thiele, Menschenwürde und Medizin 2013, Menschenwürde und sexuelle Identität (Kap. 42), S. 914; Zur kritischen Betrachtung der Psychodiagnostik von Geschlechtsidentität im Rahmen des Transsexuellengesetzes in der Praxis siehe: *Güldenring*, Z Sexualforsch 2013; 26; S. 160 ff.

698 BVerfGE 128, 109–137; siehe: http://www.bundesverfassungsgericht.de/entscheidungen/rs20110111_1bvr329507.html, Rn. 31 m.w.N.; *Becker et al.*, Zeitschrift für Sexualforschung 2001; 14, S. 264; zu den Selbstverstümmelungen von Transsexuellen vgl. *Nevinny-Stickel/Hammerstein*, NJW 1967, 665.

einen äußerst seltenen Ausnahmefall darstelle.[699] Einer Studie aus dem Jahr 1993 zur Folge betraf dieser Fall nur 6 Personen (0,4 % aller durchgeführten TSG-Verfahren) seit Inkrafttreten des TSG.[700] Dieser Prozentsatz deckt sich mit den Aussagen der Deutschen Gesellschaft für Sexualforschung, die den Prozentsatz der Rückumwandlung in das ursprüngliche Geschlecht mit unter einem Prozent beziffert.[701]

Trotz der eindeutigen Zahlen erachtet das Bundesverfassungsgericht § 8 Abs. 1 Nr. 3 und Nr. 4 als verfassungswidrig. Die Verfassungswidrigkeit ergebe sich jedoch nicht aus der Durchführung geschlechtsangleichender Operationen. Vielmehr ließen die geschaffenen äußerlichen Kriterien zur personenstandsrechtlichen Veränderung außer Acht, dass es auch Transsexuelle gebe, die eine personenstandsrechtliche Veränderung ohne geschlechtsangleichende Maßnahmen wollen. Im vorliegenden Fall handelte es sich um einen Mann-zur-Frau Transsexuellen, der im Sinne der „kleinen" Lösung als Frau mit einer anderen Frau in einer Beziehung lebte. Obwohl sich die betroffene Person als Frau betrachtete, blieb ihr der Weg zu einer gleichgeschlechtlichen Lebenspartnerschaft verwehrt, da sie im Sinne der „kleinen" Lösung keine personenstandsrechtliche Geschlechtsänderung durchführen konnte. Zur Eingehung einer gleichgeschlechtlichen Lebenspartnerschaft hätte es folglich geschlechtsangleichender Maßnahmen bedurft, die die betroffene Person jedoch an sich nicht vornehmen lassen wollte. Die Verfassungswidrigkeit beruht laut Bundesverfassungsgericht auf dem sich aus dem TSG ergebenen Zwang zu einem derart gewichtigen Eingriff, den die Betroffenen gar nicht wollten. Im vorliegenden Fall wurde der Mann-zu-Frau Transsexuelle rechtlich als Mann behandelt, sodass er auf das Institut der Ehe verwiesen wurde, die die unterschiedliche Geschlechtlichkeit der Ehegatten zur Voraussetzung habe. Stünde die persönliche Empfindung des Geschlechts im Widerspruch zum rechtlichen, aufgrund des auf äußerlichen Geschlechtsmerkmalen zugeordneten Geschlechts, so sei es nicht mit der Würde des Menschen in Verbindung mit dem Grundrecht auf Persönlichkeitsschutz und dem Selbstbestimmungsrecht vereinbar, wenn das persönlich empfundene Geschlecht nicht rechtlich anerkannt würde. Hierdurch werde eine verfassungswidrige Offenlegung des Ursprungsgeschlechts erzwungen, da einem homosexuellen Transsexuellen eine Absicherung seiner Partnerschaft alleine über den Weg der Eheschließung offen stünde. Alternativ sei die Person

---

699 BVerfGE 128, 109–137; siehe: http://www.bundesverfassungsgericht.de/entscheidungen/rs20110111_1bvr329507.html, Rn. 35 m.w.N.

700 BVerfGE 128, 109–137; siehe: http://www.bundesverfassungsgericht.de/entscheidungen/rs20110111_1bvr329507.html, Rn. 35 m.w.N.; zur Reue vgl. *Schneider*, Body Integrity Identity Disorder 2016, S. 147 a.E. f.

701 *Becker et al.*, Zeitschrift für Sexualforschung 2001; 14, S. 264.

gezwungen, zur Absicherung der Partnerschaft durch eine eingetragene Lebenspartnerschaft entgegen ihres Willens operative geschlechtsändernde Maßnahmen an sich vornehmen zu lassen und die Fortpflanzungsunfähigkeit zu bewirken.

Geschlechtsumwandlungen dürfen laut Bundesverfassungsgericht folglich keine zwingende Voraussetzung sein, um eine personenstandsrechtliche Änderung vornehmen zu lassen. Hierdurch erzeugte Beeinträchtigungen der körperlichen Integrität und damit einhergehende gesundheitliche Risiken könne homosexuellen Transsexuellen ohne Wunsch nach einer operativen Geschlechtsumwandlung nicht zugemutet werden. Die infrage stehende Norm verstoße gegen das Gebot auf Anerkennung der selbst empfundenen geschlechtlichen Identität eines Menschen und auf Schutz seiner Intimsphäre aus Art. 2 Abs. 1 in Verbindung mit Art. 1 Abs. 1 GG.

Das Auferlegen umfangreicher operativer Eingriffe entgegen dem Willen der Betroffenen stelle zudem einen erheblichen Eingriff in die von Art. 2 Abs. 2 GG geschützte körperliche Unversehrtheit dar. Da sich nach neueren Erkenntnissen der Wissenschaft aus dem Faktum von durchgeführten Geschlechtsumwandlungen bei einem Menschen keine Rückschlüsse auf die Dauerhaftigkeit und Unumkehrbarkeit des Wunsches nach geschlechtlicher Veränderung ziehen lassen, seien die gesetzlich gestellten Anforderungen an den Nachweis der Dauerhaftigkeit zu hoch und nicht mit dem Schutzbereich von Art. 2 Abs. 1 in Verbindung mit Art. 1 Abs. 1 GG und Art. 2 Abs. 2 GG vereinbar.[702] Dies gilt laut Bundesverfassungsgericht auch für die Anforderungen an die dauerhafte Fortpflanzungsunfähigkeit im Sinne von § 8 Abs. 1 Nr. 1 TSG. Diese Voraussetzungen bezeichnet das Bundesverfassungsgericht als unzumutbar und einen Verstoß gegen das Recht auf sexuelle Selbstbestimmung gem. Art. 2 Abs. 1 in Verbindung mit Art. 1 Abs. 1 GG, vor dem Hintergrund, dass die betroffene Person den Eingriff nicht aus sich heraus wolle, sondern sich ihm lediglich zum Zwecke der personenstandsrechtlichen Anerkennung unterziehe.[703]

In seinem Beschluss macht das Bundesverfassungsgericht jedoch deutlich, dass die Möglichkeit zur Durchführung von geschlechtsumwandelnden Operationen nach wie vor besteht und nicht sittenwidrig oder gar verfassungswidrig ist. Die Norm wird lediglich als verfassungswidrig erachtet, da sie für einen minderheitlichen Sonderfall unzumutbare Anforderungen stellt. Die Voraussetzungen von § 8 Abs. 1 Nr. 3 und 4 TSG erlegen der betroffenen Minderheit einen Zwang zur Vornahme von irreversiblen Operationen auf, die nicht vom eigenen Willen gedeckt sind.

---

702 BVerfGE 128, 109–137; siehe: http://www.bundesverfassungsgericht.de/entscheidungen/rs20110111_1bvr329507.html, Rn. 65 f. m.w.N.

703 BVerfGE 128, 109–137; siehe: http://www.bundesverfassungsgericht.de/entscheidungen/rs20110111_1bvr329507.html, Rn. 69 ff, 74 ff.

Das Recht von Transsexuellen, mit freiem Willen eine Operation durchführen zu lassen, ist indes nicht betroffen. Vielmehr eignen sich die vom TSG statuierten objektiven Kriterien nicht als Voraussetzung zur Normierung des Wunsches nach Umwandlung. Der Fokus müsse stärker auf die subjektive Willenskomponente der Betroffenen gelegt werden und könne nicht pauschal verobjektiviert werden. Die Minderheit, die nach subjektivem Empfinden mit der „kleinen" Lösung bereits ihr Bestreben verwirklichen könne, könne nicht zu erheblichen Maßnahmen gegen ihren Willen gezwungen werden.[704] Durch die Betonung der inneren Willensrichtung wird deutlich, dass Transsexuellen, die den Plan einer operativen Angleichung verfolgen, der Zugang zu medizinischen invasiven Eingriffen nicht verwehrt ist. Zugleich lässt sich aus der Entscheidung ebenfalls eine deutliche Tendenzverlagerung zur subjektiven Bewertung des betroffenen Individuums selbst ablesen.

Der unzumutbare Zwang für Betroffene, die sich nicht operieren lassen wollen, es aber zur personenstandsrechtlichen Anerkennung müssten, lässt sich im Umkehrschluss auf die Personen übertragen, die wollen, aber nicht dürfen. Ihre Rechte werden jedoch ebenfalls mittelbar von der Entscheidung des Bundesverfassungsgerichts gestärkt und nicht eingeschränkt. Übertragen auf das Phänomen BIID lässt sich der Entscheidung entnehmen, dass die Stärkung subjektiver Patienteninteressen auch bei BIID gewürdigt werden muss.

g. *Rechtsprechung des EGMR*

Neben den Regelungen des TSG lassen sich auch aus der Rechtsprechung des Europäischen Gerichtshofs für Menschenrechte (EGMR) und der konventionsrechtlichen Bewertung Tendenzen zur Stärkung der Rechte Transsexueller und ihrer subjektiven Bewertung ableiten.

In seinem Urteil aus dem Jahr 2002 verdeutlicht der EGMR[705] unter Hinzuziehung vorangegangener Entscheidungen, dass der Gerichtshof seit dem Jahre 1986[706] mehrfach das Bewusstsein für die ernstzunehmenden Probleme von Transsexuellen in der Gesellschaft betont habe. Zudem habe er darüber hinaus die

704 Vgl. BTDrucks 8/2947, S. 27, Zu 2.

705 EGMR (Große Kammer), Urt. v. 11.07.2002 – Beschw.-Nr. 28957/95 (Christine Goodwin/Vereinigtes Königreich) in: NJW-RR 2004, S. 289–295.

706 Zur vorherigen Rechtsprechung und der Entwicklung der rechtlichen Anerkennung siehe: EGMR (Große Kammer), Urt. v. 11.07.2002 – Beschw.-Nr. 28957/95 (Christine Goodwin/Vereinigtes Königreich) in: NJW-RR 2004, S. 291 m.w.N.; EGMR (III. Sektion), Urt. v. 12.06.2003–35968/97 (van Kück/Deutschland) in: NJW 2004, S. 2506 m.w.N.

Notwendigkeit angemessener rechtlicher Maßnahmen hervorgehoben.[707] Stünde das staatliche Recht mit einem bedeutenden Aspekt der persönlichen Identität nicht in Einklang, könne dies zu einem ernsthaften Eingriff ins Privatleben der betroffenen Person führen und eine Verletzung von Art. 8 EMRK (Recht auf Achtung des Privat- und Familienlebens) darstellen. Unabhängig von der wissenschaftlichen Erkenntnis über die Herkunft der Störung sei es ohnehin wichtiger, dass es sich international weitgehend um ein anerkanntes medizinisches Phänomen handele, dessen Behandlung durchgeführt werde um den Betroffenen zu helfen. Behandlungen machten auch vor irreversiblen Maßnahmen keinen Halt. Des Weiteren nahm der EGMR Bezug auf die zahlreichen mit Schmerzen verbundenen Eingriffe, die mit einer Geschlechtsumwandlung einhergingen und die die Entschlossenheit und Überzeugung der Betroffenen, derer es für eine Änderung des Geschlechts in der Gesellschaft bedürfe, belegten. Diese Tatsachen sind – laut EGMR – der Ausschluss für die Annahme, die Betroffenen träfen ihre Entscheidung für eine geschlechtsangleichende Maßnahme in irgendeiner Weise willkürlich oder unüberlegt. Unklarheiten in der medizinischen Wissenschaft über die genaue Herkunft des Phänomens seien deswegen nicht mehr so von großer Bedeutung. Ferner spricht der EGMR seine Zweifel darüber aus, dass der Forschungsstand in der Medizin und anderen Wissenschaften einen entscheidenden Gesichtspunkt für die rechtliche Anerkennung der Betroffenen geben könne.[708]

Wesen der Europäischen Menschenrechtskonvention (EMRK) sei die Achtung der Würde und der Freiheit des Menschen. In diesem Lichte läge Art. 8 EMRK besonders der wichtige Grundsatz der Autonomie einer Person zugrunde, indem er den persönlichen Lebensbereich jedes Menschen schütze. Dies schließt laut EGMR auch das Recht ein, seine Identität als Individuum im Einzelnen auszumachen und festzulegen. Das Recht von Transsexuellen auf persönliche Entwicklung sowie volle physische und moralische Sicherheit sei nicht als Streitfrage zu betrachten, die erst nach weiterem Verständnis der mit dem Phänomen verbundenen Probleme im Laufe der Zeit gelöst werden könne. Der EGMR betonte, dass die in Art. 8 EMRK verbrieften Rechte Transsexuellen genauso wie anderen Menschen in der Gesellschaft zustehen. Bezogen auf gesellschaftliche Aspekte machte der Gerichtshof deutlich, dass es keine Beweise dafür gebe, dass eine Verbesserung der Situation für Transsexuelle mit konkreten und wesentlichen Härten einhergehe oder das öffentliche Interesse

707 EGMR (Große Kammer), Urt. v. 11.07.2002 – Beschw.-Nr. 28957/95 (Christine Goodwin/Vereinigtes Königreich) in: NJW-RR 2004, S. 291.

708 EGMR (Große Kammer), Urt. v. 11.07.2002 – Beschw.-Nr. 28957/95 (Christine Goodwin/Vereinigtes Königreich) in: NJW-RR 2004, S. 292 m.w.N.

beeinträchtige. Bezüglich anderweitiger Auswirkungen könne von der Gesellschaft erwartet werden Unannehmlichkeiten hinzunehmen, wenn hierdurch dem Einzelnen ermöglicht werden könne, in Würde und Achtung zu leben und seine sexuelle Identität in Einklang zu bringen, die sich die betroffene Person gegen einen hohen Preis ausgesucht habe.[709]

In einem späteren Urteil aus dem Jahre 2003 stärkte der EGMR[710] unter Verweis auf die Entscheidung aus dem Jahr 2002 die Rechte von Transsexuellen weiter. Der Meinung eines deutschen Gerichts, die gutachterliche Feststellung, die soziale Lage der Beschwerdeführerin würde sich durch eine geschlechtsumwandelnde Operation verbessern, habe keine eindeutige Auswirkung auf die medizinische Notwendigkeit der Maßnahme, teilte der EGMR nicht. Laut EGMR handelt es sich bei der Frage nach der Notwendigkeit von Geschlechtsumwandlungen aufgrund der heilenden Wirkung für die Betroffenen nicht um eine Rechtsfrage. Zudem gehöre die geschlechtliche Identität zum intimsten Teil des Privatlebens, sodass die Auferlegung der Beweislast für die medizinische Notwendigkeit in einer solchen Situation vom Gericht als unverhältnismäßig erachtet wird.[711] So betonte der EGMR erneut, dass es keine gesicherten wissenschaftlichen Erkenntnisse über die Herkunft von Transsexualität gebe.[712] Unter Bezugnahme auf die vorherige Rechtsprechung stellte der EGMR erneut fest, dass das Privatleben im Sinne des Art. 8 EMRK begrifflich umfassend und nicht abschließend definierbar sei. Erfasst sei sowohl die körperliche und geistige Unversehrtheit einer Person als auch Gesichtspunkte von körperlicher und sozialer Integrität eines Menschen. Die Norm erfasse auch den Schutz des Rechts auf Persönlichkeitsentfaltung und das Recht, zwischenmenschliche Beziehungen und Beziehungen zur Außenwelt aufzubauen und zu entwickeln. Erneut betont der EGMR den dem Art. 8 EMRK zugrunde liegenden Gedanken der Autonomie.[713]

---

709 EGMR (Große Kammer), Urt. v. 11.07.2002 – Beschw.-Nr. 28957/95 (Christine Goodwin/Vereinigtes Königreich) in: NJW-RR 2004, S. 293 m.w.N.

710 EGMR (III. Sektion), Urt. v. 12.06.2003–35968/97 (van Kück/Deutschland) in: NJW 2004, S. 2505–2509.

711 EGMR (III. Sektion), Urt. v. 12.06.2003–35968/97 (van Kück/Deutschland) in: NJW 2004, S. 2506 m.w.N.

712 EGMR (III. Sektion), Urt. v. 12.06.2003–35968/97 (van Kück/Deutschland) in: NJW 2004, S. 2507 m.w.N.

713 EGMR (III. Sektion), Urt. v. 12.06.2003–35968/97 (van Kück/Deutschland) in: NJW 2004, S. 2507 m.w.N.; vgl. *Welsh*, in: Frewer/Bielefeldt (Hrsg.), Menschenrecht auf Gesundheit, 2016, S. 216, 231.

h. *Medizinische Richtlinien für die Durchführung von geschlechtsangleichenden Operationen*

Anzumerken ist, dass die gesetzlichen Regelungen des TSG als Gesetz über die Änderung der Vornamen und die Feststellung der Geschlechtszugehörigkeit, zwar auch in der medizinischen Literatur als gesetzliche Grundlage für die operative Geschlechtsmodifikation herangezogen werden, da insbesondere § 8 TSG explizit die Möglichkeit eines die äußeren Geschlechtsmerkmale verändernden operativen Eingriffs benennt. Bezüglich medizinischer Richtlinien und genauer Voraussetzungen für die Vornahme eines solchen medizinischen invasiven Eingriffs gibt das TSG indes keinen Aufschluss. Vielmehr regelt es die rechtliche Situation von Betroffenen nach der Durchführung eines solchen Eingriffs.

Bis zum heutigen Tage bestehen keine verbindlichen Richtlinien für die Behandlung und Begutachtung von Transsexuellen. Aus diesem Grund veröffentlichte eine Gruppe von Wissenschaftlern der Deutschen Gesellschaft für Sexualforschung, der Akademie für Sexualmedizin und der Gesellschaft für Sexualwissenschaft im Jahr 1997 Standards der Behandlung und Begutachtung von Transsexuellen.[714]

Da die Leitlinien aus dem Jahr 1997 jedoch heute als „nicht mehr zeitgemäß"[715] gelten, wurde bereits im Jahr 2012 ein neues Leitlinienvorhaben zum Thema Geschlechtsdysphorie: Diagnostik, Beratung und Behandlung angemeldet, dessen Fertigstellung für das Ende des Jahres 2017 geplant ist. Ziel der neuen Leitlinie ist die Professionalisierung und Individualisierung der Behandlung der Geschlechtsdysphorie sowie Etablierung einer effizienten Gesundheitsfürsorge für transsexuelle Menschen und richtet sich an alle am Diagnostik-, Beratungs-, Indikationsstellungs- und Behandlungsprozess Beteiligten.[716]

In Ermangelung aktueller Richtlinien wird vorliegend auf die Standards der Behandlung und Begutachtung von Transsexuellen aus dem Jahr 1997 zurückgegriffen. Diese finden Anwendung, sofern es sich um diagnostizierte Transsexualität im Sinne der Standards handelt.[717]

Als wichtiger Bestandteil für die Durchführung geschlechtsmodifizierender Maßnahmen widmet sich der Standard der Behandlung und Begutachtung von

---

714 *Becker et al.*, Standards der Behandlung und Begutachtung von Transsexuellen 1997.

715 http://www.awmf.org/leitlinien/detail/anmeldung/1/ll/138-001.html (zuletzt abgerufen am 12.10.2017).

716 http://www.awmf.org/leitlinien/detail/anmeldung/1/ll/138-001.html (zuletzt abgerufen am 12.10.2017).

717 *Becker et al.*, Standards der Behandlung und Begutachtung von Transsexuellen 1997, S. 1, 3 ff.

Transsexuellen den Anforderungen an die psychotherapeutische Begleitung. Unter Ziffer 3 statuiert die Richtlinie:

Die psychotherapeutische Begleitung hat in Verbindung mit dem Alltagstest zentrale Bedeutung in der Behandlung transsexueller Patienten und muß in jedem Fall vor der Einleitung somatischer Therapiemaßnahmen stehen. Die Psychotherapie ist neutral gegenüber dem transsexuellen Wunsch. Sie hat weder das Ziel, dieses Bedürfnis zu forcieren noch es aufzulösen (auch wenn es zu einer Auflösung des transsexuellen Wunsches kommen kann). Darüber hinaus soll sie dazu dienen, die Diagnose Transsexualität zu sichern. Zusammen mit dem Alltagstest soll die Psychotherapie dem Betroffenen dazu verhelfen, die adäquate individuelle Lösung für sein spezifisches Identitätsproblem zu finden. Sie soll eine Bearbeitung relevanter psychischer Probleme des Patienten ermöglichen. Bezüglich des transsexuellen Wunsches müssen vor der Einleitung organmedizinischer Maßnahmen zumindest folgende Kriterien gegeben sein:

- die innere Stimmigkeit und Konstanz des Identitätsgeschlechts und seiner individuellen Ausgestaltung
- die Lebbarkeit der gewünschten Geschlechtsrolle
- die realistische Einschätzung der Möglichkeiten und Grenzen somatischer Behandlungen[718]

Das Verhältnis von Psychotherapie und Indikation bzw. Begutachtung ist unter Ziffer 3.3 geregelt. Der Psychotherapeut kann sich sowohl an der Indikationsstellung zur Hormonbehandlung und zur Transformationsoperation als auch an der Begutachtung im Rahmen des TSG beteiligen. Er kann dies aber auch aus therapieimmanenten Gründen ablehnen. Dies soll zu Beginn der Behandlung mit dem Patienten geklärt werden. In dem Fall, in dem der Psychotherapeut die Indikationsstellung und/oder Begutachtung nicht übernimmt, müssen diese durch einen anderen Arzt/Psychologen entsprechend den Standards erfolgen. Der Begriff „Therapeut" bezieht sich im Folgenden auf beide Möglichkeiten der Indikationsstellung.[719]

Bezüglich der unter Ziffer 4 geregelten Standards der Indikationsstellung zur somatischen Behandlung unterscheidet die Richtlinie sowohl zwischen der Indikation zur Hormonbehandlung als auch der Indikation zur Transformationsoperation. Im vorliegenden Fall liegt, vor dem Hintergrund der Vergleichbarkeit mit elektiven Wunschamputationen, das Hauptaugenmerk auf den Richtlinien

---

718 *Becker et al.*, Standards der Behandlung und Begutachtung von Transsexuellen 1997, S. 4 f.
719 *Becker et al.*, Standards der Behandlung und Begutachtung von Transsexuellen 1997, S. 6.

zur Transformationsoperation. So statuiert Ziffer 4.2 zur Indikation zur Transformationsoperation:

Vor der Indikationsstellung müssen neben der Überprüfung der Diagnose und des Vorliegens der unter 3. (Standards der Psychotherapie/psychotherapeutischen Begleitung) genannten Kriterien folgende Voraussetzungen erfüllt sein:

- Der Therapeut kennt den Patienten in der Regel mindestens seit eineinhalb Jahren.
- Der Patient hat das Leben in der gewünschten Geschlechtsrolle mindestens seit eineinhalb Jahren kontinuierlich erprobt (sogenannter Alltagstest).
- Der Patient wird seit mindestens einem halben Jahr hormonell behandelt.

Erfolgt die Indikationsstellung zur Transformationsoperation nicht durch den Psycho-therapeuten, so überzeugt sich der in diesen Fällen hinzugezogene Therapeut/Gutachter, daß die oben genannten Voraussetzungen erfüllt sind und die Psychotherapie stattgefunden hat.

Die Indikationsstellung zu einer Transformationsoperation muß in Form einer gutachterlichen Stellungnahme durch einen qualifizierten Therapeuten erfolgen.

Diese muß folgende Punkte beinhalten:

- Der Therapeut soll nachvollziehbar darstellen, daß im Behandlungsverlauf die Diagnose Transsexualität bestätigt wurde, d.h. daß es im Erleben zu einem stabilen Identitätsgefühl im anderen Geschlecht und im Verhalten zu einer dauerhaften Übernahme der anderen Geschlechtsrolle gekommen ist.
- Der Patient soll in Erscheinungsbild, Verhalten, Erleben und Persönlichkeit charakterisiert werden.
- Die biographische Anamnese soll mit Schwerpunkt auf dem individuellen Gesamtverlauf der transsexuellen Entwicklung und den ihn beeinflussenden Faktoren in den wesentlichen Aspekten dargestellt werden (ggf. unter Einbeziehung fremdanamnestischer Informationen).
- Der Verlauf im Behandlungszeitraum (mit Angabe von Behandlungsdauer und -frequenz) soll unter Bezugnahme auf die Erkenntnisse aus dem sogenannten Alltagstest dargestellt werden. Insbesondere soll angegeben werden, wann mit dem Alltagstest begonnen wurde, ob und wann eine Vornamensänderung nach dem TSG beantragt oder schon erfolgt ist und zu welchen Veränderungen es in folgenden Bereichen gekommen ist: Befinden und psychisches Gleichgewicht, Sicherheit in der Geschlechtsrolle, Sexualität, Beziehungen zu Partnern, Familie und Freunden, Arbeitsfähigkeit und Akzeptanz am Arbeitsplatz.
- Die körperlichen Gegebenheiten für das Leben in der anderen Geschlechtsrolle sollen geschildert werden. Angegeben werden soll, wie sich die Hormonbehand-

lung körperlich und psychisch ausgewirkt hat, wie der Patient die körperlichen Veränderungen bewertet und ggf. wie der Patient mit möglichen negativen Reaktionen der Umwelt auf sein Äußeres oder sein Verhalten umzugehen vermag.
- Es soll beschrieben werden, ob sich der Patient realistisch mit der Operation und möglichen unerwünschten Folgen auseinandergesetzt hat, welche spezifischen Erwartungen an das Operationsergebnis für den Patienten im Vordergrund stehen (z. B. Aussehen, Funktion, Sexualität) und ob der Wunsch nach weiteren operativen Eingriffen besteht.
- Es soll erklärt werden, warum der Patient ohne Operation auf Dauer unter einem größeren Leidensdruck stehen würde.
- Es soll eine Prognose gestellt werden, wie sich die Transformationsoperation auf die soziale Integration, Beziehungsfähigkeit, Arbeitsfähigkeit und Selbständigkeit wahrscheinlich auswirken wird.[720]

Darüber hinaus beinhaltet die Richtlinie auch spezifische Standards für die medizinische somatische Behandlung (Ziffer 5). Sowohl die Hormonbehandlung als auch die Transformationsoperation soll demnach nur in Ausnahmefällen und mit besonderer Begründung vor dem vollendeten 18. Lebensjahr indiziert sein.

Bezüglich der unter Ziffer 5.2. der Richtlinie statuierten Standards der Transformationsoperation enthält Ziffer 5.2.1 die Operationsvoraussetzungen.

- Der Operateur muß sich davon überzeugen, daß die gutachterliche Stellungnahme zur Indikation den Standards (siehe 4.2 Indikation zur Transformationsoperation) entspricht.
- Der Operateur soll durch die körperliche Untersuchung die technische Durchführbarkeit des Eingriffs im speziellen Fall feststellen. Genitale Fehlbildungen sind kein Ausschlußkriterium, sie sollen in das operative Konzept integriert werden. Die Operabilität muß unter allgemeinmedizinischen Kriterien gegeben sein.
- Vor der Operation soll in allen Fällen eine für Mann-zu-Frau- und Frau-zu-Mann-Transsexuelle unterschiedliche Einverständniserklärung vorliegen, in der die Art der Behandlung sowie die Folgen und die möglichen Komplikationen ausführlich erklärt werden. Notwendig ist auch eine mündliche Aufklärung, die sich auf die Operation selbst und ihre Irreversibilität, die Folgen der Gonadektomie und die Notwendigkeit der dauerhaften hormonellen Substitution bezieht.[721]

---

720 *Becker et al.*, Standards der Behandlung und Begutachtung von Transsexuellen 1997, S. 7 ff.

721 *Becker et al.*, Standards der Behandlung und Begutachtung von Transsexuellen 1997, S. 10.

Des Weiteren spricht die Richtlinie spezifische Empfehlungen für Transformationsoperationen aus und unterscheidet dabei zwischen Frau-zu-Mann-Transsexuellen und Mann-zu-Frau-Transsexuellen. Im ersten Fall beziehen sich die Empfehlungen auf die Vorgehensweise bei der operativen Brust(drüsen)entfernung (Mastektomie) und die komplette operative Entfernung der Gebärmutter (Hysterektomie).[722]

Bei der operativen Transformation von Mann-zu-Frau-Transsexuellen nimmt die Empfehlung zur operativen Vorgehensweise primär Bezug auf die Amputation des Penisschafts und der Hoden und die Bildung von Vulva, Klitoris und Vagina.[723]

i. *Ergebnis und Vergleich mit BIID*

Aus der Gesamtschau der oben aufgeführten Argumente, im Lichte der Grundrechte, ergibt sich die Zulässigkeit von geschlechtsangleichenden Maßnahmen unter den Voraussetzungen des TSG in Verbindung mit den ärztlichen Richtlinien. Zudem ergibt sich die Verfassungskonformität von Geschlechtsumwandlungen, wenn sie mit dem Willen der betroffenen Personen erfolgt. Der mangelnde Kenntnisstand über die genaue Herkunft von Transsexualität mündet nicht in einer Entscheidung des Gesetzgebers und der Rechtsprechung zu Lasten der Betroffenen. Vielmehr wird der Gedanke der vorrangigen Heilung der Betroffenen in den Vordergrund gerückt. Auch das Argument der Irreversibilität von derartigen durchgeführten Maßnahmen rechtfertigt keine andere Betrachtung von Geschlechtsumwandlungen. Ein weiteres Indiz zugunsten der Betroffenen ist neben dem enormen Leidensdruck auch die feste Entschlossenheit, mit der die Betroffenen eine Angleichung des Geschlechts fordern. Des Weiteren wird dieses Argument dazu verwendet, eine etwaige Willkür und Unüberlegtheit der Betroffenen zu verneinen. Die nicht gänzliche Erforschung des Phänomens steht einer rechtlichen Anerkennung zudem nicht im Wege.

Die oben aufgeführten verfassungsrechtlichen Garantien umfassen das Recht, seine eigene Identität selber zu bestimmen, zu formen und festzulegen. Dieses Recht steht folgerichtig allen Menschen zu. Der Gesellschaft kann es darüber hinaus zugemutet werden, vermeintliche Unannehmlichkeiten zu tragen, um auch anderen Individuen zu ermöglichen in Würde zu leben. Die Frage nach der Notwendigkeit einer die Identität der Einzelperson betreffende medizinische Maßnahme ist zudem keine Rechtsfrage. Derartige Entscheidungen sind ebenfalls vom umfassenden Begriff des Privatlebens erfasst und fallen unter das garan-

---

722 *Becker et al.*, Standards der Behandlung und Begutachtung von Transsexuellen 1997, S. 10.

723 *Becker et al.*, Standards der Behandlung und Begutachtung von Transsexuellen 1997, S. 11.

tierte Recht auf Entfaltung der individuellen Persönlichkeit als Ausfluss der persönlichen Selbstbestimmung und Autonomie.

Die oben ausführlich aufgeführten Begründungen stützen sich primär auf sowohl die Grundrechte als auch die Europäische Menschenrechtskonvention. Die Argumente zugunsten der Entscheidung der Zulässigkeit von Geschlechtsumwandlungen lassen sich als direkter Vergleichsfall ebenso gut für die infrage stehende Debatte von elektiven Wunschamputationen heranziehen.

Die Tatsache, dass es für den Fall von geschlechtsangleichenden Maßnahmen bereits eine spezialgesetzliche Regelung in Verbindung mit etablierten medizinischen Richtlinien gibt, an denen es im Fall von BIID mangelt, führt zu keinem anderen Ergebnis. Grund dafür ist die Begründung der Gerichtsentscheidung zur Zeit vor der spezialgesetzlichen Regelung des TSG, wonach das Fehlen eines Spezialgesetzes nicht von der Pflicht zur Verfassungskonformität entbindet. Aufgrund der spezialgesetzlichen Regelung des TSG bedarf es bezüglich der Sittenwidrigkeitsfrage von geschlechtsumwandelnden Eingriffen keines Rückgriffs auf die Regelungen des § 228 StGB. Bezogen auf die Fallkonstellation von Wunschamputationen aufgrund von BIID ist die Hinzuziehung von § 228 StGB aufgrund des Fehlens einer spezialgesetzlichen Regelung jedoch notwendig.

Wie vom Bundesverfassungsgericht in seiner Entscheidung bestätigt, ist das geschlechtliche Selbstverständnis sowohl in der Menschenwürde aus Art. 1 Abs. 1 GG als auch in der freien Persönlichkeitsentfaltung im Sinne von Art. 2 Abs. 1 GG verankert.[724] Von dieser Erkenntnis ist das Bundesverfassungsgericht in seinen Entscheidungen nicht abgerückt. Die Menschenwürde erfasst somit, wie sich eine Person in ihrer Individualität selbst begreift und ihrer selbst bewusst wird. Erfasst ist ebenfalls, dass ein Mensch Verfügungen über sich selbst treffen kann und sein Schicksal in eigener Verantwortung selbst gestalten kann. In Verbindung mit Art. 2 Abs. 1 wird so die freie Entfaltung sichergestellt.[725] Die grundrechtliche Anerkennung von operativen Körpermodifikationen zur individuellen Formung des persönlichen Selbstbildes entfaltet ihre Gültigkeit auch in den Fällen von BIID-Betroffenen.

Angewendet auf die konkrete Fallkonstellation von BIID und im Rahmen einer verfassungskonformen Auslegung von § 228 StGB ergibt sich, dass elektive Wunschamputationen nicht als rechtswidrig aufgrund eines Verstoßes gegen die guten Sitten im Sinne der Guten-Sitten-Klausel von § 228 StGB zu bewerten sind.

---

724 Vgl. hierzu *Correll*, NJW 1999, 3372, 3374; BverfG NJW 1979, 595.

725 Vgl. Bundesverfassungsgericht, Urt. v. 11.10.1978, Rs. 1 BvR 16/72, NJW 1979, 595 = BVerfGE 49, 286 ff., 595; vgl. *Correll*, NJW 1999, 3372, 3372 ff.

Auch hinsichtlich des Ausgleichs von individuellen Aspekten und gesellschaftlichen Belangen gibt die rechtliche Bewertung von Geschlechtsumwandlungen im Sinne des TSG Aufschluss. Das Bundesverfassungsgericht hat unter Verweis auf die so genannte Menschenbildformel[726] klargestellt, dass Einschränkungen, die aus der Gemeinschaftsbezogenheit des Individuums heraus gerechtfertigt sind, den Eigenwert einer Person nicht antasten dürfen.

Als Bestandteil des allgemeinen Persönlichkeitsrechts hat das Bundesverfassungsgericht das personale Selbstverständnis einer Person als individuell definierbares und zu respektierendes Recht in den Verfügungsbereich des Einzelnen gestellt. Dem Recht zur Selbstdefinition der eigenen Geschlechterrolle wurde vom Gericht der Vorrang gegenüber der biologischen oder personenstandsrechtlichen Kategorisierung eingeräumt. Die Rechtsprechung stellt somit die Unantastbarkeit des Individuums vor gesellschaftliche Belange der Allgemeinheit.[727] Das allgemeine Persönlichkeitsrecht (Art. 2 Abs. 1 GG in Verbindung mit Art. 1 Abs. 1 GG) ist somit die verfassungsrechtliche Grundlage, die eine operative Angleichung von tatsächlicher und seelisch empfundener Geschlechtlichkeit gewährleistet.[728] Aufgrund der oben dargestellten deutlichen Parallelen der Inkongruenz von seelisch empfundener und tatsächlicher Körperlichkeit von Transsexuellen und BIID-Betroffenen ist kein Grund für eine andere grundrechtliche Bewertung der Situation von BIID-Betroffenen ersichtlich.[729]

In der spärlichen juristischen Literatur wird ebenfalls verdeutlicht, dass die Fälle von Transsexualität (GID) und BIID durchaus auch in diesen rechtlichen Argumentationsstrukturen vergleichbar sind. Nicht nur nimmt die Literatur ebenfalls Bezug auf die Entscheidung des Bundesverfassungsgerichts, sondern bezieht sich darüber hinaus auch auf die dargestellten Ausführungen des EGMR. Die dort dargestellte grundsätzlich verbürgte Autonomie einer Person und der ebenfalls geschützte persönliche Lebensbereich erfasse auch das Recht, die persönliche Identität individuell festzulegen und zu gestalten.[730] Zudem hätten geschlechtsumwandelnde Maßnahmen als Heilmethode zur Erschaffung einer

726 Siehe hierzu erneut die Lebach-Entscheidung (BVerfGE 35, 202 (220) = NJW, 1973, 1226 ff. m.w.N.); Zum Menschenbild im Sinne des Grundgesetzes siehe: *Murmann*, Die Selbstverantwortung des Opfers im Strafrecht, S. 218 ff. m.w.N.; weitere Rechtsprechung zur Menschenbildformel siehe: *Correll*, NJW 1999, 3372, 3374.

727 Vgl. *Correll*, NJW 1999, 3372, 3374 i.V.m. Fn. 35, 3375.

728 *Correll*, NJW 1999, 3372, 3377; *Schneider/Frister/Olzen*, Begutachtung psychischer Störungen, 2010, S. 258; vgl. BVerfGE 49, 286 = NJW 1979, S. 595.

729 Vgl. *Nitschmann*, ZStW 119 (2007), 547, 573 ff.

730 *Nitschmann*, ZStW 119 (2007), 547, 574 m.w.N.

näher an der persönlich empfundenen Identität ebenfalls in der Literatur Anerkennung gefunden.[731] Die sich aus den Fällen von Geschlechtsumwandlungen im Rahmen des TSG gebildete Rechtauffassung kann auch gemäß der Literatur auf das Phänomen BIID und damit verbundenen Wunschamputationen übertragen werden. Geschlechtsangleichende Maßnahmen würden im Sinne einer autonomen Ethik interpretiert, die positivrechtlich eine autonome Lebensgestaltung sowohl im Individuellen als auch Sozialen ermöglichen soll.[732]

Nimmt man dieses autonome Verständnis zur Grundlage, kann man bei Anwendung auf den konkreten Sachverhalt von elektiven Wunschamputationen zu dem Ergebnis gelangen, dass auch diese mit Hinblick auf verfassungsrechtlich garantierte Menschenwürde und freie Entfaltung der Persönlichkeit grundrechtlich geschützt und somit zulässig sind. Begründet wird diese Ansicht mit dem Argument, dass der Sinn und Zweck von BIID-Amputationen letztlich ebenfalls nur die Angleichung des Körpers an die Psyche zum Gegenstand hat und die Betroffenen eine bestimmte Wahl bezüglich der eigenen Daseinsform getroffen haben.[733]

Zudem greift auch die Literatur die Argumentation des Bundesverfassungsgerichts weiter auf. Laut Bundesverfassungsgericht kann das Grundrecht der freien Entfaltung der Persönlichkeit durch Gesetz eingeschränkt werden, wenn es verhindern soll, dass sich die betroffenen Personen durch ihr Vorhaben einen größeren persönlichen Schaden zufügen.[734] *Nitschmann*[735] macht jedoch darauf aufmerksam, dass der Maßstab des größeren persönlichen Schadens vom Bundesverfassungsgericht nicht genauer konkretisiert wird. Vielmehr werde in darauffolgenden Entscheidungen zwar auf die Legitimität von selbstgefährdendem Verhalten als Ausfluss der allgemeinen Handlungsfreiheit und somit der Autonomie abgestellt, jedoch werde dann in „diffuser“ Weise die Zulässigkeit von staatlichen Eingriffen zum Schutze des Menschen vor sich selbst mit Belangen des Gemeinwohls gerechtfertigt. Die Begriffe „Gemeinwohlbelange“ und „größerer persönlicher Schaden“ bilden folglich die richterliche Einschränkung der allgemeinen Handlungsfreiheit, ohne konkret beschrieben zu sein. Hieran verdeutlicht sich laut *Nitschmann* das Problem der Debatte. Es könne zur Begrenzung der allgemeinen Handlungsfreiheit nicht einfach auf den Schutz der individuellen körperlichen Integrität zurückgegriffen werden, wenn der Rechtsgutträger selber

731 *Nitschmann*, ZStW 119 (2007), 547, 574 m.w.N.; *Niedermair*, Körperverletzung mit Einwilligung, S. 215 f. m.w.N.

732 *Nitschmann*, ZStW 119 (2007), 547, 574–575 m.w.N.

733 Vgl. *Nitschmann*, ZStW 119 (2007), 547, 574–575.

734 Bundesverfassungsgericht NJW 1982, 2061 m.w.N.

735 *Nitschmann*, ZStW 119 (2007), 547, 576–577.

den Schutz aus Art. 2 Abs. 2 Satz 1 GG nicht mehr für sich wolle. Das Abstellen auf Belange des Gemeinwohls oder des sozialen Bezugs fasst *Nitschmann* unter dem Überbegriff *ordre public* zusammen. Zur Klärung eventuell auftretender rechtlicher Konflikte zwischen der allgemeinen Handlungsfreiheit des Individuums und dem ordre public stellt sie auf die oben dargestellte Transsexuellen-Entscheidung des EGMR ab.[736] Eine Beeinträchtigung etwaiger Interessen der Öffentlichkeit hinsichtlich Sozialversicherung und Altersvorsorge sei aufgrund der konsequenten rechtlichen Anerkennung von operierten transsexuellen Menschen nicht gegeben.[737] Andere denkbare Begleitfolgen derartiger Eingriffe müssten ebenfalls von der Gesellschaft hingenommen werden um zu gewährleisten, dass jedes Individuum in Würde und Achtung und in Übereinstimmung mit der persönlichen sexuellen Identität leben könne.[738] Die grundrechtliche Bewertung kommt anhand des Vergleichsfalls von Geschlechtsumwandlungen zum Ergebnis der Zulässigkeit von BIID-Amputationen.

C. Schönheitsoperationen und Body Modifications

Ein weiterer Vergleichsfall, der bei der Frage nach der rechtlichen Zulässigkeit von Wunschamputationen im Lichte der Grundrechte weiterhilft, ist die medizinische und juristische Bewertung ästhetischer Chirurgie im Sinne von Schönheitsoperationen und Körpermodifikationen. Wie bereits oben angesprochen, ist das Phänomen BIID von der Body Dysmorphic Disorder (BDD), bei der die Betroffenen einen Teil ihres Körpers als hässlich empfinden, abzugrenzen.[739] Insbesondere bei der Frage nach der Notwendigkeit einer medizinischen Indikation

736 *Nitschmann*, ZStW 119 (2007), 547, 576–577; zur Verwendung des Begriffs *ordre public*, gegen den sich bei der Verwendung zur Konturierung der Sittenwidrigkeit dieselben Bedenken entgegen halten lassen, siehe: NK-*Paeffgen* StGB, § 228, Rn. 52, 44.

737 Sozialversicherungsrechtliche Aspekte und die Frage nach der Altersvorsorge von amputierten BIID-Betroffenen ist nicht Forschungsgegenstand der vorliegenden Arbeit, siehe hierzu *Franck*, GesR 2009, S. 298 f.; *Manok*, Body Integrity Identity Disorder 2012, S. 95 ff.

738 Bezüglich anderer Schutzrichtungen, die den Schutzbereich der §§ 223 ff. StGB überschreiten, die genaue Betrachtung von Sozialschadenslehre, der Konzeption von Rechtsgütern und die konkreten Anforderungen des Strafrechts an die Erweiterung des Rechtsgüterschutzes siehe: *Nitschmann*, ZStW 119 (2007), 547, 576–577; vgl. *Franck*, GesR 2009, S. 299 f.

739 S.o. § 2 I. 3. B Körperdysmorphophobie (KD) (englisch: Body Dysmorphic Disorder); vgl. *Müller*, The American Journal of Bioethics-Neuroscience 9 (2009), 36, 37; vgl. *Bayne/Levy*, Journal of Applied Philosophy 22 (2005), S. 78; vgl. *Bridy*, Journal of Law, Medicine & Ethics 32 (2004), S. 152.

sowie der Problematik der Sittenwidrigkeit von Schönheitsoperationen ist ein Blick auf die Rechtfertigung der ästhetischen Chirurgie im direkten Vergleich mit BIID lohnenswert.

Die Begriffe ästhetische Chirurgie und Schönheitsoperationen werden heute zur Bezeichnung von ebenfalls nicht indizierten Eingriffen herangezogen und zeichnen sich dadurch aus, dass sie die Verschönerung des menschlichen Erscheinungsbilds zum Zweck haben, ohne primär an einen körperlichen medizinischen Befund anzuknüpfen.[740] Der genuine Heilgedanke tritt bei Schönheitsoperationen in den Hintergrund.[741]

In der Literatur wird auf den Unterschied zwischen der Motivation von BIID-Betroffenen und Schönheitsoperations-Empfängern hingewiesen. Obwohl kosmetische Aspekte bei BIID-Patienten nicht gänzlich verneint werden könnten, seien diese nicht das Hauptanliegen.[742]

So ist der Faktor der angestrebten Ästhetik ein Unterschied zwischen einer ersehnten Schönheitsoperation und einer ersehnten elektiven Wunschamputation. Wie bereits oben dargelegt,[743] ist der Hauptmotivationsgrund von BIID-Betroffenen der Wunsch, näher am eigenen Ich leben zu können und damit die ersehnte persönliche Identität herstellen zu können. Eine Gemeinsamkeit zwischen Schönheitsoperation und Wunschamputation besteht jedoch im fehlenden körperlichen Befund.[744]

Bezüglich der Vergleichbarkeit von Schönheitsoperationen und Wunschamputationen weist *Elliot* zutreffend darauf hin, dass beispielsweise sowohl bei einer kosmetischen Brustverkleinerung als auch durch eine elektive Wunschamputation gesundes Gewebe entfernt werde.[745] *Nitschmann*[746] macht darauf aufmerksam, dass dem Ergebnis eines ästhetischen Eingriffs im Gegensatz zu einer Amputation in der Regel keine Behinderung innewohne. Das Resultat

---

740 *Gilman*, Making the Body Beautiful, 1999, S. 9 ff.; Gössel/Dölling BT 1, § 12, Rn. 50; *Magnus*, Patientenautonomie im Strafrecht, S. 325; *Kipke*, in: Rothhaar/Frewer (Hrsg.), Das Gesunde, das Kranke und die Medizinethik 2012, S. 149; *Tasman*, Laryngo-Rhino-Otologie 89 (2010), S. 10, der von einer ästhetischen Indikation spricht.

741 *Magnus*, Patientenautonomie im Strafrecht, S. 322, die in Schönheitsopertionen eine Dienstleistung sieht und den Vergleich zu einer „Autolackierung" zieht.

742 *Bridy*, Journal of Law, Medicine & Ethics 32 (2004), 148, 151.

743 S.o. § 2 I. 1 Problemaufriss.

744 *Bridy*, Journal of Law, Medicine & Ethics 32 (2004), 148, 151.

745 *Elliot*, in: Kuhse/Singer (Hrsg.), Bioethics, 2006, S. 625, 628 [„In the same ways that a person might want to have healthy tissue removed through breast-reduction surgery, so an amputee wannabe wants to have healthy tissue removed through amputation."].

746 *Nitschmann*, ZStW 119 (2007), 547, 555.

eines geglückten Eingriffs in der ästhetischen Chirurgie werde im Regelfall gesellschaftlich akzeptiert. Im Gegensatz dazu stünde der bewusst gewollte Verlust einer Gliedmaße. Eine elektive Wunschamputation könne den Anschein erwecken, dem natürlichen Selbsterhaltungstrieb eines Menschen zuwider zu laufen. Dennoch macht auch sie deutlich, dass sowohl Schönheitsoperationen als auch Wunschamputationen sehr wohl miteinander verglichen werden können. In beiden Fällen sei es das Ziel, mit Hilfe von körperlichen Modifikationen psychische Befindlichkeiten zu heilen. Durch die Modifikation des Körpers werde dieser an das seelische Empfinden der betroffenen Personen angepasst, um durch die Anpassung des Körpers an das vorgestellte Ideal eine Kongruenz von Physis und Psyche herzustellen.[747] Während Rezipienten von Schönheitsoperationen gesellschaftlich oftmals als eitel eingestuft werden, wird selten das vernichtende Urteil einer psychischen Krankheit über sie gefällt. Insbesondere ist interessant, dass zwischen 7 % und 15 % der Rezipienten von schönheitschirurgischen Eingriffen unter der anerkannten Wahnerkrankung Body Dysmorphic Disorder leidet.[748] Bezüglich der Auswirkungen von wahnhaften Zuständen auf die individuelle Autonomie des Patienten wird auf die oben gemachten Ausführungen[749] verwiesen. Rezipienten von Schönheitsoperationen wird jedoch regelmäßig nicht die Fähigkeit zur autonomen Entscheidung abgesprochen.[750]

Dennoch vereinen sich Wunschamputationen und Schönheitsoperationen in dem ersehnten Ziel, durch eine körperliche Veränderung näher am selbst geschaffenen Selbstbild leben zu können. In beiden Fällen handelt es sich um ein

747 *Nitschmann*, ZStW 119 (2007), 547, 555; Bezüglich der Auswirkungen ästhetischer Nasenchirurgie siehe: *Tasman*, Laryngo-Rhino-Otologie 89 (2010), S. 11 m.w.N., der beschreibt, dass von 87 Patienten mit der Diagnose einer psychischen Störung mehr als 80 % aus psychiatrischer Sicht von der Operation profitierten. Die rhinoplastische Operation habe das Leiden unter der bestehenden Nasenform lindern können und den Patienten zu einer neuen sozialen Identität verholfen.

748 *Tasman*, Laryngo-Rhino-Otologie 89 (2010), S. 11 m.w.N.; vgl. *Nowicka/Szepietowski*, Cosmetic Medicine 32 (2011), S. 122, die von 6–15 % ausgehen; vgl. *Sarwer/Crerand*, Body Image 5 (2008), S. 50 ff. m.w.N., die von 5–15 % ausgehen; vgl. *Wendland*, Die strafrechtliche Zulässigkeit wunscherfüllender Operationen 2016, S. 50 m.w.N., 110 ff., die darauf hinweist, dass Stimmen der Literatur im Fall von BDD eine „Kontraindikation für eine körperverändernde Operation" sehen.

749 S.o. § 4 III. 1. C. b BIID als Ausschlussgrund für autonome, freie Entscheidungen.

750 *White*, HEC Forum (2014) 26, S. 229.

individuell erschaffenes Selbstbild, welches nur durch einen medizinischen Eingriff erreicht werden kann.[751]

Auch andere Stimmen der Literatur[752] stellen den Situationsvergleich zwischen Schönheitsoperationen und Wunschamputationen an. Es sei erlaubt, seinen Körper nach Idealbildern der Gesellschaft zu formen und zu verändern, auch wenn den Idealvorstellungen irrationale Motive zugrunde lägen. Es gebe keine Rechtfertigung, einen anderen Bewertungsmaßstab auf BIID-Betroffene anzuwenden, die ihren Körper nach ihrem persönlichen Empfinden modifizieren wollten. Richtigerweise wird darauf hingewiesen, dass auch das Argument, eine Amputation entspreche nicht verbreiteten Schönheitsidealen und orientiere sich nicht an Perfektion, dem Grunde nach keine andere Bewertung als bei Schönheitsoperationen rechtfertigt.[753]

---

751 *Bridy*, Journal of Law, Medicine & Ethics 32 (2004), 148, 152 [„As a result of changed attitudes toward cosmetic surgery, patients seeking cosmetic surgical procedures today, while often regarded as vain, are seldom considered mentally ill. Yet, in their quest for happiness through surgical self-transformation, cosmetic surgery patients essentially embrace the same paradox that underlies the apotemnophile's desire for elective amputation: they seek to alter themselves (i.e. physically) precisely in order to become more authentic to themselves (i.e. as they imagine themselves to be). The cosmetic surgery patient's personal ideal, like the apotemnophile's, is an imaginary selfconstruct that can become reality only through surgical intervention."].

752 *Bayne/Levy*, Journal of Applied Philosophy 22 (2005), 75, 81 a.E. [„We allow individuals to mould their body to an idealized body type, even when we recognize that this body image has been formed under the pressure of non-rational considerations, such as advertising, gender-norms, and the like. If this holds for the individuals seeking comsetic surgery, what reason is there to resist a parallel line of argument for those seeking amputation?"]; vgl. *Johnston/Elliot*, Clin Med 2002; 2, S. 432; Gegenansicht: *Müller*, The American Journal of Bioethics-Neuroscience 9 (2009), 36, 41, *Patrone*, Journal of Medical Ethics 35 (2009), 541, 543 die sich gegen einen Vergleich von Wunschamputationen mit Schönheitsoperationen aussprechen.

753 *Bayne/Levy*, Journal of Applied Philosophy 22 (2005), 75, 81 a.E. [„We allow individuals to mould their body to an idealized body type, even when we recognize that this body image has been formed under the pressure of non-rational considerations, such as advertising, gender-norms, and the like. If this holds for the individuals seeking comsetic surgery, what reason is there to resist a parallel line of argument for those seeking amputation?"]; so auch: *Franck*, GesR 2009, S. 299 a.E. f.; vgl. *Noll/Kasten*, Psychology and Behavioral Sciences 2014, S. 231; vgl. *Schneider*, Body Integrity Identity Disorder 2016, S. 255; Gegenansicht: *Müller*, The American Journal of Bioethics-Neuroscience 9 (2009), 36, 41, *Patrone*, Journal of Medical Ethics 35 (2009), 541, 543 die sich gegen einen Vergleich von Wunschamputationen mit Schönheitsoperationen

a. *Geschichtliche und gesellschaftliche Aspekte*

Ebenso wie bei geschlechtsangleichenden Operationen ist eine kurze geschichtliche Einordnung von Körpermodifikationen und Schönheitsoperationen bei der Frage nach der Zulässigkeit von Wunschamputationen hilfreich. Auch aus dem Entwicklungsprozess der ästhetischen Chirurgie können sich, wie beim oben ausgeführten Fall von geschlechtsumwandelnden Operationen[754], Erkenntnisse für die aktuelle Debatte über die Zulässigkeit von elektiven Wunschamputationen gewinnen lassen.

Der Wunsch des Menschen nach körperlicher Veränderung zur Anpassung an ein bestimmtes Körper- oder Schönheitsideal ist indes keine Erscheinung der Neuzeit. So erfüllen Körpermodifikationen seit jeher den Zweck, dem Körper selber eine kulturelle Bedeutung, eine Aussage oder einen Status zu verleihen. Die Annahme, dass der Körper selber keine Konstante sondern variabel ist, findet sich bereits bei Naturvölkern und reicht von Haarschnitten, Körperbemalung, willentlicher Vernarbung über Tätowierungen und Piercings sogar bis hin zu Amputationen. Body Modifications beispielsweise, durchgeführt bei Indianerstämmen, folgen auch einem individuellen Schönheitsideal und sind somit dem Grunde nach mit Schönheitsoperationen der westlichen Gesellschaft vergleichbar.[755] Dennoch unterlag auch die gesellschaftliche Anerkennung und Akzeptanz von medizinisch nicht indizierten Schönheitsoperationen – gleich dem oben dargestellten Fall von geschlechtsangleichenden Maßnahmen bei Transsexuellen – einem Wandel.

Sahen viele Mediziner noch zur Zeit der Jahrhundertwende des 20. Jahrhunderts in der Vornahme von kosmetischer Chirurgie einen massiven ethischen Verstoß gegen das Nichtschadensprinzip, so wurden Schönheitschirurgen, die derartige Eingriffe bereits damals mit der ärztlichen Fürsorgepflicht legitimierten, von der Mehrheit der Ärzte geächtet.[756] Auch hier zeichnen sich wieder deutliche Parallelen zum oben dargestellten Fall von geschlechtsangleichenden Maßnah-

---

aussprechen; zum Verhältnis des Schönheitsideals und Behinderung siehe: *Steiner*, in: *Klee*, Behindertsein ist schön, S. 122 ff.

754 S.o. § 5 II. 3. B Transsexualität und geschlechtsumwandelnde Operationen.

755 *Bridy*, Journal of Law, Medicine & Ethics 32 (2004), 148, 152 m.w.N.; bzgl. kultureller Selbstamputationen in Nordafrika, Ozeanien und bei Idianerstämmen wird auf die Ausführungen in *Kasten*, Body-Modification 2006, S. 151 a.E. verwiesen.

756 *Bridy*, Journal of Law, Medicine & Ethics 32 (2004), 148, 152; vgl. *Haiken*, Venus Envy – A History of Cosmetic Surgery 1997, S. 1; eine geschichtliche Einordnung und die Betonung des Zuwachses von kosmetischen Eingriffen in der Medizin findet sich in: *Kasten*, Body-Modification 2006, S. 90 und *Gilman*, Making the Body Beautiful, 1999, S. 8 ff.

men ab. Bezüglich der Vorstellung der Unveränderlichkeit der körperlichen Geschlechtlichkeit wird auf die oben gemachten Ausführungen[757] verwiesen. Wie bereits angemerkt, könnte sich die Diskussion um BIID-Amputationen am Anfang des Entwicklungsprozesses hin zur gesellschaftlichen Akzeptanz befinden, den geschlechtsändernde Operationen bereits durchlaufen haben.

b. Neuzeitliches Verständnis des Körpers

Auch die gesellschaftliche Anerkennung von Schönheitsoperationen hat sich binnen eines Jahrhunderts einem Wandel unterzogen, der sich an der heutigen Praxis der ästhetischen Chirurgie ablesen lässt. Soziale und kulturelle Veränderungen der Gesellschaft haben bewirkt, dass einst als gefährlich, grundlos und überflüssig angesehene Eingriffe heute als alltäglich angesehen werden.[758] Der Körper wird nicht mehr als gegebene Konstante und auch nicht mehr als unveränderlich betrachtet, sondern hat sich zum Medium der Selbstverwirklichung verändert, an dem medizinische und operative Maßnahmen angewendet werden.[759] So belegt auch ein Bericht der *Zentralen Ethikkommission*, dass die Zahl medizinischer Behandlungen ohne Krankheitsbezug – wie es bei Schönheitsoperationen der Fall ist – ansteigt. Grund dafür seien nicht nur der wissenschaftliche Fortschritt, sondern auch die zunehmende Bereitstellung derartiger Maßnahmen und die zunehmende Nachfrage.[760]

Die oben bereits angesprochene[761] Entwicklung der vollständigen Veränderlichkeit und Formbarkeit des menschlichen Körpers hat laut Stimmen der Literatur zur Folge, dass der Eigenwert des Körpers an sich auf null reduziert wird und er eine „reine Projektionsfläche" darstelle.[762] Am Beispiel der Entwicklung der gängigen Praxis der ästhetischen Chirurgie lässt sich ebenfalls die Tendenz ablesen, dass der Körper mehr und mehr als Hülle betrachtet wird, die nach den Wünschen des Individuums im Rahmen der medizinischen Möglichkeiten geformt werden kann.

Nach einer Ansicht bewirkt die liberale Einstellung zur Modifizierbarkeit des Körpers, dass der Körper selbst durch diese Vorgehensweise zum Zweckgeber und

---

757 S.o. § 5 II. 3. B. d Rechtliche Aspekte von Geschlechtsumwandlungen zur Zeit vor dem TSG (Transsexuellengesetz).

758 *Bridy*, Journal of Law, Medicine & Ethics 32 (2004), 148, 152; *Magnus*, Patientenautonomie im Strafrecht, S. 325.

759 *Bridy*, Journal of Law, Medicine & Ethics 32 (2004), 148, 151–152.

760 *Zentrale Ethikkommission*, Deutsches Ärzteblatt 109 (2012), 2000.

761 S.o. § 2 I. 1 Problemaufriss.

762 *Schicktanz*, in: Ehm/Schicktanz (Hrsg.), Körper als Maß?, 2006, S. 225, 229.

Sinnstifter wird.[763] Hierbei wird auf die Betrachtung des Körpers in der Bioethik Bezug genommen. Eine Bewertung des Körpers als solcher erfolge anhand der essentiellen Parameter der Körperintegrität oder der Fürsorge zur Verhinderung körperlichen Leidens. Bei beiden Paradigmen werde der Körper als Instrument betrachtet. Das neue Verständnis von Körperlichkeit mache den menschlichen Körper zu einem „Träger […] für die entscheidenden Wünsche, Präferenzen und Interessen der Person".[764] Auch die Betrachtung von Schönheitsoperationen offenbart, dass bei der Bewertung derartiger Eingriffe die subjektive Sichtweise der Betroffenen zum maßgeblichen Entscheidungskriterium gemacht wird.

Es lässt sich zusammenfassen, dass eine Reduzierung des Eigenwerts des Körpers auf null nicht die Wertlosigkeit des Körpers als solchem zur Folge hat. Vielmehr statuiert das neue Verständnis des Körpers, dass der Körper primär die Funktion hat, dem in ihm verkörperten Menschen nach seinen Wünschen im Rahmen der Möglichkeiten zu dienen und dem seelischen Empfinden des Individuums zur Entfaltung zu verhelfen. Abgestellt wird auch hier erneut auf den subjektiven Nutzen für die Betroffenen.

Nach Ansicht der *Zentralen Ethikkommission* bestehe weitestgehend Einigkeit darüber, dass mindestens in den Fällen, in denen der Körper von der „Normalität" abweiche und die Betroffenen aufgrund dessen tatsächlich diskriminiert würden oder subjektiv derartige Reaktionen empfänden, die ethische Legitimation medizinsicher Abhilfe gegeben sei. Derartige Eingriffe dienten dann dem Zweck der „Teilhabe am gesellschaftlichen Leben", welches als ein hochrangiger Wert zu betrachten sei.[765] Vom Standpunkt der oben ausgeführten gesellschaftlichen Isolation bei BIID-Betroffenen[766] ist anzumerken, dass auch sie durch den Leidensdruck nicht am sozialen Leben teilhaben und ihre Isolation erst nach Durchführung einer Amputation durchbrochen werden kann.

Die angesprochene Ausdehnung des medizinischen Leistungskatalogs von ärztlicher Seite und des erhöhten Anspruchs von Seiten der Patienten ist eine Erscheinung, die auf das neue Verständnis des Körpers zurück zu führen ist. Hierbei müssen die Betroffenen noch nicht einmal einem großen Leidensdruck erliegen. Gerade bezüglich ästhetischer medizinischer Maßnahmen reicht es in der so genannten „Wunschmedizin" aus, dass der körperlich zu verändernde Zustand für das Individuum im Rahmen seines persönlichen Lebensentwurfs und den Vorstellungen von einem erfüllten Leben als Beeinträchtigung erachtet

763 *Schicktanz*, in: Ehm/Schicktanz (Hrsg.), Körper als Maß?, 2006, S. 225, 228 m.w.N.
764 *Schicktanz*, in: Ehm/Schicktanz (Hrsg.), Körper als Maß?, 2006, S. 225, 228 m.w.N.
765 *Zentrale Ethikkommission*, Deutsches Ärzteblatt 109 (2012), 2000, 2001.
766 S.o. § 2 I. 1 Problemaufriss.

wird oder wenigstens die Möglichkeit besteht, den bestehenden Zustand nach individueller Ansicht zu verbessern.[767] Insofern orientieren sich neue Sparten der Medizin wie die ästhetische Chirurgie, Anti-Aging- und Lifestyle-Medizin und die alternative Medizin primär an den Bedürfnissen und Vorlieben des individuellen Menschen.[768] Dennoch betont die *Ethikkommission*, dass medizinische Behandlungen von ärztlicher Seite ohne Krankheitsbezug nicht per se gegen die ärztliche Ethik verstoßen.[769]

Auch von rechtlicher Seite wird diese Ansicht vertreten. So zeigt sich am Beispiel der ästhetischen Chirurgie im Sinne von Operationen, die alleine dem Sinn der Kosmetik dienen, dass auch ärztliche Eingriffe losgelöst von einer medizinischen Indikation bereits seit langem anerkannt sind.[770] Auch andere Stimmen gehen von der gesellschaftlichen und juristischen Anerkennung von kosmetischen operativen Maßnahmen aus. Auch wenn derartige Eingriffe in Ermangelung eines körperlichen pathologischen Zustands keine Indikation aufwiesen und aus medizinischer Sicht kein Handlungsbedarf bestehe (so genannte „kosmetische Indikationen"), müsse dies nicht die Sinnlosigkeit derartiger invasiver Eingriffe zur Folge haben.[771]

Dieser Ansicht ist auch *Roxin*. Vom Ergebnis des Eingriffs her betrachtet könne auch eine kosmetische Operation für das leiblich-seelische Wohlbefinden des Patienten im selben Maße zuträglich sein, wie es bei einem indizierten Heileingriff der Fall sei.[772]

Diese Ansicht erfährt in der Literatur Zustimmung. Der Sinn und die Sittenwidrigkeit einer Maßnahme könne folglich nicht alleine anhand des Kriteriums der Indikation bestimmt werden. Vielmehr beschränke sich die Annahme eines Verstoßes gegen die Gute-Sitten-Klausel auf extreme Fälle, „denen einerseits jedwede Plausibilität fehlt, die aber andererseits so schwerwiegende Gefahren

767 *Matthis Synofzik*, in: Kettner (Hrsg.), Wunscherfüllende Medizin, 2009, S. 153 m.w.N.; vgl. *Elliot*, in: Kuhse/Singer (Hrsg.), Bioethics, 2006, S. 625, 628 ff.

768 *Matthis Synofzik*, in: Kettner (Hrsg.), Wunscherfüllende Medizin, 2009, S. 153 m.w.N.

769 *Zentrale Ethikkommission*, Deutsches Ärzteblatt 109 (2012), 2000, 2003.

770 *Nitschmann*, ZStW 119 (2007), 547, 551; vgl. *Magnus*, Patientenautonomie im Strafrecht, S. 325 f.

771 *Gaidzik*, in: Bergmann/Alberts (Hrsg.), Gesamtes Medizinrecht, 2012, § 228 StGB Rn. 15.

772 Roxin AT, § 13, Rn. 27; vgl. *Nitschmann*, ZStW 119 (2007), 547, 551, 556, die Auflösungserscheinungen des klassischen ärztlichen Handlungszwecks „Heileingriff" gerade am Beispiel der ästhetischen Chirurgie belegt sieht; vgl. *Runkel*, Enhancement und Identität 2010, Kap. V, 2.6, Schönheit oder Gesundheit, S. 249 f.

in sich bergen, dass die Dispositionsbefugnis des Betroffenen von Rechts wegen eingeschränkt werden muss, sofern sich nicht ohnehin in solchen Konstellationen das Problem der Einwilligungsfähigkeit stellt.“[773] Bezüglich der Plausibilität des Amputationswunsches ist sowohl auf die oben dargestellte Lebenssituation[774] als auch auf den herangezogenen Vergleichsfall von geschlechtsumwandelnden Operationen zu verweisen. Auch bezüglich der im Regelfall bestehenden Einwilligungsfähigkeit von BIID-Betroffenen sei auf die oben gemachten Ausführungen hingewiesen.

In Anbetracht des aufgezeigten Wandels der Einstellung zu kosmetischen Operationen, der steigenden Nachfrage und der wachsenden gesellschaftlichen Anerkennung gegenüber immer radikaleren und schwerwiegenderen Eingriffen ohne medizinische Indikation in der westlichen Welt mehren sich Stimmen in der Literatur, die einen weiteren gesellschaftlichen Wandel prognostizieren. In diesem Sinne wird in der Literatur das steigende Konsumverhalten von Patienten betont. Obwohl es akzeptiert sei, den Körper operativ zu modifizieren, sei es dennoch nicht gesellschaftlich anerkannt, als körperlich gesunder Mensch eine Behinderung herbeiführen zu wollen. Die Gesellschaft habe sich der Norm des integren Körpers verschrieben, die eine Aufweichung hin zur Anerkennung von Behinderungen und Wunschbehinderung ausschließe. Solange von der bestehenden gesellschaftlichen Norm nicht abgerückt werde, sei es – trotz gängiger Praxis der Modifikation des Körpers in der Schönheitschirurgie – schwer vorstellbar, dass elektive Wunschamputationen zur Heilung von BIID-Betroffenen anerkannt werden.[775]

Nach dieser Ansicht ist somit eine diskriminierende Grundeinstellung fest in der Gesellschaft verwurzelt. Die auf Schönheitsoperationen angewendeten Argumentationen finden gemäß dieser Auffassung gesellschaftlich keine Anwen-

---

773 *Gaidzik*, in: Bergmann/Alberts (Hrsg.), Gesamtes Medizinrecht, 2012, § 228 StGB Rn. 15 a.E.; vgl. *Magnus*, Patientenautonomie im Strafrecht, S. 334 f.; vgl. *Joost*, in: Roxin/Schroth, Handbuch des Medizinstrafrechts, Kap. III, S. 428.

774 S.o. § 5 II. 3. B. a Einleitung.

775 *Bridy*, Journal of Law, Medicine & Ethics 32 (2004), 148, 155 [„On one hand, the public in the United States and United Kingdom has embraced a culture of self-modification that drives consumer demand for increasingly radical forms of cosmetic surgery. On the other hand, the public recoils at the thought of elective amputation, because as much as people have come to find it acceptable to alter the body's appearance surgically, they disbelieve that it is acceptable for able-bodied people to want to become disabled. To the extent that society and its institutions remain committed to a norm of bodily integrity that excludes the disabled body, it will remain very difficult to collectively imagine that elective amputation could be good medicine for apotemnophiles.“].

dung mehr, sobald eine körperliche Behinderung zum konkreten Diskussionsgegenstand wird. In der Literatur wird der Wandel bezüglich der gesellschaftlich empfundenen Sittlichkeit rein ästhetisch bedingter Eingriffe auf die Diskussion über elektive Wunschamputationen übertragen. Diese Auffassung weist auf den enormen Wandel der gesellschaftlichen Akzeptanz von schwerwiegenden ästhetischen Eingriffen hin. Der Wunsch nach einer Behinderung stoße zum heutigen Zeitpunkt auf Unverständnis, da er bei manchen Menschen den Anschein eines Werteverstoßes auf der Ebene der Anthropologie erwecke. Der Grund dafür sei der Interessenkonflikt von Kultur und Religion. Die gesellschaftliche Ablehnungshaltung gegenüber freiwilliger Wunschbehinderung sei „nicht mehr als nur ein zeithistorischer Befund", der ebenfalls einem Wandel unterläge. Auch hier könne sich die Einstellung der Gesellschaft ändern, „wenn sich die Gewichte zwischen kulturellen und religiösen Wertungen einerseits, anthropologische Wertkonstatierungen andererseits" veränderten.[776]

Diese Auffassung findet weitere Unterstützung in der Literatur. Da sich bei der Akzeptanz von Schönheitsoperationen bereits ein drastischer Wandel vollzogen habe, liege der Schluss nah, dass die Bewertung von Körperintegrität und die gesellschaftliche Konturierung einer körperlichen Schädigung geschichtlich bedingt seien und kulturell neu verhandelt würden. Es sei zu erwarten, dass elektive Wunschamputationen in Zukunft als alltäglich angesehen würden. Bei einer Betrachtung des geschichtlichen Entwicklungsprozesses sei die Anerkennung von Wunschamputationen unter Berücksichtigung der sowohl kulturellen als auch sozialen Entwicklung des gesellschaftlichen Körperverständnisses und der Einstellung zur Veränderlichkeit des Körpers die logische Konsequenz.[777]

---

776 *Schramme*, in: Ach/Pollmann (Hrsg.), No body is perfect, 2006, S. 163, 182 a.E. – 183.

777 *Bridy*, Journal of Law, Medicine & Ethics 32 (2004), 148, 152 [„While the dramatic shift in attitudes toward cosmetic surgery hardly forces the conclusion that elective amputation will one day be as common as rhinoplasty is today, it does suggest that beliefs about the integrity of the body and the nature of bodily harm are culturally mediated and historically contingent. As anomalous as it may seem when viewed in a historical vacuum, elective amputation becomes less incomprehensible when it is viewed as a manifestation of the continuing social and cultural evolution of attitudes toward the body and ist modification."]; siehe ebenfalls: *Pollmann*, in: Walt, Sibylle van der/Menke (Hrsg.), Die Unversehrtheit des Körpers, 2007, S. 214, 234, [„Schmerzhafter Körperschmuck, exzessive Schönheitschirurgie, sadomasochistische Sexualpraktiken und Extremsport sind weitere drastische Beispiele für einen gegenwärtigen Zuwachs an Körpertechniken, mit denen eine modische Grauzone zwischen Selbstkonstitution und Selbstverstümmelung betreten ist."]; vgl. *Gerisch*, in: Ach/Pollmann (Hrsg.), No body is perfect, 2006, S. 138 f.

Der Vergleichsfall der ästhetischen Chirurgie und Körpermodifikationen belegt zum einen die Wandelbarkeit des gesellschaftlichen Urteils über die Zulässigkeit von medizinischen Eingriffen und verdeutlicht somit die oben ausgeführte[778] Unmöglichkeit der Errichtung eines einheitlichen Sittenwidrigkeitsmaßstabs im Sinne von § 228 StGB.[779] Das Beispiel der Schönheitsoperationen belegt, dass es zur Durchführung medizinischer Maßnahmen keiner medizinischen Indikation bedarf. Darüber hinaus besteht keine Notwendigkeit, dass die betroffene Person unter dem zu korrigierenden oder modifizierenden Zustand leidet.

Bei der Betrachtung des Vergleichsfalls im Lichte der Grundrechte genügt vielmehr der Wunsch der betroffenen Person – als Ausfluss der Selbstbestimmung und Autonomie –, über den eigenen Körper verfügen zu können. Wie bereits belegt[780], wird auch hier auf die subjektive Empfindung des Individuums an Stelle von objektiven Maßstäben abgestellt. Der bloße Wunsch wird bei Schönheitsoperationen bereits als ausreichend erachtet, sodass es nicht einmal auf das Vorliegen eines gesteigerten Leidensdrucks ankommt. Diese Argumentation muss per Erst-Recht-Schluss auch auf die Problematik von Wunschamputationen innerhalb von BIID Anwendung finden. Wenn der bloße Wunsch für die Durchführung medizinischer Maßnahmen als ausreichend erachtet werden kann, ohne dass dem Wunsch ein Leidensdruck innewohnt, kann das Vorliegen eines immensen Leidensdrucks keine andere Bewertung rechtfertigen. So kommt der Selbstbestimmung und Autonomie ein höherer Rang zu, wenn medizinische und indikative Parameter verblassen.[781]

D. Lebendorganspende

Ein weiterer Themenkomplex aus dem Bereich der Medizin, der sich mit der Thematik einer körperlichen Schädigung zum Zwecke anderweitiger Heilung befasst, ist die Lebendorganspende. Hierbei können Spender ein gesundes Organ operativ entfernen lassen, um es einer bedürftigen Person zu spenden.[782] Der Organempfänger erhält durch das funktionstüchtige Organ einen körperlichen Vorteil. Der aus der Organentnahme resultierende körperliche Nachteil bei der spendenden Person wird durch den psychologischen Vorteil der Hilfeleistung gegenüber

778 S.o. § 5 II. 1. B. d Ergebnis.

779 Vgl. *Magnus*, Patientenautonomie im Strafrecht, S. 333.

780 S.o. § 3 III. 2. B. c Zwischenergebnis.

781 *Nitschmann*, ZStW 119 (2007), 547, 551 und 556.

782 Vgl. *Elliot*, in: Kuhse/Singer (Hrsg.), Bioethics, 2006, S. 625, 628; vgl. *Lomb*, Der Schutz des Lebendorganspenders 2012, S. 39; Gössel/Dölling BT 1, § 12, Rn. 50, die von einer „Verminderung der eigenen Gesundheit zugunsten anderer Personen" sprechen.

einer anderen Person kompensiert.[783] Auch der ungarische Bioethiker und Verhaltensforscher *Jozsef Kovacs* geht davon aus, dass bei einer Gesamtbetrachtung des medizinischen Eingriffs sowohl der psychologische als auch der soziale Vorteil für den Spender zu einer Verbesserung der Gesundheit führt. Hierbei beruft er sich auf die Logik, die auch einer geschlechtsändernden Operation zugrunde liege und für den Betroffenen einen deutlichen psychologischen Vorteil bedeute.[784] In diesem Sinne ist auch in der juristischen Literatur belegt, dass die Lebensqualität beim Spender, trotz des Verlustes des entnommenen Organs, über dem Durchschnitt von Nichtspendern liegt.[785] Trotz des (Teil-)Verlustes eines Körperorgans wird dem Eingriff bei Gesamtbetrachtung eine positive Auswirkung beigemessen.

Auch *Nitschmann* zieht den direkten Vergleich zwischen elektiven Wunschamputationen und Lebendorganspenden. Sie weist darauf hin, dass eine gesetzlich zulässige Lebendorganspende keineswegs nur Organe betreffen kann, die beim Organspender doppelt vorhanden sind. Bei ihrer Argumentation beruft sie sich auf § 8 Abs. 1 Satz 1 Nr. 1 c TPG (Transplantationsgesetz). Hauptanwendungsfall der Lebendorganspende in Deutschland sind sowohl die Spende von Niere als auch die Teilleberspende. Laut einer Statistik von *eurotransplant* wurden in Deutschland im Jahr 2016 insgesamt 597 Nieren und 62 Lebern im Rahmen von Lebendorganspenden transplantiert. Von den 62 Leberspenden wurden 50 als Split-Lebertransplantation durchgeführt.[786] Die Zulässigkeit von den infrage stehenden operativen Eingriffen, die dem Grunde nach in der schweren Körperverletzung im Sinne von § 226 StGB zu verorten seien, werde durch die Regelungen des Transplantationsgesetzes davon abhängig gemacht, ob der Organspender durch seine Organspende „über deren unmittelbare Folge hinaus gesundheitlich schwer beeinträchtigt" werde. Sie weist zutreffend darauf hin, dass es sich hierbei – wie bereits ausgeführt – um wertungsbedürftige Begriffe handelt. Im Falle der Organspende könne Rechtsicherheit nur dann erlangt werden, wenn auf die Freiwilligkeit der Aufgabe der Organfunktion durch den Spender selbst abgestellt werde. Werde die Freiwilligkeit zum Anknüpfungspunkt gemacht, sei auch die Spende von beispielsweise Auge oder Hand als nicht vom TPG verboten anzusehen. Des Weiteren macht *Nitschmann* darauf aufmerksam, dass aufgrund

783 *Ryan*, Neuroethics 2 (2009), 21, 32; vgl. *Johnston/Elliot*, Clin Med 2002; 2, S. 432.

784 *Kovacs*, The American Journal of Bioethics-Neuroscience 9 (2009), 44.

785 *Scheinfeld*, Organtransplantation und Strafrechtspaternalismus, S. 51 a.E. f. mit zahlreichen Nachweisen und den entsprechenden medizinischen Studien.

786 http://statistics.eurotransplant.org/reportloader.php?report=56121-6087&format=html&download=0 (zuletzt abgerufen am: (12.10.2017).

der spezialgesetzlichen Regelung des TPG nicht auf die Gute-Sitten-Klausel aus § 228 StGB zurückgegriffen werden kann.[787]

Am Beispiel der durch das TPG gesetzlich normierten Lebendorganspende verdeutlicht *Nitschmann*, dass „der Gesetzgeber Einschränkungen des Gesundheitsschutzes des Spenders auf Grundlage seiner autonomen Entscheidung und zugunsten von gesundheitlichen Interessen Dritter akzeptiert." Durch die Vereinigung der freiwilligen Zustimmung des Spenders, des Behandlungsziels und des oben angesprochenen primär fremdnützigen Beweggrundes werde die „Kollision mit dem Verbot der Verobjektivierung des menschlichen Körpers" im Fall von Lebendorganspenden bezwungen.[788]

Die bei objektiver Betrachtung nachteilige – aber dennoch freiwillig ausgesuchte – körperliche Situation des Spenders nach erfolgter Organentnahme führt folglich bei Würdigung der Gesamtumstände und des kompensatorischen psychologisch-sozialen Elements nicht zu einer Schlechterstellung des Spenders. Dieses Beispiel zeigt, dass eine Art Kompensation durch psychische und subjektive Komponenten erfolgen kann, um einen physischen Verlust zu rechtfertigen. Der körperlichen Integrität steht somit ein ausgleichendes Äquivalent auf psychischer und sozialer Ebene entgegen. Ähnlich könnte der Fall auch bei BIID-Betroffenen gelagert sein. Bezogen auf den Fall von elektiven Wunschamputationen drängt sich die Annahme auf, dass das, was aus altruistischen Motiven rechtlich als zulässig erachtet wird, per erst-recht-Schluss auf die eigene, individuelle Situation des Betroffenen mit erheblichen Leidensdruck Anwendung finden muss.

Die Argumentation in puncto Zulässigkeit von invasiven Eingriffen zum Zwecke der Lebendorganspende verdeutlicht erneut die Vielschichtigkeit und unterschiedlichen Blickwinkel bezüglich der oben ausgeführten[789] Begriffspaare Gesundheit und Krankheit sowie Heilung und Schaden. Das Zufügen eines Schadens zum Zwecke der Heilung lässt sich besonders gut am Beispiel der Lebendorganspende verdeutlichen. Die Fragestellung, ob man körperliche Schäden zufügen darf zum Zwecke anderweitiger Heilung, ist – wie alle bisher aufgezeigten Vergleichsfälle belegen – nicht neu.[790]

787 *Nitschmann*, ZStW 119 (2007), 547, 572; *Niedermair*, Körperverletzung mit Einwilligung, S. 234 f.; siehe hierzu mit ausführlicher Erläuterung: *Lomb*, Der Schutz des Lebendorganspenders 2012, S. 25 f. m.w.N.; vgl. *Scheinfeld*, Organtransplantation und Strafrechtspaternalismus, S. 276 ff.

788 *Nitschmann*, ZStW 119 (2007), 547, 572; *Lomb*, Der Schutz des Lebendorganspenders 2012, S. 39, der im anerkennenswerten Zweck und den dahinter stehenden altruistischen Motiven die Überwindung einer infrage stehenden Sittenwidrigkeit sieht; vgl. Jung, JZ 2004, 559, 561.

789 S.o. § 3 III. 2. B. b. ee Begriffe Gesundheit und Krankheit als Leitgröße.

790 Vgl. *Riedelmeier*, Ärztlicher Heileingriff, S. 97 a.E.

Gelöst werden die auftretenden Probleme mit einem weiter gefassten Gesundheitsbegriff und dem Abstellen auf die subjektive Bewertung der Maßnahme durch den Betroffenen selbst.[791]

Unabhängig von der Frage, ob der psychische Leidensdruck von BIID-Patienten Krankheitswert im Sinne einer Indikation hat, stellt die Wissenschaft fest, dass im Fall der rechtlich erlaubten Lebendorganspende das Vorliegen einer Indikation beim Spender selbst von Anfang an verneint werden muss.[792] Auch die Zulässigkeit eines invasiven Eingriffs zum Zwecke der Organspende muss sich folglich nicht am Vorliegen einer medizinischen Indikation messen lassen.

Als Gedankenexperiment führen Stimmen in der Literatur die Möglichkeit der Spende von Gliedmaßen an, die aufgrund eines BIID-Leidens amputiert wurden. Bestünde die medizinische Möglichkeit, wären BIID-Amputationen dem Fall von Lebendorganspenden gleich zu setzen. Der oftmals als Gegenargument angeführte Verlust einer Gliedmaße wäre folglich nicht mehr anführbar, da der Amputation im Ergebnis auch ein altruistischer Zweck innewohnen würde.[793]

Unabhängig vom Gedankenexperiment der Gliedmaßenspende belegt auch der Fall von Lebendorganspenden, dass es im Medizinstrafrecht für die Zulässigkeit einer Maßnahme und damit gegen die Annahme der Sittenwidrigkeit im Sinne von § 228 StGB keiner Indikation bedarf. Im Falle objektiv betrachteter Körperschädigungen wird dennoch auf die individuelle und subjektive Komponente des betroffenen Individuums abgestellt. Die Problematik von elektiven Wunschamputationen rechtfertigt keine andere Betrachtungsweise.[794]

---

791 *Kovacs*, The American Journal of Bioethics-Neuroscience 9 (2009), 44.

792 *Damm*, in: Kettner (Hrsg.), Wunscherfüllende Medizin, 2009, S. 183, 195; so auch: *Lomb*, Der Schutz des Lebendorganspenders 2012, S. 39 mit Bezugnahme auf indikationslose operative Eingriffe wie Schönheitsoperationen, Schwangerschaftsabbrüche und freiwillige Sterilisationen.

793 *Ryan*, Neuroethics 2 (2009), 21, 32; *Dua*, Journal of Medical Ethics 36 (2010), 75, 77 [„Although apotemnophiles are rare, their healthy limbs can be donated to individuals who may have accidents necessitating the donation of antoher person's limb. Although this science has not caught on at present, the potential is there and this would, in turn, benefit society as whole."]; *Franck*, GesR 2009, S. 300, der positive Synergieeffekte für vorstellbar hält; *Furth/Smith*, Amputee Identity Disorder, 2000, S. 86; bzgl. ethischer Fragen von Gliedmaßen-Transplantationen siehe: *Dickenson/Widdershoven*, Vol. 15, Nr. 2, 2001, S. 110 ff. mit dem Ergebnis, dass Gliedmaßen-Transplantationen aus ethischer Sicht zumindet nicht falsch sind.

794 Zur Problematik der Guten-Sitten-Klausel aus philosophischer Sicht am Beispiel der Lebendorganspende siehe: *Schramme*, in: Ach/Pollmann (Hrsg.), No body is perfect, 2006, S. 163, 163–164.

E. *Kastrationen und Sterilisationen*

Ein weiterer Vergleichsfall, der im Zusammenhang mit einem invasiven Eingriff steht und bei medizinischer und objektiver Betrachtung eine körperliche Behinderung zur Folge hat, ist die dauerhafte Beseitigung der Fortpflanzungsfähigkeit, die je nach Eingriffsart als Kastration oder Sterilisation bezeichnet wird.[795] Kastrationen und Sterilisationen wurden oben bereits im Zusammenhang mit geschlechtsändernden Operationen angeführt.[796] Schon zur Zeit der Debatte über die rechtliche Zulässigkeit von Geschlechtsumwandlungen aufgrund von Transsexualität wurden Sterilisationen und Kastrationen als Vergleichsfälle herangezogen, um die Zulässigkeit von operativen Angleichungen an den seelischen Ist-Zustand der Betroffenen zu belegen.[797] Sterilisationen und Kastrationen lassen sich jedoch nicht nur mittelbar heranziehen. Die gewonnen Erkenntnisse können auch unmittelbar auf die Problematik von elektiven Wunschamputationen innerhalb von BIID angewendet werden.[798]

Zu unterscheiden sind in diesem Themenkomplex Sterilisationen und Kastrationen, die aufgrund und zum Zwecke der Familienplanung vorgenommen werden, und solche, die in den Bereich der Regelungen des Gesetzes über die freiwillige Kastration und andere Behandlungsmethoden (KastrG) fallen.

Sterilisationen und Kastrationen zum Zwecke der Familienplanung im Sinne einer „Gefälligkeitssterilisation“[799] sind heute einwilligungsfähig, rechtlich zulässig und anerkannt.[800] In diesem Sinne ist auch von der Beseitigung der Fortpflanzungsfähig-

---

795 Unter der *Kastration* versteht man die „Entfernung oder dauernde Funktionsstörung der Keimdrüsen“, die *Sterilisation* stellt die „Unfruchtbarmachung durch Unterbrechung der Verbindungsstränge zwischen den Keimdrüsen und den Zeugungs- bzw. Empfängnisorganen“ dar, Maurach/Schroeder/Maiwald BT I, § 8, Rn. 36.

796 S.o. § 5 II. 3. B. a Einleitung.

797 S.o. § 5 II. 3. B. d Rechtliche Aspekte von Geschlechtsumwandlungen zur Zeit vor dem TSG (Transsexuellengesetz).

798 Zur Problematik von Sterilisation und Sittlichkeit siehe: *Hardwig*, GA 1964, S. 289 ff.

799 NK-*Paeffgen* StGB, § 228, Rn. 100.

800 *Lomb*, Der Schutz des Lebendorganspenders 2012, S. 39; LK-*Hirsch*, § 228 Rn. 41; BGHSt 20, 81 (Dohrnurteil), dessen Argumente „nach den anerkannten Grundsätzen der Rechtsquellenlehre unhaltbar“ sind (Maurach/Schroeder/Maiwald BT I, § 8, Rn. 38); im Ergebnis findet die Straflosigkeit jedoch Zustimmung: *Engisch*, FS-Mayer, S. 400; *Hoerster*, JZ 1971, 125 ff.; *Kunz*, JZ 1982, S. 789 ff.; *Eser/Koch*, MedR 1984, S. 7; *Reinhardt*, JR 1964, S. 370 ff.; vgl. *Horn*, JuS 1979, 30; S/S-*Eser, StGB*, § 223 Rn. 53 ff. m.w.N. zur vorherigen Rechtslage der sozialen Sterilisation vgl. *Kienzle*, GA 1957, 76; vgl. *Wendland*, Die strafrechtliche Zulässigkeit wunscherfüllender Operationen 2016, S. 165 ff.

keit aus „sozialer Indikation"[801] aus unterschiedlichen Beweggründen die Rede. Die Sterilisation fällt unter die Tatbestände der Körperverletzung im Sinne der §§ 223 ff. StGB und sogar § 226 Abs. 1, Nr. 1, Var. 5 StGB durch den Verlust der Fortpflanzungsfähigkeit im Sinne der weiblichen Empfängnisfähigkeit[802] und unterliegt somit auch den Wertungen von § 228 StGB. Unter Loslösung von dem Begriff der Indikation wird auf die allgemeine Handlungsfreiheit von Art. 2 Abs. 1 GG gestützte individuelle Bewertung des betroffenen Individuums abgestellt, sodass freiwillige Gefälligkeitssterilisationen nicht mehr als sittenwidrig im Sinne von § 228 StGB bewertet werden.[803]

In seiner Definition eines krankhaften Zustandes beschreibt *Hucklenbroich* unter Kriterium 4 so genannte Störungen der Reproduktionsfähigkeit als krankhaften Zustand.[804]

Aus der Zusammenschau des oben genannten folgt, dass willentlich herbeigeführte krankhafte Zustände im deutschen Recht bereits Anerkennung gefunden haben. Dies zeigt sowohl das Beispiel von geschlechtsändernden Operationen und der damit verbundenen Beseitigung der Fortpflanzungsfähigkeit als auch das Beispiel der Kastrationen und Sterilisationen. Ferner weist *Hucklenbroich* darauf hin, dass eine mit Absicht herbeigeführte Fortpflanzungsunfähigkeit zum Zwecke der Familienplanung als pathologische Modifikation („Verstümmelung") einzustufen ist. Auch in diesem Fall entstünden Irritationen nur dann, wenn man den Betroffenen nach einem derartigen Eingriff abwerte oder bemäkele. Die medizinische Klassifizierung impliziere jedoch keinerlei Bewertung im Verhältnis eines besser oder schlechter, sondern diene ausschließlich der Abgrenzung und Einordnung eines medizinischen Phänomens. *Hucklenbroich* weist im Zusammenhang mit Kastrationen und Sterilisationen darauf hin, dass Bewertungs- oder gar Abwertungsprozesse durch andere „auf eigene Rechnung" erfolgen.[805] In diesem

---

801 *Hanack*, JZ 1964, S. 393 f. mit ausführlicher geschichtlicher Herleitung des Problemkreises Sterilisation und Kastration; vgl. zur „sozialen Indikation": *Engisch*, FS-Mayer, S. 416 m.w.N.

802 Vgl. Fischer StGB, § 226, Rn. 5.

803 NK-*Paeffgen* StGB, § 228, Rn. 100 m.w.N.; *Ulsenheimer*, Arztstrafrecht in der Praxis, Rn. 833 m.w.N. unter anderem auf den Fortfall von § 6 Muster-Berufs-Ordnung (MBO), der aus standesrechtlicher Sicht die Zulässigkeit freiwilliger Sterilisationen nur dann annahm, wenn sie aus „medizinischen, genetischen oder schwerwiegenden sozialen Gründen indiziert" waren; zum Wandel der angelegten Maßstäbe siehe: *Niedermair*, Körperverletzung mit Einwilligung, S. 243 ff.

804 *Hucklenbroich*, in: Groß/Müller/Steinmetzer (Hrsg.), Normal – anders – krank?, 2008, S. 3, 12–13; vgl. *White*, HEC Forum (2014) 26, S. 232.

805 *Hucklenbroich*, in: Groß/Müller/Steinmetzer (Hrsg.), Normal – anders – krank?, 2008, S. 3, 12–13.

Sinne werden Sterilisationen und Kastrationen in der Literatur als „Beseitigung normaler, aber unerwünschter körperlicher Funktionen“[806] beschrieben und es wird somit maßgeblich auf den subjektiven Wunsch der betroffenen Person abgestellt.[807] Insofern sind elektive Wunschamputationen direkt mit Sterilisationen und Kastrationen vergleichbar.

Mit Hinblick auf derartige Eingriffe ist festzuhalten, dass zur Legitimation auf das Instrumentarium des informed consent zurückgegriffen wird, der in einer solchen Situation als ausreichend erachtet wird. Nicht zu vergessen ist jedoch dabei auch hier, dass eine Kastration oder Sterilisation nichts anderes als eine bewusst gewollte Behinderung darstellt. Laut *Nitschmann* gehe es dabei letztlich ebenfalls um die Eigenverantwortung des Individuums bei der Verfügung über eigene Rechtsgüter. Dies sei sogar der Fall, wenn die Maßnahme eine Einwirkung auf das Identitätsempfinden der Betroffenen bezwecke.[808]

Für die Beleuchtung der Problematik von elektiven Wunschamputationen sind jedoch ebenfalls Kastrationen nach dem KastrG von Relevanz. Gemäß § 1 des KastrG bedeutet eine Kastration im Sinne der Norm eine gegen die Auswirkungen eines abnormen Geschlechtstriebes gerichtete Behandlung, durch welche die Keimdrüsen eines Mannes absichtlich entfernt oder dauernd funktionsunfähig gemacht werden. Insofern wird zwischen sexualmedizinischer und kriminologischer Kastration unterschieden.[809] In der dauerhaften Fortpflanzungsunfähigkeit ist ebenfalls die durch den Eingriff erreichte körperliche Beeinträchtigung und Behinderung zu sehen. Ferner bestimmt § 2 KastrG die genauen Voraussetzungen für eine Kastration im Sinne des Gesetzes. Gemäß Abs. 1 der Norm ist eine Kastration, durchgeführt von einem Arzt, nicht als Körperverletzung zu bestrafen, wenn die in Nr. 1–5 aufgezählten Kriterien gegeben sind. Voraussetzung ist zum einen, dass der Betroffene in den Eingriff einwilligt. Des Weiteren muss die Behandlung nach den Erkenntnissen der medizinischen Wissenschaft angezeigt sein, um bei dem Betroffenen schwerwiegende Krankheiten, seelische Störungen oder Leiden, die mit seinem abnormen Geschlechtstrieb zusammenhängen, zu verhüten, zu heilen oder zu lindern. Weitere Voraussetzungen sind zudem, dass der betroffene Mann das fünfundzwanzigste Lebensjahr vollendet hat und für ihn körperlich oder seelisch durch die Kastration keine Nachteile zu erwarten sind,

---

806 Gössel/Dölling BT 1, § 12, Rn. 50.

807 Vgl. *Schmidhuber*, in: Frewer/Bielefeldt (Hrsg.), Menschenrecht auf Gesundheit, 2016, S. 200 ff.

808 *Nitschmann*, ZStW 119 (2007), 547, 578; *Niedermair*, Körperverletzung mit Einwilligung, S. 205.

809 Maurach/Schroeder/Maiwald BT I, § 8, Rn. 37.

die zu dem mit der Behandlung angestrebten Erfolg außer Verhältnis stehen, und die Behandlung nach den Erkenntnissen der medizinischen Wissenschaft vorgenommen wird.

Wie eingangs beleuchtet, bedarf es zur Vornahme des Eingriffs der Einwilligung durch den Betroffenen. Die an die Einwilligung zu stellenden Voraussetzungen sind in § 3 KastrG weiter konkretisiert. So handelt es sich gem. § 3 II KastrG bei einer Einwilligung in eine Kastration in Gefangenschaft um eine so genannte „eingriffsmildernde“ Einwilligung, die rechtlich gänzlich anerkannt wird, die nach Ansicht der Literatur „zweifellos durch sozialen Zwang erwirkt wurde“.[810] Zur Problematik des Zwangsbegriffs und dessen Auswirkungen auf die Autonomie wird auf die oben gemachten Ausführungen[811] verwiesen.

Die Parallele zwischen Kastrationsfällen dieser Art und der Problematik von elektiven Wunschamputationen innerhalb der Phänomens BIID liegen – wie bereits dargestellt – in der aus dem Eingriff resultierenden körperlichen Schädigung. Im Unterschied zu BIID ist jedoch im Rahmen von Kastrationen der Konsens der betroffenen Männer nicht immer maßgeblich. Das KastrG beinhaltet nämlich ebenfalls Fallkonstellationen von gesteigertem Handlungsbedarf und fingiert, dass es nach den allgemeingültigen Regeln zur strafrechtlichen Einwilligung bereits an der autonomen Einwilligungsfähigkeit fehlt.[812]

Die Durchführung der Kastration soll den Betroffenen von seinem Leidensdruck befreien und die von der Person ausgehende Gefahr für die Gesellschaft beseitigen. Mit beiden Schutzrichtungen wird die Legitimation des Eingriffs begründet, die aufgrund des Wohls sowohl für das Individuum als auch für die Gesellschaft mit den Grundsätzen der Guten-Sitten-Klausel gem. § 228 StGB in Einklang steht.[813]

Im Falle der gesetzlich geregelten Kastrationen nach dem KastrG bleiben den Betroffenen oftmals die Alternativen einer Kastration oder der Sicherungsverwahrung. Trotz Geeignetheit beider Maßnahmen zur Beseitigung einer Gefahr für die Gesellschaft ist oftmals nicht von vorne herein auszumachen, welche Maßnahme den Betroffenen im Ergebnis mehr einschränkt. In derartigen Fallkonstellationen habe der Betroffene ein Wahlrecht, da in höchstpersönliche Rechtgüter eingegrif-

---

810 *Amelung*, NStZ 2006, 317, 320.

811 S.o. § 4 III. 1. C. b BIID als Ausschlussgrund für autonome, freie Entscheidungen.

812 *Nitschmann*, ZStW 119 (2007), 547, 578; *Niedermair*, Körperverletzung mit Einwilligung, S. 206 f., 208.

813 *Nitschmann*, ZStW 119 (2007), 547, 578; vgl. *Jung*, NJW 1973, 2242, die allerdings noch von § 226 a StGB alter Fassung ausgeht.

fen werde und da der Betroffene besser für sich entscheiden könne, welcher Maßnahme er den Vorzug einräumt.[814]

So ist auch der Fall von Kastrationen ein Beispiel für eine gesetzlich geregelte und objektiv vorhandene Behinderung, bei deren Betrachtung nicht primär auf die objektive Bewertung abgestellt wird. Auch anhand dieses Beispiels lässt sich der Ausgleich von physischer und psychischer Integrität gut verdeutlichen. Gerade weil eine Kastration zur Heilung eines psychischen Leidens beim Betroffenen erfolgt, ist kein Grund ersichtlich, warum ein derartiges Wahlrecht bei Straftätern nicht auch auf nicht straffällig gewordene BIID-Betroffene mit ihrem Willen angewendet werden sollte.

Gleich dem Fall von freiwilligen Sterilisationen und Kastrationen aus persönlichen Gründen (zum Beispiel der Familienplanung) wird eine personeninterne Bewertung der Betroffenen durchgeführt. Es handelt sich, wie soeben dargestellt, um die Aufgabe normaler, aber nicht erwünschter Körperfunktionen. Sowohl der Verlust der Fortpflanzungs- als auch der Zeugungsfähigkeit stellen objektiv einen krankhaften Zustand dar. Die Unzulässigkeit eines solchen Eingriffs wird alleine mit Abstellen auf die subjektive Komponente des betreffenden Individuums überwunden.

Auch im Fall von BIID-Betroffenen, die den Wunsch nach einer Gliedmaßenamputation hegen, handelt es sich ebenfalls um eine gewollte Aufgabe einer normalen, aber von der Person nicht gewünschten Körperfunktion. Eine von Sterilisationen und Kastrationen abweichende Betrachtung von derartigen Amputationen erscheint nicht angebracht.

F. Zwischenergebnis

Als Zwischenergebnis lässt sich festhalten, dass bei Gesamtwürdigung der herausgearbeiteten Vergleichsfälle im Lichte der Grundrechte die Problematik von Wunschamputationen aufgrund von BIID keine andere Bewertung rechtfertigt. Aus der Gesamtschau der möglichen und legalen medizinischen Praxis ergibt sich dem Grunde nach keine Sittenwidrigkeit von Wunschamputationen im Sinne von § 228 StGB und somit deren Zulässigkeit.[815]

---

814 *Amelung*, NStZ 2006, 317, 319.

815 Vgl. hierzu *Nitschmann*, ZStW 119 (2007), 547, 585; *Wendland*, Die strafrechtliche Zulässigkeit wunscherfüllender Operationen 2016, S. 272; *Franck*, GesR 2009, S. 299; so auch: S/S-*Stree/Sternberg-Lieben*, StGB, § 228 Rn. 21; a.A.: *Laufs*, in Laufs/Kern, § 6 Rn. 21, der die Bedeutung der Wunschamputation eher „bagatellisiert" (*Lomb*, Der Schutz des Lebendorganspenders 2012, S. 63).

G. *Betrachtung der vorgetragenen Pro- und Kontraargumente im Lichte der Grundrechte*

Nach einer Bewertung der Vergleichsfälle und der Zwischenfeststellung der Vergleichbarkeit der, soeben aufgezeigten, medizinischen Phänomene sollen im Folgenden die, in der Literatur gegen und für elektive Wunschamputationen vorgetragenen, Argumente und deren juristische Bewertung im Lichte der Grundrechte betrachtet werden. Nicht nur der konkrete Vergleich von BIID mit den aufgeführten Vergleichsfällen aus der Medizin gibt Aufschluss über die infrage stehende Zulässigkeit von elektiven Wunschamputationen sondern auch auf abstrakterer Ebene finden sich Argumentationsstrukturen, die bei der Frage nach der Zulässigkeit von Bedeutung sind.

So bedarf es beispielsweise einer Abwägung zwischen dem Nichtschadensgrundsatz auf der einen Seite und dem Fürsorgeprinzip auf der anderen Seite. Beide im ärztlichen Standesrecht fußenden Prinzipien finden auch losgelöst von konkreten medizinischen Vergleichsfällen Anwendung auf die BIID-Problematik. Auch werden im Zusammenhang mit BIID-Amputationen Aspekte der Risikoverringerung durch eine Amputation vorgetragen und die mögliche Linderung des Leidensdrucks betont.[816]

Losgelöst von medizinischen Vergleichsfällen muss sich auch mit der Frage nach unter Umständen bestehenden Sogwirkungen befasst werden, welche von Kritikern befürchtet wird. Nicht zuletzt könnten bei den abstrakten Argumenten ohne streng medizinischen Bezug auch den gesellschaftlichen Reaktionen auf elektive Wunschamputationen in der Abwägung von Pro- und Kontraargumenten eine Bedeutung zukommen. Bezüglich der in der Literatur vertretenen Ansichten bedarf es zudem einer Überprüfung der Argumente hinsichtlich eines Verbots der impliziten Abwertung Behinderter im Lichte der Grund- und Menschenrechte. Nicht nur aus den konkreten Vergleichsfällen lassen sich Argumentationsstrukturen erkennen, die für die Lösung der Frage nach der Zulässigkeit von elektiven Wunschamputationen von Bedeutung sind. Auch ein genauer Blick auf abstraktere Argumentationen im Lichte der Grundrechte erscheint bei dem infrage stehenden Grenzfall richtungsweisend.

a. *Nichtschadensgrundsatz vs. Fürsorgeprinzip des ärztlichen Standesrechts*

Das am häufigsten zur Versagung von Amputationen herangezogene Argument ist das im Hippokratischen Eid fußende Prinzip von *nonmaleficence*, also dem

816 Vgl. hierzu: *Schneider*, Body Integrity Identity Disorder 2016, S. 160.

Nichtschadensgrundsatz, der auch bereits im Rahmen der Auseinandersetzung mit den geschichtlichen und gesellschaftlichen Aspekten von Schönheitsoperationen Beachtung gefunden hat. Dieser besagt:

> *„Ärztliche Verordnungen werde ich treffen zum Nutzen der Kranken nach meiner Fähigkeit und meinem Urteil, hüten aber werde ich mich davor, sie zum Schaden und in unrechter Weise anzuwenden."*[817]

Über das Genfer *Ärztegelöbnis* fand eine erneuerte Fassung des Hippokratischen Eides Eingang in die Einleitung der Deutschen Musterberufsordnung für Ärztinnen und Ärzte (MBO), sodass der Eid nach Hippokrates mit Modifikationen auch heute noch kodifizierter Bestandteil des ärztlichen Selbstverständnisses ist.[818] So entwickelte sich der Wortlaut des Hippokratischen Eides im *Genfer Ärztegelöbnis* des Weltärztebundes in der Fassung von Mai 2006 wie folgt:

> *„Die Gesundheit meiner Patientin oder meines Patienten wird mein oberstes Anliegen sein."*

In der heute geltenden Fassung der (Muster-)Berufsordnung für die in Deutschland tätigen Ärztinnen und Ärzte hat die Aussage des Genfer Ärztegelöbnisses an mehreren Stellen seinen Niederschlag gefunden. So heißt es wortwörtlich im, der Ordnung vorangestellten, Gelöbnis:

> *„Die Erhaltung und Wiederherstellung der Gesundheit meiner Patientinnen und Patienten soll oberstes Gebot meines Handelns sein."*

Ferner heißt es in § 1 Abs. 1 S. 1 MBO:

> *„Ärztinnen und Ärzte dienen der Gesundheit des einzelnen Menschen und der Bevölkerung."*

Auch in Absatz 2 der Norm hat der Inhalt des *Genfer Ärztegelöbnisses* seinen Niederschlag gefunden. Dort heißt es:

> *„Aufgabe der Ärztinnen und Ärzte ist es, das Leben zu erhalten, die Gesundheit zu schützen und wiederherzustellen, Leiden zu lindern, Sterbenden Beistand zu leisten und an der Erhaltung der natürlichen Lebensgrundlagen im Hinblick auf ihre Bedeutung für die Gesundheit der Menschen mitzuwirken."*

---

817 *Hippokrates*, in: Hippokrates/Diller (Hrsg.), Ausgewählte Schriften, 1994, S. 7, 8; weiterführende Erläuterung zur Struktur des Hippokratischen Eides siehe *Maio*, Mittelpunkt Mensch: Ethik in der Medizin, 2012, S. 96; vgl. *Schneider*, Body Integrity Identity Disorder 2016, S. 142 ff.

818 *Maio*, Mittelpunkt Mensch: Ethik in der Medizin, 2012, S. 99 ff.; *Frewer*, in: Frewer/Bielefeldt (Hrsg.), Menschenrecht auf Gesundheit, 2016, S. 100; vgl. *Duttge*, MedR 2005, 706; *Lippert*, in: Ratzel/Lippert, Kommentar MBO, Einleitung Rn. 4; vgl. *Schneider*, Body Integrity Identity Disorder 2016, S. 137 ff.

Über die Musterberufsordnung haben die Wertungen des hippokratischen Eides Rechtswirkung in Form des ärztlichen Standesrechts.[819] Die kodifizierten Aussagen des ursprünglichen Hippokratischen Eides lassen jedoch nach dem heutigen Verständnis zahlreiche Interpretationsarten und Spielräume zu, deren verschiedene Ansichten auch bezüglich der BIID-Diskussion zu eklatant unterschiedlichen Ergebnissen kommen könnten.[820] Zentraler Anknüpfungspunkt des ärztlichen Selbstverständnisses ist auch hier erneut der zunächst unbestimmte Begriff *Gesundheit*. Da der Grundgedanke des hippokratischen Eides keinen Bezug auf die Selbstbestimmung des Patienten und seine Autonomie nimmt, äußert sich Kritik in der Wissenschaft, die in den hippokratischen Prinzipien einen Paternalismus sieht und ein neues Verständnis medizinischer Ethik fordert.[821]

Aus dem Grundgedanken des hippokratischen Eides leitet die Wissenschaft zwei spiegelbildlich zu einander bestehende Grundsätze von Ärzten gegenüber ihren Patienten ab: Nämlich den Grundsatz primum non nocere (oder auch nil nocere, Nichtschadensprinzip, Nichtschadensgrundsatz oder Schadensvermeidungsprinzip), nachdem es das erste Gebot eines Arztes ist, dem Patienten keinen Schaden zuzufügen. Spiegelbildlich dazu leitet sich der Grundsatz von beneficence (bonum facere, Fürsorgeprinzip) ab, der besagt, dass der Arzt dem Patienten gegenüber eine Pflicht der Fürsorge hat, die ein Handeln zum Wohle des Patienten erfordert.[822]

Diejenige Ansicht, die Amputationen ausschließlich aus der objektiven und körperlichen Sicht betrachtet, sieht in Wunschamputationen einen klaren Verstoß gegen die ärztliche Ethik im Sinne des Nichtschadensprinzips und erachtet

---

819 Vgl. *Lippert*, in: Ratzel/Lippert, Kommentar MBO, Einleitung Rn. 11 mit dem Hinweis, dass die MBO „bei der Auslegung von Generalklauseln in den unterschiedlichsten Gesetzen einen willkommenen Anhaltspunkt dafür [gibt], was in den betroffenen Verkehrskreisen ‚common sense' sein soll". Dies gelte ebenso für die Klärung der Frage nach der Sittenwidrigkeit oder Gesetzeswidrigkeit.

820 Vgl. *Rössler*, in: Pöldinger/Wagner (Hrsg.), Ethik in der Psychiatrie, 1991, S. 72, 73.

821 *Wiesing*, in: ders. (Hrsg.), Ethik in der Medizin, 2012, S. 38, 41; so auch *Weltärztebund/Williams*, Handbuch der ärztlichen Ethik // Medical ethics manual, 2005, S. 31; vgl. *Frewer*, in: Frewer/Bielefeldt (Hrsg.), Menschenrecht auf Gesundheit, 2016, S. 95 a.E. f.; vgl. *Wils*, Deutsches Ärzteblatt 2008 (105), S. 359.

822 An Stelle vieler: *Lippert*, in: Ratzel/Lippert, Kommentar MBO, § 2 Rn. 9 u. 10; *Schreiber*, FS-Starck, S. 113, die die Vier Grundpfeiler ärztlichen Handelns nach Beauchamp und Childress aufzählen (1. Respekt vor der Autonomie, 2. Wohltun/Fürsorge, 3. Nichtschaden, 4. Gerechtigkeit; vgl. *Beauchamp/Childress*, Principles of Biomedical Ethics 2013, Part II, S. 101 ff. m.w.N.; vgl. *Wils*, Deutsches Ärzteblatt 2008 (105), S. 360; vgl. *Schneider*, Body Integrity Identity Disorder 2016, S. 140 ff.

sie deswegen als nicht zulässig. Diese Sichtweise vertritt einen sehr strengen Standpunkt bezüglich des Schadens und nimmt überhaupt keinen Bezug auf die individuellen Motivationen und Interessen der Betroffenen. Bezogen auf den ärztlichen Kontext ist jedoch zunächst unklar, welche Dimension von Schaden und Heilung – also im weiteren Sinne Krankheit und Gesundheit – ihnen zukommt. Möglich erscheint sowohl die psychische Ebene der Betroffenen als auch eine rein körperliche Betrachtung. Darüber hinaus geben diese Ausdrücke überhaupt keinen Aufschluss darüber, ob eine Betrachtung aus subjektiver Sicht des Patienten oder aus einem objektiven und einheitlichen Bewertungsmaßstab heraus erfolgen soll. Ungeklärt ist somit auch, ob die Betrachtung einer ärztlichen Maßnahme rein an der körperlichen oder psychischen Integrität eines Menschen zu bemessen ist, oder ob beide Dimensionen Beachtung finden.

So stellt eine Ansicht der Literatur dezidiert fest, dass die Amputation eines gesunden Beines an einem BIID-Betroffenen dem Prinzip von nonmaleficence widerspreche.[823] Unter Verwendung eines Vergleichs zu Schönheitsoperationen, die von manchen Ärzten ausgeführt werden, wird darauf hingewiesen, dass derartige Eingriffe nicht dazu geeignet seien, Operationen mit einem noch größeren Schaden zu rechtfertigen.[824] Diese Ansicht bewertet Amputationen aufgrund von BIID folglich als nur schädlich und misst ihnen überhaupt keinen Aspekt von Heilung bei. Ihre Betrachtungsweise orientiert sich folglich ausschließlich am körperlichen Vorher- und Nachher-Zustand unter Ausklammerung des psychischen Befindens des betroffenen Patienten. Als Bedingung für die Zulässigkeit von Amputationen, die nicht gegen das Nichtschadensprinzip verstießen, wird aufgezeigt, dass es sich dabei um lebensrettende Maßnahmen oder die Heilung einer schweren Krankheit handeln müsse, für die es keine alternative Behandlungsmethode gebe. Diese Voraussetzungen seien jedoch im Falle von BIID nicht als erfüllt anzusehen.[825] Weder Identität noch Integrität einer Person können – laut Gegenansicht – anhand eines unversehrten Körpers und körperlicher Fähigkeiten gemessen werden. Vielmehr sei auch die personelle Identität als psychische Komponente zu berücksichtigen.[826]

---

823 *Müller*, in: Groß/Müller/Steinmetzer (Hrsg.), Normal – anders – krank?, 2008, S. 229, 255; so auch *Bigalke*, Süddeutsche Zeitung 12.05.2010, die im Zusammenhang von BIID-Amputationen sehr plakativ von einem Verstoß „gegen den Hippokratischen Eid" spricht.

824 *Müller*, in: Groß/Müller/Steinmetzer (Hrsg.), Normal – anders – krank?, 2008, S. 229, 259; *dies.*, The American Journal of Bioethics-Neuroscience 9 (2009), 36, 41.

825 *Müller*, The American Journal of Bioethics-Neuroscience 9 (2009), 36, 41.

826 *Slatman/Widdershoven*, The American Journal of Bioethics-Neuroscience 9 (2009), 48, 49 [„One's identity and integrity is not simply a question of (intact) anatomy and physical abilities. Rather, it has to do with a person's identity as it becomes shaped in his or her

Wie oben im Rahmen der Vergleichsfälle belegt,[827] hat eine Vielzahl von medizinischen Maßnahmen einen objektiven Schaden des Patienten zur Folge. Unter Umständen könnte jedoch in Betracht gezogen werden, dass der hervorgerufene Schaden durch eine äquivalente anderweitige Heilung kompensiert werden könnte.[828]

So wird in der medizinethischen Wissenschaft darauf hingewiesen, dass das Handeln eines Arztes – aus verschiedenen Sichtweisen betrachtet – gleichermaßen und mit guten Argumenten als sowohl eher fürsorglich als auch eher schädlich bewertet werden kann.[829] Dies geschieht unter Einbeziehung eines Ausgleichs von physischer und psychischer Betrachtung des Gesamtvorgangs. Als ein Beispiel sei hier unter anderem die Lebendorganspende aufgeführt, die den sehr schwer greifbaren und bestimmbaren Maßstab der Betrachtung von Heilung und Schaden im psychischen und physischen Sinne besonders gut veranschaulicht.[830] Bezüglich der psychischen Heilung als ausgleichendes Äquivalent wird auf die oben gemachten Ausführungen[831] verwiesen.

Die Stimmen, die in der Durchführung von Amputationen keinen Verstoß gegen den Nichtschadensgrundsatz sehen, nehmen einen deutlich umfassenderen Blickwinkel auf die Problematik ein. Es wird zunächst zugestimmt, dass der Schadensbegriff im konventionellen somatischen Verständnis zunächst gegen eine Amputation spreche. Dennoch macht die befürwortende Ansicht darauf aufmerksam, dass die Ausklammerung des psychischen Befindens des Patienten durch eine ausschließlich körperliche Betrachtung eines Schadens zu schrecklichen Ergebnissen führen könne.[832]

---

life story."]; So auch *Pollmann*, in: Walt, Sibylle van der/Menke (Hrsg.), Die Unversehrtheit des Körpers, 2007, S. 214, 219 f., der Integrität einer Person vom physischen und psychischen Selbstverständnis und Selbstempfinden einer Person abhängig macht.

827 S.o. § 5 II. 3. A Vergleichsfälle zu Wunschamputationen innerhalb von BIID und deren juristische Lösung ff.

828 Vgl. zu diesem Gedankengang *Ryan*, Neuroethics 2 (2009), 21, 27–28; vgl. *Riedelmeier*, Ärztlicher Heileingriff, S. 60 f.

829 *Rössler*, in: Pöldinger/Wagner (Hrsg.), Ethik in der Psychiatrie, 1991, S. 72, 74–76.

830 *Kovacs*, The American Journal of Bioethics-Neuroscience 9 (2009), 44 [„The prohibition against medically (physically) unjustified mutilation was a basic doctrine in medicine that caused considerable resistance to many interventions widely accepted today. Living organ donation brought up this problem particularly sharply. Is a surgeon allowed to remove a healthy organ (a kidney) from a healthy person, thereby mutilating her? The initial resistance was replaced by a permissive attitude by interpreting the concept of health more widely."].

831 S.o. § 5 II. 3. D Lebendorganspende.

832 *Dua*, Journal of Medical Ethics 36 (2010), 75, 77 m.w.N. [„In order to address the question of primum non nocere, or ‚do no harm', the concept of *harm* needs to be

In diesem Sinne beschäftigt sich die Amputationen befürwortende Ansicht unter anderem mit der Frage, ob nicht die Versagung einer Amputation, die die Betroffenen in der Praxis dazu bringe, sich anderweitiger Maßnahmen zum Zwecke einer Amputation, auf welchem Weg auch immer, zu bedienen, nicht gegen die ärztliche Ethik und den Grundsatz der Schadensvermeidung verstoße.[833] Der Standpunkt wird vertreten, dass es bei der Betrachtung des Patienten keine isolierte Bewertung des rein körperlichen Zustandes geben könne, und die Begriffe Schaden und Heilung sich nur an der Gesamtbetrachtung des Betroffenen bemessen können.

Dieser Ansicht ist auch der Chirurg *Robert Smith*, der in der Versagung einer Amputation den wirklichen Schaden für den Patienten sieht, dessen Leidensdruck nicht beendet würde, obwohl es dazu nur einer Amputation bedürfe.[834]

Diese Betrachtungsweise gelangt somit zu der Ansicht, die Beurteilung der Frage, ob eine Amputation dem betroffenen Patienten einen Schaden zufüge oder nicht, könne nicht allein am körperlichen Befund festgemacht werden. Darüber hinaus müsse man ebenfalls die psychologische Befindlichkeit vor und nach dem Eingriff in Betracht ziehen. Die konventionelle Schadensbetrachtung ließe diesen Aspekt jedoch völlig außer Acht. Im Ergebnis könne die Versagung einer Amputation nach der ganzheitlichen Betrachtung den eigentlichen Schaden im Sinne der ethischen Betrachtung darstellen.[835] Bei der Bewertung eines Schadens müsse folglich auch in

---

described as it pertains to the case of the apotemnophile. *Harm*, in the conventional sense, places undue stress on the physical being of a patient without taking into account the mental. The idea of neglecting the psychological being when discussing *harm* in the medical sense of the word can have dire consequences. Opponents of amputation argue, quite rightly, that unnecessary surgical intervention on a patient is wrong, as it violates the non-maleficence aspect of medicine. However, the question in this case is not about whether amputation is a surgical risk, but whether or not this type of operation is ‚unnecessary'."].

833 *Dua*, Journal of Medical Ethics 36 (2010), 75, 77 [„Furthermore, if, as stated above, amputation is denied, and patients are forced into illegal means of attaining treatment (a.k.a. amputation), does that not breech the ethical code of non-maleficence (do no harm) and beneficence (the duty of a physician to patient welfare) demanded of any practicing physician?"].

834 Aussage von Robert Smith in: *British Broadcasting Company*, Complete Obsession (17.02.2000).

835 *Dua*, Journal of Medical Ethics 36 (2010), 75, 77 [„Harm, therefore, cannot be looked at from a traditional perspective when deciding whether amputation as a therapy is harming the patient or helping, because the conventional view of harm does not take psychology into account. If one were to take into account the psychological

Betracht gezogen werden, dass es eine Art von notwendigem Schaden geben könne, der Patienten auf einer anderen, vielleicht sogar höherrangigen Ebene, zur Heilung verhelfe.[836] Unter Verwendung sokratischer Ansichten weist eine Ansicht auf die unterschiedlichen Aspekte von Integrität innerhalb eines Menschen hin. Es bestehe die Möglichkeit, dass Menschen dazu gezwungen seien, erhebliche Verletzungen im psychophysischen Sinne in Kauf zu nehmen, um die Bewahrung der Treue gegenüber sich selbst im Sinne der inneren Selbstverpflichtung zu gewährleisten.[837] Demnach gebe es Fallkonstellationen, in der ein Mensch einen Teil seiner Integrität nur auf Kosten eines anderen Integritätsaspekts erhalten könne, da eine andere Rettung nicht möglich sei. Konkreter gebe es mögliche Fälle, bei denen physische und psychische Bewertungsebenen kollidierten und die eine nur auf Kosten der anderen bewahrt werden könne.[838] Bei elektiven Wunschamputationen von Gliedmaßen könnte es sich um eine derartige Kollision von physischer und psychischer Heilung handeln, bei der – zum jetzigen Forschungsstand – die eine nur auf Kosten der anderen zu erreichen ist. Es stellt sich somit eine weitere Frage, nämlich, ob es in solchen Konstellationen ein „Wahlrecht" gibt und wem es im Falle einer derartigen Kollision zugestanden wird.

Die Problematik der Wechselwirkung von Physis und Psyche, die bereits im Rahmen der Bewertung der Parameter *Gesundheit* und *Krankheit* Beachtung gefunden hat, ist folglich auch bei der Beurteilung des Schadens von äußerster

---

torment faced by apotemnophiles, perhaps not agreeing to perform the amputation would go against both the concept of ‚do no harm' ant the duty to contribute to the patient's welfare as a physician, in other words, beneficence."]; vgl. *Ryan*, Neuroethics 2 (2009), 21, 28; vgl. *Slatman/Widdershoven*, The American Journal of Bioethics-Neuroscience 9 (2009), 48, 49; vgl. *Schneider*, Body Integrity Identity Disorder 2016, S. 145; bzgl. der Anwendung des Nichtschadensprinzips auf die Situation von transsexuellen Kindern siehe: *Wiedner*, Z Sexualforsch 2016; 29, S. 71. Die Lebenssituation und Lebensrealität der Betroffenen müsse dahin gehend interpretiert werden, dass die Versagung von operativen Maßnahmen der eigentliche Schaden sei.

836 *Purtilo*, in: Post (Hrsg.), Encyclopedia of bioethics, 2004, Bd. 4, S. 2132, 2152 [„Discussion of maleficene must take into account that some types of harm are necessary in the name of a patient's greater good."], vgl. *Eser*, ZStW 97 (1985), S. 7 a.E., der bezogen auf den Beispielsfall einer Amputation feststellt, dass auch Substanzeingriffe im höheren Interesse der Gesundheit tagtäglich vorgenommen werden; vgl. Kern, in Laufs/Kern, § 49, Rn. 3; vgl. *Schneider*, Body Integrity Identity Disorder 2016, S. 253.

837 *Pollmann*, in: Walt, Sibylle van der/Menke (Hrsg.), Die Unversehrtheit des Körpers, 2007, S. 214, 223.

838 *Pollmann*, in: Walt, Sibylle van der/Menke (Hrsg.), Die Unversehrtheit des Körpers, 2007, S. 214, 223.

Relevanz. Bei der Frage nach der Bewertung der Unschädlichkeit einer ärztlichen Maßnahme stellt die Wissenschaft unter anderem auch auf die individuelle Betroffenheit des Patienten ab. Äußere sich der Patient über seine persönliche Situation und Motivation zu einer ärztlichen Maßnahme, überwögen das subjektiv geprägte Verständnis von Unschädlichkeit, geprägt von den persönlichen Antrieben der Person, unter der Gesamtschau seiner sozialen und existentiellen Lage. Das persönliche Bedürfnis des Kranken könne stark variieren. Sowohl äußere als auch innere Vorgänge, materielle oder geistige Motivationen und nicht zuletzt seelische oder religiöse Beweggründe fänden dabei Beachtung.[839] In medizinischen Grenzfällen könne die Bewertung einer medizinischen Maßnahme als schädlich beziehungsweise – spiegelbildlich dazu – nützlich, ausschließlich durch das Abstellen auf das persönliche Werturteil des Patienten über sein generelles Wohlergehen gelingen.[840] Entscheidend sei hierbei das Mitgefühl des Arztes gegenüber seinem Patienten, das sowohl einen weiteren Grundwert der Medizin darstelle als auch der ärztlichen Achtung der Würde des Patienten und seinem individuellen Wertgefüge Rechnung trage.[841] Diese Meinungsströmung in der Wissenschaft stellt fest, dass der Patient eine rein subjektive Sichtweise bei der Bewertung einer Maßnahme haben könne und somit den Bewertungsprozess von ausschließlich subjektiv-partikularen Werten abhängig machen könne. Grundlage sei hier das individuelle Lebenskonzept für ein erstrebenswertes Leben auf Grundlage des persönlichen Wertgefüges.[842] Bezüglich des Bewertungsprozesses von individueller Lebensqualität wird auf die oben gemachten Ausführungen[843] verwiesen.

Des Weiteren kommt diese Ansicht zu dem Ergebnis, dass die zugrunde liegende individuelle Werteordnung dabei in keiner Weise mit gängigen, geläufigen oder anerkannten Werten übereinstimmen müsse.[844]

---

839 *Rössler*, in: Pöldinger/Wagner (Hrsg.), Ethik in der Psychiatrie, 1991, S. 72, 74–76; vgl. *Clouser*, in: Gillon/Lloyd (Hrsg.), Principles of health care ethics, 1994, S. 251, 252–253.

840 *Weltärztebund/Williams*, Handbuch der ärztlichen Ethik // Medical ethics manual, 2005, S. 38; vgl. *Clouser*, in: Gillon/Lloyd (Hrsg.), Principles of health care ethics, 1994, S. 251, 252–253; *Schneider*, Body Integrity Identity Disorder 2016, S. 143.

841 *Weltärztebund/Williams*, Handbuch der ärztlichen Ethik // Medical ethics manual, 2005, S. 33; so auch *Maio*, Mittelpunkt Mensch: Ethik in der Medizin, 2012, S. 124, der das Schadensvermeidungsprinzip als Ausfluss der Grundrechte des Patienten sieht; vgl. *Schneider*, Body Integrity Identity Disorder 2016, S. 147.

842 *Matthis Synofzik*, in: Kettner (Hrsg.), Wunscherfüllende Medizin, 2009, S. 153, 173.

843 S.o. § 3 III. 2. B. b. ee. bbb. (3) Aspekte der individuellen Lebensqualität.

844 *Matthis Synofzik*, in: Kettner (Hrsg.), Wunscherfüllende Medizin, 2009, S. 153, 173.

Die Auffassung, dass der Nichtschadensgrundsatz mehrere Arten von Schäden beinhalte, die von dem Betroffenen Individuum jeweils anders gewichtet werden könne, wird von weiten Teilen der Literatur vertreten. Als erfasste Schäden werden exemplarisch Tod, Schmerz, Behinderung, Freiheitsverlust oder Verlust der Freude angeführt. Indem man das individuelle Wertesystem des Patienten außer Acht lasse und übergehe, schaffe man automatisch einen ärztlichen Paternalismus.[845] In diesem Sinne wird darüber hinaus angeführt, dass der Respekt eines Arztes gegenüber der Autonomie und Selbstbestimmung seines Patienten ein Bestandteil der ärztlichen Pflicht sei, die sich aus dem Nichtschadensgrundsatz ergebe.[846] Bezüglich des Stellenwertes der Autonomie wird auf die oben gemachten Ausführungen[847] verwiesen. Zur Beteiligung von öffentlichen und gesellschaftlichen Belangen bei der Bewertung von Schaden und Unschädlichkeit wird angemahnt, dass der Öffentlichkeit nicht dasselbe Entscheidungsgewicht wie dem betreffenden Individuum zukomme. Zum einen handele es sich bei der Problematik von Fürsorge und Unschädlichkeit nicht nur um eine sehr schwer zu definierende Größe, die sich immer nur durch eine Interessenabwägung im konkreten Einzelfall des betroffenen Individuums bestimmen lasse, zum anderen sei eine Repräsentation der Öffentlichkeit als einheitlicher Bewertungsmaßstab selten.[848] Es handele sich folglich nicht um ein generelles und allgemeingültiges Prinzip, sondern vielmehr um eine Einzelfallentscheidung, die somit spiegelbildlich zu abstrakten Erfahrungswerten steht, die der individuellen Patientensituation in manchen Fällen nicht gerecht wird.[849]

Neben den oben aufgeführten Argumenten der Wissenschaft gegen elektive Wunschamputationen häufen sich Stimmen in der Literatur, die sich für die Zulässigkeit von Wunschamputationen innerhalb von BIID aussprechen. Begründet wird dieser Standpunkt unter anderem mit dem Argument, dass es sich bei einer Amputation um eine deutliche Verbesserung des psychischen Wohlbefindens des betroffenen Patienten handele.[850]

---

845 *Clouser*, in: Gillon/Lloyd (Hrsg.), Principles of health care ethics, 1994, S. 251, 252–253.

846 *Glannon*, Biomedical Ethics, 2005, S. 25 [„Indeed, in one sense respecting patient autonomy is consistent with the doctor's duty of nonmaleficence."]; bzgl. der engen Verknüpfung des Nichtschadensgrundsatzes mit der Patientenautonomie siehe auch *Maio*, Mittelpunkt Mensch: Ethik in der Medizin, 2012, S. 124.

847 S.o. § 4 II. 1 Historischer Kontext der Einwilligung.

848 *Rössler*, in: Pöldinger/Wagner (Hrsg.), Ethik in der Psychiatrie, 1991, S. 72, 78.

849 Vgl. *Rössler*, in: Pöldinger/Wagner (Hrsg.), Ethik in der Psychiatrie, 1991, S. 72, 78; *Maio*, Mittelpunkt Mensch: Ethik in der Medizin, 2012, S. 124.

850 Vgl. *Ryan*, Neuroethics 2 (2009), 21, 28 [„In the case under consideration though, the harm, in terms of the loss of limb, would obviously be traded against the hope of a

Standesrechtlich ist neben der Musterberufsordnung auch noch die Deklaration von Helsinki hinzuzuziehen.[851] In Nr. 37 der aktuellen Fassung der Deklaration von Helsinki (Stand: Oktober 2013) heißt es:

> „Bei der Behandlung eines einzelnen Patienten, für die es keine nachgewiesenen Maßnahmen gibt oder andere bekannte Maßnahmen unwirksam waren, kann der Arzt nach Einholung eines fachkundigen Ratschlags mit informierter Einwilligung des Patienten oder eines rechtlichen Vertreters eine nicht nachgewiesene Maßnahme anwenden, wenn sie nach dem Urteil des Arztes hoffen lässt, das Leben zu retten, die Gesundheit wiederherzustellen oder Leiden zu lindern. Diese Maßnahme sollte anschließend Gegenstand von Forschung werden, die so konzipiert ist, dass ihre Sicherheit und Wirksamkeit bewiesen werden können. In allen Fällen müssen neue Informationen aufgezeichnet und, sofern angemessen, öffentlich verfügbar gemacht werden."

Über § 15 Abs. 3 MBO hat die Deklaration von Helsinki Einzug in das deutsche Standesrecht der Ärzte gefunden.[852]

Des Weiteren statuiert § 7 Abs. 1, S. 1 MBO:

> „Jede medizinische Behandlung hat unter Wahrung der Menschenwürde und unter Achtung der Persönlichkeit, des Willens und der Rechte der Patientinnen und Patienten, insbesondere des Selbstbestimmungsrechts, zu erfolgen."[853]

Das oben dargestellte Recht auf Behinderung[854] mit seinen grundrechtlichen Fundierungen im allgemeinen Persönlichkeitsrecht gemäß Art. 1 Abs. 1 in Verbindung mit Art. 2 Abs. 2, S. 2 GG ist somit auch Bestandteil des ärztlichen Standesrechts.[855]

---

significant benefit, in terms of improved psychological well being."], der sich bei der Begründung des Vorteils für die Betroffenen auf den Vergleichsfall von geschlechtsändernden Operationen bezieht.

851 Vgl. *Franck*, GesR 2009, S. 300; *Bridy*, Journal of Law, Medicine & Ethics 32 (2004), S. 155; *Lippert*, in: Ratzel/Lippert, Kommentar MBO, § 15 Rn. 28; vgl. *Quaas/Zuck*, Medizinrecht, § 67 Rn. 14; vgl. *Frewer*, in: Frewer/Bielefeldt (Hrsg.), Menschenrecht auf Gesundheit, 2016, S. 100 a.E. f.

852 Vgl. *Manok*, Body Integrity Identity Disorder 2012, S. 94.

853 Dieser Norm liegt die ethische Grundlage der Achtung und Autonomie des Patienten zugrunde, vgl. *Lippert*, in: Ratzel/Lippert, Kommentar MBO, § 2 Rn. 12; vgl. *Maio*, Mittelpunkt Mensch: Ethik in der Medizin, 2012, S. 148; vgl. *Beauchamp/Childress*, Principles of Biomedical Ethics 2013, Part II, Nr. 4, S. 101 ff.

854 S.o. § 4 III. 1. C. a Amputationswunsch als autonome Entscheidung im Sinne der Einwilligungsfähigkeit.

855 So auch: *Franck*, GesR 2009, S. 300; *Manok*, Body Integrity Identity Disorder 2012, S. 95, 103; vgl. *Schneider*, Body Integrity Identity Disorder 2016, S. 73.

Aus der Gesamtschau der medizinischen Vergleichsfälle in Verbindung mit dem Regelungsgehalt der Musterberufsordnung und der Deklaration von Helsinki ergibt sich, dass die Durchführung einer elektiven Wunschamputation nicht gegen das ärztliche Standesrecht verstößt. Die Deklaration von Helsinki trägt dem Aspekt der Unerforschtheit Rechnung.[856] Die Patientenautonomie und das Selbstbestimmungsrecht erfassen ein Recht auf Behinderung, das über § 7 Abs. 1, S. 1 MBO Bestandteil des ärztlichen Standesrechts geworden ist. Die Betrachtung von Schaden und Fürsorge erfolgten demnach aus subjektiver Patientensicht.

b. Aspekte der Risikoverringerung

Wie bereits oben beschrieben,[857] kann die Versagung einer professionell medizinisch durchgeführten Amputation drastische Folgen haben. Manche Betroffene greifen zu extremeren Mitteln und versuchen, die Amputation selbst an sich durchzuführen. Oder sie ergreifen selbstverletzende Maßnahmen, um eine Amputation aus medizinischen Gesichtspunkten unausweichlich zu machen.[858] Im extremsten Fall bringt die Verzweiflung die Betroffenen dazu, Suizid zu begehen.[859] Deswegen betrachten Amputationsbefürworter die Zulässigkeit von Wunschamputationen als eine Risikoverringerung gegenüber dem sonst bestehenden Risiko.[860]

Vor dem Hintergrund, dass die Betroffenen nicht davor zurückschrecken, einen somatischen Befund herbeizuführen, der wiederum eine medizinische Indikation darstellt und eine Amputation erzwingt, ist das Argument der Risikoverringerung in die juristische Bewertung mit einzubeziehen. Auch die unsachgemäße Selbstvornahme bringt die Betroffenen in nicht beherrschbare Gefahren, die schlimmstenfalls zum Tode führen.[861]

Diese Risikoverringerung wird in der Literatur auch als Schadensminimierung bezeichnet. Die Zulässigkeit ärztlich durchgeführter Wunschamputationen verhindere Selbstvornahmen der Betroffenen am eigenen Körper ohne medizinische

---

856 Vgl. *Agich*, Journal of Medical Ethics 2001; 27: S. 295.

857 S.o. § 2 I. 1 Problemaufriss.

858 Vgl. *Noll*, BIID – Kann eine Amputation langfristig helfen? 2011, S. 8, die auch auf Fälle von Selbstamputationen mit tödlicher Folge hinweist.

859 Zu Fällen von Suizid: *Kovacs*, The American Journal of Bioethics-Neuroscience 9 (2009), 44; *Ryan*, Neuroethics 2 (2009), 21, 27 m.w.N.; zur Suizidgefahr vgl. *Nitschmann*, ZStW 119 (2007), 547, 553; vgl. *Franck*, GesR 2009, S. 297 m.w.N.

860 *Kröger*, Therapieerfahrung und Therapieerfolg BIID 2013, S. 8.

861 Vgl. an Stelle vieler: *Noll*, BIID – Kann eine Amputation langfristig helfen? 2011, S. 5 m.w.N.

Fachkenntnis und sei somit in der Lage, verheerende Konsequenzen und unerwünschte Nebenfolgen bis hin zum Tode zu verhindern.[862]

Des Weiteren wird von *Levy* betont, dass es sich bei dieser Argumentation nicht – wie von *Müller* behauptet[863] – um subjektive Empfindungen, sondern um objektive ethische Betrachtungen handelt. Das Argument der Risikoverringerung müsse objektiv betrachtet werden. Beim Argument der Risikoverringerung sei alleine der Vergleich der zu erwartenden Ergebnisse zu betrachten. Die von *Müller* geforderte Betrachtung der Autonomie im Rahmen der Risikoverringerung betrachtet er sowohl als irrelevant als auch als falsch.[864] Richtigerweise handelt es sich bei der Frage nach dem bestehenden Risiko und dessen Verringerung um eine rein objektive Bewertung, bei der es nicht auf eine inzidente Kontrolle der Autonomie der Betroffenen ankommt. Die Möglichkeit der Minimierung des Risikos für den individuellen Patienten führt laut *Bayne* und *Levy* dazu, dass Amputationen unter gewissen Voraussetzungen bei ihrer Bewertung ein Minus zu Selbstverletzung, Selbstverstümmelung und zum Suizid darstellen.[865]

Müller widerspricht dem Argument, das Anbieten von medizinisch fachmännisch durchgeführten Amputationen könne gefährliche Selbstverstümmelungen verhindern. Dieses Argument impliziere, dass Amputationen für BIID-Betroffene unausweichlich seien und es lediglich um die Frage ginge, von wem sie ausgeführt würden. Des Weiteren statuiert sie, dass viele von BIID betroffene Personen vor einer Selbstverletzung zurückschrecken könnten, aber dennoch zu einer professionell durchgeführten Amputation hingezogen würden.[866]

---

862 *Levy*, The American Journal of Bioethics-Neuroscience 9 (2009), 50, 51 [„The first was the harm minimization argument, according to which we ought to accede to requests for amputation if we have good reason to believe that so doing will prevent sufferers from taking matters into their own hands, with potentially disastrous consequences."]; *Franck*, GesR 2009, S. 299; vgl. *Elliot*, The Atlantic Monthly 2000.

863 S.o. § 4 III. 1. C. b BIID als Ausschlussgrund für autonome, freie Entscheidungen.

864 *Levy*, The American Journal of Bioethics-Neuroscience 9 (2009), 50, 51 [„Although Müller's […] claims regarding autonomy are false, they are also irrelevant to these powerful arguments."].

865 *Bayne/Levy*, Journal of Applied Philosophy 22 (2005), 75, 79; so auch: *Franck*, GesR 2009, S. 299, 301; vgl. Kasten, Fortsch Neurol Psychiat 2009, S. 17; vgl. *Lomb*, Der Schutz des Lebendorganspenders 2012, S. 62.

866 *Müller*, The American Journal of Bioethics-Neuroscience 9 (2009), 36, 41 [„The offer of correctly performed amputations could prevent dangerous self-mutilations. This argument implies that amputations would be inescapable for BIID patients and the

Zur Begründung ihrer Gegenmeinung bedient sich *Müller* des Arguments der Sogwirkung. Das Schaffen von Rahmenbedingungen soll BIID-Betroffenen gerade die Möglichkeit geben, sich unter zu bestimmenden Voraussetzungen Gliedmaße entfernen zu lassen, ohne sich selber dazu verletzen zu müssen. Dieses Argument ist Gegenstand der Risikominimierung.

Müller beschreibt die Situation der Betroffenen exakt, verneint jedoch eine sich daraus ergebende Alternativlosigkeit. In der Lebenswirklichkeit spielt die Frage des *ob* bezüglich einer Amputation keine Rolle mehr für BIID-Patienten. Für sie geht es tatsächlich lediglich um die Ausgestaltung des *wie*.

Dieser Ansicht ist auch *Robert Smith*. Er stellt fest, dass die Versagung einer medizinischen Amputation dazu führe, dass die Betroffenen Mittel ergreifen, um sie selbst an sich zu vollziehen oder durch Selbstverletzung zu erzwingen.[867] Die Konsequenzen von verweigerten Amputationen sieht er mit Sorge. BIID-Patienten könnten die Hilfe von nicht ausgebildetem Personen in Anspruch nehmen, deren Dienste im Internet angeboten werden.[868] *Smiths* Ansicht spricht gegen die Ausführungen von *Müller*. Die oben bereits beschriebene[869] Verzweiflung der Betroffenen scheint in der Realität wirklich dazu zu führen, dass die Situation für die Betroffenen alternativlos erscheint. Die Frage, ob eine Amputation unerlässlich ist oder nicht, steht für die persönlich Betroffenen nicht zur Disposition.

Neben *Smith* finden sich auch noch weitere Stimmen in der Literatur, die sich dieser Meinung anschließen. So beschreibt *Dua*, dass für Apotemnophile ausschließlich die Option einer Amputation besteht. Anzumerken ist, dass sich die Ausführungen von *Dua* auf das Krankheitsphänomen Apotemnophilie beziehen, sich in puncto Amputationsverlangen und Risikoverringerung jedoch auch auf die Problematik von BIID übertragen lassen. Des Weiteren führt sie aus, dass die einzig bestehende Alternative aus Sicht der Betroffenen ein professionell

only question would be who performs them. In another regard, many people with BIID would not harm themselves but could be drawn to a professional amputation.“].

867 *British Broadcasting Company*, Complete Obsession (17.02.2000) [„The major concern with these individuals is that if they do not achieve their amputation by medical means they will try and achieve it by self-injury. We do have a number of individuals who have deliberately injured themselves with train tracks, shot guns and have achieved amputation this way.“].

868 *British Broadcasting Company*, Complete Obsession (17.02.2000) [„I have very serious concerns that they will either go to unlicensed practitioners and there are practitioners advising on the Internet to provide this service.“].

869 S.o. § 2 I. 1 Problemaufriss.

durchgeführter chirurgischer Eingriff ist, der bei Versagung nur durch eine do-it-yourself- oder Schwarzmarktamputation ersetzt werden kann.[870]

Für diese Ansicht spricht das gewichtige Argument, dass es – wie die oben exemplarisch aufgeführte Darstellung von Einzelfällen der Vergangenheit gezeigt hat – Fälle gibt, bei denen Betroffene aus dem Leidensdruck heraus eine Amputation oder amputationsähnliche Maßnahme an sich vorgenommen haben.[871]

In diesem Sinne verweist auch *Bridy* auf die Entschlossenheit der Betroffenen und die Gefahr von so genannten „Hinterhof-Amputationen". Sie beschreibt den Fall eines Betroffenen, der im Jahr 1998 in einem Motelzimmer in San Diego verstarb. Er erlag den Folgen einer „Hinterhof-Amputation", welche zu Gangrän (Wundbrand) geführt hatte. Sowohl die Entschlossenheit der Betroffenen als auch die große Gefahr, zu der diese im Falle der Versagung professioneller Hilfe führen kann, sind laut *Bridy* Argumente zur Befürwortung der Zulässigkeit von BIID-Amputationen aufgrund der Risikoverringerung.[872]

Auch *Stirn* spricht sich in einem Interview für die Zulässigkeit von Wunschamputationen aufgrund der Verringerung des Risikos für die Betroffenen aus. Die Zulässigkeit des ersehnten Eingriffs habe zur Folge, dass die Betroffenen sich nicht mehr mit zum Teil tödlicher Folge selbst verletzten.[873]

Auch die Repräsentation von BIID-Betroffenen in Foren spricht für die von *Müller* verneinte Aussage. Ein Großteil des Gedankenaustauschs der Betroffenen

---

870 *Dua*, Journal of Medical Ethics 36 (2010), 75, 76–77 [„Apotemnophiles do not allow themselves the luxury of ‚no amputation' as an alternative."] [„The only options are either that a surgeon does the amputation in a safe environment or that the apotemnophile will conduct an amputation at home or in a ‚back-alley' fashion, where the person's life would be put to a serious risk."] m.w.N.; vgl. *Bigalke*, Süddeutsche Zeitung 12.05.2010, 1.

871 S.o. § 2 II. 2 Studien und Fallbeispiele; vgl. *Patrone*, Journal of Medical Ethics 35 (2009), 541; vgl. *Pollmann*, in: Walt, Sibylle van der/Menke (Hrsg.), Die Unversehrtheit des Körpers, 2007, S. 214, 214–215.

872 *Bridy*, Journal of Law, Medicine & Ethics 32 (2004), 148 [„Consider the case of Philip Bondy, an apotemnophile who died from gangrene in 1998 in a San Diego motel room within days of a ‚back alley' amputation in Tijuana. Bondy's case is illustrative of both the grim determination of apotemnophiles to effectuate the amputations they desire and the serious physical harm to which this determination makes them potentially vulnerable"]; bzgl. des Falls Bondy vgl. *British Broadcasting Company*, Complete Obsession (17.02.2000), mit der zusätzlichen Schilderung der tödlichen Folgen einer entgeltlichen Amateuroperation in Mexiko; bzgl. der Fälle von tödlichen Wundinfektionen wird auf die Beschreibung einer illegalen Schwarzmarktamputation für 10 000 $ verwiesen (vgl. *Elliot*, The Atlantic Monthly 2000).

873 *Langer*, SPIEGEL ONLINE 24.06.2010, 1 ff.

unter sich befasst sich mit dem Thema anderweitiger Amputationsmöglichkeiten im Falle der Versagung medizinisch professioneller Amputation. Laut *Bridy* seien die Betroffenen zum jetzigen Zeitpunkt auf sich selbst gestellt. Unter Verweis auf *Smith* erläutert sie die hohe Wahrscheinlichkeit, dass manche Betroffene eine „Behandlung“ in Eigenregie durchführen, indem sie Unfälle vortäuschten oder sich selbst Gliedmaße abtrennten. Auch benennt sie die Möglichkeit, dass Betroffene aufgrund ihrer Frustration Hilfe von nicht lizensierten und skrupellosen Praktikern suchten, um gegen ein Entgelt eine Operation zu erhalten, die den medizinischen Standards nicht entspreche.[874]

Als Argument gegen *Müller* führen *Bayne* und *Levy* darüber hinaus an, dass auch die Verweigerung professioneller Amputationen die Betroffenen nicht von ihrem intensiven Wunsch abrücken lasse. Unter Berücksichtigung dieses Aspekts sei, zumindest für den Zeitraum mangelnder Alternativen, eine klinische Operation das geringste Übel von allen.[875]

Den Aspekt der erhöhten Sicherheit und des geminderten Risikos nicht intendierter Gefahren räumt auch *Müller* ein. Eine fachlich ordnungsgemäß durchgeführte Amputation sei verglichen mit Amateur-Amputationen und Selbstamputationen, bei denen bereits Betroffene ungewollt das Leben verloren hätten, besser. Im Ergebnis führt sie jedoch erneut die Gefahr von Sogwirkungen an, die die Zulässigkeit erzeugen könne, und lehnt sie aufgrund dessen ab.[876]

Vorliegend kann erneut auf die Studie von *First* zurückgegriffen werden. Bezüglich der Stärken und Schwächen dieser Studie, insbesondere ihrer Aussagekraft aufgrund der vergleichsweise niedrigen Anzahl der Probanden wird auf die oben gemachten Aussagen[877] im Rahmen der Auswertung der existierenden Studien verwiesen.

Die First-Studie beschreibt, dass sich 6 von 52 Probanden selbst amputierten. Unter anderem mit Hilfe einer Motorsäge, einer Pistole oder eines Holzhackers.

---

874 *Bridy*, Journal of Law, Medicine & Ethics 32 (2004), 148, 155 m.w.N.

875 *Bayne/Levy*, Journal of Applied Philosophy 22 (2005), 75, 79 [„At least so long as no other treatments are available, surgery might be the least of all evils.“]; vgl. *First/Fisher*, Psychopathology 2012(45), S. 13; vgl. *Kasten*, Ergopraxis 3, 2011, S. 25.

876 *Müller*, in: Groß/Müller/Steinmetzer (Hrsg.), Normal – anders – krank?, 2008, S. 229, 257; bzgl. der bestehenden Gefahr von ungewollten Verletzungen bis hin zur ungewollten Todesfolge vgl. *Elliot*, in: Kuhse/Singer (Hrsg.), Bioethics, 2006, S. 625, 626 [„Both Smith and Reid pointed out that these people may unintentionally harm or even kill themselves trying to amputate their own limbs.] m.w.N.; *Richard Fox, British Broadcasting Company*, Complete Obsession (17.02.2000); *Stephan*, Süddeutsche Zeitung Magazin 2014, S. 48.

877 S.o. § 2 II. 2 Studien und Fallbeispiele.

Elliot schildert sowohl den Fall einer Amputation mittels selbstgebauter Gerätschaften – ähnlich einer Guillotine – als auch den bereits erwähnten Fall eines 79-jährigen Mannes, der in Mexiko 10 000 $ für eine Schwarzmarktamputation bezahlte und an den Folgen des nicht fachgerechten Eingriffs verstarb. Er verdeutlicht, dass ähnlich gelagerte Fälle keine Seltenheit darstellen.[878] Mangels Studien können über die Frequenz eines unter Umständen bestehenden Amputations-Tourismus keine gesicherten Aussagen getroffen werden. *Kissler* beruft sich auf Aussagen von „Protagonisten der ‚Szene'" denen zufolge jeden Monat 100 Betroffene aus Europa und 200 Betroffene aus Amerika in Entwicklungsländer wie Mexiko und die Philippinen reisen, um dort eine entgeltliche Amputation zu erhalten.[879]

Auch hier zeigt sich, dass das moderne Medizinstrafrecht nicht die Augen vor der Lebenswirklichkeit verschließen darf. In der Realität ist die Entschlossenheit der Patienten nicht nur ein weiterer Indikator für den immensen Leidensdruck und den bestehenden Handlungsbedarf, sondern verdeutlicht auch, dass es für die Betroffenen wirklich nicht die Wahl zwischen einer Amputation oder keiner Amputation zu geben scheint. Vielmehr geht es um die Klärung der Frage, wie die betroffene Gliedmaße ohne ungewollte Risiken entfernt werden kann.

Dass die Verringerung eines Risikos bei medizinisch nicht indizierten Eingriffen in die medizinische und medizinrechtliche Argumentation mit einfließt, lässt sich anhand der oben ausgeführten Stellungnahme[880] der *Zentralen Ethikkommission* im Rahmen des Vergleichsfalls von nicht indizierten Schönheitsoperationen belegen. Vorliegend ging es um die Frage der Risikoverringerung medizinisch nicht indizierter ästhetischer Chirurgie. Die Kommission verdeutlichte, dass ein Arzt zu derartigen Eingriffen ohne Krankheitsbezug grundsätzlich keinerlei Verpflichtung habe. Dennoch betonte die Kommission, dass es auch

---

878 *Elliot*, in: Kuhse/Singer (Hrsg.), Bioethics, 2006, S. 625 [„Healthy people seeking amputations are not nearly as rare as one might think. In May 1998 a seventy-nine-year-old man from New York traveled to Mexico and paid $ 10,000 for a black-market leg amputation; he died of gangrene in a motel. In October 1999 a mentally competent man in Milwaukee severed his arm with a homemade guillotine, and then threatened to sever it again if surgeons reattached it. That same month a legal investigator for the California state bar, after being refused a hospital amputation, tied off her legs with tourniquets and began to pack them in ice, hoping that gangrene would set in, necessitating an amputation. She passed out and ultimately gave up."] m.w.N.; *Johnston/Elliot*, Clin Med 2002; 2, S. 432.

879 *Kissler*, Süddeutsche Zeitung 11.05.2010, Mein Bein gehört mir, S. 1.

880 S.o. § 5 II. 3. C. b Neuzeitliches Verständnis des Körpers.

eine Legitimation dafür gebe, Eingriffe dieser Art nicht abzulehnen. Namentlich der Grund des verringerten Risikos, wenn dieselbe Behandlung „möglicherweise andernfalls von weniger Kompetenten übernommen" werde. Sowohl die „fachliche Qualifikation" als auch die Bindung durch „Berufsethos und Berufsrecht" verringerten das Risiko für den Betroffenen.[881]

Aus der Gesamtschau ergibt sich, dass das vorgebrachte ethische Argument der Risikoverringerung auch bei der juristischen Bewertung zum Tragen kommt. Ethische Implementierungen im ärztlichen Standesrecht entfalten somit ihre Wirkung auch bei der medizinstrafrechtlichen Bewertung von elektiven Wunschamputationen. Die Risikoverringerung ist also ein weiteres Argument gegen die Sittenwidrigkeit und für die Zulässigkeit von Amputationen innerhalb des Phänomens BIID.

c. *Linderung Leidensdruck*

Neben der Verringerung des objektiven Risikos für die Patienten gehen die Befürworter auch von einem Vorteil subjektiver Art für die betroffenen Personen aus. Wie bereits beschrieben[882] waren Amputationen das einzige Mittel, den Leidensdruck der Betroffenen effektiv und nachhaltig zu beseitigen.

Wie bereits oben mehrfach ausgeführt, bedarf es zur prospektiven Bewertung einer ärztlichen Maßnahme einer Abwägung sowohl ihres Nutzens als auch ihres Risikos.[883] Bezüglich der Erfolgsaussichten in puncto Heilung und der subjektiven Einschätzung von Patienten, die ihre Gliedmaße bereits verloren haben, wird auf die oben gemachten Ausführungen verwiesen.[884] Auch bezüglich der subjektiven Komponente einer Amputation und deren Bewertung durch die Betroffenen selbst finden sich zahlreiche Stimmen in der Literatur, die sich aufgrund dessen für die Zulässigkeit von Amputationen aussprechen. Bezogen auf die Linderung des subjektiven Leids spricht sich *Levy* erneut für die Zulässigkeit aus. Die Schädigung, die von einer Amputation ausgehe, könne geringer sein als die fortlaufende und kontinuierliche Schädigung, die vom täglich erlebten Leidensdruck der Betroffenen herrühre.[885]

---

881 *Zentrale Ethikkommission*, Deutsches Ärzteblatt 109 (2012), 2000, 2001.

882 S.o. § 2 II. 8. G Amputation.

883 *Rössler*, in: Pöldinger/Wagner (Hrsg.), Ethik in der Psychiatrie, 1991, S. 72, 77.

884 S.o. § 2 II. 2 Studien und Fallbeispiele; vgl. *Franck*, GesR 2009, S. 299.

885 *Levy*, The American Journal of Bioethics-Neuroscience 9 (2009), 50, 51; so auch: *Franck*, GesR 2009, S. 300 mit Betonung der Kosten für die Solidargemeinschaft hervorgerufen von psychischem Leiden und Selbstverstümmelungen im Gegensatz zu einer professionell durchgeführten Amputation mit ärztlicher Nachsorge; vgl.

Entgegen den Argumenten gegen die Zulässigkeit von Wunschamputationen[886] wehrt sich *Craimer* gegen die These, es sei nicht verständlich, in einen Körperschaden ohne medizinische Indikation einwilligen zu wollen. Laut *Craimer* könne den Betroffenen nicht die Vernunft abgesprochen werden. Er beleuchtet dieses Argument genau gegenteilig. Seiner Meinung nach sei es irrational, einen derartigen Amputationswunsch nicht zu wollen in Anbetracht der enormen psychischen Belastung und des enormen Leidensdrucks.[887] Auch *Elliot* schließt sich dieser Argumentation an. Ihm zu Folge liege dem Wunsch der Betroffenen nach einer Amputation eine „schonungslose Logik" zugrunde. Die Betroffenen seien sich der Veränderung ihres bisherigen Lebens durch den Eingriff durchaus bewusst. Er stellt die Frage, ob es schlimmer sei, ohne ein Bein zu leben oder mit einem das Leben beherrschenden Amputationswunsch.[888]

In einem Interview verdeutlicht auch *Stirn*, dass sie den Leidensdruck der Betroffenen für „immens" hält, zumal es Fälle gebe, bei denen sich die Betroffenen seit 35 Jahren mit diesem Wunsch beschäftigen. Sie sieht in der Linderung des Leidensdrucks ein deutliches Argument zugunsten von Amputationen.[889]

Die Schwierigkeit, im Falle des Phänomens BIID über innere Vorgänge einer Person zu entscheiden und daran medizinische Maßnahmen knüpfen zu können, ist ein erhebliches Problem bei der Frage von Wunschamputationen. *Bayne* und *Levy* weisen darauf hin, dass es sich bei BIID um eine Art Störung handele, die für einen objektiven Dritten von außen nicht erkennbar gemacht werde könne, da das Missverhältnis von Physis und Psyche für Außenstehende nicht ersichtlich sei. Dennoch betonen sie, dass der Umstand der Unzugänglichkeit der Krankheit für Nichtbetroffene nicht zu dem Schluss führen dürfe, dass die Betroffenen nicht unter diesem Zustand litten.[890]

---

hierzu: *Mackenzie/Cox*, International Journal of Law in Context 2007, S. 372 a.E. f.; so auch: *Smith*, in: Bioethics, Medicine and the Criminal Law (Vol. 1), 2013, S. 79.

886 S.o. § 5 II. 3. G. a Nichtschadensgrundsatz vs. Fürsorgeprinzip des ärztlichen Standesrechts.

887 *Craimer*, The American Journal of Bioethics-Neuroscience 9 (2009), 53, 54; *White*, HEC Forum (2014) 26, S. 231; vgl. *Stirn/Thiel/Oddo*, S. 168, die den Amputationswunsch als lediglich vermeintlich irrational bezeichnen.

888 *Elliot*, in: Kuhse/Singer (Hrsg.), Bioethics, 2006, S. 625, 632.

889 *Menke*, SPIEGEL ONLINE 22.09.2008, 1, 2.

890 *Bayne/Levy*, Journal of Applied Philosophy 22 (2005), 75, 85 [„Disorders of depersonalisation are invisible to the outside world: they are not observable from the third-person perspective in the way that most other disorders are. But the fact that they are inaccessible should not lead us to dismiss the suffering they might cause."]; vgl. *Patrone*, Journal of Medical Ethics 35 (2009), 541, 542.

Die Ähnlichkeit der Argumente bezüglich der Linderung des Leidensdrucks und bezüglich der Verringerung des Risikos ist evident, weil beide Problemkreise in einem engen Bezug zueinanderstehen. Nicht nur gibt es Belege für die positiven Reaktionen nach Ausführung des Eingriffs. Auch die prospektive Betrachtung des Lebens als Amputierter fällt bei den Betroffenen nicht anders aus. So äußerte sich ein Betroffener namens Gregg über die Gefühle, die die bevorstehende Amputation begleiteten. Er bezeichnete es als ein Gefühl großer Freude. Obwohl er wisse, dass die Gefahr des Todes bestehe, sei er nicht von seinem Vorhaben abzubringen.[891]

Die Tatsache, dass auch die Gefahr, den Eingriff nicht zu überleben, diese Menschen nicht abschreckt, ist ein Indikator für den Leidensdruck, der bei der Durchführung einer Amputation wegfiele. Dies belegt auch der bereits geschilderte Fall von Norman, der die Amputation als „riesige Erleichterung" bewertete und sich seitdem als „der glücklichste Mensch der Welt" bezeichnet.[892] Das von vielen Betroffenen empfundene Glück, der Ausweg aus der Depression und die Beendigung der Ängste durch eine Amputation ist vorliegend als die Linderung des Leidensdrucks und damit die Beseitigung der psychischen Probleme der Betroffenen anzuerkennen. Hierin ist ebenfalls eine Heilung der Betroffenen zu sehen.[893]

Bezogen auf das Phänomen der Wunsch erfüllenden Medizin, macht *Synofzik* darauf aufmerksam, dass in der heutigen westlichen Gesellschaft zunehmend medizinische Leistungen angeboten und beansprucht werden, die sich auf derartige Gesundheitszustände bezögen, denen zwar gewöhnlich kein hoher Leidensdruck innewohnt, die jedoch für den individuell Betroffenen im Rahmen des eigenen Lebenskonzepts eine Beeinträchtigung darstellten oder wenigstens den Anschein der Verbesserungswürdigkeit hätten.[894] Die Tatsache, dass eine Wunschmedizin

891 *British Broadcasting Company*, Complete Obsession (17.02.2000) [„I can imagine that I would feel a lot of glee inside, a lot of happiness. I can imagine there'd be a real calming effect, you know, of finding my own identity, yeah. There is still the potential of dying, but it doesn't take me off the course for the surgery. I'm willing to, to, to go that way."].

892 *Langer*, SPIEGEL ONLINE 24.06.2010, 1 ff.

893 Vgl. Robert Smith in *British Broadcasting Company*, Complete Obsession (17.02.2000), der ebenfalls auf die Aspekte der Verbesserung des sozialen und öffentlichen Lebens seines amputierten Patienten eingeht; siehe auch: *Kissler*, Süddeutsche Zeitung 11.05.2010, Mein Bein gehört mir, S. 1; vgl. *Kröger*, Therapieerfahrung und Therapieerfolg BIID 2013, S. 12.

894 *Matthis Synofzik*, in: Kettner (Hrsg.), Wunscherfüllende Medizin, 2009, S. 153; vgl. *Elliot*, in: Kuhse/Singer (Hrsg.), Bioethics, ^{2}2006, S. 625, 632; zum Grenzbereich von wunscherfüllender Medizin und dem Phänomen von BIID vgl. *Frewer*, in: Frewer/Bielefeldt (Hrsg.), Menschenrecht auf Gesundheit, 2016, S. 104 a.E. f.; vgl. *Rothhaar*/

ohne großen Leidensdruck weit verbreitet ist, lässt sich folglich erst recht auf die Problematik von BIID übertragen, bei der der Leidensdruck der Betroffenen einen zentralen Punkt darstellt.

Wie bereits eingangs angedeutet, enthält somit der weite Interpretationsspielraum des oben ausgeführten Hippokratischen Eides eine Lesart, die in einer BIID-Amputation keinen Schaden für den Patienten erkennt und somit vom Fürsorgegrundsatz des Hippokratischen Eides erfasst ist. Dieser verhält sich – wie bereits oben beschrieben – spiegelbildlich zu dem Nichtschadensprinzip.[895] Das Fürsorgeprinzip beinhaltet ärztliche Verhaltensregeln wie zum Beispiel den Schutz und die Verteidigung der Rechte anderer Personen, die Schadensverhinderung, die Beseitigung von Zuständen, die zukünftig zu einem Schaden führen sowie die Personenrettung in Gefahr und die Hilfe für behinderte Menschen.[896]

Unter dem Aspekt der körperlichen Integrität sei – gemäß der befürwortenden Betrachtungsweise – eine erfolgte BIID-Amputation kein Verstoß gegen die ethische Größe des Nichtschadensgrundsatzes, sondern fiele allein unter den Aspekt des Wohltunsprinzips. Der von den BIID-Betroffenen generierte Amputationswunsch beruhe sowohl auf einer realistischen Einschätzung der Betroffenen als auch auf dem wunschgemäß gefestigten und beständigen Wertgefüge der Betroffenen. Unter diesen Voraussetzungen sei die Bereitschaft eine Amputation durchzuführen aus ethischer Sicht die einzige Maßnahme, die die körperliche Integrität des Individuums achte. Das Ergebnis der Amputation bei BIID-Patienten sei die Herstellung einer Kongruenz von körperlichem und geistigem Körperbild, die von den Betroffenen als körperliche Integrität empfunden werde.[897] Das Fürsorgeprinzip bedeute nämlich keinen Paternalismus sondern, dass der behandelnde Arzt die vom individuellen Patienten selbst festgelegten Behandlungsziele fördere.[898] In diesem Sinne müsse man sich die Frage stellen,

---

Frewer, in: Rothhaar/Frewer (Hrsg.), Das Gesunde, das Kranke und die Medizinethik 2012, S. 7, die betonen, dass im Rahmen der Enhancementmedizin „jede Abgrenzung zwischen Behandlung und Optimierung auf eine intersubjektiv validen Gesundheits- und Krankheitsbegriff angewiesen ist".

895 Bezüglich des Rangverhältnisses der Grundsätze wird auf die oben gemachten Ausführungen verwiesen, s. o. § 5 II. 3. G. a Nichtschadensgrundsatz vs. Fürsorgeprinzip des ärztlichen Standesrechts; vgl. *Schreiber*, FS-Starck, S. 113, der auf die „Abwägung aufgrund ihrer relativen Gewichtung im Einzelfall" abstellt; vgl. *Beauchamp/Childress*, Principles of Biomedical Ethics 2013, Part II, S. 101 ff.

896 *Wallner*, Health Care zwischen Ethik und Recht, 2007, S. 36.

897 *Slatman/Widdershoven*, The American Journal of Bioethics-Neuroscience 9 (2009), 48, 49.

898 *Glannon*, Biomedical Ethics, 2005, S. 30.

ob nicht die Versagung einer medizinisch fachmännischen Amputation bei BIID-Betroffenen, die den verzweifelten Patienten dazu bringen könnte, den Eingriff an sich selbst vorzunehmen oder durch anderweitige Maßnahmen zu erzwingen, der eigentliche ethische Verstoß gegen sowohl Nichtschadensprinzip als auch das Fürsorgeprinzip darstelle.[899]

Zur Rechtfertigung einer Amputation durch das Fürsorgeprinzip müsse der Vorteil der Amputation für den Patienten den Schaden überwiegen. Hierzu bedarf es laut *Müller* der Erfüllung verschiedener Kriterien. Erstens der Effektivität der Maßnahme, zweitens der Nachhaltigkeit des erzielten Effekts und drittens des Fehlens einer weniger schädlichen Therapiemethode.[900] *Müller* selbst ist der Ansicht, die von ihr selbst aufgestellten Kriterien seien im Falle der BIID-Betroffenen nicht erfüllt. Zum einen bestreitet sie die Effektivität der Amputation als medizinische Heilungsmaßnahme, und zum anderen erachtet sie die wenigen Erfolgsberichte von bereits ausgeführten Amputationen für wissenschaftlich nicht verwertbar.[901] Diese Ansicht erscheint jedoch wenig überzeugend. Auf der einen Seite macht sie das Bestehen einer alternativen und zeitgleich weniger invasiven Heilungsmethode zur Grundlage der Argumentation. Eine Therapiealternative steht jedoch, wie oben bereits ausgeführt,[902] zum heutigen Stand der Wissenschaft nicht zur Verfügung. Des Weiteren sollte das Kriterium der geringeren Schädlichkeit von *Müller* zeitgleich eine identische Wirksamkeit implizieren, da eventuell bestehende Therapiemethoden schon aufgrund der Unterschiedlichkeit ihrer Erfolge nicht miteinander verglichen werden können.

---

899 *Dua*, Journal of Medical Ethics 36 (2010), 75, 77 [„Furthermore, if, as stated above, amputation is denied, and patients are forced into illegal means of attaining treatment (a.k.a. amputation), does that not breech the ethical code of non-maleficence (do no harm) and beneficence (the duty of a physician to patient welfare) demanded of any practising physician?"]; *Maio*, Mittelpunkt Mensch: Ethik in der Medizin, 2012, S. 125.

900 *Müller*, The American Journal of Bioethics-Neuroscience 9 (2009), 36, 41 [„Amputations could be justified according to the principle of *beneficence* if their benefit for the patient would override their harm. Therefore the following conditions needed to be fulfilled: 1) effectiveness, 2) sustainability of the effect, and 3) non-existence of a less noxious therapy."].

901 *Müller*, The American Journal of Bioethics-Neuroscience 9 (2009), 36, 41 [„But they cannot present scientific evidence for the effectiveness of amputation as a BIID therapy, and refer to only about approximately 10 cases. Furthermore, these cases are collected from patients who looked for a contact to researchers and media because they are happy with their amputations."].

902 S.o. § 3 III. 2. B. b. cc. aaa Phänomen BIID als absolute Indikation.

In diesem Sinne gehen Befürworter der Zulässigkeit von Amputationen davon aus, dass die von *Müller* aufgestellten Kriterien zum heutigen Stand der Forschung im Falle von BIID-Wunschamputationen erfüllt seien.[903] Auch bei der isolierten Betrachtung der Linderung des Leidensdrucks ergibt sich kein Verstoß gegen das ärztliche Standesrecht, aus dem sich damit ebenfalls ein Recht auf Behinderung ableiten lässt.

d. Sogwirkung

Ein weiteres Argument, dass gegen die Zulässigkeit von elektiven Wunschamputationen angeführt wird, ist die Befürchtung von Gegnern, es könne zu einer so genannten Sogwirkung kommen, die eine Vielzahl von weiteren Amputationen nach sich ziehe.[904] Diesen Effekt befürchten Kritiker ebenfalls bei der Aufnahme von BIID in das DSM-Manual. Die Zulässigkeit von derartigen Amputationen und die Klassifikation als Störung im Sinne des DSM-Manuals könne aus BIID eine neue „Modekrankheit" machen oder einen so genannten „Looping-Effekt" erzeugen, der dazu führt, dass Menschen sich ihre Identität durch das neue Phänomen kreierten.[905] Bei diesem Effekt beeinflusst sowohl das Konzept das Objekt, auf das es sich bezieht, und ebenfalls umgekehrt hat das Objekt Einfluss auf das Konzept.[906] Ähnlich einem Sogeffekt wird das so genannte Slippery-Slope-Argument angeführt, nach dem sich durch die Zulässigkeit sukzessive, implizite Zwänge für andere ergeben könnten.[907]

Amputationsbefürworter sprechen sich gegen dieses Argument aus. Die Bedenken der Amputationsgegner seien unbegründet, da die operative Amputation einer gesunden Gliedmaße dem heute vorherrschenden Konzept des idealen Körpers zuwiderlaufe. Nicht nur sei es ein Grundbedürfnis der meisten Menschen körperlich intakt zu sein, auch werde diese Einstellung insbesondere durch Werbung verstärkt. Die Gefahr einer Ausbreitung von Amputationswünschen sei folglich nicht zu befürchten.[908] Selbst *Müller* stimmt in diesem Punkt zu. Die

---

903 *Bayne/Levy*, Journal of Applied Philosophy 22 (2005), S. 84 f.; vgl. *Furth/Smith*, Amputee Identity Disorder, 2000, S. 87 f.

904 S.o. § 5 II. 3. G. b Aspekte der Risikoverringerung.

905 *Müller*, in: Groß/Müller/Steinmetzer (Hrsg.), Normal – anders – krank?, 2008, S. 229, 260.

906 Vgl. *Elliot*, in: Kuhse/Singer (Hrsg.), Bioethics, 2006, S. 625, 631–632.

907 *Schicktanz*, in: Ehm/Schicktanz (Hrsg.), Körper als Maß?, 2006, S. 225, 238; vgl. *Schneider*, Body Integrity Identity Disorder 2016, S. 34.

908 *Bayne/Levy*, Journal of Applied Philosophy 22 (2005), 75, 85 [„there is reason to think that such fears are unwarrented. The desire for amputation of a healthy limb is at odds with current conceptions of the ideal body image. The preference for bodily integrity is deep-seated in normal human beings, and advertising does much to reinforce such norms. We therefore think it unlikely that the desire for amputation will proliferate."].

Gefahr einer neuen Modekrankheit sei aufgrund der enormen Abweichung einer Amputation vom etablierten Idealbild gering. Sie ist jedoch der Meinung, BIID könne für Menschen mit hoher regressiver Veranlagung eine anziehende Alternative darstellen.[909] Unter einer Regression im psychologischen Kontext versteht man einen Abwehrmechanismus durch das Wiederauftreten von früheren – im Sinne von infantilen – Verhaltensweisen. Eine Regression findet sich insbesondere bei Psychosen und Neurosen.[910]

Zur Verneinung einer Sogwirkung, hervorgerufen durch die Zulässigkeit von Wunschamputationen, finden sich weitere Ansichten in der Literatur. Die Angst vor einem unkontrollierten Sog sei unbegründet. Die Zulässigkeit von Amputationen führe nicht zu einem epidemieartigen Amputationswunsch.[911] Für die meisten Menschen stelle der Verlust einer Gliedmaße eine furchtbare Vorstellung dar. Sollte es nach festgestellter Zulässigkeit von Amputationen doch zu einem vermehrten Aufkommen kommen, sei dies alleine darauf zurück zu führen, dass mehr Menschen mit ihrem ohnehin vorhandenen Amputationswunsch an die Öffentlichkeit träten, anstatt still zu leiden.[912] Dieses Argument deckt sich ebenfalls mit der Annahme, dass der Zuwachs von BIID-Betroffenen in der Vergangenheit auf die zunehmende Bekanntheit des Phänomens und die durch das Internet verbesserte Kommunikation zurück zu führen ist, sodass viele Betroffene nicht mehr davon ausgehen müssen mit ihrem Amputationswunsch alleine zu sein.[913] Zum Beitrag des Internets zum Bekanntwerden von Einzelfällen wird auf die oben gemachten Ausführungen[914] verwiesen.

---

909 *Müller*, in: Groß/Müller/Steinmetzer (Hrsg.), Normal – anders – krank?, 2008, S. 229, 260.

910 *Reuter*, Lexikon Medizin 2004, Stichwort Regression Nr. 2; http://flexikon.doccheck.com/de/Regression (zuletzt abgerufen am 12.10.2017).

911 *Franck*, GesR 2009, S. 299.

912 *Elliot*, in: Kuhse/Singer (Hrsg.), Bioethics, 2006, S. 625, 631–632 [„Suppose doctors started amputating the limbs of wannabes. Would that contribute to the spread of the desire? Could we be faced with an epidemic of people wanting their limbs cut off? Most people would say, Clearly not. Most people do not want their limbs cut off. It is a horrible thought. The fact that others are getting their limbs cut off is no more likely to make theses people want to lose their own limbs than state executions are to make people want to be executed. And if by some strange chance more people did ask to have their limbs amputated, that would be simply because more people with the desire were encouraged to ‚come out' rather than suffer in silence."]; bzgl. der häufig verbreiteten Reaktion des Ekels beim Erstkontakt mit der Thematik elektive Wunschamputation siehe *Tomasini*, Ethics & Medicine 22 (2006), 99, 103.

913 *Möller/Oddo/Stirn*, Persönlichkeitsstörungen 17 (2013), 99, 102.

914 S.o. § 2 I. 1 Problemaufriss.

Im Falle eines zahlenmäßigen Anstiegs von durchgeführten Amputationen handelt es sich folglich aller Wahrscheinlichkeit nach um diejenigen Betroffenen, die sich vorher nicht getraut haben, mit ihrem Amputationswunsch an die Öffentlichkeit zu gehen. Es ist aufgrund der hohen „Hemmschwelle" nicht davon auszugehen, dass eine Zulässigkeit von BIID-Amputationen neue Fälle erschafft, die anderenfalls nicht aufgetreten wären.[915]

Nicht verkannt werden sollte zudem, dass eine Auslegung des Amputationswunsches in beide Richtungen und jeweils zum Nachteil der betroffenen Patienten nicht stichhaltig ist. Während ein Argumentationsstrang anführt, es handele sich um einen derart abwegigen und krankhaften Amputationswunsch, der bereits auf enorme psychische und psychiatrische Defizite hinweise (siehe oben im Rahmen der Autonomiedebatte[916]) und zwingend zur Versagung von Amputationen führen müsse, argumentieren Amputationsgegner zeitgleich damit, dass die Anerkennung des Phänomens einen derartigen Sog in der Gesellschaft erzeugen könne, der aus BIID eine neue Modekrankheit mache, indem es sonst unversehrt gebliebene Menschen zu BIID-Betroffenen mache.

Darüber hinaus ist ebenfalls anzumerken, dass eine Amputation unter keinen Umständen ohne vorherige Anamnese und Diagnose durchgeführt werden würde, sodass auch die Antriebe und Motivationen der Betroffenen professionell und vollumfänglich untersucht werden würden. Ähnlich den gesetzlichen Regelungen des TSG würde die Durchführung einer Operation an das Vorliegen unabhängiger psychiatrischer Gutachten gebunden, und so eine befürchtete Übereilung und Willkür verhindert.[917]

e. *Komplikationen und Nebenwirkungen der Amputation*

Neben den bereits ausgeführten Argumenten äußert *Müller* als Amputationsgegnerin auch Bedenken aufgrund der von einer professionell ausgeführten Amputation ausgehenden Komplikationen, Nebenwirkungen und Folgebehandlungen. Hierbei nimmt sie Bezug auf allerhand medizinisch denkbare Komplikationen, die auch nur im weitesten Sinne möglich erscheinen. Die Gefahr von Infektionen mit Hepatitis, HIV oder der neuen Variante der Creutzfeld-Jakob-Erkrankung

---

915 Vgl. *Pfäfflin*, in: Roxin/Schroth, Handbuch des Medizinstrafrechts, Kap. III, S. 657, der beschreibt, dass auch ein von Kritikern des TSG befürchteter Ansturm ausgeblieben ist.

916 S.o. § 4 III. 1. C. b BIID als Ausschlussgrund für autonome, freie Entscheidungen.

917 Zur verpflichtendenden psychotherapeutischen Betreuung bei BIID-Betroffenen siehe: *Lomb*, Der Schutz des Lebendorganspenders 2012, S. 62; so auch: *First/Fisher*, Psychopathology 2012(45), S. 10.

aufgrund von Fremdbluttransfusionen könnten nicht sicher ausgeschlossen werden.[918]

Als weiteres Argument gegen eine Amputation führt *Müller* die von einer Amputation hervorgerufene psychische Belastung auf. So beschreibt sie, dass eine Amputation für die überwiegende Mehrzahl der Bevölkerung mit einem Trauma einherginge, unter dem die Betroffenen lebenslang litten.[919]

Diese Aussage trifft aber gerade nicht auf BIID-Patienten zu, die ihr Leben lang unter der Präsenz der als fremd empfundenen Gliedmaße leiden. Die Amputation darf hier nicht losgelöst von der Person, die sie betrifft, betrachtet werden. Ansonsten könnte man dasselbe Argument auch beispielsweise geschlechtsändernden Operationen entgegenhalten. Für eine gesunde Frau oder einen gesunden Mann wäre es mit Sicherheit ebenfalls ein traumatisches Ereignis, unter dessen Folgen sie oder er ein Leben lang leiden würde, unterzöge man sie oder ihn einer geschlechtsändernden Operation.

Das von *Müller* angeführte Argument ist folglich nicht stichhaltig. Wenn das Leiden eines gesunden Menschen unter einer erfolgten Amputation hervorgehoben wird, muss dies in umgekehrter Form – spiegelbildlich – auch bei Menschen, die gerade unter der Präsenz einer Gliedmaße leiden, Berücksichtigung finden. Insbesondere wenn man der Amputation bei nicht von BIID betroffenen Amputierten „den Verlust der körperlichen Identität, und schwerwiegende psychische Folgen" beimisst. Diese sind nämlich bei nichtamputierten BIID-Betroffenen der Normalzustand, sodass das Argument von *Müller* gänzlich ins Leere geht. Auch führt *Müller* die Möglichkeit von Depressionen nach einer Amputation an, verweist aber auf die generelle Frage, ob die vorgebrachten Argumente bei BIID-Betroffenen zur Anwendung kommen können. Sie selbst äußert Bedenken bei einer analogen Anwendung der Symptome von ungewollt Amputierten auf Wunschamputierte. Fallberichte von bereits amputierten BIID-Betroffenen, denen die Amputation zu einem besseren und erfüllten Leben verhalf, bewertet *Müller* zwar als „anekdotisch", räumt aber ein, dass derartige Fallbeispiele die Befürchtung möglicher psychischer Schäden, hervorgerufen von einer elektiven Wunschamputation, beseitigen.[920]

Auch die Ausführungen zu unter Umständen auftretenden Nebenfolgen oder sich verwirklichenden abstrakten Risiken können bei der Argumentation gegen Wunschamputationen nicht überzeugen. Die Gefahren von derartigen Eingriffen

918 *Müller*, in: Groß/Müller/Steinmetzer (Hrsg.), Normal – anders – krank?, 2008, S. 229, 258.
919 *Müller*, in: Groß/Müller/Steinmetzer (Hrsg.), Normal – anders – krank?, 2008, S. 229, 259.
920 *Müller*, in: Groß/Müller/Steinmetzer (Hrsg.), Normal – anders – krank?, 2008, S. 229, 259.

und unter Umständen auftretenden unerwünschten Folgen sind nicht von der Hand zu weisen, stehen jedoch nicht in einem unmittelbaren Zusammenhang mit dem Eingriff selbst. Eine Erfolgsgarantie ist der Medizin bis heute fremd, und Risiken bestehen immer, auch wenn sie unwahrscheinlich sind. Derart niedrige Risiken als Argument gegen Amputationen anzuführen, ist nicht aussagekräftig, da sich dieses Argument gegen jedwede Art von medizinischen Eingriffen verwenden lässt.

Zurückgegriffen werden kann darüber hinaus auf die Wertungen des § 8 Abs. 1. Nr. 1 lit. c Transplantationsgesetz (TPG), der die Entnahme von Organen oder Geweben bei einer lebenden Person zum Zwecke der Übertragung auf andere nur dann für zulässig erachtet, wenn die betreffende Person voraussichtlich nicht über das Operationsrisiko hinaus gefährdet oder über die unmittelbaren Folgen der Entnahme hinaus gesundheitlich schwer beeinträchtigt wird. Von dem zunächst einmal weitgefassten Begriff des Operationsrisikos werden Risiken, die auf ein Verschulden im Sinne eines Behandlungsfehlers oder Kunstfehlers zurückzuführen sind, nicht erfasst, da diese von den Faktoren des Könnens und der Einhaltung der nötigen Sorgfalt sowie der strukturellen Organisation des jeweiligen Krankenhauses abhängig sind und somit nicht objektiv bestimmt werden können.[921] *Müllers* vorgetragene Argumente gehen folglich gänzlich ins Leere.

f. Gesellschaftliche Reaktionen

Ebenso wie individuelle Versagungsgründe, deren Argumentation in der konkreten Situation der Betroffenen oder in den Umständen des Eingriffs fußen, führen Amputationsgegner auch gesellschaftliche Aspekte mit einem deutlich weiter gefassten Blickwinkel gegen derartige Eingriffe an. Namentlich verweisen Gegner auf generelle gesellschaftliche Reaktionen auf Wunschamputationen und ziehen die zu erwartende gesellschaftliche Resonanz als Versagungsgrund heran.

Als ein gesellschaftliches Argument gegen BIID-Amputationen führt *Müller* ihre Bedenken bezüglich der Rechtfertigung gegenüber Kriegsversehrten und Kranken aus. Hierzu verwendet sie die Unterüberschrift „Freiwillige Amputationen sind ein Hohn für Kriegsversehrte und Kranke“. Man dürfe bei der Debatte um elektive Wunschamputationen nicht das Leid von Kriegsopfern, Unfallopfern und Kranken vergessen, die sich durch Wunschamputationen verhöhnt fühlen könnten.[922] Dieses Argument vermag indes überhaupt nicht zu überzeugen. Zum

921 *Lomb*, Der Schutz des Lebendorganspenders 2012, S. 19 a.E.

922 *Müller*, in: Groß/Müller/Steinmetzer (Hrsg.), Normal – anders – krank?, 2008, S. 229 ff.

einen schließt *Müller* mit dieser Argumentation von Anfang an aus, dass die Betroffenen selber einem erheblichen Leidensdruck ausgesetzt sind. Zum anderen ist dieses Argument nicht stichhaltig vor dem Hintergrund, dass *Müller* selbst einen Absatz zuvor statuiert, dass die Inkaufnahme individuellen Leidens zum Schutze gesellschaftlicher Normen ihrer Meinung nach nicht rechtfertigt werden könne.[923]

Müller selbst räumt ein, dass dieses Argument „gesinnungsethisch" ist und gerade dann nicht zuträfe, wenn die infrage stehenden Gliedmaße der Betroffenen zum Beispiel durch fehlende neuronale Repräsentation im Gehirn tatsächlich erkrankt seien.[924] Auch *Stirn*, *Thiel* und *Oddo* sind der Ansicht, dass die ethische Entscheidung bei der Frage der Zulässigkeit von Wunschamputationen Rücksicht auf die Gefühle nicht freiwillig amputierter Menschen nehmen solle. Diese Menschen empfänden den Amputationswunsch als „rücksichtslos" und könnten sich durch freiwillige Amputationen „unter Umständen zutiefst verletzt fühlen".[925] Dieser Argumentation kann aus dem juristischen Blickwinkel jedoch nicht gefolgt werden.

Überspitzt dargestellt bedeutet nämlich das Hohn-Argument ebenfalls, dass Mann-zu-Frau-Transsexuelle eine Verhöhnung von Frauen und Frau-zu-Mann-Transsexuelle eine Verhöhnung von Männern darstellen. Die Anwendung der individuellen Bewertung von Lebensqualität auf andere Individuen ist insbesondere in derartigen medizinischen Grenzfällen nicht zielführend. In diesem Sinne müssten Wunschsterilisationen und Wunschkastrationen im Sinne der oben aufgeführten Vergleichsfälle[926] folgerichtig auch als Hohn für kinderlose Paare mit vergeblichen Kinderwunsch bewertet werden.[927]

Auch der kanadische Philosoph und Ethiker *Alexandre Baril* befasst sich mit den Ressentiments ungewollt behinderter Menschen gegenüber BIID-Betroffenen mit dem Wunsch nach einer Amputation. Mit dem Ziel der Errichtung theoretischer und politischer Allianzen zwischen ungewollt und gewollt Behinderten verweist er auf eine bestehende Hierarchie zwischen körperlicher, sichtbarer Behinderung und geistiger, unsichtbarer Behinderung.[928] Seiner Ansicht nach sollten

---

923 *Müller*, in: Groß/Müller/Steinmetzer (Hrsg.), Normal – anders – krank?, 2008, S. 229 ff.

924 *Müller*, in: Groß/Müller/Steinmetzer (Hrsg.), Normal – anders – krank?, 2008, S. 229 ff.

925 *Stirn*/*Thiel*/*Oddo*, S. 173.

926 S.o. § 5 II. 3. E Kastrationen und Sterilisationen.

927 Zur subjektiven Leidkomponente eines unerfüllten Kinderwunsches siehe: *Schmidhuber*, in: Frewer/Bielefeldt (Hrsg.), Menschenrecht auf Gesundheit, 2016, S. 200 ff.

928 *Baril*, Disability & Society, 2015 Vol. 30, No. 5, S. 689, 691; vgl. *Schneider*, Body Integrity Identity Disorder 2016, S. 253.

ungewollt Behinderte und BIID-Betroffene eine Solidarität untereinander schaffen, um mehr Dienstleistungen und Möglichkeiten für Behinderte zu erhalten. Angesichts bestehender Diskriminierungen gegenüber Behinderungen und einer gesellschaftlichen Abwertung von Menschen mit nicht sichtbaren Behinderungen sei ein Ausschluss von BIID-Betroffenen aus der Interessengemeinschaft durch ungewollt Behinderte selbst nicht das richtige Mittel, um einer Unterdrückung entgegen zu wirken.[929] BIID-Betroffene stellen eine Minderheit in der Minderheit dar. Die Schwierigkeit der Vorstellung einer Wunschbehinderung für einen ungewollt Behinderten sei mit der Schwierigkeit der Vorstellung einer ungewollten Behinderung für Nichtbehinderte vergleichbar. Die eingeforderte Gleichberechtigung müsse folglich auch für BIID-Betroffene gelten. Der Wunsch nach einer Amputation dürfe nicht als Respektlosigkeit gegenüber ungewollt Behinderten bewertet werden.[930]

Die Ausmaße des Hohn-Arguments verdeutlichen sich im Bericht von *Langer*, die den Einzelfall eines BIID-Betroffenen dokumentiert. Trotz seines Amputationswunsches fühlte er, dass die gesellschaftlichen Reaktionen bezüglich freiwilliger Amputationen in einem Umfeld von Kriegsveteranen und Kriegswitwen nicht von Verständnis für das Phänomen BIID geprägt sein würden. Die Angst vor gesellschaftlichem Spott und Ächtung führten dazu, dass er sein Leid verschwieg und in eine schwere Depression verfiel, die in dem Wunsch endete, nur noch sterben zu wollen.[931] Dieser Einzelfall verdeutlicht die Tragweite des von *Müller* angeführten Hohn-Arguments und zeigt die immensen Auswirkungen gesellschaftlicher Urteile auf die betroffenen Individuen. Mit *Müllers* eigenen Worten kann die Inkaufnahme individuellen Leidens bis hin zum Wunsch sterben zu wollen, gerechtfertigt durch gesellschaftliche Normen, nicht hingenommen werden. Das Hohn-Argument überzeugt folglich nicht.

Während der Amputationswunsch der Betroffenen von Teilen der Literatur geradezu als gesellschaftliche Provokation und Hohn bewertet wird, sieht die Realität für viele Betroffene gänzlich anders aus. Nicht ihr Verhalten sollte als Verhöhnung bewertet werden, sondern die Reaktionen Nichtbetroffener auf das Phänomen BIID und den damit verbundenen Wunsch nach Amputation. Fälle belegen, dass BIID-Betroffene in der Regel Opfer von Ablehnung, Hohn und Spott sind. Berichtet wird von dem US-amerikanischen Moderator Jerry Springer, der einen transsexuellen Mann, der sich selber mit Hilfe einer Kreissäge die Beine

929 *Baril*, Disability & Society, 2015 Vol. 30, No. 5, S. 695 a.E. f.
930 *Baril*, Disability & Society, 2015 Vol. 30, No. 5, S. 700.
931 *Langer*, SPIEGEL ONLINE 24.06.2010, 1 ff.

amputiert hatte, ohne Gnade dem Publikum zur Schau stellte. Zur Verspottung demonstrierte der Moderator selbst an einer Kreissäge, wie der Betroffene die Amputation an sich selbst vorgenommen hatte.[932]

Laut Aussage eines Betroffenen führt die mediale Sensationsberichterstattung unter Betonung der Andersartigkeit und auch der Abartigkeit dazu, dass die Betroffenen nicht mehr den Weg in die Öffentlichkeit suchen.[933] Durch einseitige Berichterstattung zum Zwecke der Verspottung fühlen sich die Betroffenen missverstanden. Ihr tagtäglich erlebter Leidensdruck findet keine Beachtung.

Dieser Ansicht ist auch *Bridy*, die auf die Skandalisierung von BIID in den Medien zu Lasten der ernsthaften Auseinandersetzung mit diesem Phänomen hinweist. Sensationsgier sei das Ergebnis der stark betonten Andersartigkeit der Betroffenen, welche dazu führe, die Zwangslage von BIID-Patienten zu belächeln anstatt sie ernst zu nehmen.[934] Das sogenannte „Abnorme" wird folglich mit Hohn bestraft anstelle zu versuchen, mit Sachlichkeit eine Lösung für die Betroffenen zu finden. Die Angst vor den gesellschaftlichen Reaktionen hat indes nicht nur Einfluss auf das persönliche Leben der Betroffenen, sondern ist auch in der Entscheidungspraxis von hoher Relevanz für die individuelle ärztliche Behandlungsentscheidung von BIID-Patienten. So beschreibt *Robert Smith* den Fall eines Patienten, dem eine Amputation aus Angst vor den gesellschaftlichen Reaktionen bei einer derartigen klinischen Vorgehensweise versagt wurde. *Smith* führt aus, dass zu einem gewissen Grad die gesellschaftliche Resonanz als Werturteil die klinischen Bedürfnisse des einzelnen Patienten überlagert. Diese Vorgehensweise betrachtet er mit Sorge.[935]

---

932 *Langer*, SPIEGEL ONLINE 24.06.2010, 1 ff.

933 Vgl. *Langer*, SPIEGEL ONLINE 24.06.2010, 1 ff.; vgl. zu den Auswirkungen „öffentlicher Berichterstattung" auf die damalige Situation von Transsexuellen BAG NJW 1991, 2723 (2724).

934 *Bridy*, Journal of Law, Medicine & Ethics 32 (2004), 148, 151 [„It is no doubt because the physical transformation apotemnophiles desire falls so conspicuously outside the boundaries of professionally and popularly accepted varieties of surgical self-modification that elective amputation has been the subject more of scandal than of serious contemplation. The result of this sensationalism is a fixation on the perceived deviance of apotemnophiles that prevents their dilemma from being taken seriously and that obscures their significant affinities with legions of cosmetic surgery patients who routinely pursue less extreme forms of self-modification."].

935 *British Broadcasting Company*, Complete Obsession (17.02.2000) [„Yes obviously Gregg is, is bitterly disappointed and I think a little angry and I think justifiably angry in that he feels that the decisions on whether this procedure should be undertaken are based on, to a certain extent, a fear of public reaction to what's going on and not really based on the clinical needs

Wie bereits eingangs beschrieben, beruht die mehrheitlich anzutreffende Ablehnungshaltung in der Gesellschaft auf Gefühlen der Abscheu und der Angst vor der Andersartigkeit, die insbesondere hervorgerufen werden durch Unkenntnis des Phänomens und des enormen Leidensdrucks der Betroffenen.[936] So beschreibt auch *Langer*, dass es Toleranz oder medizinischen Hintergrundwissens bedürfe, um die Lebenssituation und den Amputationswunsch der Betroffenen zu verstehen.[937] In der BBC-Dokumentation berichtet ein Betroffener von denselben Erfahrungen. Es sei immer noch ein gesellschaftliches Tabu, über freiwillige Verstümmelung in Form von Wunschamputationen zu sprechen. Die Ablehnung und Angst der breiten Masse erschwere den wenigen Betroffenen die Realisierung des ihnen bis dato verwehrten Lebensbildes.[938]

Den Beweis dafür, dass die gesellschaftliche Ablehnung nicht auf dem Fakt der angestrebten Amputation von BIID-Betroffenen an sich, sondern auf der Freiwilligkeit beruht, bietet der Fall von Joe Pleban aus den USA. In der Ausgangssituation weist dieser Einzelfall – oberflächlich betrachtet – zunächst keine Gemeinsamkeiten mit der Situation von BIID-Betroffenen auf, außer der Tatsache, dass Joe Pleban sich einen Fuß amputieren ließ. Zuvor hatte der 23-jährige die Diagnose erhalten, dass sein Fuß von einem Tumor befallen war. Da der Betroffene die bestehende Therapieoption von Operationen und Bestrahlung ablehnte, entschied er sich für den „radikalen Schritt" einer Amputation, nachdem ihm von ärztlicher Seite versichert wurde, er könne weiterhin Sport treiben.[939]

Zur Verabschiedung von seinem linken Fuß erstellte Pleban eine Liste mit Aktionen, die er noch mit beiden Füßen erledigte. Auch ließ er sich die Amputationsschnittlinie auf das Bein tätowieren und teilte seine Erfahrungen und Erlebnisse auf Facebook unter der Überschrift „The Last Adventures of Joe's Left Foot" (übersetzt: „Die letzten Abenteuer von Joes linkem Fuß").[940]

Die mediale Aufmerksamkeit war gewaltig, und Berichte betonten primär, dass sich der 23-jährige nicht „unterkriegen" ließ.[941] Das Gefühl, als Pleban nach

---

of the patient and I can share his concerns."]; bzgl. der Konflikte bei der professionellen psychologischen Einordnung der Krankheit vgl. *Bigalke*, Süddeutsche Zeitung 12.05.2010, 1.

936 Vgl. *Tomasini*, Ethics & Medicine 22 (2006), 99, 110.

937 *Langer*, SPIEGEL ONLINE 24.06.2010, 1 ff.

938 *British Broadcasting Company*, Complete Obsession (17.02.2000); bzgl. des Bewusstseins vieler BIID-Betroffener der schweren Nachvollziehbarkeit für Außenstehende vgl. *Langer*, SPIEGEL ONLINE 24.06.2010, 1 ff., die sich auf *Aglaja Stirn* bezieht.

939 *Bild online*, Bild 17.07.2014; Focus online, 15.07.2014.

940 *Bild online*, Bild 17.07.2014.

941 Focus online 15.07.2014.

der Operation aufwachte, beschreibt er mit den Worten, „das Richtige getan" zu haben.[942] In der Medienlandschaft wird das Vorgehen von Pleban mit dem Prädikat „Lebensmut" honoriert.[943]

Es stellt sich vorliegend die Frage, welcher Unterschied zu BIID-Betroffenen in konkreten Fall eine gänzlich andere gesellschaftliche Beurteilung rechtfertigt.[944] Pleban hatte vorliegend zwar einen ärztlich diagnostizierten somatischen Befund, dennoch war eine Amputation im vorliegenden Fall nicht zwingend, da auch andere Behandlungsalternativen zur Auswahl standen. Joe Pleban entschied sich dennoch für eine Amputation, um sein Leid dauerhaft zu lindern, ohne auf weniger invasive Therapiemethoden zurückzugreifen. Zudem erbringt er den Beweis dafür, dass eine Amputation nicht zwingend eine Einbuße der Lebensqualität bedeuten muss.[945] Ebenso lässt sich das Leben von Nick Vujicic anführen. Er wurde ohne Arme und ohne Beine geboren und bezeichnet sich selbst als glücklichen Menschen.[946]

Die Willkür des gesellschaftlichen Urteils lässt sich an den oben aufgezeigten Beispielen gut veranschaulichen. Zudem verdeutlicht sich gerade an Extremfällen, wie denen von BIID-Amputationen, dass es sehr schwierig, wenn nicht sogar unmöglich ist, einen einheitlichen gesellschaftlichen Beurteilungsmaßstab und eine darauf beruhende Lösung der Frage der Zulässigkeitsdebatte von Wunschamputationen herauszuarbeiten.

An dieser Stelle wird erneut auf die Argumentation des Tübinger Mediziners, Medizinethikers und Theologen *Dietrich Rössler* verwiesen, der der Gesellschaft

942 *Bild online*, Bild 17.07.2014.

943 *Bild online*, Bild 17.07.2014.

944 Vgl. hierzu: *Lensing*, Der Wunsch nach körperlicher Unvollständigkeit 2013, S. 105, 1, die einen ähnlichen Vergleich zwischen BIID und dem Fall des US-amerikanischen Bergsteigers Aron Ralston anstellt, der sich nach einem Unfall alleine dadurch das Leben rettete, indem er seinen eingeklemmten Unterarm mittels eines Taschenmessers eigenhändig abtrennte und von der Gesellschaft dafür als „Held" betrachtet wird. (Verfilmt unter dem Titel „127 hours") *Lensing* betont, dass „BIID sinnbildlich für die übereilte und oftmals undifferenzierte Zuschreibung von negativ oder positiv behafteten Attributen stehen kann, die Personen aufgrund bestimmter Wünsche oder Handlungen erfahren" (*Lensing*, aaO.).

945 Zur positiven Auswirkung von Amputationen bei BIID-Betroffenen und der empfundenen Verbesserung der Lebensqualität vgl. erneut *Blom et al.*, PloS ONE 7(4), S. 1 f.; *Noll/Kasten*, Psychology and Behavioral Sciences 2014, S. 222 ff.

946 Life.de print, Nr. 1/2016, S. 1 u. 8. [„Nick Vujicic kam ohne Arme und Beine zu Welt, aber er lässt sich davon nicht behindern"]; vgl. die Website von Nick Vujicic: http://www.lifewithoutlimbs.org (zuletzt abgerufen am 12.10.2017).

in Ermangelung eines einstimmigen Urteils nicht dasselbe Urteilsgewicht wie dem individuell Betroffenen zubilligt.[947]

Richtigerweise macht auch die Bioethikerin *Silke Schicktanz* darauf aufmerksam, dass es sich bei derartigen Auseinandersetzungen nicht nur um kontroverse Konflikte auf ethischer Ebene handelt, sondern dass diese auch von historischen und kulturellen Einflüssen geprägt werden.[948]

Als Ergebnis bei der Frage nach dem Gewicht des gesellschaftlichen Urteils ist jedoch festzuhalten, dass den gesellschaftlichen Reaktionen bei der Entscheidung über die Zulässigkeit von elektiven Wunschamputationen, wenn überhaupt, nur geringes Gewicht zukommen kann. In diesem Sinne statuierte der BGH:

> „Niemand darf sich zum Richter in der Frage aufwerfen, unter welchen Umständen ein anderer vernünftigerweise bereit sein sollte, seine körperliche Unversehrtheit zu opfern, um dadurch wieder gesund zu werden".[949]

Das Urteil legt nahe anzunehmen, dass in derartigen Fragen einer dritten Person überhaupt keine Entscheidungsgewalt zukommt. Bezüglich des Einflusses von gesellschaftlichen Aspekten auf die Zulässigkeit von medizinischen Maßnahmen wird insbesondere auf die Ausführungen des Bundesverfassungsgerichts und des Europäischen Gerichtshofs für Menschenrechte im Zusammenhang mit Geschlechtsumwandlungen im Rahmen von Transsexualität verwiesen.[950]

Gesellschaftliche Reaktionen können somit nicht über die individuelle Bewertung durch die Betroffenen gestellt werden.

g. *Grundrechtliches und menschenrechtliches Verbot der impliziten Abwertung behinderter Menschen*

aa. Menschenwürdeprinzip (Art. 1 Abs. 1 GG) und Recht auf Leben (Art. 2 Abs. 2 GG)

Das der Verfassung zugrunde liegende Menschenwürdeprinzip aus Art. 1 Abs. 1 GG gebietet die Gleichwertigkeit und damit auch Gleichbehandlung aller Menschen unabhängig von Behinderungen. Dieses Prinzip findet auch bei der medizinstrafrechtlichen Bewertung von Wunschamputationen Beachtung.[951]

---

947 *Rössler*, in: Pöldinger/Wagner (Hrsg.), Ethik in der Psychiatrie, 1991, S. 72, 78.

948 *Schicktanz*, in: Ehm/Schicktanz (Hrsg.), Körper als Maß?, 2006, S. 225, 242.

949 BGH NJW 1958, 267 (268).

950 S.o. § 5 II. 3. B. f Neuere verfassungsrechtliche Aspekte zum TSG, § 5 II. 3. B. g Rechtsprechung des EGMR.

951 Vgl. *Wendland*, Die strafrechtliche Zulässigkeit wunscherfüllender Operationen 2016, S. 209 ff.

Vor dem Hintergrund der infrage stehenden Sittenwidrigkeit einer elektiven Wunschamputation kann folglich in dem Wunsch, eine freiwillige körperliche Behinderung durch einen medizinischen Eingriff erhalten zu wollen, kein Verstoß gegen das Menschenwürdeprinzip gesehen werden. Die Subjektqualität des Individuums wird durch die Einwilligung und Durchführung einer elektiven Wunschamputation gerade nicht angetastet, der BIID-Betroffene wird durch den Eingriff nicht zum Objekt, erst Recht nicht, weil dem Eingriff eine freie Willensentscheidung des Subjekts zugrunde liegt.[952]

Wie bereits oben ausgeführt, schützt zudem Art. 2 Abs. 2 GG die freie Entfaltung der Persönlichkeit. Hierunter wird die „individuelle personale Identität im Vergleich zu anderen" verstanden.[953] Die bekannte Elfes-Entscheidung des Bundesverfassungsgerichts statuiert zudem, dass durch Art. 2 Abs. 1 GG jegliche Freiheitsbetätigung allgemeinen Schutz erfährt.[954] Das Bundesverfassungsgericht[955] statuierte, dass Art. 2 Abs. 2 Satz 1 GG das Recht auf Leben als Freiheitsrecht gewährleistet. Dieses Recht schützt laut Bundesverfassungsgericht „die biologisch-physische Existenz jedes Menschen vom Zeitpunkt ihres Entstehens an bis zum Eintritt des Todes, unabhängig von den Lebensumständen des Einzelnen, seiner körperlichen und seelischen Befindlichkeit, gegen staatliche Eingriffe".[956] Zudem stellte das Gericht erneut fest, das jedwedes „menschliche Leben [...] als solches gleich wertvoll" ist.[957] Das in Art. 2 Abs. 2, Satz 1, Alt. 1 GG garantierte Recht auf Leben erfasst dabei jedwede Art von Leben, sodass sich eine externe Bewertung von Qualität des Lebens im Sinne eines *besser* oder *schlechter* von vorneherein verbietet.[958]

---

952 *Nitschmann*, ZStW 119 (2007), 547, 560 m.w.N.; vgl. *Kargl*, JZ 2002, 398; vgl. *Schroeder*, ZStW 106 (1994), S. 565, 571, im Kontext der Tötung auf Verlangen; *Murmann*, Die Selbstverantwortung des Opfers im Strafrecht, S. 260; vgl. *Schneider*, Body Integrity Identity Disorder 2016, S. 191 a.E. f.

953 *Kunig*, in: v. Münch/Kunig GG; Art. 2, Rn. 10.

954 BVerfGE 6, 32 (36 ff.); s. auch BVerfGE 74, 129 (151); 80, 137 (152); vgl. *Wietfeld*, Selbstbestimmung und Selbstverantwortung – die gesetzliche Regelung der Patientenverfügung, 2012, S. 56–57.

955 BVerfG, Urteil des Ersten Senats vom 15. Februar 2006–1 BvR 357/05 – Rn. 85; BVerfGE 89, 120, 130.

956 BVerfG, Urteil des Ersten Senats vom 15. Februar 2006–1 BvR 357/05 – Rn. 85.

957 BVerfG, Urteil des Ersten Senats vom 15. Februar 2006–1 BvR 357/05 – Rn. 85; vgl. BVerfGE 39, 1 (59); *Lorenz*, in HStR, Bd. VI, § 128, Rn. 8.

958 *Wietfeld*, Selbstbestimmung und Selbstverantwortung – die gesetzliche Regelung der Patientenverfügung, 2012, S. 39; *Schulze-Fielitz*, in: Dreier, GG Bd. I Art. 2 II, Rn. 25 ff.; Lorenz, HStR, Bd. VI, § 128, Rn. 8; *Starck*, in: v. Mangoldt/Klein/Starck, GG I, Art. 2, Abs. 2, Rn. 192.

Bezüglich der grundrechtlichen Einordnung der Rechtsgüter Leben und körperlicher Unversehrtheit sei gesagt, dass Art. 2 Abs. 2 Satz 1 Alt. 1 GG jegliches menschliche Leben umfasst, sodass Stufenverhältnisse bezüglich der Schutzwürdigkeit von Leben und jedwede Bewertung der Lebensqualität grundsätzlich und von vorneherein unterbunden sind.[959]

Der Grundsatz des Verbots der Abwägung Leben gegen Leben hat ebenfalls im Strafrecht seinen Niederschlag gefunden. Hiernach verbietet sich eine Betrachtung, die der Lebenswürdigkeit einer Existenz im Vergleich zu einer anderen den Vorzug einräumt. Das Leben erhält somit den Status einer unvergleichbaren Größe. Es findet also keine Wertung der verschiedenen Lebensweisen statt, sodass eine Lebensweise, die von *der gesellschaftlichen Norm* abweicht, nicht als ein Weniger zu dieser Norm betrachtet werden darf. Eine Bewertung von Vor- und Nachteilen für ein Rechtsgut hat zur Folge, dass dem Träger des jeweiligen Rechtsguts ein fremder Wertmaßstab aufgenötigt wird.[960]

bb. Gesellschaftliche Ächtung von Behinderung

Eine Strömung der Literatur macht auf ein Akzeptanzproblem bei der Debatte um elektive Wunschamputationen innerhalb von BIID aufmerksam. In diesem Sinne offenbart sich nicht nur eine ablehnende Grundtendenz gegenüber Wunschamputationen, sondern auch gegenüber Behinderungen als solchen. Eine – sogar ungewollte – körperliche Behinderung stellt für viele einen krassen Einschnitt in das körperlich uneingeschränkte Leben dar, sodass den Großteil der Menschen das Gedankenspiel – „Wie wäre es, wenn ich selbst körperlich behindert wäre?" – mit elementarer Angst erfüllt. Die von Teilen der Bevölkerung erwartete Einbuße an

---

959 *Wietfeld*, Selbstbestimmung und Selbstverantwortung – die gesetzliche Regelung der Patientenverfügung, 2012, S. 39; *Schulze-Fielitz*, in Dreier (Hrsg.), Grundgesetz-Kommentar, Band I, 2013, Art. 2 II, Rn. 25; *Lorenz*, HStR, Bd. VI, § 128, Rn. 8, Starck, in: v. Mangoldt/Klein/Starck, GG I, Art. 2, Abs. 2, Rn. 192; aus einer medizinethischen Sichtweise ebenfalls zustimmend, *Schramme*, in: Graumann/Grüber (Hrsg.), Anerkennung, Ethik und Behinderung, 2005, S. 87, 88–89; *Neubacher*, Total Beschränkt 2014, S. 266 ff. (Das Ich entscheidet); *Graumann*, in: Joerden/Hilgendorf/Thiele, Menschenwürde und Medizin 2013; Kapitel 25 (Menschenwürde und Behinderung), S. 627.

960 *Puppe*, GA 2003, S. 765 m.w.N.; vgl. *Murmann*, Die Selbstverantwortung des Opfers im Strafrecht, S. 181, vgl. *Riedelmeier*, Ärztlicher Heileingriff, S. 60 ff; vgl. im Kontext der Sittenwidrigkeit *Urbanczyk*, NJW 1964, 426, der es für „schlechthin unerträglich" hält, „wenn die Antwort auf die Frage: schuldig oder unschuldig allein davon abhinge, was der entscheidende Richter für seine Person als moralisch oder unmoralisch empfindet".

Lebensqualität und die Angst davor, selbst behindert zu sein, ist die Quelle der vehementen Ablehnungshaltung. Diese wird noch dadurch verstärkt, dass die von BIID Betroffenen sich sogar freiwillig eine körperliche Behinderung wünschen, sodass sie noch nicht einmal als so genannter Unglücksfall geschieht.[961] Entgegen den aufgeführten grundrechtlichen Wertungen stellt die Gesellschaft sehr wohl einen vermeintlich objektiven Vergleich von Lebensqualität innerhalb der Parameter besser und schlechter an und überträgt die persönlichen Wertungen auf die Lebenssituation von BIID-Betroffenen.

Die Auswirkungen des Grund- und Menschenrechtsschutzes auf die gesellschaftliche Debatte der Zulässigkeit von elektiven Wunschamputationen gilt es, im Folgenden zu erörtern. Bezüglich der gesellschaftlichen Argumente und deren ausführliche Behandlung wird auf die Erörterung der gesellschaftlichen Reaktionen oben verwiesen.[962] Die bereits angesprochene Furcht von Amputationsgegnern, elektive Wunschamputationen könnten ein Hohn für Behinderte und Kriegsveteranen sein,[963] ist auch bei der Betrachtung von Wunschamputationen unter dem Aspekt genereller gesellschaftlicher Ressentiments gegenüber Behinderungen jedweder Art von Bedeutung. *Müller* äußert die Ansicht, dass Wunschamputationen mit Rücksicht auf behinderte Menschen verboten werden sollten.[964] Ihre Argumentation orientierte sich zunächst ausschließlich an den gesellschaftlichen Reaktionen auf Wunschamputationen unter Ausklammerung der Lebenssituation der Betroffenen. Argumentationen dieser Art sind bei der Debatte über Wunschamputationen kein Einzelfall. So nehmen *Jotkowitz* und *Zivotofsky* Bezug auf das cockroach-Argument von *Kass*[965]. Unter Bezugnahme auf religiöse Einstellungen und Sichtweisen lehnen sie elektive Wunschamputationen entschieden ab mit der Begründung, man dürfe aus einem Menschen keine „Kakerlake" machen im Kontext von Amputationen gesunder Gliedmaße.[966] Diese Sichtweise

---

961 *Craimer*, The American Journal of Bioethics-Neuroscience 9 (2009), 53, 54; vgl. *Sedda/Bottini*, Neuropsychiatric Disease and Treatment 2014: 10, S. 1255; vgl. *Kröger*, Therapieerfahrung und Therapieerfolg BIID 2013, S. 6.

962 S.o. § 5 II. 3. G. f Gesellschaftliche Reaktionen; bzgl. der Angst der Betroffenen vor einem vorschnellen gesellschaftlichem Urteil vgl. *Langer*, SPIEGEL ONLINE 24.06.2010, 1 ff.; vgl. *Noll*, BIID – Kann eine Amputation langfristig helfen? 2011, S. 10.

963 Vgl. *Müller*, in: Groß/Müller/Steinmetzer (Hrsg.), Normal – anders – krank?, 2008, S. 229 ff.; vgl. *Schneider*, Body Integrity Identity Disorder 2016, S. 159.

964 *Müller*, in: Groß/Müller/Steinmetzer (Hrsg.), Normal – anders – krank?, 2008, S. 229 ff.

965 *Kass*, The New Atlantis, Spring 2003, S. 20.

966 *Jotkowitz/Zivotofsky*, The American Journal of Bioethics-Neuroscience 9 (2009), 55, 56 [„According to this position, which is heavily influenced by theology and natural law, man has no inherent right to change their natural body."].

impliziert jedoch vom Ergebnis her betrachtet, dass es sich auch bei ungewollt behinderten Menschen um „Kakerlaken" handele. Ähnliche Ausführungen finden sich auch in der juristischen Literatur. Gemäß einer Meinung der Literatur werde niemandem das sittliche Recht zuteil „sich menschenunwürdig zu verstümmeln, etwa sich Nase oder Ohren oder Finger oder Zehen abschneiden zu lassen"[967].

Insbesondere vor dem Hintergrund des grundrechtlichen Schutzes jedes Individuums, unabhängig von einer Behinderung, kann man sich **nicht** mit dem Argument gegen Wunschamputationen aussprechen, dass das Produkt einer elektiven Wunschamputation ein körperlich behinderter Mensch sei, der zuvor körperlich gesund war. Gerade diese Argumentation offenbart die Betrachtung Behinderter als ein Weniger im Vergleich zum gesunden Menschen und impliziert somit zwangsläufig eine Wertung innerhalb der Parameter besser und schlechter.[968]

Auch *Bridy* nimmt Bezug auf die gesellschaftlichen Reaktionen gegenüber Wunschamputationen. Sie stellt die Frage, bis zu welchem Grad die Begriffe Körperintegrität und körperliche Diensttauglichkeit synonym verwendet werden können. Im Kern der Diskussion verweist sie auf zwei konkurrierende Modelle von Behinderung. Zum einen gebe es die medizinische Sichtweise von Behinderungen,[969] die den Schwerpunkt der Betrachtung auf die körperlichen Einschränkungen lege, die einer Behinderung im Regelfall innewohne. Hierbei werde der eigenständige und nicht-behinderte Körper zur Norm gemacht, von der abgewichen werde. Zum anderen gebe es das Behinderungsmodell, das den Schwerpunkt auf den sozialen Unterschied lege.[970] Hierbei werde eine Behinderung vom Standpunkt eines sozialen Zustandes betrachtet. Behinderung sei demnach das Versagen der Gesellschaft, körperliche Unterschiede auszugleichen.

Befürworter der sozialen Sichtweise betrachten die normative Bewertung sehr kritisch, da sie einen vermeintlich intakten und voll funktionsfähigen Körper zur

---

967 *Hardwig*, GA 1964, S. 291 a.E.

968 Bzgl. der Gefahr der qualitativen Bewertung des menschlichen Lebens vgl. *Schramme*, in: Graumann/Grüber (Hrsg.), Anerkennung, Ethik und Behinderung, 2005, S. 87, 88–89.

969 *Bridy*, Journal of Law, Medicine & Ethics 32 (2004), 148, 152 ff.; vgl. *Kastl*, Einführung in die Soziologie der Behinderung 2010, Kap. 2.3 Das Thema Behinderung im Spannungsfeld von Medizin und Soziologie, S. 43 ff.; vgl. *Schramme*, Ethik in der Medizin 15 (2003), 180, der eine Behinderung aus medizinischer Sicht als eine Einschränkung der körperlichen oder geistigen Funktionsfähigkeit dauerhafter Art definiert.

970 *Koch*, Journal of Medical Ethics 2001; 27, S. 370, 375 m.w.N.; *Eurich*, Gerechtigkeit für Menschen mit Behinderungen, Teil II, 2.1 Behinderung als soziale Konstruktion, S. 200 ff. m.w.N.; *Rösner*, Behindert sein – behindert werden, S. 43 ff. (Behinderte und Behindernde).

Norm erhebe. Ein behinderter Körper werde mit einem Stigma versehen und als Abweichung von der Norm abwertend betrachtet. Befürworter der medizinischen Betrachtungsweise sehen einen behinderten Körper folglich als fundamental versehrt oder geschädigt an, während ihre Gegner davon überzeugt sind, dass der eigentliche Schaden für die Betroffenen die sozialen Vorurteile darstellen. Gegner des medizinischen Modells sind sogar der Ansicht, dass die medizinische Sichtweise selbst bereits vorurteilsbehaftet sei, da sie das soziale Privileg des zur Norm erhobenen unversehrten Körpers verstärke und somit die Anerkennung eines behinderten Körpers in seinen eigenen Rechten vollständig vermindere oder ablehne.[971]

Neben der medizinischen Betrachtung machen *Bayne* und *Levy* ebenfalls auf die weitverbreiteten gesellschaftlichen Ansichten von Nichtbehinderten gegenüber Behinderungen aufmerksam. Die große Angst davor, selbst behindert zu sein, entwickele sich zu einer generellen Abneigung gegen Behinderungen.[972] Als Beispiel führen *Bayne* und *Levy* die Aussage des schottischen Parlamentsmitglieds Dennis Canavan an, der den Amputationswunsch als „abscheulich" bezeichnete und die Notwendigkeit einer Ächtung durch die Gesetzgebung betonte.[973] Das Amputationsverlangen der Betroffenen stößt laut *Bayne* und *Levy* auf ähnliche Reaktionen wie Organhandel, Bestialität oder zahlreiche Formen von Genmanipulation. Selbst im Falle einer medizinisch unerlässlichen Amputation zur Lebensrettung eines Patienten sei der Gedanke an eine Amputation für viele Menschen im höchsten Maße widerwärtig.[974] Diese Aussage ist deckungsgleich

971 *Bridy*, Journal of Law, Medicine & Ethics 32 (2004), 148, 152; *Koch*, Journal of Medical Ethics 2001; 27, S. 370 ff.; vgl. *Mackenzie/Cox*, International Journal of Law in Context 2007, S. 366.

972 *Bayne/Levy*, Journal of Applied Philosophy 22 (2005), 75, 84 [„one could also argue that those of us who are able bodied have an overly pessimistic image of the lives of the disabled"] [„We suspect that much of this hostility derives from the sense of repugnance that is evoked by the idea that a person might wish to rid themselves of an apparently healthy limb."]; *Koch*, Journal of Medical Ethics 2001; 27, S. 371.

973 *Bayne/Levy*, Journal of Applied Philosophy 22 (2005), 75, 84 [„Dennis Canavan, the Scottish member of parliament who campaigned to prevent Robert Smith from carrying out such operations was quoted as saying: The whole thing is repugnant and legislation needs to be brought in now to outlaw this"] Originalzitat von Dennis Canavan in: *Dotinga*, Out on a limb 2000.

974 *Bayne/Levy*, Journal of Applied Philosophy 22 (2005), 75, 84 [„Wannabes evoke an affective response not dissimilar to that evoked by the prospect of kidney sales, bestiality, or various forms of genetic engineering. Even when a limb is severly diseased and must

mit den oben gemachten Aussagen[975] von *Craimer*. Auch sie legt den Schluss nah, dass die generelle Thematik von Amputationen gesellschaftlich bereits negativ besetzt ist, unabhängig vom Vorliegen einer Wunsch-Komponente, wie sie elektiven Wunschamputationen innewohnt.

Die Reaktionen des Ekels bei Erstkonfrontation mit BIID beschreibt auch *Tomasini* als zutreffend. Dies gelte nicht nur für Teile der Bevölkerung, sondern sogar für medizinisches Fachpersonal. Wunschamputationen überträten die von ihnen als selbstverständlich angesehene Auffassung von körperlicher Integrität in hohem Maße. Die intuitive Missbilligung, die den Betroffenen entgegen gebracht werde, werde hervorgerufen durch die Projektion des äußerlichen Wunschzustandes von BIID-Patienten auf die persönliche Lebenssituation, die dem eigenen Körperbild nicht entspreche.[976] Wesen der grundrechtlich garantierten Autonomie, des allgemeinen Persönlichkeitsrechts und des Schutzes von Leben und Identität – wie im Rahmen des Vergleichsfalls geschlechtsumwandelnder Operationen belegt – ist unter anderem die Möglichkeit der Verwirklichung eines individuell erschaffenen Lebenskonzeptes.

cc. Subjektive oder objektive Bewertung von Behinderung

Auch in der Literatur wird bestätigt, dass sich vom Standpunkt der subjektiv bestimmten Zufriedenheit eines Menschen eine Behinderung nicht zwingend auf das Wohlergehen der Betroffenen auswirken müsse. Auch bei einer objektiven Sicht, die einer Behinderung in Form des Verlusts einer Gliedmaße immer einen Schaden beimesse, seien die Voraussetzungen für ein erfülltes menschliches Leben nicht zwingend beeinträchtigt.[977]

---

be removed in order to save the patient's life, the thought of amputation strikes many as distasteful at best."]; *Blom et al.*, Tijdschrift voor Psychiatrie (56) 2014, S. 56.

975 S.o. § 5 II. 3. G. g Grundrechtliches und menschenrechtliches Verbot der impliziten Abwertung behinderter Menschen.

976 *Tomasini*, Ethics & Medicine 22 (2006), 99, 103; so auch: *Sedda/Bottini*, Neuropsychiatric Disease and Treatment 2014: 10, S. 1262 m.w.N., bzgl. der ängstlichen Schockreaktionen von Nichtbetroffenen bei Erstkontakt mit dem Phänomen BIID vgl. ebenfalls *Langer*, SPIEGEL ONLINE 24.06.2010, 1 ff.; bzgl. gesellschaftlichen Ekels gegenüber Behinderungen generell siehe: *Hoffmeister*, in: *Klee*, Behindertsein ist schön, S. 51.

977 *Craimer*, The American Journal of Bioethics-Neuroscience 9 (2009), 53, 54 [„Physical disability need not result in significantly lower life satisfaction, even for people who did not choose to become disabled. Therefore, if the harm of disability is understood in terms of subjective satisfaction, the thesis that it is always irrational to choose self-acquiescence over remaining able-bodied cannot be sustained. Further, even if one holds an objective theory of well-being that views the loss of a functioning limb as

Fraglich ist, welche Betrachtungsweise – also subjektive oder objektive – bei der Begutachtung von Behinderung zur Anwendung kommt, und welche Auswirkungen die Betrachtung auf die konkrete Fallgestaltung von BIID-Amputationen hat. Eine subjektive und individuelle Bestimmung der Bedingungen für Lebensqualität könnte sich mit dem heute vorherrschenden Menschenbild unserer pluralistischen Gesellschaft decken. Bezüglich der Bewertungstendenzen von Lebensqualität wird auf die oben gemachten Ausführungen[978] verwiesen. Richtigerweise werden alle Menschen – unabhängig davon, ob körperlich behindert oder nicht, geschlechtsmodifiziert oder nicht – als von Rechts wegen gleichwertige Individuen verstanden und behandelt.[979] Eine körperliche Behinderung als ein Minus, also ein Weniger, anzusehen, liefe diesem Menschenbildverständnis und somit den Grundrechten gänzlich zuwider.

Laut Bundesverfassungsgericht[980] ist zudem das Rechtsinstitut der Einwilligung im Lichte des Art. 2 Abs. 2 Alt. 1 „inhaltlich so zu bestimmen, daß das Recht des Patienten gewahrt bleibt, entsprechend seinen ureigensten Maßstäben seine Einwilligung zu erteilen oder zu verweigern". Der Verfassung nach sei er höchstens sich selbst gegenüber, „nicht aber dritten Personen und ihren Maßstäben Rechenschaft schuldig".[981]

Auch *Schramme* macht darauf aufmerksam, dass die Bestimmung einer Behinderung nicht gänzlich abstrakt von der sie betreffenden Person beurteilt werden könne. In der medizinischen Beurteilung sei eine Behinderung nicht mit dem medizinischen Sinne von Gesundheit vereinbar.[982] Dennoch könne die Betrachtung nicht losgelöst von der betroffenen Person begutachtet werden. Vielmehr ist nach *Schramme* die Verfassung der Person, die ihr Leben lebt, von Bedeutung. Die Beurteilung des individuellen Leides könne folglich nicht losgelöst von der sozialen Situation der Betroffenen beurteilt werden.[983] In diesem Sinne argumentiert auch *Pöltner*, der bei der Bewertung von Behinderung und Lebensqualität ebenfalls auf das subjektive Empfinden der Betroffenen abstellt. Das zentrale Element sei „nicht schon die Beeinträchtigung des Zustands, sondern die Art, wie sie vom Betroffenen erfahren" werde.[984] Diese Ansicht räumt somit einer ganzheitlichen

---

an objective harm, this harm is not one that, under the relevant range of circumstances, threatens the very possibility of leading a good human life."]; vgl. erneut den Fall von Nick Vujicic: Life.de print, Nr. 1/2016, S. 1 u. 8.

978 S.o. § 3 III. 2. B. b. ee. bbb. (3) Aspekte der individuellen Lebensqualität.

979 Vgl. *Klee*, Behindertsein ist schön, S. 93.

980 BVerfG, NJW 1979, 1925 (1931).

981 Vgl. *Puppe*, GA 2003, S. 766.

982 *Schramme*, Ethik in der Medizin 15 (2003), 180, 184.

983 *Schramme*, Ethik in der Medizin 15 (2003), 180, 183.

984 *Pöltner*, Grundkurs Medizin-Ethik, Kapitel 4.4 Behinderung und Lebensqualität, S. 85.

Betrachtung einer Behinderung unter Einbeziehung der sozialen Situation der betroffenen Person den Vorrang ein und ist somit aus grundrechtlicher Sicht vorzugswürdig.

Zur Verdeutlichung seines Standpunktes nennt *Schramme* ein stichhaltiges Beispiel. Das gesellschaftliche Urteil darüber, was als Behinderung gelte oder nicht habe mitunter keinen Bezug dazu, ob die Person leide oder nicht. Das Urteil sei folglich vom persönlichen Wohlergehen der Person losgelöst. So sei es möglich, dass ein Mensch nach einem Urteil der Gesellschaft als behindert gelte, jedoch selber nicht der Auffassung sei, Einbußen körperlicher oder psychischer Natur zu haben. Hierbei könnte es sich um den Fall von BIID-Patienten handeln.[985] Bezüglich der verschiedenen Auffassung und Definitionsmöglichkeiten von Gesundheit und Krankheit wird auf die Ausführungen der Begriffe Gesundheit und Krankheit als Leitgröße verwiesen.[986]

Ebenso sei auch der umgekehrte Fall möglich. Betroffene mit Schädigungen aus medizinischer Sicht könnten sich durch sie als stark beeinträchtigt empfinden, obwohl ihr Zustand weder nach Gesellschaftsurteil noch nach sozialrechtlichem Urteil als Behinderung angesehen werde. Zurückzuführen seien derart unterschiedliche Wertungen auf die verschiedenen Paradigmen, die der Betrachtung zugrunde liegen. Nicht notwendigerweise müsse eine Person sich von Zuständen beeinträchtigt sehen, die man selber als relevante Beeinträchtigung erachte. Wie oben dargelegt, liegt die Bewertung der Beeinträchtigung ausschließlich bei der betroffenen Person selbst.

Schramme erachtet die Relevanz der internen und folglich individuell-subjektiven Bewertung bei der Frage nach der Einschränkung des persönlichen Wohlergehens durch eine Behinderung als „unstrittig“ und stellt somit vor allem auf die subjektive Betrachtung durch die Betroffenen selbst ab. Zudem weist auch er darauf hin, dass es viele Menschen mit Behinderungen gebe, die sich weder in ihrem Glück noch ihrer Zufriedenheit eingeschränkt sehen.[987]

---

985 Vgl. hierzu: *Blom et al.*, PloS ONE 7(4), S. 1 f., die in ihrer Studie zu dem Ergebnis kommen, dass amputierte BIID-Betroffene nach dem Eingriff auf einer Behinderungsskala erheblich weniger hohe Punkte erhielten als diejenigen ohne Amputationen. Die Amputation führte zu einer erheblichen Verbesserung der Lebensqualität.

986 S.o. § 3 III. 2. B. b. ee Begriffe Gesundheit und Krankheit als Leitgröße.

987 *Schramme*, Ethik in der Medizin 15 (2003), 180, 181; bzgl. Fallbeispielen für positiven Umgang mit der eigenen Behinderung vgl. den Bericht über den BIID-Amputierten Norman in: *Langer*, SPIEGEL ONLINE 24.06.2010, 1 ff.; vgl. ebenfalls den Fall von Joe Pleban, Focus online 15.07.2014; *Koch*, Journal of Medical Ethics 2002: 28, S. 203.

Schramme ist ein Verfechter eines Behinderungsmodells, das bei der Bewertung einen sozialen Blickwinkel einnimmt und der Behinderung als solcher keinen Minderwert zuspricht. Die Ansicht, dass einer fehlenden Funktionsfähigkeit keine negative Bewertung anhafte, sei für viele Menschen schwierig nachzuvollziehen. So statuiert er, dass viele Behinderte aufgrund ihrer gesellschaftlichen Umstände Leid erführen. Diese These werde auch von Behinderten selbst propagiert, die eine Veränderung der sozialen und gesellschaftlichen Gegebenheiten für ausreichend erachteten, um die in der Gesellschaft existierenden negativen Ansichten zu Behinderungen zu beseitigen. Auf der einen Seite könne einer Person aus gesellschaftlicher Sicht Leid zugesprochen werden, die sich selber nicht als leidend bezeichne. Andererseits litten Menschen, ohne gesellschaftliche Empathie, sodass das individuelle Leid in manchen Fällen kulturell und gesellschaftlich genauso gut übergangen werde.[988]

Derselben Ansicht ist auch *Gelhaus.* Auch wenn die Beurteilung einer Krankheit ohne den direkten Vergleich mit anderen Menschen und nur anhand der persönlichen Situation der betroffenen Person erfolge, so sei das System zur Heilung von Idealvorstellungen und Normalitätsvorstellungen dominiert. Aus medizinethischer Sicht transportiere der allgemeine Krankheitsbegriff folglich auch moralische Bewertungen in der Gesellschaft. Diese entschieden über die Legitimation eines indizierten Eingriffs und erachteten denselben Eingriff im Falle der fehlenden Indikation als nicht legitim bis hin zu verwerflich. Neben einer Schutzdimension des Krankheitsbegriffs könne das Idealbild der Medizin bezüglich dem, was als normal gelte, jedoch ebenfalls „zu einer Abwertung der vom Ideal abweichenden Menschen führen".[989] Eine implizite Abwertung von Personen mit Behinderungen ist mit dem Grundgesetz nicht vereinbar.

Riha führt ebenfalls die möglichen individuellen Interpretationsmöglichkeiten von medizinisch als pathologisch beschriebenen Zuständen an, die neben den zu erwartenden Sichtweisen wie beispielsweise „Statusverlust" und „Bedrohung" auch die positive Auslegungsmöglichkeit von „Freiheit", „Gewinn" und „Herausforderung" beinhalte. Auch müsse eine Reaktion auf eine schwere Krankheit nicht zwingend in einer Depression enden, sodass manche Patienten ebenfalls „konstruktiv, hoffnungsvoll" und „aktiv" auf Krankheiten reagierten.[990] So können Limitierungen auch ein „Katalysator für positive Veränderungen sein"[991].

988 *Schramme*, Ethik in der Medizin 15 (2003), 180, 186.

989 *Gelhaus*, in: Groß/Müller/Steinmetzer (Hrsg.), Normal – anders – krank?, 2008, S. 33, 34.

990 *Riha*, Grundwissen Geschichte, Theorie, Ethik der Medizin, 2008, S. 115.

991 *Koch*, Journal of Medical Ethics 2002: 28, S: 203; In diesem Sinne auch: *Peter*, Die Krankheiten des Herrn von Goethe, der einen geistigeren Blickwinkel auf die Empfindung von Gesundheit im Sinne der Eukrasie einnimmt. Eine Krankheit oder

Neben dem grundrechtlichen Schutz des Lebens kommt bei der gesellschaftlichen Debatte um elektive Wunschamputationen auch noch eine weitere menschenrechtliche Schutzdimension zum Tragen. Hierbei geht es um den grundrechtlichen Identitätsschutz von Individuen. So statuierte der Europäische Gerichtshof für Menschenrechte, bezogen auf den Wunsch Transsexueller, im anderen Geschlecht leben zu wollen, dass der persönliche Lebensbereich jedes Menschen Schutz genieße. Hierbei beruft er sich auf Art. 8 EMRK und die Auslegung seiner Einzelgarantien. Diese beinhalten ebenfalls das Recht, die persönliche Identität als Individuum im Einzelnen sowohl auszumachen als auch festzulegen. Das Recht jedes Menschen auf persönliche Entwicklung sei neben dem Recht auf volle physische und moralische Sicherheit keine Streitfrage mehr.[992] Aus der Gesamtbetrachtung der oben aufgeführten Grund- und Menschenrechtspositionen in Verbindung mit den medizinischen Vergleichsfällen ergibt sich somit, dass die oben statuierten Rechte zweifellos auf BIID-Patienten und ihre Lebenssituation angewendet werden müssen und die subjektive Bewertung von Behinderung durch die betroffene Person vorzugswürdig ist.

dd. Behinderung unter Effizienz- und Moralaspekten

Bezogen auf die gesellschaftlichen Bewertungen im Lichte der Grund- und Menschenrechte ist der gesellschaftliche Leistungsgedanke ein weiterer Faktor für eine Ablehnungshaltung gegenüber Behinderungen. Eine Leistungsgesellschaft, die zunehmend von Effizienz geprägt ist, läuft Gefahr, einen alternativen Lebensweg in ein Wertgefüge von *besser* und *schlechter* zu implementieren und ihm die Berechtigung abzusprechen.[993] Nicht nur in der Medizin gelten unter

---

Behinderung erfüllt damit den Zweck der Lebensveränderung; ein „notwendiger Schock“ um daran zu reifen.

992 EGMR, Urt. v. 11.07.2002, Rs. Beschw.-Nr. 28957/95, Neue Juristische Wochenschrift – Rechtsprechungs-Report 19, 2004, 289, 293; s. u. a. EGMR, Slg. 2002-III Nr. 61 – NJW 2002, 2853 – Pretty/Vereinigtes Königreich m.w.N.

993 Vgl. *Krebs*, in: Strickstock (Hrsg.), Die Gesellschaft der Behinderer, S. 39 f. Unterkapitel: Defekte Genanlagen ausrotten: Gentherapie und „Auslese“ behinderten Lebens; vgl. hierzu ebenfalls *Gahl*, in: Rothhaar/Frewer (Hrsg.), Das Gesunde, das Kranke und die Medizinethik 2012, S. 121 ff.; vgl. *Welsh*, in: Frewer/Bielefeldt (Hrsg.), Menschenrecht auf Gesundheit, 2016, S. 220 f., 224 f. m.w.N.; vgl. Kuhlmann, in: *Rösner*, Behindert sein – behindert werden, Normalität als Affront. Ein Kulturkampf im Namen von Behinderten gegen die Herrschaft der Üblichkeiten, S. 290 f.; vgl. *Krones*, in: Groß/Müller/Steinmetzer (Hrsg.), Normal – anders – krank?, 2008, S. 442 ff.; vgl. *Neuer-Miebach*, in: Strickstock (Hrsg.), Die Gesellschaft der Behinderer, S. 175 f. (Menschen zweiter Klasse darf es nicht geben); vgl. zur s.g. *disability history* und

Umständen diskriminierende Normen und Normvorstellungen. In diesem Sinne wird in der Literatur darauf hingewiesen, dass oft auch „in der alltäglichen Rede von Würde und ‚würdigem Verhalten'" eine Bewertung eines „leistungsorientierten Verständnisses" zu finden seien.[994] „Ausgerechnet der Begriff Würde kann daher auch als Einfallstor für partikularistische Relativierungen fungieren"[995]. Die Gesellschaft eifert einem Schönheitsideal nach, dessen Norm eine Behinderung ausschließt.[996] Zudem könnten Schnelllebigkeit und ein Gedanke von gesellschaftlicher Effizienz den Schluss zulassen, dass ein Optimum an Schnelligkeit und Effizienz auch immer als besser zu bewerten sei, verglichen mit dem weniger Schnellen oder auf Umwegen Erreichten.[997] *Maio* befasst sich mit diesem Ansatz und stellt dieses Gedankenkonzept infrage. Zur Reifung eines Menschen bedürfe es unter Umständen Umwege, Barrieren oder Widerstände anstelle des direkten und effizienten Wegs.[998] Diese Gedanken greift auch *Stirn* in einem Interview auf. BIID-Patienten suchten ebenfalls die Herausforderung, ihr Leben mit einer Behinderung zu gestalten.[999]

Die Zulässigkeit von elektiven Wunschamputationen könnte somit die vollumfängliche Anerkennung einer grund- und menschenrechtlich gewährleisteten Daseinsberechtigung und Gleichstellung sein.

---

der Geschichte der Abwertung von Behinderten in ähnlicher Form eines Rassismus *Buchli*, in: Groß/Müller/Steinmetzer (Hrsg.), Normal – anders – krank?, 2008, S. 409 ff., S. 418; vgl. *Wendland*, Die strafrechtliche Zulässigkeit wunscherfüllender Operationen 2016, S. 4.

994 *Bielefeldt*, in: Frewer/Bielefeldt (Hrsg.), Menschenrecht auf Gesundheit, 2016, S. 31.

995 *Bielefeldt*, in: Frewer/Bielefeldt (Hrsg.), Menschenrecht auf Gesundheit, 2016, S. 31.

996 *Bridy*, Journal of Law, Medicine & Ethics 32 (2004), 148, 155 [„To the extent that society and its institutions remain committed to a norm of bodily integrity that excludes the disabled body, it will remain very difficult to collectively imagine that elective amputation could be good medicine for apotemnophiles."]; vgl. *Nowicka/Szepietowski*, Cosmetic Medicine 32 (2011), S. 122.

997 *Maio*, Mittelpunkt Mensch: Ethik in der Medizin, 2012, S. 326; so auch: *Koch*, Journal of Medical Ethics 2002: 28, S. 203; vgl. *Baril*, Disability & Society, 2015 Vol. 30, No. 5, S. 693; vgl. *Klee*, Behindertsein ist schön, Behinderte – an der Unproduktivität gemessen, S. 94 ff.; vgl. *Schmidhuber*, in: Frewer/Bielefeldt (Hrsg.), Menschenrecht auf Gesundheit, 2016, S. 209; vgl. *Gelhaus*, in: Rothhaar/Frewer (Hrsg.), Das Gesunde, das Kranke und die Medizinethik 2012, S. 141, 145.

998 *Maio*, Mittelpunkt Mensch: Ethik in der Medizin, 2012, S. 326 m.w.N.; *Koch*, Journal of Medical Ethics 2002: 28, S. 203 m.w.N., der Bezug nimmt auf Stephen Hawking, dessen körperliche Einschränkung den Arbeitsschwerpunkt auf andere Dinge festlegte und somit auf vielen Wegen sein Leben bereicherte.

999 Stirn, in: *Bigalke*, Süddeutsche Zeitung 12.05.2010, 1.

Im Folgenden soll hier der gesellschaftliche Rückschluss der Abweichung – sowohl von medizinischen als auch ästhetischen und gesellschaftlichen Normen – auf das Unmoralische im Rahmen der Sittenwidrigkeit erörtert werden.

Einem Amputationswunsch haftet heute gesellschaftlich teilweise der Anschein des Unmoralischen an. Eine solche Anschauung ist jedoch kein ausschließlich neuzeitliches Phänomen. Schon *Kant* betrachtet die Selbsttötung als ein Verbrechen. Nach seiner Ansicht ist auch eine Selbstverstümmelung im Sinne eines „partialen Selbstmords" als moralisches Unrecht zu bewerten.[1000] Die *Kant*'sche Sichtweise lässt folglich keinen Raum für die Zulässigkeit von elektiven Wunschamputationen.[1001]

Hierin sieht *Tomasini* die Schwachstelle der Argumentation Kants und somit auch der Gegner von elektiven Wunschamputationen. Der Schluss auf das Unmoralische sei nicht in der Lage, körperliches Anderssein zu erfassen, und weiche somit stark vom gängigen Verständnis von Körperintegrität und Menschenwert ab. Die Kant'sche Sichtweise könne einem Phänomen wie BIID mangels Verständnis für körperliche Andersartigkeit nur mit moralischer Missbilligung entgegentreten. Die Ansicht, die körperliche Identität und der Wert eines Menschen könnten nur anhand des stereotypen Idealbilds gemessen werden, führe dazu, dass Phänomene wie BIID, die andere Bewertungsparadigmen und Wertvorstellungen zugrunde legen, nicht erfasst werden.[1002]

1000 *Kant*, Metaphysik der Sitten, in Weischedel (Hrsg.) Immanuel Kant – Werke in sechs Bänden, Bd. IV, 1956, S. 307 ff. (S. 555) [„Sich eines integrierenden Teils als Organs berauben (verstümmeln), z. B. einen Zahn zu verschenken, oder zu verkaufen, um ihn in die Kinnlade eines andern zu pflanzen, oder die Kastration mit sich vornehmen zu lassen, um als Sänger bequemer leben zu können, u. dgl. Gehört zum partialen Selbstmorde"].

1001 Vgl. *Murmann*, Die Selbstverantwortung des Opfers im Strafrecht, S. 181 f.; a.A.: *Franck*, GesR 2009, S. 298, der „körperselbstbildwidrige Gliedmaßen zur Kategorie der dem Leben nachteiligen Organe" (*Kant*, Metaphysik der Sitten, in Weischedel (Hrsg.) Immanuel Kant – Werke in sechs Bänden, Bd. IV, 1956, S. 307 ff. (S. 555)) zählt und aufgrund dessen in Wunschamputationen aufgrund von BIID kein Verbrechen an der eigenen Person im Sinne Kants sieht. (vgl. *Kant*, Grundlegung zur Metaphysik der Sitten, S. 52, Rn. 439); gegen die Heranziehung der Kant'schen Tugendlehre zur Legitimation für rechtliche Verbote: *Schroth*, JZ 2004, S. 472.

1002 *Tomasini*, Ethics & Medicine 22 (2006), 99, 104 [„The problem with the Kantian view is that it cannot account for embodied difference--a view of embodiment that significantly deviates from what we normally consider organic integrity and human worth to be constitutive of. [...] Kantians have no way of understanding authentic embodied difference, other than through moral disapproval."] [„Since they assume

Das Unvermögen der Anerkennung körperlicher Unterschiede hat jedoch auch außerhalb der Debatte um elektive Wunschamputationen weitreichende Konsequenzen. Nach der Kant'schen Betrachtung degradierten sich BIID-Betroffene in Wirklichkeit selbst in ihrem menschlichen Wert, indem sie einen anerkennbaren Sinn von körperlicher Integrität bloßstellten. Alternative Konzepte in puncto Lebensbewertung und körperlicher Integrität sind laut *Tomasini* für die *Kant*'sche Betrachtungsweise nicht fassbar. In der Argumentation Kants zur Versagung von elektiven Wunschamputationen liege der Beweis für die Nichtanerkennung von verkörperter Unterschiedlichkeit.[1003] Diese ist jedoch nach dem heutigen grund- und menschenrechtlichen Verständnis entschieden abzulehnen.

Auch *Schramme* verdeutlicht am Beispiel *Kant*s die moralische Deutung der Vollkommenheit und lehnt diese ab. Die Schwächen der Argumentation würden an Kants eigenem Beispiel der Zahnexplantation deutlich, durch die die Fähigkeit zur Moral nicht eingeschränkt werde.[1004]

Die Auswirkungen einer moralischen Abwertung sind jedoch nicht nur bei der Frage von Wunschamputationen immens.[1005] So bedeutet die Anwendung der Kant'schen Sichtweise, dass auch ungewollt Behinderte gemessen am Idealbild als unvollkommen und somit unmoralisch angesehen werden müssten. Allein die körperliche Abweichung müsste folgerichtig als unmoralisch betrachtet

---

organic identity and human worth must conform to a stereotypically ideal type, Kantians have no way of dealing with SDAs who might just express human worth and integrity in a completely alternative way".].

1003 *Tomasini*, Ethics & Medicine 22 (2006), 99, 111 The Kantian justification [„refuses treatment per se, on the grounds that SDA intrinsically degrades any ideal of human worth through compromising any recognizable sense of organic integrity. While this understandable reaction is perfectly justifiable within its own ideally orientated terms of reference, it discounts the contextual evidence that SDAs may represent an altogether different sense of human worth and organic integrity. Kantian ethics cannot, it seems, deal with embodied difference. The Kantian argument for not treating SDAs is ultimately a justification for the *non-recognition* of embodied difference."]; vgl. *Schramme*, in: Ach/Pollmann (Hrsg.), No body is perfect, 2006, S. 163, 170–173; a.A.: *Dua*, Journal of Medical Ethics 36 (2010), S. 77 a.E., die die ethische Zulässigkeit von BIID-Amputationen auch mit der Kant'schen Sichtweise begründet.

1004 *Schramme*, in: Ach/Pollmann (Hrsg.), No body is perfect, 2006, S. 163, 170–173; vgl. *Wendland*, Die strafrechtliche Zulässigkeit wunscherfüllender Operationen 2016, S. 264 f.

1005 Vgl. die Aussagen des Betroffenen namens Gregg, der auf eine Tabuisierung von Wunschamputationen hinweist. *British Broadcasting Company*, Complete Obsession (17.02.2000) [„And of course there's a taboo in our society against dismemberment or self-multination [sic!] and, and [sic!]amputation desires as this"].

werden und im Verhältnis zu körperlich gesunden Menschen als schlechter bewertet werden. Eine solche Argumentation, die körperliche Abweichungen in ein Moralgefüge von besser oder schlechter einordnet und somit Werturteile über Menschen fällt, ist aus verfassungsrechtlicher Sicht nicht tragbar.

Schicktanz macht darauf aufmerksam, dass Besonderheiten körperlicher Art immer in einem vielschichtigen Gefüge von individueller Normalität, historisch- und kulturell bedingter Unterschiede sowie politisch-sozialer Normierung zueinander stehen. Das essenzielle normative Element sei die Anerkennung von Unterschieden und nicht das Beharren auf der Norm oder der Normalität.[1006] In der Nichtanerkennung der Verschiedenheit individueller Bewertungsmaßstäbe sieht eine Ansicht der Literatur einen der Hauptgründe für ungerechtfertigten ärztlichen Paternalismus.[1007] Die Achtung der Andersartigkeit müsse keine Ausgrenzung zur Folge haben. Vielmehr könne ein Austausch über Körperlichkeit und ihre Schwächen als Inspiration für Lebenskonzepte dienen und auf diese Weise gesellschaftliche Vorstellungen des guten Lebens bereichern. Der Abbau von eindimensionalen Kategorisierungen wie Gesundheit und Krankheit sei unter anderem ein Bestandteil bei der Identitätsfindung. Die Diversität des Andersseins auf gleicher Ebene, ohne Abwertung im Sinne eines besser und schlechter, sei folglich auch ein Bestandteil einer Identität, der nicht unterschätzt werden dürfe.[1008]

Die Auswirkungen von gesellschaftlichen Normalitätsvorstellungen und den vorschnellen Schluss von der Andersartigkeit auf das Unmoralische verdeutlicht *Gelhaus* am Beispiel der Stigmatisierung von Behinderten. Was gesellschaftlich als der Normalität entsprechend gelte, sei auch als erwünscht anzusehen. Ein derartiges Stigma bedeute eben nicht nur eine Benachteiligung oder Nichtbeachtung. Es führe dazu, dass Menschen, die der gesellschaftlichen Norm und dem Idealbild nicht entsprechen, als fremd und anders gesehen und sogar als minderwertig empfunden werden. In diesem Zusammenhang muss auch auf die UN-Behindertenrechtskonvention von 2006 eingegangen werden, die als Neuerung – im Gegensatz zu „anderen internationalen Menschenrechtsdoku-

---

1006 *Schicktanz*, in: Ehm/Schicktanz (Hrsg.), Körper als Maß?, 2006, S. 225, 239–240 m.w.N.

1007 *Clouser*, in: Gillon/Lloyd (Hrsg.), Principles of health care ethics, 1994, S. 251, 252–253 [„there are different kinds of harms (or ‚evils', as we call them) and that rational persons can and do rank them differently. Neglecting the fact that there are different rational rankings is one of the primary causes of unjustified paternalism."].

1008 *Schicktanz*, in: Ehm/Schicktanz (Hrsg.), Körper als Maß?, 2006, S. 225, 239–240.

menten"[1009] erstmalig auf das Bewusstsein der Würde abstellt. Art. 24 Abs. 1 a) der UN-Behindertenrechtskonvention setzt das Ziel,

> „die menschlichen Möglichkeiten sowie das Bewusstsein der Würde und das Selbstwertgefühl des Menschen voll zur Entfaltung zu bringen und die Achtung vor den Menschenrechten, den Grundfreiheiten und der menschlichen Vielfalt zu stärken".

Grund für diese Zielsetzung sind die „Unrechtserfahrungen von Menschen mit Behinderungen, die teils erleben mussten, dass man sie vor der Öffentlichkeit versteckt und von der Gesellschaft absondert, als würde man sich ihrer Existenz geradezu ‚schämen'".[1010] Bezüglich der Definition der Normalität macht *Gelhaus* auf die jeweiligen kulturbedingten Unterschiede des Menschenbild-Ideals aufmerksam und verdeutlicht, dass es keinen einheitlich ermittelbaren Maßstab – der noch von der Gesellschaft tolerierten Abweichung – gibt.[1011] Auch wenn nach weit verbreiteter Ansicht die Abwesenheit von körperlicher Krankheit ein Faktor für das persönliche Wohlergehen sein kann.[1012]

Dennoch ist es nicht nur in der Theorie möglich, dass Betroffene einen weitaus positiveren Ansatz bei der Betrachtung einer Behinderung haben als die gesellschaftliche Betrachtung von außen. Der Einfluss einer körperlichen Einschränkung auf die individuelle Bilanz des persönlichen Wohls und Leids scheint demnach deutlich geringer zu sein als von der Öffentlichkeit angenommen. Auch in der Praxis kämpfen Behinderte gegen die allgemeine negative Bewertung von Behinderung, die im Ergebnis auf ein stigmatisierendes Verhältnis von besser oder schlechter hinausläuft.

Schramme verweist auf den Slogan der Behindertenbewegung „Es ist normal verschieden zu sein" hin. Hierdurch solle ein Umdenken der Gesellschaft erreicht werden, indem die Anerkennung des Andersseins eingefordert wird. Anstelle einer verbreiteten „negativen Bewertung" sollten dadurch vermeintlich bestehende Einschränkungen zu einem Unterschied, einer Vielfaltsbekundung umgedeutet werden.[1013]

1009 *Bielefeldt*, in: Frewer/Bielefeldt (Hrsg.), Menschenrecht auf Gesundheit, 2016, S. 29.

1010 *Bielefeldt*, in: Frewer/Bielefeldt (Hrsg.), Menschenrecht auf Gesundheit, 2016, S. 29 a.E. f.

1011 *Gelhaus*, in: Groß/Müller/Steinmetzer (Hrsg.), Normal – anders – krank?, 2008, S. 33, 43, 45; vgl. *Schicktanz*, in: Ehm/Schicktanz (Hrsg.), Körper als Maß?, 2006, S. 225, 242.

1012 *Schramme*, Ethik in der Medizin 15 (2003), 180, 184.

1013 *Schramme*, Ethik in der Medizin 15 (2003), 180; siehe Strickstock (Hrsg.), Die Gesellschaft der Behinderer, 1997; *Klee*, Behindertsein ist schön, Kap. Falsches Mitleid, S. 64, S. 109 ff.; *Hoffmeister* in: *Klee*, Behindertsein ist schön, S. 51 ff.; *Steiner*, in: *Klee*, Behindertsein ist schön, S. 122 ff.; *Mackenzie/Cox*, International Journal of

Das Bestreben behinderter Menschen, eine andere Sichtweise auf das Thema Behinderung zu erreichen, veranschaulicht den Wunsch der Betroffenen, nicht mit einem stigmatisierenden Label versehen zu werden. So verdeutlicht auch ein Flyer des Autonomen Behindertenreferats der Universität zu Köln, dass die sozialen Denkmuster einen wesentlichen Einfluss auf die Bewertung einer Behinderung und das erwartete Wohlergehen der betroffenen Person haben. Mit dem Slogan „Lass dich nicht behindern“ wird verdeutlicht, inwiefern Einflüsse von außen Auswirkungen auf die Behinderungssituation haben und sie unter Umständen erst entstehen lassen. Auch der Name, der von den Betroffenen selbst gewählten Internetpräsenz, (www.alternativbegabte.de) verdeutlicht das Bestreben, Rangverhältnisse im Sinne von besser und schlechter bezogen auf körperliche Gesundheit und körperliche Behinderung zu beseitigen und die Anerkennung von Behinderung als gleichwertige Diversität zu erreichen.[1014] Auch hierin ist letztlich wieder der Beleg zu sehen, dass die subjektive Komponente bei der Bewertung der Auswirkungen einer Behinderung der maßgebliche Faktor ist. Bei der Beschreibung von Lebensqualität sei der persönliche Eindruck der betroffenen Person ausschlaggebend; über deren Wohlbefinden kein Außenstehender Aussagen treffen könne.[1015] Das Phänomen, dass Behinderte nicht als behindert angesehen werden wollen, beschreibt *Schramme* zutreffend mit der Begründung, dass die Betroffenen nicht leugneten, eine körperliche Schädigung zu haben. Sie wehrten sich lediglich dagegen, dadurch sowohl im persönlichen Wohl als auch in ihrem relevanten Aktionsradius eingeschränkt zu sein.[1016]

Bezogen auf die oben genannten Konzepte und Sichtweisen von Behinderungen und die Problematik von BIID stellt *Bridy* ein Alternativkonzept bezüglich der körperlichen Integrität auf. Aus dem Blickwinkel der Theorie der sozialen Differenz forderten die Betroffenen das verbreitete Stigma der Behinderung be-

---

Law in Context 2007, S. 366; vgl. *Tomasini*, Ethics & Medicine 22 (2006), 99, 104; vgl. *Bielefeldt*, in: Frewer/Bielefeldt (Hrsg.), Menschenrecht auf Gesundheit, 2016, S. 42 („»equality« meint nicht »sameness«“).

1014 Siehe: http://alternativbegabte.de/ABeR_infoflyer_weiss.pdf (zuletzt abgerufen am 12.10.2017); Zum „*diversity*-Ansatz“ von Art. 25 der UN-*Behindertenrechtskonvention* von 2006, der „körperliche und geistige Beeinträchtigungen als Bestandteil menschlicher Normalität versteht“ und eine „Enthinderung“ propagiert, siehe: *Krennerich*, in: Frewer/Bielefeldt (Hrsg.), Menschenrecht auf Gesundheit, 2016, S. 62 f.

1015 *Schramme*, in: Graumann/Grüber (Hrsg.), Anerkennung, Ethik und Behinderung, 2005, S. 87, 90–91.

1016 *Schramme*, Ethik in der Medizin 15 (2003), 180, der diese Behauptung nur als „scheinbar paradox“ bewertet.

dingungslos heraus. Nicht nur indem sie ein anderes Konzept der körperlichen Integrität akzeptierten, sondern indem sie es sprichwörtlich verkörperten.[1017]

ee. Zwischenergebnis

Als Zwischenergebnis lässt sich festhalten, dass die vollumfängliche Anerkennung von Behinderten nicht bei der Frage nach der Zulässigkeit von Wunschamputationen aufgehoben werden kann. Das oben dargestellte Recht auf Behinderung[1018] wird weder durch moralische Implikationen noch durch gesellschaftliche Werturteile zu Lasten von BIID-Betroffenen ausgehebelt. Bei der Realisierung von individuell und subjektiv festgesetzten Zielen kann nur auf die subjektive Bewertung durch die betroffene Person abgestellt werden. Das Oktroyieren gewohnter Lebenskonzepte auf andere steht nicht nur im Widerspruch zu den grundrechtlich gewährten Garantien im Lichte der Menschenrechte, sondern führt darüber hinaus zu einer Abwertung von alternativen Lebensentwürfen. So zeigt die Problematik um elektive Wunschamputationen im Kontext von BIID, dass ein Aufdrängen von Wertmaßstäben Dritter das persönlich empfundene Wohlbefinden von BIID-Betroffenen völlig ausklammert und durch die persönliche Meinung, ein behinderter Mensch könne nicht glücklich sein, ersetzt wird. Im Umkehrschluss wird dadurch auch ein Unwerturteil über ungewollt Behinderte gefällt, das sich mit dem modernen Grundrechtsverständnis und Diskriminierungsverbot (Art. 14 EMRK) nicht vereinbaren lässt. Erst Recht reichen derartige moralische Implikationen nicht für ein strafbewehrtes Verbot von Wunschamputationen.

III. Ergebnis

Die bisherige Untersuchung hat ergeben, dass die Sittenwidrigkeit im Sinne von § 228 StGB nicht für die Unzulässigkeit von Wunschamputationen aufgrund von BIID heran gezogen werden kann.[1019] Zum einen vor dem Hintergrund, dass der Staat nicht zum Schutz des Menschen vor sich selbst mit edukativer Wirkung vorgehen sollte, wenn die der Einwilligung zugrunde liegenden Entscheidungen autonom und freiwillig getroffen wurden. Zum anderen kann als Argument für die Sittenwidrigkeit nicht angeführt werden, dass das Ergebnis einer Wunsch-

---

1017 *Bridy*, Journal of Law, Medicine & Ethics 32 (2004), 148, 153; *Koch*, Journal of Medical Ethics 2001; 27, S. 370, 375; vgl. *Baril*, Disability & Society, 2015 Vol. 30, No. 5, S. 700.

1018 S.o. § 4 III. 1. C. a Amputationswunsch als autonome Entscheidung im Sinne der Einwilligungsfähigkeit.

1019 So auch: *Schneider*, Body Integrity Identity Disorder 2016, S. 262.

amputation ein behinderter Mensch ist. Die Einwilligung in eine indikationslose Wunschamputation zur Linderung des enormen Leidensdrucks der Betroffenen ist wirksam. Die Durchführung des Eingriffs verstößt auch nicht gegen das ärztliche Standesrecht und ist folglich – gleich den angeführten Vergleichsfällen – nicht als sittenwidrig zu bewerten. Ein mittelbares Verbot durch eine Bestrafung des ausführenden Arztes besteht demnach nicht. Ebenso wenig besteht jedoch eine ärztliche Pflicht,[1020] einen derartigen Eingriff durchzuführen. Auch die Auswertung der abstrakten Argumente kommt vorliegend zu keinem anderen Ergebnis. Elektive Wunschamputationen aufgrund von Body Integrity Identity Disorder zur Linderung des Leidensdrucks sind nach heutigem Stand aufgrund mangelnder – gleich effektiver und weniger invasiver – Therapiealternativen im deutschen Medizinstrafrecht zulässig.

1020 Vgl. *Bielefeldt*, in: Frewer/Bielefeldt (Hrsg.), Menschenrecht auf Gesundheit, 2016, S. 42.

§ 6 Blick in das anglo-amerikanische Recht

Neben der Betrachtung der strafrechtlichen Bewertung des Sonderfalls von elektiven Wunschamputationen aufgrund von BIID im deutschen Medizinstrafrecht lohnt sich darüber hinaus auch abschließend ein kurzer Blick auf die Bewertung derartiger Eingriffe im anglo-amerikanischen Recht. Im Folgenden gleicht diese Arbeit die, aus der deutschen Rechtsordnung gewonnenen, Erkenntnisse kurz mit US-amerikanischem und dem britischen Recht ab. Die Literatur zur rechtlichen Zulässigkeit von Wunschamputationen ist auch in diesen Rechtsordnungen begrenzt. Insbesondere lohnt sich ein Blick ins anglo-amerikanische Recht vor dem Hintergrund, dass in beiden Rechtsordnungen Fälle von Amputationen aufgrund oder zumindest im Zusammenhang mit BIID öffentlich gemacht wurden. Im britischen Recht ist der bereits eingangs beschriebene Fall des schottischen Chirurgen Robert Smith zu nennen, der jedoch nicht gerichtlich entschieden wurde. Eine dahin gehende Bewertung erfolgt somit abstrakt. In den Vereinigten Staaten von Amerika wird im Zusammenhang mit BIID-Amputationen oft auf den Fall *People vs. Brown* rekurriert. In diesem Zusammenhang lohnt eine genauere Betrachtung insbesondere vor dem Hintergrund der Zulässigkeit von elektiven Wunschamputationen in den USA.

I. Zulässigkeit von elektiven Wunschamputationen in den USA

1. Fall People vs. Brown

Ein im Zusammenhang mit BIID-Amputationen genannter Gerichtsfall aus den Vereinigten Staaten von Amerika ist der Fall *People vs. Brown*[1021] aus dem Jahr 2001. Vorliegend handelt es sich um die rechtliche Bewertung des bereits oben[1022] im Rahmen der Risikoverringerung angesprochenen Falls. Hierbei erlag der 79-jährige BIID-Betroffene Philip Bondy den schweren Folgen einer in Mexiko durchgeführten „Hinterhof-Amputation", bei der Täter John Ronald Brown medizinische Standards nicht eingehalten hatte. Nach der Amputation hatte sich ein Wundbrand (auch Gasgangrän genannt) gebildet, der dem Gericht zufolge auf unsaubere Operationsbedingungen und unsachgemäße Wundversorgung zurück zu führen war. Ein Sachverständiger stellte fest, dass die präoperative, operative

1021 *People v. Brown*, 91 Cal. App. 4th 256 (2001); vgl. *Smith*, in: Bioethics, Medicine and the Criminal Law (Vol. 1), 2013, S. 83.

1022 S.o. § 5 II. 3. G. b Aspekte der Risikoverringerung.

und postoperative Vorgehensweise des Angeklagten in jeder Hinsicht im groben Maße mangelhaft war. Vorher war dem Angeklagten die medizinische Approbation des Staates Kalifornien wegen grober Fahrlässigkeit aberkannt worden. Aufgrund dessen praktizierte er weiter in Mexiko, ohne jedoch die dafür erforderliche mexikanische Lizenz zu besitzen. Ein Pathologe stellte später fest, dass Bondy aufgrund seines Gesundheitszustands kein geeigneter Patient für die Durchführung einer Amputation war. Er sei extrem abgemagert gewesen und habe zudem an einer Herzkrankheit und einer Lungenentzündung gelitten. In seinem Urteil stellte das Gericht folglich auf das Vorliegen der erforderlichen Lizenz, die Durchführung einer medizinisch anerkannten Behandlung an einem dafür geeigneten Patienten sowie die Einhaltung der medizinischen Standards vor, während und nach der Operation ab. Der Angeklagte wurde schuldig gesprochen wegen Mordes mit bedingtem Vorsatz (second degree murder) in Verbindung mit rechtswidriger Ausübung der Medizin gem. § 2053 California Business and Professions Code (Bus. & Prof. Code) und zu 15 Jahren Haft verurteilt. Auch wenn es sich um das einzige Urteil im Zusammenhang mit elektiven Wunschamputationen handelt, gibt die Rechtsprechung im vorliegenden Fall keinen Aufschluss über die Zulässigkeit von derartigen Amputationen. Im vorliegenden Fall verfügte der ausführende Amputierende bereits nicht über die nötigen medizinischen Lizenzen und ließ darüber hinaus die zu beachtenden ärztlichen Standards außer Acht. Das vorliegende Urteil eignet sich folglich nicht, um Rückschlüsse auf die Zulässigkeit von elektiven Wunschamputationen, durchgeführt von einem lizenzierten Arzt, unter Einhaltung der medizinischen Standards zu ziehen,[1023] sodass die Bewertung von elektiven Wunschamputationen auch im US-amerikanischen Recht abstrakt erfolgen muss.

2. Rechtslage in den USA

Im US-amerikanischen Recht ist es anerkannt, dass chirurgische Körpermodifikationen unabhängig von ihrer therapeutischen Wirkung nicht unter den Begriff der Körperschädigung (*bodily harm*) im Sinne der Körperverletzungsdelikte fallen.[1024] Zudem urteilte der *Superior Court*[1025] in einem Fall, dass Erwachsene grundsätzlich das Recht haben, alle im Zusammenhang mit der eigenen Gesundheitsfürsorge entstehenden Belange selbst zu entscheiden. Hiervon werde ebenfalls

---

1023 Vgl. *Smith*, in: Bioethics, Medicine and the Criminal Law (Vol. 1), 2013, S. 83.

1024 *Bridy*, Journal of Law, Medicine & Ethics 32 (2004), 148, 153 m.w.N.

1025 *Bartling* vs. *Superior Court* [1984] 163 Cal App 3d 186, 194–195, 209; vgl. *Dua*, Journal of Medical Ethics 36 (2010), 75, 76.

die Entscheidung über die Ablehnung oder Annahme von lebenserhaltenden Maßnahmen erfasst. Diesem Autonomiekonzept liegt die Betrachtungsweise von *Mill* zugrunde, der die Souveränität des Individuums über sowohl den Körper als auch den Geist bestätigt.[1026] Entsprechend dem Vergleichsfall von indikationslosen Schönheitsoperationen und Körpermodifikationen würden elektive Wunschamputationen mit der Berufung auf das Prinzip der Selbstbestimmung und Autonomie voraussichtlich gerechtfertigt werden können.[1027]

II. Zulässigkeit von elektiven Wunschamputationen im Vereinigten Königreich (UK)

Auch im Vereinigten Königreich stellt die Frage nach der Zulässigkeit von elektiven Wunschamputationen aufgrund von BIID, mangels Rechtsprechung zu diesem Thema, ein abstraktes Problem dar. Ähnlich den Argumentationsstrukturen im deutschen Medizinstrafrecht bewegt sich die Frage nach der Zulässigkeit von elektiven Wunschamputationen innerhalb der Faktoren Einwilligung, Autonomie, dem ärztlichen Standesrecht und den bereits oben angesprochenen Vergleichsfällen. *Fateh-Moghadam* macht darauf aufmerksam, dass in jeder Rechtsordnung im Kontext ärztlichen Handelns ein Wertkonflikt entsteht, den das jeweilige Recht versuchen muss zu lösen. Dieser Lösungsprozess sei jedoch an die Beschaffenheit des historisch gewachsenen Rechtssystems gebunden.[1028]

Derartige Eingriffe könnten gegen das britische Gesetzesrecht (statutory law) und common law verstoßen.[1029] So stellt sich darüber hinaus auch im Vereinigten Königreich die Frage, ob die wirksame Einwilligung des Betroffenen alleine ausreicht, um die Strafbarkeit des ausführenden Arztes abzulehnen. Eine Wunschamputation könne im Sinne einer schweren Körperverletzung gegen Sektion 18 des *Offences Against the Person Act* des britischen Parlaments von 1861 verstoßen.[1030] In diesem Sinne wird zur Klärung der Frage der Zulässig-

---

1026 Vgl. *Dua*, Journal of Medical Ethics 36 (2010), 75, 76 m.w.N.

1027 *Dua*, Journal of Medical Ethics 36 (2010), 75, 76 ff.

1028 *Fateh-Moghadam*, in: Roxin/Schroth, Handbuch des Medizinstrafrechts, Kap. IV, S. 894 m.w.N., der als Beispiel den Interessenkonflikt zwischen objektivem Patientenwohl und Patientenwillen anführt.

1029 *Johnston/Elliot*, Clin Med 2002; 2, S. 432.

1030 Vgl. *Brazier/Ost*, Bioethics, Medicine and the Criminal Law III 2013, S. 232; *Smith*, in: Bioethics, Medicine and the Criminal Law (Vol. 1), 2013, S. 82; vgl. *Erin*, The Rightful Domain of the Criminal Law 2007, S. 238; *Johnston/Elliot*, Clin Med 2002; 2, S. 433; bzgl. einer genauen Aufarbeitung des Offence against the Person Act von 1861 mit dem Ergebniss dessen Anpassung und Modernisierung siehe: *Jefferson*, Journal of

keit auch auf die Parameter *Nonmaleficence* und *Beneficence* zurückgegriffen.[1031] Gleich der obigen Argumentation wird auch im britischen Recht angeführt, dass Ärzte häufig Schaden zum Zweck der Heilung verursachen müssen. Dabei könne das Wohl – im Falle von Lebendorganspenden – sogar einer anderen Person zu Teil werden.[1032] Die objektive Auslegung des Schadensbegriffs wird folglich auch in dieser Rechtsordnung abgelehnt. Die Frage, ob das Vorliegen der Einwilligung im Falle von BIID-Amputationen ausreicht, um den Arzt vor strafrechtlichen Konsequenzen zu schützen, ist demnach unklar.[1033] Demgegenüber steht jedoch die „ganz überwiegende Auffassung in der Strafrechtswissenschaft", die bei der Körperverletzung lediglich auf den Verletzungserfolg und nicht auf die innere Willensrichtung des Täters schaut.[1034] Die Motivation des Arztes, – seine guten Absichten – seinen Patienten zu heilen, bleiben bei der Bewertung der Körperverletzung auch im Rahmen des ärztlichen Heileingriffs unberücksichtigt.[1035] Die streng objektive Betrachtungsweise des Verletzungserfolgs spricht demnach dem Grunde nach gegen die Zulässigkeit von elektiven Wunschamputationen.

Gleich der Problematik im deutschen Medizinstrafrecht wird auch im britischen Recht eine Aushöhlung der Patientenautonomie des Mündigen befürchtet, sofern die getroffene Entscheidung von den Moralvorstellungen anderer abweiche.[1036] Eine implizite Vernunftkontrolle, über den Umweg der Einwilligung, wird folglich auch in dieser Rechtsordnung kritisch gesehen. Dennoch liegt der britischen Einwilligungsdogmatik weniger der Schutz der Dispositionsfreiheit

---

Criminal Law 2012, 76 (6), S. 472 ff. m.w.N.; *Fateh-Moghadam*, in: Roxin/Schroth, Handbuch des Medizinstrafrechts, Kap. IV, S. 897, der als deutsche Übersetzung das Beibringen „einer schweren bzw. ernsthaften Körperverletzung" verwendet.

1031 *Brazier/Ost*, Bioethics, Medicine and the Criminal Law III 2013, S. 224 ff.

1032 *Erin*, The Rightful Domain of the Criminal Law 2007, S. 239.

1033 *Brazier/Ost*, Bioethics, Medicine and the Criminal Law III 2013, S. 232.

1034 *Fateh-Moghadam*, in: Roxin/Schroth, Handbuch des Medizinstrafrechts, Kap. IV, S. 897 m.w.N.

1035 *Fateh-Moghadam*, in: Roxin/Schroth, Handbuch des Medizinstrafrechts, Kap. IV, S. 898 m.w.N.

1036 *Erin*, The Rightful Domain of the Criminal Law 2007, S. 247; *Mackenzie/Cox*, International Journal of Law in Context 2007, S. 371; vgl. *Jackson*, International Journal of Law in Context 2012, 8(1), S. 181; eine ausführliche Aufarbeitung findet sich in *Shafer-Landau*, Legal Theory 2005 11(3), S. 173 ff.; vgl. *Freyenhagen/O'Shea*, International Journal of Law in Context 2013, 9(1), S. 54 ff.; vgl. *Fateh-Moghadam*, in: Roxin/Schroth, Handbuch des Medizinstrafrechts, Kap. IV, S. 899.

des Individuums zugrunde, vielmehr dient sie dem Schutz der Integrität.[1037] Ein Grundrecht der Verfügungsfreiheit über den eigenen Körper existiert nicht.[1038] Das vom Paternalismus geprägte „Regel-Ausnahme-Modell (*restrictive quantitive rule plus exceptions*)“ in der britischen Einwilligungsdogmatik erlaubt die Einwilligung in eine Körperverletzung nur in bestimmten, rechtlich anerkannten Fällen.[1039] Infrage kommt vorliegend die so genannte *medical exception* im Sinne des *reasonable and proper treatment*.[1040] Im britischen Recht wird der ärztliche Heileingriff aus strafrechtlicher Sicht als zulässige Handlung (*lawful activity*) bewertet, wenn der Eingriff *reasonable* (im Sinne von vertretbar oder angemessen) ist oder als *proper medical treatment* (im Sinne einer geeigneten ärztlichen Behandlung) angesehen wird, und der Patient wirksam in die Behandlung eingewilligt hat.[1041] Was jedoch genau unter den Begriffen *reasonable* oder *proper medical treatment* zu verstehen ist, und ob elektive Wunschamputationen aufgrund von BIID erfasst sind, ist auch hier unklar. Der Begriff *reasonable* wird weder einheitlich verstanden, noch ist er legaldefiniert.[1042] In diesem Sinne zeigen sich auch in der britischen Rechtsordnung dieselben folgenschweren definitorischen Ungenauigkeiten, wie sie bereits im deutschen Medizinstrafrecht anhand der Parameter Gesundheit und Krankheit, sowie Heilung und Schaden herausgearbeitet wurden. Auch im britischen Recht werden hierzu verschiedene Ansichten vertreten.

Nach einer Ansicht der Literatur könne die Subsumtion von Wunschamputationen unter den Begriff *proper medical treatment* im Vereinigten Königreich Aussicht auf Erfolg haben. Zum einen, wenn die therapeutische Effektivität belegt werden könne. Zum anderen könne es sich bei Wunschamputationen um die Art einer medizinischen Behandlung handeln, deren Durchführung trotz des Fehlens einer primär therapeutischen Funktion anerkannt werde, wie es bei Sterilisationen, Abtreibungen und Lebendorganspenden der Fall sei. Zudem seien ebenfalls Parallelen zu geschlechtsangleichenden Operationen zu berücksichti-

---

1037 *Fateh-Moghadam*, in: Roxin/Schroth, Handbuch des Medizinstrafrechts, Kap. IV, S. 900.

1038 *Fateh-Moghadam*, in: Roxin/Schroth, Handbuch des Medizinstrafrechts, Kap. IV, S. 916; vgl. *Smith*, in: Bioethics, Medicine and the Criminal Law (Vol. 1), 2013, S. 81.

1039 *Fateh-Moghadam*, in: Roxin/Schroth, Handbuch des Medizinstrafrechts, Kap. IV, S. 904.

1040 *Fateh-Moghadam*, in: Roxin/Schroth, Handbuch des Medizinstrafrechts, Kap. IV, S. 904.

1041 *Johnston/Elliot*, Clin Med 2002; 2, S. 432.

1042 *Erin*, The Rightful Domain of the Criminal Law 2007, S. 248 m.w.N.

gen.[1043] Sowohl Medizinethik als auch die Rechtswissenschaft seien im Falle von elektiven Wunschamputationen vor Fragen gestellt, die von beiden Disziplinen nicht klar beantwortet würden.[1044]

Eine weitere Stimme der Literatur geht sogar noch weiter und argumentiert, dass Wunschamputationen aufgrund von BIID vom Begriff *proper medical treatment* erfasst sein sollten. Zur Linderung des Leidensdrucks der Betroffenen könne eine Amputation als notwendig (*necessary*) für das psychische Wohlbefinden der betroffenen Person bewertet werden, und vor dem Hintergrund eines zu befürchtenden Suizids könne man unter Umständen sogar von einer lebensrettenden Maßnahme ausgehen.[1045] Gerade an Vergleichsfällen wie Schönheitsoperationen und Lebendorganspenden sei belegt, dass die wirksame Einwilligung alleine ausreiche, um den Arzt vor strafrechtlichen Konsequenzen zu schützen.[1046] Gleich den obigen Ausführungen sehen die genannten Rechtsordnungen das Recht auf Unvernunft von der Autonomie mit erfasst, sodass ein staatliches Eingreifen zum Schutz des Menschen vor sich selbst nicht infrage kommt.[1047]

So zeigt sich, dass die genannten Rechtsordnungen bei der Frage nach der Zulässigkeit von elektiven Wunschamputationen auf die bereits oben ausgeführten Vergleichsfälle[1048] zurückgreifen. Dennoch ergeben sich auch bei der Hinzuziehung – rechtlich anerkannter – medizinischer Vergleichsfälle zahlreiche Folge-

---

1043 *Johnston/Elliot*, Clin Med 2002; 2, S. 433; *Mackenzie/Cox*, International Journal of Law in Context 2007, S. 368 ff.; *Jackson*, International Journal of Law in Context 2012, 8(1), S. 181; zum Entwicklungsprozess bzgl. der Zulässigkeit von Geschlechtsumwandlungen in Großbritannien siehe: *Groß/Steinmetzer*, Jahrbuch für Recht und Ethik 15 (2007), S. 589 ff. m.w.N., die das Gesetz zur Regelung der rechtlichen Anerkennung von Geschlechtsumwandlungen im Jahr 2004 als eine „sehr liberale Gesetzgebung" bewerten.

1044 *Brazier/Ost*, Bioethics, Medicine and the Criminal Law III 2013, S. 232.

1045 *Erin*, The Rightful Domain of the Criminal Law 2007, S. 252.

1046 *Erin*, The Rightful Domain of the Criminal Law 2007, S. 252, 256; zum Legitimationsproblem von Lebendorganspenden im common law und der rechtlichen Lösung siehe: *Fateh-Moghadam*, in: Roxin/Schroth, Handbuch des Medizinstrafrechts, Kap. IV, S. 912 ff.

1047 *Erin*, The Rightful Domain of the Criminal Law 2007, S. 256; vgl. *Mackenzie/Cox*, International Journal of Law in Context 2007, S. 372; vgl. *Fateh-Moghadam*, in: Roxin/Schroth, Handbuch des Medizinstrafrechts, Kap. IV, S. 900 m.w.N., der jedoch betont, dass sich das Recht auf Unvernunft nur auf die Verweigerung einer ärztliche Maßnahme beziehe.

1048 S.o. § 5 II. 3. A Vergleichsfälle zu Wunschamputationen innerhalb von BIID und deren juristische Lösung.

probleme. Ärztliche Eingriffe wie Lebendorganspende, kontrazeptive Sterilisation, geschlechtsumwandelnde Operationen und Schönheitsoperationen werden im britischen Recht als so genannte *borderline-procedures* bezeichnet, die bereits nicht von der Kategorie *medical exception* erfasst werden.[1049] Gelöst wird das Problem mit konstruierten Ausnahmen, die nicht zwingend vorangegangene eindeutige Rechtsprechung oder Spezialgesetze erfordern und somit „erhebliche Rechtsunsicherheit" schaffen.[1050] In diesem Sinne kommt es gerade bei neueren und unerforschten medizinischen Phänomenen zu rechtlichen Unklarheiten. Auch bezüglich der Behandlung unerforschter medizinischer Phänomene rekurriert die britische Rechtswissenschaft auf die, auch im Rahmen der deutschen medizinstrafrechtlichen Diskussion angesprochene, Deklaration von Helsinki.[1051] Der Patientenautonomie und der Unzulässigkeit eines Rückschlusses vom Amputationswunsch auf die Fähigkeit zur autonomen und selbstbestimmten Entscheidung wird auch in Großbritannien vonseiten des ärztlichen Standesrechts Rechnung getragen.[1052]

Ähnlich der Argumentation mit dem deutschen Standesrecht im Sinne der Musterberufsordnung wird auch in Großbritannien mit den Richtlinien des General Medical Councils (GMC) argumentiert.[1053] Die Patientenautonomie findet auch in § 65 der Pflichten für Ärzte des General Medical Councils Ausdruck:

> „You must not assume that a patient lacks capacity to make a decision solely because of their age, disability, appearance, behaviour, medical condition (including mental illness), their beliefs, their apparent inability to communicate, or the fact that they make a decision that you disagree with."

In Ermangelung einer eindeutigen rechtlichen Bewertung lässt sich bezüglich der Zulässigkeit von elektiven Wunschamputationen im britischen Recht feststellen, dass derartige Eingriffe insbesondere aufgrund der legalen Praxis von geschlechts-

---

1049 *Fateh-Moghadam*, in: Roxin/Schroth, Handbuch des Medizinstrafrechts, Kap. IV, S. 905 a.E. f. m.w.N.

1050 *Fateh-Moghadam*, in: Roxin/Schroth, Handbuch des Medizinstrafrechts, Kap. IV, S. 900, der ebenfalls einen möglichen Reformvorschlag für dieses Problem anführt, vgl. *Smith*, in: Bioethics, Medicine and the Criminal Law (Vol. 1), 2013, S. 87 [„there should be an agreement that willing surgeons are allowed to provide amputation to suitable patients without fear of prosecution"].

1051 *Price*, International Journal of Law in Context 2005, 1(2), S. 133 a.E. ff. m.w.N.

1052 Vgl. ebenfalls *Wicks*, Human Rights and Healthcare, S. 73 („Indeed, freedom to choose has at its core the freedom to choose wrongly. If it did not, it would be meaningless").

1053 *Smith*, in: Bioethics, Medicine and the Criminal Law (Vol. 1), 2013, S. 77.

umwandelnden Operationen in Verbindung mit den Wertungen des britischen Standesrechts als zulässig bewertet werden könnten.

III. Ergebnis

Der Blick in sowohl das US-amerikanische als auch das britische Recht zeigt erneut, dass der medizinische Grenzfall von BIID auch ein Grenzfall aus rechtswissenschaftlicher Sicht ist. Gleich der Problematik im deutschen Medizinstrafrecht besteht auch in anderen Rechtsordnungen Ungewissheit bezüglich der Reichweite von Autonomie, der Definition von Schaden im engeren oder weiteren Sinne und aus objektiver oder subjektiver Sicht.[1054] Bei der Argumentation wird ebenfalls auf die bereits bestehenden Vergleichsfälle abgestellt, die – wie oben belegt[1055] – für die Zulässigkeit von elektiven Wunschamputationen aufgrund von BIID sprechen.

1054 Vgl. *Fateh-Moghadam*, in: Roxin/Schroth, Handbuch des Medizinstrafrechts, Kap. IV, S. 906 f.

1055 S.o. § 5 II. 3. F Zwischenergebnis.

§ 7 Ergebnis und Konsequenzen für das Medizinstrafrecht

Kapitel 1 hat gezeigt, dass es sich bei Body Integrity Identity Disorder um ein medizinisches Phänomen handelt, das nicht nur in medizinischer und psychiatrischer Sicht, sondern auch bei juristischer und philosophischer Betrachtungsweise zahlreiche Fragen aufwirft.

In Kapitel 2 hat sich ergeben, dass es sich bei BIID um ein klar von anderen medizinischen Erscheinungen abgrenzbares Phänomen handelt. Die Auseinandersetzung mit dem aktuellen medizinischen Forschungsstand hat gezeigt, dass zum heutigen Tag weder der Ursprung des Amputationsverlangens noch dessen Therapierbarkeit hinreichend erforscht sind. Insbesondere die, der Medizin zur Verfügung stehenden, Heilungsmethoden sind nicht in der Lage, den Betroffenen hinreichende Linderung des Leidensdrucks zu verschaffen. Der im Kapitel 2 behandelte Robert-Smith-Fall legt nahe, dass zum heutigen Tage Amputationen das einzige Mittel zu sein scheinen, die Betroffenen von ihrem Leidensdruck gänzlich zu befreien. Auch, wenn diese Art der Therapieform lediglich die Symptome und nicht die Ursache von BIID beseitigen kann.

Die juristische Auseinandersetzung mit der Problematik von BIID-Amputationen im Rahmen des Kapitels 3 kommt zu dem Ergebnis, dass weder die Medizin noch die Rechtswissenschaft in der Lage sind, einen allgemeingültigen und objektiv definierbaren Krankheitsbegriff zu statuieren. Die verwendeten Parameter von Gesundheit und Krankheit, von Indikation, Heilung und Schaden sowie Behinderung sind unbestimmt. Das bestehende Indikationskonzept versagt bei der Anwendung auf medizinische Grenzfälle. Besonders deutlich wird diese Unbestimmtheit in den Fällen, in denen der Patient die Amputation eines gesunden Gliedmaßes wünscht. In diesem Sinne hat Kapitel 3 belegt, dass insbesondere bei medizinischen Randerscheinungen vermehrt auf die individuelle Patientenpräferenz im Sinne der Autonomie abzustellen ist. Das Fehlen einer medizinischen Indikation hat darüber hinaus nicht zwangsläufig die Strafwürdigkeit einer medizinischen Maßnahme zur Folge.

Die sich stellenden Probleme bezüglich der rechtfertigenden Einwilligung in eine elektive Wunschamputation waren Gegenstand des Kapitels 4. Insbesondere hat dieses Kapitel gezeigt, dass BIID-Betroffene im Regelfall kein Autonomiedefizit aufweisen und somit in der Regel als einwilligungsfähig erachtet werden müssen. Des Weiteren kommt Kapitel 4 zu dem Ergebnis, dass der – für Außenstehende als mindestens kurios empfundene – Amputationswunsch nicht als Argument herangezogen werden darf, um den Betroffenen die erforderliche Autonomie im Rahmen der Einwilligungsfähigkeit abzusprechen. Eine externe Vernunftkontrolle des freien Entscheidungsprozesses der individuell betroffenen Person findet nicht statt.

Auch im Rahmen der Schranken der Einwilligung hat das Themengebiet von elektiven Wunschamputationen aufgrund von BIID zahlreiche juristische Fragen aufgeworfen. Kapitel 5 hat zunächst gezeigt, dass es keiner der vertretenen Ansichten gelingt, einen objektivierten Beurteilungsmaßstab für die Sittenwidrigkeit im Sinne des § 228 StGB bereitzustellen. Ungenauigkeiten und Unsicherheiten bezüglich des Sittenwidrigkeitsmaßstabes lassen sich demnach nur im Zuge einer verfassungskonformen Auslegung der Norm beseitigen. In diesem Sinne hat das 5. Kapitel belegt, dass es bereits heute eine Vielzahl juristisch geregelter und ungeregelter medizinischer Vergleichsfälle gibt, aus denen sich Rückschlüsse für die strafrechtliche Zulässigkeit von elektiven Wunschamputationen ziehen lassen. Die Vergleichsfälle belegen, dass das Konzept des *informed consent* den Paternalismus des hippokratischen Eids abgelöst hat. In den Fällen, in denen das Bewertungskriterium von ärztlicher Fürsorge und Unschädlichkeit an Genauigkeit verliert, ist der ausschlaggebende Faktor alleine das subjektive Interesse der individuell betroffenen Person. Hierdurch wird der verfassungsrechtlich garantierten Selbstbestimmung Rechnung getragen. Insbesondere der Hauptvergleichsfall von geschlechtsangleichenden Operationen im Sinne des TSG belegt, dass sich elektive Wunschamputationen und Geschlechtsumwandlungen nicht nur medizinisch, sondern auch juristisch miteinander vergleichen lassen. Dieser Vergleich trägt insbesondere dem Faktum Rechnung, dass den Betroffenen von BIID kein Zuwarten auf eine weniger invasive Therapiemethode zugemutet werden sollte und die vorrangige Beseitigung des akuten Leidensdrucks im Vordergrund steht. Das Fehlen einer spezialgesetzlichen Regelung von elektiven Wunschamputationen hat nicht die Unzulässigkeit eines derartigen Eingriffs zur Folge. Die weiteren Vergleichsfälle von Schönheitsoperationen im Sinne der ästhetischen Chirurgie und Lebendorganspenden konsolidieren das Ergebnis, dass es für die Zulässigkeit medizinischer Maßnahmen nicht zwangsläufig einer medizinischen Indikation bedarf. Gleich diesen Beispielen muss auch bei BIID-Amputationen ohne Indikation primär auf die Selbstbestimmung und Autonomie der Betroffenen abgestellt werden. Darüber hinaus hat der Vergleichsfall von Sterilisationen und Kastrationen belegt, dass dem deutschen Recht eine willentliche Herbeiführung von krankhaften Zuständen im medizinischen Sinne nicht fremd ist. Dennoch haftet diesem Eingriff kein Makel der Sittenwidrigkeit an, da auch in diesem Fall auf die subjektive Komponente des Einwilligenden abgestellt wird. Auch die Abwägung der vertretenen Pro- und Kontraargumente kommt im Rahmen des Kapitels 5 zu dem Ergebnis, dass es gute Gründe dafür gibt, in der Durchführung von elektiven Wunschamputationen keinen Verstoß gegen den Nichtschadensgrundsatz zu sehen. Auch eine Sogwirkung von neuen BIID-Fällen, die ohne Zulässigkeit nicht aufgetreten wären, ist nicht zu besorgen. Des Weiteren hat Kapitel 5 gezeigt, dass gesellschaftliche Reaktionen gegen elektive Wunschamputationen nicht über die individuelle Bewertung durch die Betroffenen selbst gestellt werden dürfen. Zudem verbieten sich Argumente gegen BIID-Amputationen, die bei grund- und menschenrechtlicher Betrachtung, medizinisch als gesund oder versehrt angesehene Körper in ein Wertgefüge von besser und schlechter einordnen.

Der Ausblick in das anglo-amerikanische Recht, namentlich die USA und Großbritannien, hat gezeigt, dass der Fall von BIID-Amputationen auch Konzeptionen anderer Rechtsordnungen herausfordert. Während in den USA die Patientenautonomie und der Patientenwille zum maßgeblichen Kriterium erhoben werden, stellen sich in Großbritannien ähnliche Fragen wie im deutschen Recht. Insbesondere bieten unbestimmte Rechtsbegriffe im Kontext des Medizinrechts Raum für eine Lesart, die für die Zulässigkeit von elektiven Wunschamputationen spricht.

Auch bei zukünftigen medizinischen Phänomenen, bei der die Psyche nur auf Kosten der Physis geheilt werden kann, muss folglich auf den individuellen Wunsch des Patienten Rücksicht genommen werden, sofern seine Entscheidung das Ergebnis eines autonomen und freiwilligen Einwilligungsprozesses ist. Bei der Kollision von Physis und Psyche innerhalb derselben Person, hat das betroffene Individuum ein Wahlrecht, sofern ein Parameter nur auf Kosten des anderen geheilt werden kann. Auch bei drastischen medizinischen Eingriffen, die für eine Mehrzahl von Personen nicht nachvollziehbar erscheinen oder gar als unvernünftig oder verrückt bewertet werden, darf nicht per se vom geäußerten Wunsch auf die Einwilligungsfähigkeit geschlossen werden. Der fehlende gesellschaftliche Konsens zur Bestimmung eines einheitlichen Sittenwidrigkeitsurteils im Sinne von § 228 StGB steht einem strafbewehrten Verbot entgegen. Zudem darf kein strafrechtliches Verbot über Umwege genutzt werden, den Einzelnen vor sich selbst zu schützen.

Im Ergebnis zeigt sich, dass der medizinische Grenzfall von BIID-Amputationen auch in der Rechtswissenschaft zahlreiche Fragen aufwirft. Die Grundthese lautet, dass Ärzte unter gewissen Voraussetzungen auf Wunsch des Patienten eine elektive Wunschamputation aufgrund von BIID durchführen dürfen, ohne sich dadurch strafbar zu machen. Zugleich ist jedoch darauf hinzuweisen, dass daraus keine Pflicht für Ärzte erwächst, derartige Eingriffe durchzuführen, wenn sie dies nicht mit ihrem Gewissen vereinbaren können.

Für zusätzliche Sicherheit und einen Übereilungsschutz sollte sich das Verfahren von BIID-Amputationen an den medizinischen Richtlinien für die Begutachtung und Behandlung von Transsexuellen orientieren:

- Gleich den Regelungen des TSG sollten zwei unabhängige psychiatrische Gutachten eingeholt werden.[1056] Zum Schutze der Betroffenen könnte ein Arztvorbehalt zusätzliche Sicherheit gewährleisten.
- In Anlehnung an die medizinischen Richtlinien[1057] für die Durchführung von geschlechtsangleichenden Operationen sollten somatischen Maßnahmen psychotherapeutische Begleitung in Verbindung mit einem Pretending-Alltagstest voran gehen. Anders als bei Geschlechtstransformationen kämen jedoch hormonelle Behandlungen von vorneherein nicht in Betracht.
- Die Begleitung eines fachkundigen Psychotherapeuten brächte zudem mehr Sicherheit bezüglich der inneren Stimmigkeit und Konstanz des Amputationsverlangens sowie der Lebbarkeit der erwünschten neuen Körperidentität.
- Gleich den medizinischen Richtlinien für Geschlechtstransformationen erscheint eine gutachterliche Stellungnahme auch im Fall von BIID-Betroffenen als sinnvoll. Insbesondere sollte das Gutachten die realistische Auseinandersetzung der betroffenen Person mit möglichen unerwünschten Folgen und die Erwartungen an das Operationsergebnis beleuchten.
- Gleich der Vorgehensweise bei Geschlechtsumwandlungen erscheint auch bei BIID die Erklärung, warum der Betroffene ohne operativen Eingriff einem höherem Leidensdruck ausgesetzt wäre, sinnvoll.
- Ebenfalls sollte das Gutachten eine Prognose über die wahrscheinlichen und zu erwartenden Auswirkungen einer BIID-Amputation auf die soziale Integration, Beziehungsfähigkeit, Arbeitsfähigkeit und Selbstständigkeit der betroffenen Person enthalten.

1056 Für vorher durchzuführende psychiatrische Gutachten sind ebenfalls: *White*, HEC Forum (2014) 26, S. 225; *British Broadcasting Company*, Complete Obsession (17.02.2000); vgl. *Bridy*, Journal of Law, Medicine & Ethics 32 (2004), 148, 154; vgl. *Smith*, in: Bioethics, Medicine and the Criminal Law (Vol. 1), 2013, S. 87.

1057 § 5 II. 3. B. h Medizinische Richtlinien für die Durchführung von geschlechtsangleichenden Operationen.

Auch bezüglich der an eine elektive Wunschamputation zu stellenden Anforderungen kann sich an den medizinischen Richtlinien für Geschlechtstransformationen orientiert werden.

- Eine körperliche Untersuchung von ärztlicher Seite würde im Fall von elektiven Wunschamputationen die technische Durchführbarkeit im speziellen Fall und die Operabilität unter allgemeinen medizinischen Kriterien sicherstellen.
- Auch bedürfte es, wie mehrfach dargestellt, einer Einverständniserklärung in Form der Einwilligung, der eine ausführliche Erklärung der Art der Behandlung, der Folgen und möglicher Komplikationen zugrunde liegt.
- Gleich den operativen Maßnahmen im Rahmen des Harmonisierungsprozesses von Transsexuellen bedarf es der Betonung der Irreversibilität einer elektiven Wunschamputation.
- Zur Absicherung und Entlastung des Arztes erscheint auch eine Verzichtserklärung sinnvoll.

Literaturverzeichnis

Agich, George J.: Ethics and innovation in medicine. In: Journal of Medical Ethics 2001; 27: S. 295–296
(*zitiert*: *Agich*, Journal of Medical Ethics 2001; 27)

Akyol, Cigdem: Die Lust am Abschneiden; Wenn sich kerngesunde Menschen eine Behinderung wünschen, dann lässt das auf ein Problem im Oberstübchen schließen – oder auf eine Modekrankheit namens „Body Integrity Identity Disorder". In: taz, die Tageszeitung, 7. April 2006, Rubrik: tazzwei, S. 13
(*zitiert*: *Akyol*, taz, die Tageszeitung, 7. April 2006)

Amelung, Knut: Grundsätzliches zu Freiwilligkeit der Einwilligung des Verletzten. In: Neue Zeitschrift für Strafrecht (NStZ) 2006, S. 317–320
(*zitiert*: *Amelung*, NStZ 2006)

Amelung, Knut: Die Einwilligung in die Beeinträchtigung eines Grundrechtsgutes: Eine Untersuchung im Grenzbereich von Grundrechts- und Strafrechtsdogmatik, 1. Auflage, Berlin 1981
(*zitiert*: *Amelung*, Die Einwilligung, 1981)

Amelung, Knut; **Eymann**, Frieder: Die Einwilligung des Verletzten im Strafrecht. In: Juristische Schulung 2001, S. 937–946
(*zitiert*: *Amelung/Eymann*, JuS 2001)

Arndt, Adolf: Umwelt und Recht. In: Neue Juristische Wochenschrift 1963, S. 2064–2066)
(*zitiert*: *Arndt*, NJW 1963)

Arzt, Gunther: Willensmängel bei der Einwilligung, Frankfurt am Main 1970
(*zitiert*: *Arzt*, Willensmängel)

Arzt, Gunther; **Weber**, Ulrich; **Heinrich**, Bernd; **Hilgendorf**, Eric: Strafrecht, Besonderer Teil 3., neu bearbeitete Auflage, Bielefeld 2015
(*zitiert*: Arzt/Weber/Heinrich/Hilgendorf, Strafrecht BT, 2015)

Baril, Alexandre: ‚How dare you pretend to be disabled?' The discounting of transabled people and their claims in disability movements and studies. In: Disability & Society, 2015 Vol. 30, No. 5, S. 689–703
(*zitiert*: *Baril*, Disability & Society, 2015 Vol. 30, No. 5)

Baumann, Jürgen: Körperverletzung oder Freiheitsdelikt. In: Neue Juristische Wochenschrift 1958, S. 2092–2094
(*zitiert*: *Baumann*, NJW 1958)

Baumann, Jürgen; **Weber**, Ulrich; **Mitsch**, Wolfgang: Strafrecht Allgemeiner Teil, Lehrbuch, 11. neubearbeitete Auflage, Bielefeld 2003
(*zitiert*: Baumann/Weber/Mitsch AT)

Bayne, Tim; **Levy**, Neil: Amputees by Choice: Body Integrity Identity Disorder and the Ethics of Amputation. In: Journal of Applied Philosophy 22 (2005), S. 75–86
(*zitiert*: *Bayne/Levy*, Journal of Applied Philosophy 22 (2005))

Beauchamp, Tom L.; **Childress,** James F.: Principles of Biomedical Ethics, 7. Auflage, New York 2013
(*zitiert*: *Beauchamp/Childress*, Principles of Biomedical Ethics 2013)

Becker, Sophinette; **Berner**, Wolfgang; **Dannecker**, Martin; **Richter-Appelt**, Hertha: Stellungnahme zur Anfrage des Bundesministeriums des Innern (V 5a-133 115–1/1) vom 11. Dezember 2000 zur Revision des Transsexuellengesetzes. In: Zeitschrift für Sexualforschung 2001; 14, S. 258–282
(*zitiert*: *Becker et al.*, Zeitschrift für Sexualforschung 2001; 14)

Becker, Sophinette; **Bosinski**, Hartmut A.G.; **Clement**, Ulrich; **Eicher**, Wolf; **Goerlich**, Thomas M.; **Hartmann**, Uwe; **Kockott**, Götz; **Langer**, Dieter; **Preuss**, Wilhelm F.; **Schmidt**, Gunter; **Springer**, Alfred; **Wille**, Reinhard: Standards der Behandlung und Begutachtung von Transsexuellen, Der Deutschen Gesellschaft für Sexualforschung, der Akademie für Sexualmedizin und der Gesellschaft für Sexualwissenschaft. Zuerst veröffentlicht in: Zeitrschrift für Sexualforschung 10 (1997), S. 147–156, http://bernhard-breuer.de/download/StandardsTS.pdf (zuletzt abgerufen am 12.10.2017)
(*zitiert: Becker et al.*, Standards der Behandlung und Begutachtung von Transsexuellen 1997)

Bensler, J. Mike; **Paauw**, Douglas S.: Apotemnophilia Masquerading as Medical Morbidity. In: Southern Medical Journal 2003, Vol. 96, S. 674–676
(*zitiert*: *Bensler/Paauw*, Southern Medical Journal 2003)

Berger, Betrand D.; **Lehrmann**, Jon A.; **Larson**, Gunnar; **Alverno**, Luca; **Tsao**, Carol I.: Nonpsychotic, nonparaphilic self-amputation and the internet. In: Comprehensive Psychiatry 46 (2005), S. 380–383
(*zitiert*: *Berger et al.*, Comprehensive Psychiatry 46 (2005))

Bergmann, Karl-Otto; **Alberts**, Martin (Hrsg.): Gesamtes Medizinrecht, 1. Auflage, Baden-Baden 2012
(*zitiert*: *Bearbeiter*, in: Bergmann/Alberts (Hrsg.), Gesamtes Medizinrecht, 2012)

Bialas, Patrick: Zu oft unterschätzt oder doch nur eine Modeerscheinung? Die Diagnose komplexes regionales Schmerzsyndrom. In: Angewandte Schmerztherapie und Palliativmedizin 2013; 6 (3), S. 28–33
(*zitiert*: *Bialas*, Angew Schmerzther Palliativmed 2013; 6 (3))

Bichlmeier, Gerd: Die Wirksamkeit der Einwilligung in einen medizinisch nicht indizierten ärztlichen Eingriff. In: Juristenzeitung 1980, S. 53–56
(*zitiert*: *Bichlmeier*, JZ 1980)

Bielefeldt, Heiner: Der Menschenrechtsansatz im Gesundheitswesen, Einige Grundsatzüberlegungen. In: Das Menschenrecht auf Gesundheit Normative

Grundlagen und aktuelle Diskurse Herausgegeben von Andreas Frewer und Heiner Bielefeldt, Bielefeld 2016, S. 19–56
(*zitiert*: *Bielefeldt*, in: Frewer/Bielefeldt (Hrsg.), Menschenrecht auf Gesundheit, 2016)

Bigalke, S.: Sehnsucht nach dem idealen Schnitt – Amputation. In: Süddeutsche Zeitung 12.05.2010
(*zitiert*: *Bigalke*, Süddeutsche Zeitung 12.05.2010)

Bild online: „Bitte hier abschneiden"-Tattoo – Vor Fußamputation: Mann arbeitet Wunschliste ab Bild 17.07.2014

Blanke, Olaf; **Morgenthaler**, Florence D.; **Brugger**, Peter; **Overney**, Leila S.: Preliminary evidence for a fronto-parietal dysfunction in able-bodied participants with a desire for limb amputation. In: Journal of Neuropsychology 2008, S. 1–13
(*zitiert*: *Blanke et al.*, JNP 2008)

Blom, R.M.; **Braam**, A.W.; **De Boer-Kreeft**, N.; **Sonnen**, M.P.A.M.: Blijvende opluchting na beenamputatie bij *body integrity identity disorder.* In: Tijdschrift voor Psychiatrie, Jahrgang 56, Januar 2014, S. 54–57
(*zitiert*: *Blom et al.*, Tijdschrift voor Psychiatrie (56) 2014)

Blom, Rianne M.; **Hennekam**, Raoul C.; **Denys**, Damiaan: Body Integrity Identity Disorder, 13. April 2012. In: PloS ONE 7(4): e34702.doi:10.1371/journal.pone.0034702. Quelle: http://dx.doi.org/10.1371/journal.pone.0034702 (zuletzt abgerufen am 12.10.2017)
(*zitiert*: Blom et al., PloS ONE 7(4))

Bloy, René: Der strafrechtliche Schutz der psychischen Integrität. In: Festschrift für Albin Eser, Herausgegeben von Jörg Arnold, Björn Burkhardt, Walter Gropp, Günter Heine, Hans-Georg Koch, Otto Lagodny, Walter Perron, Susanne Walther, München 2005, S. 233–255
(*zitiert*: *Bloy*, Festschrift Eser)

Bockelmann, Paul: Der ärztliche Heileingriff in Beiträgen zur Zeitschrift für die gesamte Strafrechtswissenschaft im ersten Jahrhundert ihres Bestehens. In: Zeitschrift für die gesamte Strafrechtswissenschaft 93 (1981), S. 105–150
(*zitiert*: *Bockelmann*, ZStW 93 (1981))

Bockelmann, Paul: Operativer Eingriff und Einwilligung des Verletzten. In: Juristenzeitung 1962, S. 525–529
(*zitiert*: *Bockelmann*, JZ 1962)

Bollacher, Florian; **Stockburger**, Jochen: Der ärztliche Heileingriff in der strafrechtlichen Fallbearbeitung. In: Jura 2006, S. 908–914
(*zitiert*: *Bollacher/Stockburger*, Jura 2006)

Bottini, Gabriella; **Brugger**, Peter; **Sedda**, Anna: Is the desire for amputation related to disturbed emotion processing? A multiple case study analysis in BIID. In: Neurocase 2014, http://dx.doi.org/10.1080/13554794.2014.902969 (zuletzt abgerufen am 12.10.2017)
(*zitiert*: *Bottini/Brugger/Sedda*, Neurocase 2014)

Braam, Arjan W.; **Visser**, Sako; **Cath**, Daniëlle C.; **Hoogendijk**, W.J.G.: Investigation of the Syndrome of Apotemnophilia and Course of a Cognitive-Behavioural Therapy. In: Psychopathology 2006 (39), S. 32–37
(*zitiert*: *Braam et al.*; Psychopathology 2006 (39))

Brang, David; **McGeoch**, Paul D.; **Ramachandran**, Vilayanur S.: Apotemnophilia: a neurological Disorder. In: NeuroReport 2008; 19, S. 1305–1306
(*zitiert*: *Brang/McGeoch/Ramachandran*, NeuroReport 2008; 19)

Braude, Hillel: The Target of the Self and the Arrows of Volition and Self-Representation. In: The American Journal of Bioethics-Neuroscience 9 (2009), S. 46–47
(*zitiert*: *Braude*, The American Journal of Bioethics-Neuroscience 9 (2009))

Brazier, Margaret; **Ost**, Suzanne: Bioethics, Medicine and the Criminal Law, Volume III, Medicine and Bioethics in the Theatre of the Criminal Process, Cambridge 2013
(*zitiert*: *Brazier/Ost*, Bioethics, Medicine and the Criminal Law III 2013)

Bridy, Annemarie: Confounding Extremeties:Surgery at the Medico-ethical Limits of Self-Modification. In: Journal of Law, Medicine & Ethics 32 (2004), S. 148–158
(*zitiert*: *Bridy*, Journal of Law, Medicine & Ethics 32 (2004))

British Broadcasting Company: Complete Obsession, 17.02.2000, http://www.bbc.co.uk/science/horizon/1999/obsession_script.shtml (zuletzt abgerufen am 12.10.2017)
(*zitiert*: *British Broadcasting Company*, Complete Obsession (17.02.2000))

Brugger, Peter; **Lenggenhager**, Bigna; **Giummarra**, Melita J.: Xenomelia: a social neuroscience view of altered bodily self-consciousness. In: Frontiers in Psychology 2013, Vol. 4, Article 204, S. 1–7
(*zitiert*: *Brugger/Lenggenhager/Giummarra*, Frontiers in Psychology 2013)

Bruno, Richard L.: Devotees, Pretenders and Wannabes: Two Cases of Factitious Disability Disorder. In: Sexuality and Disability, Vol. 15, Nr. 4, 1997, S. 243–260
(*zitiert*: *Bruno*, Sexuality and Disability (15) 1997)

Buchli, Gisep: „Die Gesellschaft aber hat Anspruch auf Schutz vor ihnen“ – Der eugenische Diskurs über die Asylierung von Anormalen. In: Groß, Dominik/Müller, Sabine/Steinmetzer, Jan (Hrsg.), Normal – anders – krank? – Akzep-

tanz, Stigmatisierung und Pathologisierung im Kontext der Medizin, Berlin 2008, S. 409–434
(*zitiert*: *Buchli*, in: Groß/Müller/Steinmetzer (Hrsg.), Normal – anders – krank?, 2008)

Buhlmann, Ulrike; **Teachman**, Bethany A.; **Naumann**, Eva; **Fehlinger**, Tobias; **Rief**, Winfried: The meaning of beauty: Implicit and explicit self-esteem and attractiveness beliefs in body dysmorphic disorder. In: Journal of Anxiety Disorders 23 (2009), S. 694–702
(*zitiert*: *Buhlmann et al.*, Journal of Anxiety Disorders 23 (2009))

Bünte, H.: Grenzen der chirurgischen Indikation. In: Medizinrecht 1985, S. 20–22
(*zitiert*: *Bünte*, MedR 1985)

Clouser, K. Danner: Morality vs. Principalism. In: Gillon, Raanan/Lloyd, Ann (Hrsg.), Principles of health care ethics, Chichester [England], New York 1994, S. 251–266
(*zitiert*: *Clouser*, in: Gillon/Lloyd (Hrsg.), Principles of health care ethics, 1994)

Correll, Cathrin: Im falschen Körper – Ein Beitrag zur rechtlichen und tatsächlichen Problematik der Transsexualität. In: Neue Juristische Wochenschrift 1999, S. 3372–3377
(*zitiert*: *Correll*, NJW 1999)

Craimer, Avi: The Relevance of Identity in Responding to BIID and the Misuse of Causal Explanation. In: The American Journal of Bioethics-Neuroscience 9 (2009), S. 53–55
(*zitiert*: *Craimer*, The American Journal of Bioethics-Neuroscience 9 (2009))

Cramer, Peter: Ein Sonderstraftatbestand für die eigenmächtige Heilbehandlung. In: Festschrift für Theodor Lenckner zum 70. Geburtstag, Herausgegeben von Albin Eser, Ulrike Schittenhelm und Heribert Schumann, München 1998, S. 761–780
(*zitiert*: *Cramer*, in FS-Lenckner 1998)

Damm, Reinhard: Einwilligungs- und Entscheidungsfähigkeit in der Entwicklung von Medizin und Medizinrecht. In: Medizinrecht 2015 (33): S. 775–785
(*zitiert*: *Damm*, MedR 2015)

Damm, Reinhard: Informed consent zwischen Indikations- und Wunschmedizin: Eine medizinrechtliche Betrachtung. In: Kettner, Matthias (Hrsg.), Wunscherfüllende Medizin – Ärztliche Behandlung im Dienst von Selbstverwirklichung und Lebensplanung Frankfurt, M, New York, NY 2009, S. 183–206
(*zitiert*: *Damm*, in: Kettner (Hrsg.), Wunscherfüllende Medizin, 2009)

Damm, Reinhard: Imperfekte Autonomie und Neopaternalismus – Medizinrechtliche Probleme der Selbstbestimmung in der modernen Medizin. In: Medizinrecht 2002, S. 375–387
(*zitiert*: *Damm*, MedR 2002)

Davis, Jenny: Prosuming Identity: The Production and Consumption of Transableism on Transabled.org. In: American Behavioral Scientist 2012, 56(4), S. 596–617
(*zitiert*: *Davis*, American Behavioral Scientist 56(4))

De Preester, Helena: Merleau-Ponty's sexual scheme and the sexual component of *body integrity identity disorder.* In: Medicine, Health Care and Philosophy (2013) 16: S. 171–184
(*zitiert*: *De Preester*, Med Health Care Philos (2013) 16)

Der Spiegel: Bürgerrecht auf Unvernunft – Unsere Freiheit besteht auch darin, dass der Staat uns nicht vor uns selbst schützt. In: Der Spiegel 23.06.2014, S. 10
(*zitiert*: Der Spiegel, 23.06.2014)

Dickenson, Donna; **Widdershoven**, Guy: Ethical Issues in Limb Transplants. In: Bioethics Vol. 15, Nr. 2, 2001, S. 110–124
(*zitiert*: *Dickenson/ Widdershoven*, Vol. 15, Nr. 2, 2001)

Didie, Elizabeth R.; **Kuniega-Pietrzak**, Tracy; **Phillips**, Katharine R.: Body image in patients with body dysmorphic disorder: Evaluations of and investment in appearance, health/illness, and fitness. In: Body Image 7 (2010), S. 66–69
(*zitiert*: *Didie/Kuniega-Pietrzak/Phillips*, Body Image 7 (2010))

Dotinga, Randy: Out on a limb, 29.08.2000, http://www.salon.com/2000/08/29/amputation/ (zuletzt abgerufen am 12.10.2017)
(*zitiert*: *Dotinga*, Out on a limb 2000)

Dreier, Horst (Hrsg.): Grundgesetz, Kommentar, 3. Auflage, Band I (Präambel, Artikel 1–19), Tübingen 2013
(*zitiert*: Bearbeiter, in Dreier (Hrsg.), Grundgesetz-Kommentar, Band I, 2013)

Dua, Anahita: Apotemnophilia: ethical considerations of amputating a healthy limb. In: Journal of Medical Ethics 36 (2010), S. 75–78
(*zitiert*: *Dua*, Journal of Medical Ethics 36 (2010))

Dudzinski, Denise M.: Amputate my arm, please. I don´t want it anymore. In: Ford, Paul J./Dudzinski, Denise M. (Hrsg.), Complex ethics consultations – Cases that haunt us, Cambridge, UK, New York 2008, S. 165–171
(*zitiert*: *Dudzinski*, in: Ford/Dudzinski (Hrsg.), Complex ethics consultations, 2008)

Duttge, Gunnar: Zum Unrechtsgehalt des kontraindizierten ärztlichen „Heileingriffs". In: Medizinrecht 2005, S. 706–711
(*zitiert*: *Duttge*, MedR 2005)

Duttge, Gunnar: Der BGH auf rechtsphilosophischen Abwegen – Einwilligung in Körperverletzung und „gute Sitten". In: Neue Juristische Wochenschrift 2005, S. 260–263
(*zitiert*: *Duttge*, NJW 2005)

Dyer, Clare: Surgeon amputated healthy legs. In: British Medical Journal, Volume 320 (Februar 2000), S. 332
(*zitiert*: *Dyer*, BMJ 2000)

Eberle, Arnulf: Ausfüllung einer Gesetzeslücke bei Transsexualismus durch progressive Rechtsfindung oder gesetzliche Fiktion? In: Neue Juristische Wochenschrift 1971, S. 220–224
(*zitiert*: *Eberle*, NJW 1971)

Eibach, Ulrich; **Schaefer**, Klaus: Patientenautonomie und Patientenwünsche, Ergebnisse und ethische Reflexionen von Patientenbefragungen zur selbstbestimmten Behandlung in Krisensituationen. In: Medizinrecht 2001, S. 21–28
(*zitiert*: *Eibach/Schaefer*, MedR 2001)

Elliot, Carl: Amputees by Choice. In: Kuhse, Helga/Singer, Peter (Hrsg.), Bioethics – An anthology, 2. Auflage, Malden, MA, Oxford 2006, S. 625–635
(*zitiert*: *Elliot*, in: Kuhse/Singer (Hrsg.), Bioethics, 2006)

Elliot, Carl: A New Way to Be Mad. In: The Atlantic Monthly, December 2000 Issue, http://www.theatlantic.com/magazine/archive/2000/12/a-new-way-to-be-mad/304671/ (zuletzt abgerufen am 12.10.2017)
(*zitiert*: *Elliot*, The Atlantic Monthly 2000)

Engisch, Karl: Die Strafwürdigkeit der Unfruchtbarmachung mit Einwilligung. In: Beiträge zur gesamten Strafrechtswissenschaft, Festschrift für Hellmuth Mayer zum 70. Geburtstag am 1. Mai 1965, Herausgegeben von Friedrich Geerds und Wolfgang Naucke, Berlin 1966, S. 397–417
(*zitiert*: *Engisch*, FS-Mayer)

Erin, Charles A.: The Rightful Domain of the Criminal Law. In: The Criminal Justice System and Health Care, Herausgegeben von: Charles A. Erin und Suzanne Ost, Oxford 2007, Nr. 14, S. 237–256
(*zitiert*: *Erin*, The Rightful Domain of the Criminal Law 2007)

Eser, Albin: Zur Regelung der Heilbehandlung in Rechtsvergleichender Perspektive. In: Festschrift für Hans Joachim Hirsch, Zum 70. Geburtstag, Herausgegeben von Thomas Weigend und Georg Küpper, Berlin 1999, S. 465–483
(*zitiert*: *Eser*, FS-Hirsch 1999)

Eser, Albin: Medizin und Strafrecht, Eine schutzgutorientierte Problemübersicht. In: Zeitschrift für die gesamte Strafrechtswissenschaft 97 (1985), S. 1–46
(*zitiert*: *Eser*, ZStW 97 (1985))

Eser, Albin; **Koch**, H.-G.: Aktuelle Rechtsprobleme der Sterilisation. In: Medizinrecht 1984, S. 6–13
(*zitiert*: *Eser/Koch*, MedR 1984)

Eurich, Johannes: Gerechtigkeit für Menschen mit Behinderungen, Ethische Reflexionen und sozialpolitische Perspektiven, Frankfurt am Main 2008
(*zitiert*: *Eurich*, Gerechtigkeit für Menschen mit Behinderungen)

Evers, Stefan: Die Relativität des Krankheitsbegriffs am Beispiel der Neuromedizin. In: Groß, Dominik/Müller, Sabine/Steinmetzer, Jan (Hrsg.), Normal – anders – krank? – Akzeptanz, Stigmatisierung und Pathologisierung im Kontext der Medizin, Berlin 2008, S. 51–66
(*zitiert*: *Evers*, in: Groß/Müller/Steinmetzer (Hrsg.), Normal – anders – krank?, 2008)

Fedoryka, Kateryna: Health as a normative concept: Towards a new conceptual framework. In: The Journal of Medicine and Philosophy 22 (1997), S. 143–160
(*zitiert*: *Fedoryka*, The Journal of Medicine and Philosophy 22 (1997))

First, Michael B.: Desire for amputation of a limb: paraphilia, psychosis, or a new type of identity disorder. In: Psychological Medicine 35 (2005), S. 919–928
(*zitiert*: *First*, Psychological Medicine 35 (2005))

First, Michael B.; **Fisher**, Carl E.: Body Integrity Identity Disorder: The Persistent Desire to Acquire a Physical Disability. In: Psychopathology 2012; 45: S. 3–14
(*zitiert*: *First/Fisher*, Psychopathology 2012(45))

Fischer, Thomas: Kommentar zum Strafgesetzbuch mit Nebengesetzen, 64. Auflage, München 2017
(*zitiert*: Fischer StGB)

Fisher, Keren; **Smith**, Robert: More work is needed to explain why patients ask for amputation of healthy limbs. In: British Medical Journal 320 (2000), S. 1147
(*zitiert*: *Fisher/Smith*, British Medical Journal 320 (2000))

Focus online: To-Do-Liste und lustige Tätowierung Sportler lässt sich den Fuß amputieren – und lacht darüber, Focus online 15.07.2014, http://www.focus.de/panorama/videos/to-do-liste-und-lustige-taetowierung-sportler-laesst-sich-den-fuss-amputieren-und-lacht-darueber_id_3991526.html (zuletzt abgerufen am 12.10.2017)
(*zitiert*: Focus online, 15.07.2014)

Franck, Lorenz: Body Integrity Identity Disorder -Rechtliche Grenzen der Therapierbarkeit. In: GesundheitsRecht 6/2009, S. 296–301
(*zitiert*: *Franck*, GesR 2009)

Frankfurt, Harry: Freedom of the Will and the Concept of a Person. In: Journal of Philosophy 68 (1): S. 5–20
(*zitiert*: *Frankfurt*, Journal of Philosophy 68 (1))

Frewer, Andreas: Das Recht auf Gesundheit in der Praxis, Von der Forschung zur internationalen Therapie. In: Das Menschenrecht auf Gesundheit, Normative Grundlagen und aktuelle Diskurse, Herausgegeben von Andreas Frewer und Heiner Bielefeldt, Bielefeld 2016, S. 93–124
(*zitiert*: *Frewer*, in: Frewer/Bielefeldt (Hrsg.), Menschenrecht auf Gesundheit, 2016)

Frewer, Andreas; **Bielefeldt**, Heiner: Menschen, Rechte und Medizin. In: Das Menschenrecht auf Gesundheit, Normative Grundlagen und aktuelle Diskurse, Herausgegeben von Andreas Frewer und Heiner Bielefeldt, Bielefeld 2016, S. 7–18 (*zitiert*: *Frewer/Bielefeldt*, in: Frewer/Bielefeldt (Hrsg.), Menschenrecht auf Gesundheit, 2016)

Freyenhagen, Fabian; **O'Shea**, Tom: Hidden substance: mental disorder as a challenge to normatively neutral accounts of autonomy. In: International Journal of Law in Context 2013, 9(1), S. 53–70
(*zitiert*: *Freyenhagen/O'Shea*, International Journal of Law in Context 2013, 9(1))

Frisch, Wolfgang: Zum Unrecht der sittenwidrigen Körperverletzung (§ 228 StGB). In: Festschrift für Hans Joachim Hirsch, Zum 70. Geburtstag, Herausgegeben von Thomas Weigend und Georg Küpper, Berlin 1999, S. 485–506
(*zitiert*: *Frisch*, FS-Hirsch 1999)

Frister, Helmut; **Lindemann**, Michael; **Peters**, Alexander: Arztstrafrecht, München 2011
(*zitiert*: Frister/Lindemann/Peters, Arztstrafrecht)

Furth, Gregg M.; **Smith**, Robert: Amputee Identity Disorder, Information, Questions, Answers, And Recomendations About Self-Demand Amputation, Published By: 1stBooks, 2000
(*zitiert*: *Furth/Smith*, Amputee Identity Disorder, 2000)

Gahl, Klaus P. G.: Aspekte medizinischer Anthropologie und Krankheit. In: Das Gesunde, das Kranke und die Medizinethik, Moralische Implikationen des Krankheitsbegriffs, Herausgegeben von Markus Rothhaar und Andreas Frewer, Stuttgart 2012, S. 105–129
(*zitiert*: *Gahl*, in: Rothhaar/Frewer (Hrsg.), Das Gesunde, das Kranke und die Medizinethik 2012)

Geerds, Friedrich: Einwilligung und Einverständnis des Verletzten im Strafrecht. In: Goltdammer's Archiv 1954, S. 262–269
(*zitiert*: *Geerds*, Einwilligung und Einverständnis, GA 1954)

Gelhaus, Petra: Moralische Implikationen des Krankheitsbegriffs. Eine Skizze. In: Das Gesunde, das Kranke und die Medizinethik, Moralische Implikationen des Krankheitsbegriffs, Herausgegeben von Markus Rothhaar und Andreas Frewer, Stuttgart 2012, S. 133–147
(*zitiert*: *Gelhaus*, in: Rothhaar/Frewer (Hrsg.), Das Gesunde, das Kranke und die Medizinethik 2012)

Gelhaus, Petra: Wie groß ist zu groß? Zur Funktionalität des Normalen. In: Groß, Dominik/Müller, Sabine/Steinmetzer, Jan (Hrsg.), Normal – anders – krank? – Akzeptanz, Stigmatisierung und Pathologisierung im Kontext der Medizin, Berlin 2008, S. 33–49 (*zitiert*: *Gelhaus*, in: Groß/Müller/Steinmetzer (Hrsg.), Normal – anders – krank?, 2008)

Geppert, Klaus: Rechtfertigende „Einwilligung" des verletzten Mitfahrers bei Fahrlässigkeitsstraftaten im Straßenverkehr? In: Zeitschrift für die gesamte Strafrechtswissenschaft, 83 (1971), S. 947–1001
(*zitiert*: *Geppert*, ZStW 83)

Gerhardt, Volker: Die „große Vernunft" des Leibes, Ein Versuch über Zarathustras vierte Rede. In: Friedrich Nietzsche, Also Sprach Zarathustra, Herausgegeben von Gerhardt Volker, Berlin 2000, S. 123–163
(*zitiert*: *Gerhardt*, Die „große Vernunft des Leibes")

Gerisch, Benigna: Keramos Anthropos. Psychoanalytische Betrachtungen zur Genese des Körperselbstbildes und dessen Störungen. In: Ach, Johann S./ Pollmann, Arnd (Hrsg.), No body is perfect – Baumaßnahmen am menschlichen Körper, bioethische und ästhetische Aufrisse, Bielefeld 2006, S. 131–161
(*zitiert*: *Gerisch*, in: Ach/Pollmann (Hrsg.), No body is perfect, 2006)

Gert, Bernard: Herausforderungen an „Malady" als ein universelles normatives Konzept. In: Das Gesunde, das Kranke und die Medizinethik, Moralische Implikationen des Krankheitsbegriffs, Herausgegeben von Markus Rothhaar und Andreas Frewer, Stuttgart 2012, S. 65–75
(*zitiert*: *Gert*, in: Rothhaar/Frewer (Hrsg.), Das Gesunde, das Kranke und die Medizinethik 2012)

Gethmann-Siefert, Annemarie: Medizinethik und Recht als Schwerpunkt in der Lehre zur Medizinethik. In: Jahrbuch für Recht und Ethik, Band 15 (2007), Themenschwerpunkt: Medizinethik und -recht, Herausgegeben von B. Sharon Byrd, Joachim Hruschka, Jan C. Joerden, Berlin 2007, (S. 567–580)
(*zitiert*: *Gethmann-Siefert*, Jahrbuch für Recht und Ethik 15 (2007))

Gilman, Sander L.: Making the Body Beautiful, A Cultural History of Aesthetic Surgery, Princeton 1999
(*zitiert*: *Gilman*, Making the Body Beautiful, 1999)

Glannon, Walter: Biomedical Ethics, New York 2005
(*zitiert*: *Glannon*, Biomedical Ethics, 2005)

Göbel, Alfred A.: Die Einwilligung im Strafrecht als Ausprägung des Selbstbestimmungsrechts, Frankfurt am Main, 1992
(*zitiert*: *Göbel*, Die Einwilligung)

Gössel, Karl Heinz; **Dölling**, Dieter: Strafrecht, Besonderer Teil 1, Straftaten gegen Persönlichkeits- und Gemeinschaftswerte, 2., völlig neu bearbeitete und erweiterte Auflage, Heidelberg 2004
(*zitiert*: Gössel/Dölling BT 1)

Groß, Dominik; **Steinmetzer**, Jan: Transidentität zwischen Medizin, Recht und Ethik, Ein europäischer Vergleich. In: Jahrbuch für Recht und Ethik, Band 15 (2007), Themenschwerpunkt: Medizinethik und -recht, Herausgegeben von B. Sharon Byrd, Joachim Hruschka, Jan C. Joerden, Berlin 2007, S. 581–609 (*zitiert*: *Groß/Steinmetzer*, Jahrbuch für Recht und Ethik 15 (2007))

Güldenring, Annette-Kathrin: Zur „Psychodiagnostik von Geschlechtsidentität" im Rahmen des Transsexuellengesetzes. In: Zeitschrift für Sexualforschung 2013; 26; S. 160–174 (*zitiert*: *Güldenring*, Z Sexualforsch 2013; 26)

Gülpen, Peter-René: Der Begriff der guten Sitten in § 228 StGB, Troisdorf 2009 (*zitiert*: *Gülpen*, Der Begriff der guten Sitten)

Haiken, Elizabeth: Venus Envy, A History of Cosmetic Surgery, Baltimore 1997 (*zitiert*: *Haiken*, Venus Envy – A History of Cosmetic Surgery 1997)

Hanack, Ernst-Walter: Die Sterilisation aus sozialer Indikation. In: Juristenzeitung 1964, S. 393–402 (*zitiert*: *Hanack*, JZ 1964)

Handbuch des Staatsrechts: Herausgegeben von Josef Isensee und Paul Kirchhof, Band VI, Freiheitsrechte, Heidelberg 1989 (*zitiert*: *Bearbeiter*, in HStR, Bd. VI)

Hardtung, Bernhard: Die guten Sitten am Bundesgerichtshof. In: Jura 2005, S. 401–408 (*zitiert*: *Hardtung*, Jura 2005)

Hardwig, Werner: Sterilisation und Sittlichkeit. In: Goltdammer's Archiv für Strafrecht 1964, S. 289–304 (*zitiert*: *Hardwig*, GA 1964)

Hartmann, Uwe; **Becker**, Hinnerk: Störungen der Geschlechtsidentität, Ursachen, Verlauf, Therapie, Wien 2002 (*zitiert*: *Hartmann/Becker*, Störungen der Geschlechtsidentität)

Heim, Edgar: Krankheit als Krise und Chance, 1. Auflage, Stuttgart 1980 (*zitiert*: *Heim*, Krankheit als Krise und Chance)

Hermes, Georg: Das Grundrecht auf Schutz von Leben und Gesundheit, Schutzpflicht und Schutzanspruch aus Art. 2 Abs. 2 Satz 1 GG, Heidelberg 1987 (*zitiert*: *Hermes*, Das Grundrecht auf Schutz von Leben und Gesundheit)

Hesse, Konrad: Die verfassungsgerichtliche Kontrolle der Wahrnehmung grundrechtlicher Schutzpflichten des Gesetzgebers. In: Gegenrede, Aufklärung – Kritik – Öffentlichkeit, Festschrift für Ernst Gottfried Mahrenholz, Herausgegeben von Herta Däubler-Gmelin, Klaus Kinkel, Hans Meyer, Helmut Simon, Baden-Baden 1994, S. 541–559 (*zitiert*: *Hesse*, FS-Mahrenholz)

Hesslow, Germund: Do we need a concept of disease? In: Theoretical Medicine and Bioethics 1993 (14), S. 1–14
(*zitiert*: *Hesslow*, Theor Med 1993 (14))

Hillgruber, Christian: Der Schutz des Menschen vor sich selbst, München 1992
(*zitiert*: *Hillgruber*, Der Schutz des Menschen vor sich selbst)

Hilti, Leonie Maria; **Hänggi**, Jürgen; **Vitacco**, Deborah Ann; **Kraemer**, Bernd; **Palla**, Antonella; **Luechinger**, Roger; **Jäncke**, Lutz; **Brugger**, Peter: The desire for healthy limb amputation: structural brain correlates and clinical features of xenomelia. In: Brain 2013: 136, S. 318–329
(*zitiert*: *Hilti et al.*, Brain 2013: 136)

Hippokrates: Der Eid. In: Hippokrates/Diller, Hans (Hrsg.), Ausgewählte Schriften, Stuttgart 1994, S. 7–10
(*zitiert*: *Hippokrates*, in: Hippokrates/Diller (Hrsg.), Ausgewählte Schriften, 1994)

Hirsch, Hans-Joachim: Einwilligung und Selbstbestimmung. In: Festschrift für Hans Welzel, Herausgegeben von Günter Stratenwerth, Armin Kaufmann, Gerd Geilen, Hans-Joachim Hirsch, Hans-Ludwig Schreiber, Günther Jakobs und Fritz Loos, Berlin 1974, S. 775–800
(*zitiert*: Hirsch, Festschrift Welzel)

Hoerster, Norbert: Rechtsethische Überlegungen zur Freigabe der Sterbehilfe. In: Neue Juristische Wochenschrift 1986, S. 1786–1792
(*zitiert*: *Hoerster*, NJW 1986)

Hoerster, Norbert: Grundsätzliches zur Strafwürdigkeit der Gefälligkeitssterilisation. In: Juristenzeitung 1971, S. 123–126
(*zitiert*: *Hoerster*, JZ 1971)

Horn, Eckhard: Der medizinisch nicht indizierte, aber vom Patienten verlangte ärztliche Eingriff – strafbar? – BGH, NJW 1978, 1206. In: Juristische Schulung 1979, S. 29–31
(*zitiert*: *Horn*, JuS 1979)

Hruschka, Joachim: Anmerkung zum Urteil des BGH v. 22.02.1978–2 StR 372/77. In: Juristische Rundschau 1978, S. 519–522
(*zitiert*: *Hruschka*, JR 1978)

Hruschka, Joachim: Extrasystematische Rechtfertigungsgründe. In: Festschrift für Eduard Dreher, Herausgegeben von Hans-Heinrich Jescheck und Hans Lüttger, Berlin 1977, S. 189–210
(*zitiert*: *Hruschka*, Festschrift Dreher)

Hucklenbroich, Peter: Der Krankheitsbegriff in der Medizin in der Perspektive einer rekonstruktiven Wissenschaftstheorie. In: Das Gesunde, das Kranke und die Medizinethik, Moralische Implikationen des Krankheitsbegriffs, Herausgegeben von Markus Rothhaar und Andreas Frewer, Stuttgart 2012, S. 33–63 (*zitiert*: *Hucklenbroich*, in: Rothhaar/Frewer (Hrsg.), Das Gesunde, das Kranke und die Medizinethik 2012)

Hucklenbroich, Peter: „Normal - anders - krank“: Begriffsklärungen und theoretische Grundlagen zum Krankheitsbegriff. In: Groß, Dominik/Müller, Sabine/Steinmetzer, Jan (Hrsg.), Normal - anders - krank? - Akzeptanz, Stigmatisierung und Pathologisierung im Kontext der Medizin, Berlin 2008, S. 3–31 (*zitiert*: *Hucklenbroich*, in: Groß/Müller/Steinmetzer (Hrsg.), Normal - anders - krank?, 2008)

Jackson, Emily: Book Review, The Legal, Medical and Cultural Regulation of the Body: Transformation and Transgression, Herausgegeben von Stephen W. Smith und Ronan Deazly. In: International Journal of Law in Context 2012, 8(1), S. 179–181
(*zitiert*: *Jackson*, International Journal of Law in Context 2012, 8(1))

Jähnke, Burkhard; **Laufhütte**, Heinrich Wilhelm; **Odersky**, Walter (Hrsg.): Strafgesetzbuch, Leipziger Kommentar, Großkommentar 11., neu bearbeitete Auflage, Zweiter Band §§ 32 bis 60
(*zitiert*: LK-Bearbeiter, 11. Auflage)

Jähnke, Burkhard; **Laufhütte**, Heinrich Wilhelm; **Odersky**, Walter (Hrsg.): Strafgesetzbuch, Leipziger Kommentar, Großkommentar 11., neu bearbeitete Auflage, Sechster Band §§ 223 bis 263a, Berlin 2005
(*zitiert*: LK-*Bearbeiter*)

Jansen, Scarlett: Die hypothetische Einwilligung im Strafrecht, Notwendiges Korrektiv oder systemwidriges Institut? In: Zeitschrift für das Juristische Studium 2011 S. 482–495
(*zitiert*: *Jansen*, ZJS 2011)

Jefferson, Michael: Offences against the person: into the 21st century. In: Journal of Criminal Law 2012, 76 (6), S. 472–492
(*zitiert*: *Jefferson*, Journal of Criminal Law 2012, 76 (6))

Jescheck, Hans-Heinrich; **Weigend**, Thomas: Lehrbuch des Strafrechts, Allgemeiner Teil 5. Auflage, Berlin, 1996
(*zitiert*: Jescheck/Weigend AT)

Joerden, Jan C.: Argumente für ein (strafrechtliches Verbot des reproduktiven Klonens - und wie weit sie tragen, Zugleich ein Beitrag zur Trennung von (Straf-)Recht und Moral. In: Jahrbuch für Recht und Ethik, Band 14 (2006), Themenschwerpunkt: Recht und Sittlichkeit bei Kant, Herausgegeben von B. Sharon Byrd, Joachim Hruschka, Jan C. Joerden, Berlin 2006, S. 407–424
(*zitiert*: *Joerden*, Jahrbuch für Recht und Ethik, Band 14)

Joerden, Jan C.; **Hilgendorf**, Eric; **Thiele**, Felix (Hrsg.): Menschenwürde und Medizin, Ein interdisziplinäres Handbuch, Berlin 2013
(*zitiert*: *Bearbeiter*, in: Joerden/Hilgendorf/Thiele, Menschenwürde und Medizin 2013)

Johnston, Josephine; **Elliot**, Carl: Healthy limb amputation: ethical and legal aspects. In: Clinical Medicine JRCPL 2002; 2, S. 431–435
(*zitiert*: *Johnston/Elliot*, Clin Med 2002; 2)

Jotkowitz, Alan; **Zivotofsky**, Ari: Body Integrity Identity Disorder (BIID) and the Limits of Autonomy. In: The American Journal of Bioethics-Neuroscience 9 (2009), S. 55–56
(*zitiert*: *Jotkowitz/Zivotofsky*, The American Journal of Bioethics-Neuroscience 9 (2009))

Jung, Heike: Organtransplantation im Licht der ethischen Herausforderung. In: Juristenzeitung 2004, S. 559–564
(*zitiert*: *Jung*, JZ 2004)

Jung, Heike: Der praktische Fall – Strafrecht: Der listige Sportler. In: Juristische Schulung 1992, S. 131–133
(*zitiert*: *Jung*, JuS 1992)

Jung, Heike: Stereotaktik und Kastrationsgesetz. In: Neue Juristische Wochenschrift 1973, S. 2241–2243
(*zitiert*: *Jung*, NJW 1973)

Kant, Immanuel: Grundlegung zur Metaphysik der Sitten, Unveränderter Nachdruck 1965 der 3. Auflage, Herausgegeben von Karl Vorlänger
(zitiert: *Kant*, Grundlegung zur Metaphysik der Sitten)

Kant, Immanuel: Immanuel Kant, Werke in sechs Bänden, Herausgegeben von Wilhelm Weischedel, Band IV, Darmstadt 1956
(*zitiert*: *Kant*, Metaphysik der Sitten, in Weischedel (Hrsg.))

Kargl, Walter: Probleme der Strafbegründung bei Einwilligung des Geschädigten am Beispiel des Dopings. In: Juristenzeitung 2002, S. 389–399
(*zitiert*: *Kargl*, JZ 2002)

Kargl, Walter: Körperverletzung durch Heilbehandlung. In: Goltdammer's Archiv für Strafrecht 2001, S. 538–554
(*zitiert*: *Kargl*, GA 2001)

Kass, Leon R.: Ageless Bodies, Happy Souls: Biotechnology and the Pursuit of Perfection. In: The New Atlantis, A Journal of Technology and Science, Spring 2003, S. 9–28
(*zitiert*: *Kass*, The New Atlantis, Spring 2003)

Kasten, Erich; **Stirn**, Aglaja: Body Integrity Identity Disorder (BIID): Wechselnder Amputationswunsch vom linken auf das rechte Bein. In: Zeitschrift für Psychiatrie, Psychologie und Psychotherapie, 57 (1), 2009, S. 55–61) (*zitiert*: *Kasten/Stirn*, Z. Pschiatr., Psychol. Psychother. 57 (1), 2009)

Kasten, Erich: Beinlos Glücklich. In: Ergopraxis 3, 2011, S. 24–25 (*zitiert*: *Kasten*, Ergopraxis 3, 2011)

Kasten, Erich: Body Integrity Identity Disorder (BIID), Befragung von Betroffenen und Erklärungsansätze. In: Fortschritte der Neurologie Psychiatrie 2009; 77, S. 16–24 (*zitiert*: *Kasten*, Fortschr Neurol Psychiat (77) 2009)

Kasten, Erich: Body-Modification, Psychologische und medizinische Aspekte von Piercing, Tattoo, Selbstverletzung und anderen Körperveränderungen, München 2006 (*zitiert*: *Kasten*, Body-Modification 2006)

Kastl, Jörg Michael: Einführung in die Soziologie der Behinderung, 1. Auflage, Wiesbaden 2010 (*zitiert*: *Kastl*, Einführung in die Soziologie der Behinderung 2010)

Kaufmann, Armin: Rechtspflichtbegründung und Tatbestandseinschränkung. In: Festschrift für Ulrich Klug zum 70. Geburtstag, Band II, Herausgegeben von Günter Kohlmann, Köln 1983, S. 277–292 (*zitiert*: *Kaufmann*, FS-Klug)

Kaufmann, Arthur: Strafrechtspraxis und sittliche Normen. In: Juristische Schulung 1978, S. 361–367 (*zitiert*: *Kaufmann*, JuS 1978)

Khalil, Rami Bou; **Richa**, Sami: Apotemnophilia or Body Integrity Identity Disorder: A Case Report Review, 21. Oktober 2012. In: International Journal of Lower Extremity Wounds 2012 (11), S. 313–319. Quelle: http://ijl.sagepub.com/content/11/4/313 (zuletzt abgerufen am 12.10.2017) (*zitiert*: *Khalil/Richa*, International Journal of Lower Extremity Wounds 2012 (11))

Kienzle, Werner: Schwangerschaftsunterbrechung, Sterilisation und Kastration nach geltendem Recht. In: Goltdammer's Archiv für Strafrecht 1957, S. 65–77 (*zitiert*: *Kienzle*, GA 1957)

Kindhäuser, Urs: Strafrecht, Besonderer Teil I, 8. Auflage, Baden-Baden 2017 (*zitiert*: Kindhäuser BT I)

Kindhäuser, Urs: Strafrecht, Allgemeiner Teil 7. Auflage, Baden-Baden 2015 (*zitiert*: Kindhäuser AT)

Kindhäuser, Urs; **Neumann**, Ulfrid; **Paeffgen**, Hans-Ullrich (Hrsg.): Nomos-Kommentar, Strafgesetzbuch, Band 2, §§ 80–231, 5. Auflage, Baden-Baden 2017
(*zitiert*: NK-*Bearbeiter*)

Kipke, Roland: Die Funktion des Krankheitsbegriffs in der Enhancement-Debatte. In: Das Gesunde, das Kranke und die Medizinethik, Moralische Implikationen des Krankheitsbegriffs, Herausgegeben von Markus Rothhaar und Andreas Frewer, Stuttgart 2012, S. 149–165
(*zitiert*: *Kipke*, in: Rothhaar/Frewer (Hrsg.), Das Gesunde, das Kranke und die Medizinethik 2012)

Kissler, Alexander: Gewollt behindert – Mein Haus, mein Auto, meine Schwerstbehinderung. In: Süddeutsche Zeitung 11.05.2010
(*zitiert*: *Kissler*, Süddeutsche Zeitung 11.05.2010, Gewollt behindert)

Kissler, Alexander: Mein Bein gehört mir. Weg damit! In: Süddeutsche Zeitung 11.05.2010
(*zitiert*: *Kissler*, Süddeutsche Zeitung 11.05.2010, Mein Bein gehört mir)

Klee, Ernst: Behindertsein ist schön, Unterlagen zur Arbeit mit Behinderten, 1. Auflage, Düsseldorf 1974
(*zitiert*: *Klee*, Behindertsein ist schön)

Knauer, Florian: Der Schutz der Psyche im Strafrecht, Tübingen 2013
(*zitiert*: *Knauer*, Der Schutz der Psyche im Strafrecht 2013)

Kneip, Ansbert: Das Bein im Kopf – Warum ein Mann seinen gesunden Unterschenkel verlieren wollte. In: Der Spiegel 34/2009 (17.08.2009)
(*zitiert*: *Kneip*, Der Spiegel 34/2009 (17.08.2009))

Koch, Hans-Georg: Transsexualismus und Intersexualität: Rechtliche Aspekte. In: Medizinrecht 1986, S. 172–176
(*zitiert*: *Koch*, MedR 1986)

Koch, Tom: One principle and three fallacies of disability studies. In: Journal of Medical Ethics 2002; 28: S. 203
(*zitiert*: *Koch*, Journal of Medical Ethics 2002: 28)

Koch, Tom: Equality and disability symposium, Disability and difference: balancing social and physical constructions. In: Journal of Medical Ethics 2001; 27: S. 370–376
(*zitiert*: *Koch*, Journal of Medical Ethics 2001; 27)

Korte, Alexander; **Goecker**, David; **Krude**, Heiko; **Lehmkuhl**, Ulrike; **Grüters-Kieslich**, Annette, **Beier**, Klaus Michael: Geschlechtsidentitätsstörungen im Kindes- und Jugendalter, Zur aktuellen Kontroverse um unterschiedliche Konzepte und Behandlungsstrategien. In: Deutsches Ärzteblatt 2008 (105), S. 834–841
(*zitiert*: *Korte et al.*, Deutsches Ärzteblatt 2008 (105))

Kovacs, Jozsef: Whose Identity Is It Anyway? The American Journal of Bioethics-Neuroscience 9 (2009), S. 44–45
(*zitiert*: *Kovacs*, The American Journal of Bioethics-Neuroscience 9 (2009))

Krans-Schreuder, Hilde K.; **Bodde**, Marlies I.; **Schrier**, Ernst; **Dijkstra**, Pieter U.; **van den Dungen,** Jan A.; **den Dunnen**, Wilfred F.; **Geertzen**, Jan H.: Amputation for Long-Standing, Therapy-Resistant Type-I Complex Regional Pain Syndrome. In: The Journal of Bone & Joint Surgery 2012 Dec 19; 94 (24): S. 2263–2268, http://dx.doi.org/10.2106/JBJS.L.00532 (zuletzt abgerufen am 12.10.2017)
(*zitiert: Krans-Schreuder et al.*, JBJS 2012)

Krennerich, Michael: Das Menschenrecht auf Gesundheit. Grundzüge eines komplexen Rechts. In: Das Menschenrecht auf Gesundheit, Normative Grundlagen und aktuelle Diskurse, Herausgegeben von Andreas Frewer und Heiner Bielefeldt, Bielefeld 2016, S. 57–92
(*zitiert*: *Krennerich*, in: Frewer/Bielefeldt (Hrsg.), Menschenrecht auf Gesundheit, 2016)

Krey, Volker; **Heinrich**, Manfred; **Hellmann**, Uwe: Strafrecht Besonderer Teil, Besonderer Teil ohne Vermögensdelikte 16., überarbeitete Auflage, Stuttgart 2015
(*zitiert*: Krey/Hellmann/Heinrich, BT I)

Kröger, Katharina; **Schnell**, Thomas; **Kasten**, Erich: Effects of psychotherapy on patients suffering from Body Integrity Identity Disorder (BIID). In: American Journal of Applied Psychology 2014; 3(5), S. 110–115
(*zitiert*: *Kröger/Schnell/Kasten*, ajap 2013; 3(5))

Kröger, Katharina: Entwicklung und Evaluation eines Screeninginstruments zur Erfassung der Therapieerfahrung und des Therapieerfolges von Body Integrity Identity Disorder, Hamburg 2013
(*zitiert*: *Kröger*, Therapieerfahrung und Therapieerfolg BIID 2013)

Krones, Tanja: Patientenwünsche versus Indikation? Überlegungen zum „Shared Decision Making" auf allen Ebenen des Gesundheitssystems. In: Kettner, Matthias (Hrsg.), Wunscherfüllende Medizin – Ärztliche Behandlung im Dienst von Selbstverwirklichung und Lebensplanung Frankfurt, M, New York, NY 2009, S. 137–152
(*zitiert*: *Krones*, in: Kettner (Hrsg.), Wunscherfüllende Medizin, 2009)

Krones, Tanja: Pränatal- und Präimplantationsdiagnostik: Diskriminierung von Menschen mit Behinderungen? In: Groß, Dominik/Müller, Sabine/Steinmetzer, Jan (Hrsg.), Normal – anders – krank? – Akzeptanz, Stigmatisierung und Pathologisierung im Kontext der Medizin, Berlin 2008, S. 435–454
(*zitiert*: *Krones*, in: Groß/Müller/Steinmetzer (Hrsg.), Normal – anders – krank?, 2008)

Kübler-Ross, Elisabeth: Vorwort. In: Amputee Identity Disorder, Information, Questions, Answers, And Recomendations About Self-Demand Amputation, Herausgegeben von: Gregg M. Furth und Robert Smith, S. xi–xii
(*zitiert*: *Kübler-Ross*, Vorwort zu Amputee Identity Disorder 2000)

Kühl, Kristian: Strafrecht Allgemeiner Teil 8., neu bearbeitete Auflage, München 2017
(*zitiert*: Kühl AT)

Kühl, Kristian: Die sittenwidrige Körperverletzung. In: Festschrift für Friedrich-Christian Schroeder zum 70. Geburtstag, Herausgegeben von Andreas Hoyer, Henning Ernst Müller, Michael Pawlik und Jürgen Wolter, Heidelberg 2006, S. 521–534
(*zitiert*: Kühl, Festschrift für FC Schroeder)

Kühl, Kristian: Buchbesprechung, Sternberg-Lieben, Detlev: Die objektiven Schranken der Einwilligung im Strafrecht. Tübingen: Mohr Siebeck 1997. 640 S. (Tübinger Rechtswissenschaftliche Abhandlungen, Bd. 84). In: Zeitschrift für die gesamte Strafrechtswissenschaft 115 (2003), S. 385–395
(*zitiert*: *Kühl*, ZStW 115 (2003))

Kühl, Kristian; **Heger**, Martin: Strafgesetzbuch, Kommentar 28., neu bearbeitete Auflage, München 2014
(*zitiert*: Lackner/*Kühl* StGB)

Kuhlen, Lothar: Ausschluss der objektiven Zurechnung bei Mängeln der wirklichen und der mutmaßlichen Einwilligung. In: Festschrift für Heinz Müller-Dietz, Herausgegeben von Guido Britz, Heike Jung, Heinz Koriath und Egon Müller, München 2001, S. 431–451
(*zitiert*: *Kuhlen*, Festschrift Müller-Dietz)

Kunz, Karl-Ludwig: Die strafrechtliche Problematik der freiwilligen Sterilisation. In: Juristenzeitung 1982, S. 788–793
(*zitiert*: *Kunz*, JZ 1982)

Küpper, Georg: Strafrecht, Besonderer Teil 1, Delikte gegen Rechtsgüter der Person und Gemeinschaft, Dritte, aktualisierte und ergänzte Auflage, Berlin 2007
(*zitiert*: Küpper, BT 1)

Langer, Annette: Selbstgewollte Amputationen – „Als ob man einen Schalter im Gehirn umlegt“, SPIEGEL ONLINE 24.06.2010, S. 1–3 (zuletzt abgerufen am 12.10.2017)
(*zitiert*: *Langer*, SPIEGEL ONLINE 24.06.2010, 1)

Laufhütte, Heinrich Wilhelm; **Rissing-van Saan**, Ruth; **Tiedemann**, Klaus (Hrsg.): Strafgesetzbuch, Leipziger Kommentar, Großkommentar 12., neu bearbeitete Auflage, Zweiter Band §§ 32 bis 55, Berlin 2006
(*zitiert*: LK-*Bearbeiter*)

Laufs, Adolf; **Kern**, Bernd-Rüdiger: Handbuch des Arztrechts, 4. neu bearbeitete Auflage, München 2010
(*zitiert*: *Bearbeiter*, in Laufs/Kern)

Lawrence, Anne A.: Clinical and Theoretical Parallels Between Desire for Limb Amputation and Gender Identity Disorder. In: Archives of Sexual Behavior, Vol. 35. Nr. 3, Juni 2006, S. 263–278
(*zitiert*: *Lawrence*, Archives of Sexual Behavior (35) 2006)

Lee, Yong-Sik: Einwilligung und Sittenwidrigkeit aus koreanischer Sicht. In: Menschengerechtes Strafrecht, Festschrift für Albin Eser zum 70. Geburtstag, Herausgegeben von Jörg Arnold, Björn Burkhardt (u. a.), München 2005, S. 535–548
(*zitiert*: *Lee*, Festschrift für Eser)

Lenggenhager, Bigna; **Hilti**, Leonie; **Brugger**, Peter: Disturbed Body Integrity and the “Rubber Foot Illusion“. In: Neuropsychology 2014, http://dx.doi.org/10.1037/neu0000143 (zuletzt abgerufen am 12.10.2017)
(*zitiert*: *Lenggenhager/Hilti/Brugger*, Neuropsychology 2014)

Lenggenhager, Bigna; **Hilti**, Leonie; **Palla**, Antonella; **Macauda**, Gianluca; **Brugger**, Peter: Vestibular stimulation does *not* deminish the desire for amputation. In: Cortex 54 (2014), S. 210–212
(*zitiert*: *Lenggenhager et al.*, Cortex 54 (2014))

Lensing, Anna: Der Wunsch nach körperlicher Unvollständigkeit - Anaylse des interdisziplinären Diskurses über die Körperschemastörung „Body Integrity Identity Disorder“ - Bochum 2013
(*zitiert*: *Lensing*, Der Wunsch nach körperlicher Unvollständigkeit 2013)

Levy, Neil: Autonomy is (Largely) Irrelevant. In: The American Journal of Bioethics-Neuroscience 9 (2009), S. 50–51
(*zitiert*: *Levy*, The American Journal of Bioethics-Neuroscience 9 (2009))

Life.de print: Nick Vujicic, Keine Arme keine Beine und doch glücklich! In: life.de print, Nr. 1/2016, S. 1 u. 8.
(*zitiert*: Life.de print, Nr. 1/2016)

Lim, Mi-Won: Der Begriff der Autonomie und des Menschenrechts bei Kant, Frankfurt am Main 2002
(*zitiert*: *Lim*, Der Begriff der Autonomie und des Menschenrechts bei Kant)

Lipp, Volker: Die medizinische Indikation - Ein „Kernstück ärztlicher Legitimation“? In: Medizinrecht 2015 (33): S. 762–766
(*zitiert*: *Lipp*, MedR 2015)

Loewy, Erich H.: In Defense of Paternalism. In: Theoretical Medicine and Bioethics (2005) 26: S. 445–468
(*zitiert*: *Loewy*, Theoretical Medicine and Bioethics (2005) 26)

Lomb, Martin: Der Schutz des Lebendorganspenders, Zwischen Autonomie und Paternalismus, 1. Auflage, Baden-Baden 2012
(*zitiert*: *Lomb*, Der Schutz des Lebendorganspenders 2012)

Mackenzie, Robin; **Cox**, Stephen: Transableism, disability and paternalism in public health ethics: taxonomies, identity disorders and persistent unexplained physical symptoms. In: International Journal of Law in Context 2007, S. 363–375
(*zitiert*: *Mackenzie/Cox*, International Journal of Law in Context 2007)

Magnus, Dorothea: Patientenautonomie im Strafrecht, Tübingen 2015
(*zitiert*: *Magnus*, Patientenautonomie im Strafrecht)

Maio, Giovanni: Mittelpunkt Mensch: Ethik in der Medizin – Ein Lehrbuch, Stuttgart 2012
(*zitiert*: *Maio*, Mittelpunkt Mensch: Ethik in der Medizin, 2012)

Manok, Andreas: Body Integrity Identity Disorder, Die Zulässigkeit von Amputationen gesunder Gliedmaßen aus rechtlicher Sicht, Leipzig 2012
(*zitiert*: *Manok*, Body Integrity Identity Disorder 2012)

Maurach, Reinhart; **Schroeder,** Christian-Friedrich; **Maiwald,** Manfred: Strafrecht, Besonderer Teil
Teilband 1, Straftaten gegen Persönlichkeits- und Vermögenswerte 10., neu bearbeitete Auflage, Heidelberg 2009
(*zitiert*: Maurach/Schroeder/Maiwald BT)

McGeoch, Paul D; **Brang**, David; **Song**, Tao; **Lee**, Roland R.; **Huang**, Mingxiong; **Ramachandran**, V S: Xenomelia: a new right parietal lobe syndrome. In: Journal of Neurology, Neurosurgery and Psychiatry 2011: 82: S. 1314–1319
(*zitiert*: *McGeoch et al.*, J Neurol Neurosurg Psychiatry 2011: 82)

McGeoch, Paul D; **Williams**, L E; **Lee**, R R; **Ramachandran**, V S: Behavioural evidence for vestibular stimulation as a treatment for central post-stroke pain. In: Journal of Neurology, Neurosurgery and Psychiatry 2008: 79: S. 1298–1301
(*zitiert*: *McGeoch et al.*, J Neurol Neurosurg Psychiatry 2008: 79)

Menke, Birger: Phänomen BIID – Wenn Gesunde behindert sein wollen, SPIEGEL ONLINE 22.09.2008, S. 1–3, http://www.spiegel.de/panorama/gesellschaft/phaenomen-biid-wenn-gesunde-behindert-sein-wollen-a-578361.html (zuletzt abgerufen am 12.10.2017)
(*zitiert*: *Menke*, SPIEGEL ONLINE 22.09.2008)

Meyer, Maria-Katharina: Reform der Heilbehandlung ohne Ende -Ein Beitrag zum geltenden Strafrecht und zum Referentenentwurf des Bundesjustizministeriums 1996-. In: Goldtdammer's Archiv für Strafrecht 1998, S. 413–427)
(*zitiert*: *Meyer*, GA 1998)

Möller, Johanna; **Oddo**, Silvia; **Stirn**, Aglaja: Körper-Integritäts- und Identitätsstörung. In: Persönlichkeitsstörungen 17 (2013), S. 99–109
(*zitiert*: *Möller/Oddo/Stirn*, Persönlichkeitsstörungen 17 (2013))

Money, John; **Jobaris**, Russell; **Furth**, Gregg: Apotemnophilia: Two Cases of Self-Demand Amputation as a Paraphilia. In: The Journal of Sex Research, Vol. 13, Nr. 2 (Mai, 1997), S. 115–125
(*zitiert*: *Money et al.*, Journal of Sex Research Vol. 13, Nr. 2 (1977))

Müller, Sabine: Body Integrity Identity Disorder (BIID) – Is the Amputation of Healthy Limbs Ethically Justified? In: The American Journal of Bioethics-Neuroscience 9 (2009), S. 36–43
(*zitiert*: *Müller*, The American Journal of Bioethics-Neuroscience 9 (2009))

Müller, Sabine: Body Integrity Identity Disorder (BIID) – Ist der Amputationswunsch eine autonome Entscheidung oder Ausdruck einer neurologischen Störung?. In: Groß, Dominik/Müller, Sabine/Steinmetzer, Jan (Hrsg.), Normal – anders – krank? – Akzeptanz, Stigmatisierung und Pathologisierung im Kontext der Medizin, Berlin 2008, S. 229–266
(*zitiert*: *Müller*, in: Groß/Müller/Steinmetzer (Hrsg.), Normal – anders – krank?, 2008)

Müller, Sabine: Dieses Bein will ich nicht. In: Gehirn & Geist 7–8 (2007), S. 66–70
(*zitiert*: *Müller*, Gehirn & Geist 7–8 (2007))

Murmann, Uwe: Grundkurs Strafrecht, Allgemeiner Teil, Tötungsdelikte, Körperverletzungsdelikte 3., neu bearbeitete Auflage, München 2015
(*zitiert*: *Murmann*, Strafrecht)

Murmann, Uwe: Die Selbstverantwortung des Opfers im Strafrecht, Berlin 2005
(*zitiert*: *Murmann*, Die Selbstverantwortung des Opfers im Strafrecht)

Neubacher, Alexander: Total Beschränkt, Wie uns der Staat mit immer neuen Vorschriften das Denken abgewöhnt, München 2014
(*zitiert*: *Neubacher*, Total Beschränkt 2014)

Neuschaefer-Rube, Christian; **Scheidt**, David; **Groß**, Dominik: Modelle zur Definition von Transsexualität und ihre Auswirkungen auf die gesellschaftliche Akzeptanz – Das Beispiel Stimme und Sprechverhalten. In: Groß, Dominik/Müller, Sabine/Steinmetzer, Jan (Hrsg.), Normal – anders – krank? – Akzeptanz, Stigmatisierung und Pathologisierung im Kontext der Medizin, Berlin 2008, S. 171–194
(*zitiert*: *Neuschaefer-Rube/Scheidt/Groß*, in: Groß/Müller/Steinmetzer (Hrsg.), Normal – anders – krank?, 2008)

Nevinny-Stickel, Josef; **Hammerstein**, Jürgen: Medizinisch-juristische Aspekte der menschlichen Transsexualität. In: Neue Juristische Wochenschrift 1967, S. 663–666
(*zitiert*: *Nevinny-Stickel/Hammerstein*, NJW 1967)

Niedermair, Harald: Körperverletzung mit Einwilligung in die guten Sitten, Zum Funktionsverlust einer Generalklausel, München 1999
(*zitiert*: *Niedermair*, Körperverletzung mit Einwilligung)

Nietzsche, Friedrich: Werke in Drei Bänden, Band 2, Die fröhliche Wissenschaft, Also sprach Zarathustra, Götzen-Dämmerung, Zürich 1971
(*zitiert*: *Nietzsche*, Also sprach Zarathustra)

Nitschmann, Kathrin: Chirurgie für die Seele? – Eine Fallstudie zu Gegenstand und Grenzen der Sittenwidrigkeitsklausel. In: Zeitschrift für die gesamte Strafrechtswissenschaft 119 (2007), S. 547–592
(*zitiert*: *Nitschmann*, ZStW 119 (2007))

Noll, Peter: Tatbestand und Rechtswidrigkeit: Die Wertabwägung als Prinzip der Rechtfertigung. In: Zeitschrift für die gesamte Strafrechtswissenschaft (77) 1965, S. 1–36
(*zitiert*: *Noll*, ZStW (77), 1965)

Noll, Sarah: Body Integrity Identity Disorder (BIID), Kann eine Amputation/ Operation Betroffenen langfristig helfen? Hildesheim 2011
(*zitiert*: *Noll*, BIID – Kann eine Amputation langfristig helfen? 2011)

Noll, Sarah; **Kasten**, Erich: Body Integrity Identity Disorder: How satisfied are successful wannabes. In: Psychology and Behavioral Sciences 2014; 3 (6), 222–232
(*zitiert*: *Noll/Kasten*, Psychology and Behavioral Sciences 2014)

Nowicka, Danuta; **Szepietowski**, Jacek C.: Body Dysmorphic Disorders: an underestimated problem within aesthetic dermatology patients. In: Cosmetic Medicine 32 (2011), S. 122–125
(*zitiert*: *Nowicka/Szepietowski*, Cosmetic Medicine 32 (2011))

Obernolte, Catharina; **Schnell**, Thomas; **Kasten**, Erich: The role of specific experiences in childhood and youth in the development of body integrity identity disorder (BIID). In: American Journal of Applied Psychology 2015; 4 (1), S. 1–8
(*zitiert*: *Obernolte/Schnell/Kasten*, American Journal of Applied Psychology 2015; 4 (1))

Obernolte, Catharina: Ursachenforschung: Gibt es Gemeinsamkeiten in der Kindheit und Jugend von BIID-Betroffenen? Hamburg 2013
(*zitiert*: *Obernolte*, Ursachenforschung BIID 2013)

Oddo, S.; **Möller**, J.; **Skoruppa**, S.; **Stirn**, A.: Psychische Merkmale von Body Integrity Identity Disorder (BIID): Persönlichkeitseigenschaften, Interpersonale Aspekte, Coping-Mechanismen bei Stress und Konflikten, Körpererleben. In: Fortschritte der Neurologie Psychiatrie 2014; 82, S. 250–260
(*zitiert*: *Oddo et al.*; Fortschr Neurol Psychiat (82) 2014)

Ostgathe, Antonia; **Schnell**, Thomas; **Kasten**, Erich: Body integrity identity disorder and Gender Dysphoria: A pilot study to investigate similarities and differences. In: American Journal of Applied Psychology 2014; 3(6): 138–143 (*zitiert*: *Ostgathe/Schnell/Kasten*, ajap 2014; 3(6))

Otto, Harro: Grundkurs Strafrecht, Die einzelnen Delikte 7., neu bearbeitete Auflage, Berlin 2005 (*zitiert*: *Otto*, Grundkurs Strafrecht)

Otto, Harro: Grundkurs Strafrecht, Allgemeine Strafrechtslehre 7., neu bearbeitete Auflage, Berlin 2004 (*zitiert*: *Otto*, Grundkurs Strafrecht)

Otto, Harro: Einverständnis, Einwilligung und eigenverantwortliche Selbstgefährdung. In: Festschrift für Friedrich Geerds, Herausgegeben von Ellen Schlüchter, Lübeck 1995, S. 603–622 (*zitiert*: *Otto*, Festschrift Geerds)

Otto, Harro: Eigenverantwortliche Selbstschädigung und -gefährdung sowie einverständliche Fremdschädigung und -gefährdung. In: Festschrift für Herbert Tröndle zum 70. Geburtstag, Herausgegeben von Hans-Heinrich Jescheck und Theo Vogler, Berlin 1989, S. 157–175 (*zitiert*: *Otto*, Festschrift Tröndle)

Patrone, Daniel: Disfigures anatomies and imperfect analogies: body integrity identity disorder and the supposed right to self-demanded amputation of healthy body parts. In: Journal of Medical Ethics 35 (2009), S. 541–545 (*zitiert*: *Patrone*, Journal of Medical Ethics 35 (2009))

Peter, Helmut: Die Krankheiten des Herrn von Goethe, Unveröffentlichter Aufsatz (*zitiert*: *Peter*, Die Krankheiten des Herrn von Goethe)

Phaidon: Platon, Werke in acht Bänden griechisch und deutsch, Dritter Band, Phaidon, Das Gastmahl Kratylos, Bearbeitet von Dietrich Kurz, Herausgegeben von Gunther Eigler, 6. Auflage 2011 (*zitiert*: *Phaidon*, in: Gunther Eigler (Hrsg.) Platon Werke)

Phillips, Katharine A.: The Broken Mirror, Understanding And Treating Body Dysmorphic Disorder, Oxford 1996 (*zitiert*: *Phillips*, The Broken Mirror 1996)

Phillips, Katharine A.; **Menard**, William: Suicidality in Body Dysmorphic Disorder: A Prospective Study. In: The American Journal of Psychiatry 2006 Juli; 163(7): S. 1280–1282 (*zitiert*: *Phillips/Menard*, Am J Psychiatry 2006; 163 (7))

Pieper, Annemarie: Gibt es ein Recht auf Gesundheit? In: Orsi, Giuseppe (Hrsg.), Medizin, Recht, Ethik, Frankfurt am Main, New York 1998, S. 7–16 (*zitiert*: *Pieper*, in: Orsi (Hrsg.), Medizin, Recht, Ethik, 1998)

Pies, Ronald: The Ethics of Limb Amputation and Locus of Disease. In: Neuroethics 2 (2009), S. 179–180
(*zitiert*: *Pies*, Neuroethics 2 (2009))

Pietzcker, Jost: Die Rechtsfigur des Grundrechtsverzichts. In: Der Staat 1978 (Band 17), S. 527–551
(*zitiert*: *Pietzcker*, Der Staat 17, 1978)

Pollmann, Arnd: Ein Recht auf Unversehrtheit? Skizze einer Phänomenologie moralischer Integritätsverletzungen. In: Walt, Sibylle van der/Menke, Christoph (Hrsg.), Die Unversehrtheit des Körpers – Geschichte und Theorie eines elementaren Menschenrechts, Frankfurt/Main 2007, S. 214–236
(*zitiert*: *Pollmann*, in: Walt, Sibylle van der/Menke (Hrsg.), Die Unversehrtheit des Körpers, 2007)

Pöltner, Günther: Grundkus Medizin-Ethik, 1. Auflage, Wien 2002
(*zitiert*: *Pöltner*, Grundkurs Medizin-Ethik)

Pregartbauer, Lea; **Schnell**, Thomas; **Kasten**, Erich: Body integrity identity disorder and macophilia: Similarities and differences. In: American Journal of Applied Psychology 2014; 3 (5), S. 116–121
(*zitiert*: *Pregartbauer/Schnell/Kasten*, American Journal of Applied Psychology 2014; 3 (5))

Price, David: Remodelling the regulation of postmodern innovation in medicine. In: International Journal of Law in Context 2005, 1(2), S. 121–141
(*zitiert*: *Price*, International Journal of Law in Context 2005, 1(2))

Psychrembel, Willibald: Psychrembel, Klinisches Wörterbuch, 266., aktualisierte Auflage, Berlin 2014
(*zitiert*: *Psychrembel*, Klinisches Wörterbuch)

Puppe, Ingeborg: Die strafrechtliche Verantwortlichkeit des Arztes bei mangelnder Aufklärung über eine Behandlungsalternative. In: Goltdammer's Archiv für Strafrecht 2003, S. 764–776
(*zitiert*: *Puppe*, GA 2003)

Purtilo, Ruth B.: Professional-Patient Relationship. In: Post, Stephen Garrard (Hrsg.), Encyclopedia of bioethics, Band 4, 3. Auflage, New York 2004, S. 2132–2157
(*zitiert*: *Purtilo*, in: Post (Hrsg.), Encyclopedia of bioethics, 2004)

Quaas, Michael; **Zuck**, Rüdiger; **Clemens**, Thomas: Medizinrecht 3., vollständig neu bearbeitete Auflage, München 2014
(*zitiert*: *Quaas/Zuck*, Medizinrecht)

Ramachandran, V.S.; **Brang**, David; **McGeoch**, Paul; **Rosar**, William: Sexual and food preference in apotemnophilia and anorexia: Interactions between

‚beliefs‘ and ‚needs‘ regulated by two-way connections between body image and limbic structures. In: Perception, 2009, Vol. 3, S. 775–777
(*zitiert*: *Ramachandran et al.*, Perception, 2009, Vol. 3)

Ramachandran, V.S.; **McGeoch**, Paul: Can vestibular caloric stimulation be used to treat apotemnophilia? In: Medical Hypotheses 2007 (69), S. 250–252
(*zitiert*: *Ramachandran/McGeoch*, Medical Hypotheses 2007 (69))

Ratzel, Rudolf; **Lippert**, Hans-Dieter: Kommentar zur Musterberufsordnung der deutschen Ärzte, (MBO), 6. Auflage, Berlin 2015
(*zitiert*: *Bearbeiter*, in: Ratzel/Lippert, Kommentar MBO)

Reinhardt, Uwe: Einige Bemerkungen zum Dohrn-Urteil. In: Juristische Rundschau 1964, S. 368–374
(*zitiert*: *Reinhardt*, JR 1964)

Rengier, Rudolf: Strafrecht Besonderer Teil II, Delikte gegen die Person und die Allgemeinheit, 17., neu bearbeitete Auflage, München 2016
(*zitiert*: Rengier BT II)

Rengier, Rudolf: Methodische Aspekte und Aufgaben des Bundesgerichtshofs im Lichte von Entscheidungen zum Besonderen Teil des Strafrechts. In: 50 Jahre Bundesgerichtshof, Festgabe aus der Wissenschaft, Herausgegeben von Claus-Wilhelm Canaris, Andreas Heldrich, Klaus J. Hopt, Claus Roxin, Karsten Schmidt, Gunther Widmaier, Band IV. Strafrecht, Strafprozessrecht, Herausgegeben von Claus Roxin und Gunter Widmaier, München 2000, S. 467–483
(*zitiert*: *Rengier*, BGH-FG, 2000)

Reuter, Peter: Springer Lexikon Medizin, Berlin 2004
(*zitiert*: *Reuter*, Lexikon Medizin 2004)

Richman, Kenneth A.: Die Gesundheitstheorie des „Eingebetteten Instrumentalismus“ und ihre ethischen Implikationen. In: Das Gesunde, das Kranke und die Medizinethik, Moralische Implikationen des Krankheitsbegriffs, Herausgegeben von Markus Rothhaar und Andreas Frewer, Stuttgart 2012, S. 77–87
(*zitiert*: *Richman*, in: Rothhaar/Frewer (Hrsg.), Das Gesunde, das Kranke und die Medizinethik 2012)

Riedelmeier, Sabine: Ärztlicher Heileingriff und allgemeine Strafrechtsdogmatik, Baden-Baden 2004
(*zitiert*: *Riedelmeier*, Ärztlicher Heileingriff)

Riha, Ortrun: Grundwissen Geschichte, Theorie, Ethik der Medizin – Querschnittsbereich 2, Bern 2008
(*zitiert*: *Riha*, Grundwissen Geschichte, Theorie, Ethik der Medizin, 2008)

Rogall, Klaus: Anmerkung zum Urteil des BGH vom 22.02.1978, 2 StR 372/77 (NJW 1978, 1206). In: Neue Juristische Wochenschrift 1978, S. 2344–2345
(*zitiert*: *Rogall*, NJW 1978)

Romano, Daniele; **Sedda**, Anna; **Brugger**, Peter; **Bottini**, Gabriele: Body ownership: When feeling and knowing diverge. In: Consciousness and Cognition 34 (2015), S. 140–148
(*zitiert*: *Romano et al.*, Consciousness and Cognition 34 (2015))

Rönnau, Thomas: Voraussetzungen und Grenzen der Einwilligung im Strafrecht. In: Jura 2002, S. 665–675
(*zitiert*: *Rönnau*, Jura 2002)

Rösner, Hans-Uwe: Behindert sein – behindert werden, Texte zu einer dekonstruktiven Ethik der Anerkennung behinderter Menschen, Bielefeld 2014
(*zitiert*: *Rösner*, Behindert sein – behindert werden)

Rössler, Dietrich: Fürsorge und Unschädlichkeit. In: Pöldinger, W./Wagner, W. (Hrsg.), Ethik in der Psychiatrie – Wertebegründung, Wertedurchsetzung, Berlin, New York 1991, S. 72–80
(*zitiert*: *Rössler*, in: Pöldinger/Wagner (Hrsg.), Ethik in der Psychiatrie, 1991)

Rothhaar, Markus; **Frewer**, Andreas: Krankheitsbegriff und Ethik zur Einführung. In: Das Gesunde, das Kranke und die Medizinethik, Moralische Implikationen des Krankheitsbegriffs, Herausgegeben von Markus Rothhaar und Andreas Frewer, Stuttgart 2012, S. 7–11
(*zitiert*: *Rothhaar/Frewer*, in: Rothhaar/Frewer (Hrsg.), Das Gesunde, das Kranke und die Medizinethik 2012)

Roxin, Claus: Strafrecht, Allgemeiner Teil, Band 1, 4., vollständig neu bearbeitete Auflage, München 2006
(*zitiert*: Roxin AT)

Roxin, Claus; **Schroth**, Ulrich: Handbuch des Medizinstrafrechts 4., aktualisierte, überarbeitete und erweiterte Auflage, 2010
(*zitiert*: *Bearbeiter*, in: Roxin/Schroth, Handbuch des Medizinstrafrechts)

Rudolphi, Hans-Joachim; **Horn**, Eckhard; **Wolter**, Jürgen (Hrsg.): Systematischer Kommentar zum Strafgesetzbuch, Band IV §§ 212–266b, 8. Auflage, Köln 2012
(*zitiert*: SK-StGB/*Bearbeiter*)

Runkel, Thomas: Enhancement und Identität, Die Idee einer biomedizinischen Verbesserung des Menschen als normative Herausforderung, Tübingen 2010
(*zitiert*: *Runkel*, Enhancement und Identität 2010)

Ryan, Christopher James: The ethical Management of Body Integrity Identity Disorder: Reply to Pies. In: Neuroethics (2009) 2: 181
(*zitiert*: *Ryan*, Neuroethics (2009) 2)

Ryan, Christopher James: Out on a Limb: The Ethical Management of Body Integrity Identity Disorder. In: Neuroethics 2 (2009), S. 21–33
(*zitiert*: *Ryan*, Neuroethics 2 (2009))

Ryan, Christopher James; **Shaw**, Tarra: BIID is not BDD – comment on Kwok-Kwan Cahn et al. In: Journal of Plastic Reconstructive & Aesthetic Surgery 2011, Januar; 64(1): S. 8–9)
(*zitiert*: *Ryan/Shaw*, J Plast Reconstr Aesthet Surg 2011; 64(1))

Sachs, Michael (Hrsg.): Grundgesetz, Kommentar 7. Auflage, München 2014
(*zitiert*: *Bearbeiter*, in Sachs (Hrsg.), Grundgesetz, 2014)

Sacks, Oliver: Der Mann, der seine Frau mit einem Hut verwechselte, Deutsch von Dirk van Gunsteren, 38. Auflage, Reinbek bei Hamburg 2016
(*zitiert*: *Sacks*, Der Mann, der seine Frau mit einem Hut verwechselte)

Sacks, Oliver: Der Tag, an dem mein Bein fortging, übersetzt von Dirk van Gunsteren, 19. Auflage, Reinbek bei Hamburg 2009
(*zitiert*: *Sacks*, Der Tag, an dem mein Bein fortging)

Saliger, Frank: Selbstbestimmung bis zuletzt, Rechtsgutachten zum strafrechtlichen Verbot organisierter Sterbehilfe, Norderstedt 2015
(*zitiert*: *Saliger*, Selbstbestimmung bis zuletzt 2015)

Sander, Günther M.: Münchner Kommentar zum Strafgesetzbuch, Band 4, §§ 185–262 StGB, 2. Auflage, München 2012
(*zitiert*: MüKoStGB/*Bearbeiter*)

Sarwer, David B.; **Crerand**, Canice E.: Body dysmorphic disorder and appearance enhancing medical treatments. In: Body Image 5 (2008), S. 50–58
(*zitiert*: *Sarwer/Crerand*, Body Image 5 (2008))

Schäfer, Daniel: Krankheit und Natur, Historische Anmerkungen zu einem aktuellen Thema. In: Das Gesunde, das Kranke und die Medizinethik, Moralische Implikationen des Krankheitsbegriffs, Herausgegeben von Markus Rothhaar und Andreas Frewer, Stuttgart 2012, S. 15–31
(*zitiert*: *Schäfer*, in: Rothhaar/Frewer (Hrsg.), Das Gesunde, das Kranke und die Medizinethik 2012)

Scheinfeld, Jörg: Organtransplantation und Strafrechtspaternalismus, Eine Analyse der strafbewehrten Spendebegrenzung im deutschen Transplantationsrecht, Tübingen 2016
(*zitiert*: *Scheinfeld*, Organtransplantation und Strafrechtspaternalismus)

Schicktanz, Silke: Mein Körper – meine Entscheidung? – Das Verhältnis von Autonomie und Körperverständnis aus ethischer Sicht. In: Ehm, Simone/Schicktanz, Silke (Hrsg.), Körper als Maß? – Biomedizinische Eingriffe und ihre Auswirkungen auf Körper- und Identitätsverständnisse, Stuttgart 2006, S. 225–244
(*zitiert*: *Schicktanz*, in: Ehm/Schicktanz (Hrsg.), Körper als Maß?, 2006)

Schmidhäuser, Eberhard: Handeln mit Einwilligung des Betroffenen – Strafrechtlich: eine scheinbare Rechtsgutsverletzung. In: Festschrift für Friedrich Geerds, Herausgegeben von Ellen Schlüchter, Lübeck 1995, S. 593–602 (*zitiert*: *Schmidhäuser*, Festschrift Geerds)

Schmidhäuser, Eberhard: Strafrecht Allgemeiner Teil 2., neu bearbeitete Auflage, Tübingen 1984 (*zitiert*: Schmidhäuser AT)

Schmidhuber, Martina: Ambivalenzen der Medikalisierung, Ein Plädoyer für das Ernstnehmen der subjektiven Perspektive im Umgang mit Gesundheit und Krankheit. In: Das Menschenrecht auf Gesundheit, Normative Grundlagen und aktuelle Diskurse, Herausgegeben von Andreas Frewer und Heiner Bielefeldt, Bielefeld 2016, S. 195–213 (*zitiert*: *Schmidhuber*, in: Frewer/Bielefeldt (Hrsg.), Menschenrecht auf Gesundheit, 2016)

Schmidt, Eberhard: Anmerkung zum Urteil des BGH vom 13.12.1963–4 StR 379/63 (LG Dortmund). In: Juristenzeitung 1964, S. 296–300 (*zitiert*: *Schmidt*, JZ 1964)

Schmidt, Eberhard: Der Arzt im Strafrecht, Leipzig 1939 (*zitiert*: *Schmidt*, Der Arzt im Strafrecht)

Schmitt, Rudolf: Strafrechtlicher Schutz des Opfers vor sich selbst? In: Festschrift für Reinhart Maurach zum 70. Geburtstag, Herausgegeben von Friedrich-Christian Schroeder und Heinz Zipf, Karlsruhe 1972, S. 113–126 (*zitiert*: *Schmitt*, FS-Maurach 1972)

Schneider, Anja: Body Integrity Identity Disorder, Das Selbstbestimmungsrecht des Patienten in Grenzsituationen unter rechtlichen und ethischen Aspekten, Ethik und Recht in der Medizin, Band 44, Herausgegeben von Walter Gropp, Hans-Rudolf Tinneberg, Uwe Lang und Bernhard Kretschmer, Baden-Baden 2016 (*zitiert*: *Schneider*, Body Integrity Identity Disorder 2016)

Schneider, Frank; **Frister**, Helmut; **Olzen**, Dirk: Begutachtung psychischer Störungen – [mit Beispielgutachten], 2. Auflage, Berlin/Heidelberg 2010 (*zitiert*: *Schneider/Frister/Olzen*, Begutachtung psychischer Störungen, 2010)

Schöne-Seifert, Bettina: Grundlagen der Medizinethik, Stuttgart 2007 (*zitiert*: *Schöne-Seifert*, Grundlagen der Medizinethik, 2007)

Schönke, Adolf; **Schröder**, Horst: Strafgesetzbuch Kommentar 29., neu bearbeitete Auflage, München 2014 (*zitiert*: S/S-*Bearbeiter* StGB)

Schramme, Thomas (Hrsg.): Krankheitstheorien, 1. Auflage, Berlin 2012 (*zitiert*: *Schramme* (Hrsg.), Krankheitstheorien 2012)

Schramme, Thomas: Freiwillige Verstümmelung. Warum eigentlich nicht?. In: Ach, Johann S./Pollmann, Arnd (Hrsg.), No body is perfect – Baumaßnahmen am menschlichen Körper, bioethische und ästhetische Aufrisse, Bielefeld 2006, S. 163–184
(*zitiert*: *Schramme*, in: Ach/Pollmann (Hrsg.), No body is perfect, 2006)

Schramme, Thomas: Ist eine objektive Beurteilung von Lebensqualität möglich? In: Graumann, Sigrid/Grüber, Katrin (Hrsg.), Anerkennung, Ethik und Behinderung – Beiträge aus dem Institut Mensch, Ethik und Wissenschaft, Münster 2005, S. 87–97
(*zitiert*: *Schramme*, in: Graumann/Grüber (Hrsg.), Anerkennung, Ethik und Behinderung, 2005)

Schramme, Thomas: Behinderung – Absolute oder relative Einschränkung des Wohlergehens? In: Ethik in der Medizin 15 (2003), S. 180–190
(*zitiert*: *Schramme*, Ethik in der Medizin 15 (2003))

Schreiber, Hans-Ludwig: Salus aut voluntas aegroti suprema lex? In: Die Ordnung der Freiheit, Festschrift für Christian Starck zum siebzigsten Geburtstag, Herausgegeben von Rainer Grote, Ines Härtel, Karl-E. Hain, Thorsten Ingo Schmidt, Thomas Schmitz, Gunnar Folke Schuppert, Christian Winterhoff, Tübingen 2007, S. 111–115
(*zitiert*: *Schreiber*, FS-Starck)

Schreiber, Wolfgang: Body Integrity Identity Disorder – BIID, Wenn erst die Amputation den eigenen Körper wiederherstellt. In: NeuroTransmitter 2015; 26 (5), S. 36–38
(*zitiert*: *Schreiber*, NeuroTransmitter 2015; 26 (5))

Schroeder, Friedrich-Christian: Beihilfe zum Selbstmord und Tötung auf Verlangen. In: Zeitschrift für die gesamte Strafrechtswissenschaft 106 (1994), S. 564–580
(*zitiert*: *Schroeder*, ZStW 1994)

Schroeder, Friedrich-Christian: Beihilfe zum Selbstmord und Tötung auf Verlangen. In: Zeitschrift für die gesamte Strafrechtswissenschaft 106 (1994), S. 565–580
(*zitiert*: *Schroeder*, ZStW 106)

Schroth, Ulrich: Strafrecht Besonderer Teil, Ein Repetitorium 5. neu bearbeitete Auflage, Stuttgart 2010
(*zitiert*: Schroth BT)

Schroth, Ulrich: Anmerkung. In: Juristenzeitung 2004, S. 469–472
(*zitiert*: *Schroth*, JZ 2004)

Schwabe, Jürgen: Der Schutz des Menschen vor sich selbst. In: JuristenZeitung 1998, S. 66–75
(*zitiert*: *Schwabe*, JZ 1998)

Schweizer, Katinka; **Strauß**, Bernhard: Debatte zum Reformbedarf des Transsexuellengesetzes (TSG), Abschaffen, ändern oder pragmatisch anwenden? Eine Einführung. In: Zeitschrift für Sexualforschung 2013; 26; S. 143–144 (*zitiert*: *Schweizer/Strauß*, Z Sexualforsch 2013; 26)

Sedda, Anna: Body Integrity Identity Disorder: From A Psychological to A Neurological Syndrome. In: Neuropsychology Review 2011 Dec;21(4): S. 334–336 (*zitiert*: *Sedda*, Neuropsychol Rev 2011; 21(4))

Sedda, Anna; **Bottini**, Gabriella: Apotemnophilia, body integrity disorder or xenomelia? Psychiatric and neurologic etiologies face each other. In: Neuropsychiatric Disease and Treatment 2014: 10, S. 1255–1265
(*zitiert*: *Sedda/Bottini*, Neuropsychiatric Disease and Treatment 2014: 10)

Shafer-Landau, Russ: Liberalism and paternalism. In: Legal Theory 2005 11(3), S. 169–191
(*zitiert*: *Shafer-Landau*, Legal Theory 2005 11(3))

Sigusch, Volkmar: Praktische Sexualmedizin, Eine Einführung, Köln 2005
(*zitiert*: *Sigusch*, Praktische Sexualmedizin)

Sigusch, Volkmar: Medizinischer Kommentar zum Transsexuellengesetz. In: Neue Juristische Wochenschrift 1980, S. 2740–2745
(*zitiert*: *Sigusch*, NJW 1980)

Slatman, Jenny; **Widdershoven**, Guy: Being Whole After Amputation. In: The American Journal of Bioethics-Neuroscience 9 (2009), S. 48–49
(*zitiert*: *Slatman/Widdershoven*, The American Journal of Bioethics-Neuroscience 9 (2009))

Smith, Robert C.: Body Integrity Identity Disorder: A problem of perception?. In: Bioethics, Medicine and the Criminal Law Volume I, The Criminal Law and Bioethical Conflict: Walking the Tightrope, Herausgegeben von: Amel Alghrani, Rebecca Bennett und Suzanne Ost, Cambridge 2013, S. 71–87
(*zitiert*: *Smith*, in: Bioethics, Medicine and the Criminal Law (Vol. 1))

Sorene, E.D.; **Heras-Palou**, C.; **Burke**, F.D.: Self-Amputation of a Healthy Hand: A Case of Body Integrity Identity Disorder. In: Journal of Hand Surgery (British and European Volume) 2006 (31), S. 593–595. Quelle: http://jhs.sagepub.com/content/31/6/593 (zuletzt abgerufen am 12.10.2017)
(*zitiert*: *Sorene et al.*, J Hand Surg [Br] 2006 (31))

Spickhoff, Andreas: Medizinrecht, 2. Auflage, München 2014
(*zitiert*: *Spickhoff*)

Spiegel online (anonym): **Umgang mit Depressiven: Liebe Gesunde, reißt euch zusammen**. In: Spiegel online 12.11.2014, http://www.spiegel.de/gesundheit/psychologie/notjustsad-der-umgang-mit-psychisch-kranken-muss-sich-aendern-a-1002510.html (zuletzt abgerufen am 12.10.2017)
(*zitiert*: *Spiegel online*, not just sad 2014)

Stegmüller, Ulrich: Die Sittenwidrigkeit der Körperverletzung trotz Einwilligung des Verletzten, Hamburg 2009
(*zitiert*: *Stegmüller*, Die Sittenwidrigkeit)

Steinberg, Georg: Besprechung des Schrifttums, Florian Knauer, Der Schutz der Psyche im Strafrecht. Verlag Mohr Siebeck, Tübingen 2013. XVII, 319 S. In: Goldtdammer's Archiv 2015, S. 305–309
(*zitiert*: *Steinberg*, GA 2015)

Steinberg, Georg: Strafe für das Versetzen in Todesangst, Psychische Gesundheit als strafrechtliches Rechtsgut, Schriften der EBS Law School, Herausgegeben von der EBS Universität für Wirtschaft und Recht, Band 5, 1. Auflage, Baden-Baden 2014
(*zitiert*: *Steinberg*, Todesangst 2014)

Stephan, Björn: Der Stumpf. In: Süddeutsche Zeitung Magazin, Nr. 44, 30. Oktober 2014, S. 46–56
(*zitiert*: *Stephan*, Süddeutsche Zeitung Magazin 2014)

Sternberg-Lieben, Detlev: Die Strafbarkeit eines nicht indizierten ärztlichen Eingriffs. In: Grundlagen des Straf- und Strafverfahrensrechts, Festschrift für Knut Amelung zum 70. Geburtstag, Herausgegeben von Martin Böse und Detlev Sternberg-Lieben, Berlin 2009, S. 325–353
(*zitiert*: *Sternberg-Lieben*, FS-Amelung 2009)

Sternberg-Lieben, Detlev: Begrenzung lebensverlängernder Maßnahmen aus strafrechtlicher Sicht – juristischer statt ärztlicher Paternalismus. In: Festschrift für Albin Eser zum 70. Geburtstag, Herausgegeben von Jörg Arnold, Björn Burkhardt, Walter Gropp, Günter Heine, Hans-Georg Koch, Otto Lagodny, Walter Perron und Susanne Walther, München 2005, S. 1185–1204
(*zitiert*: *Sternberg-Lieben*, FS-Eser 2005)

Sternberg-Lieben, Detlev: Selbstbestimmtes Sterben: Patientenverfügung und gewillkürte Stellvertretung. In: Festschrift für Theodor Lenckner zum 70. Geburtstag, Herausgegeben von Albin Eser, Ulrike Schittenhelm und Heribert Schumann, München 1998, S. 349–375
(*zitiert*: *Sternberg-Lieben*, FS-Lenckner 1998)

Sternberg-Lieben, Detlev: Die objektiven Schranken der Einwilligung im Strafrecht, Tübingen, 1997
(*zitiert*: *Sternberg-Lieben*, Die objektiven Schranken)

Stirn, Aglaja; **Thiel**, Aylin; **Oddo**, Silvia: Body Integrity Identity Disorder (BIID), Störungsbild, Diagnostik, Therapieansätze, 1. Auflage, Basel 2010
(*zitiert*: *Stirn/Thiel/Oddo*)

Stratenwerth, Günter; **Kuhlen**, Lothar: Strafrecht, Allgemeiner Teil, Die Straftat 6., überarbeitete Auflage, München 2011
(*zitiert*: Stratenwerth/Kuhlen AT)

Strickstock, Frank (Hrsg.): Die Gesellschaft der Behinderer, Das Buch zur Aktion Grundgesetz, Reinbek bei Hamburg 1997
(*zitiert*: *Bearbeiter*, in: Strickstock (Hrsg.), Die Gesellschaft der Behinderer)

Swindell, J. S.: Two Types of Autonomy. In: The American Journal of Bioethics-Neuroscience 9 (2009), S. 52–53
(*zitiert*: *Swindell*, The American Journal of Bioethics-Neuroscience 9 (2009))

Synofzik, Matthis: Denken auf Rezept? Ein Entscheidungsmodell für die präferenzorientierte Medizin. In: Kettner, Matthias (Hrsg.), Wunscherfüllende Medizin – Ärztliche Behandlung im Dienst von Selbstverwirklichung und Lebensplanung Frankfurt, M, New York, NY 2009, S. 153–181
(*zitiert*: Matthis *Synofzik*, in: Kettner (Hrsg.), Wunscherfüllende Medizin, 2009)

Tag, Brigitte: Der Körperverletzungstatbestand im Spannungsfeld zwischen, Patientenautonomie und Lex artis, Berlin 2000
(*zitiert*: *Tag*, Der Körperverletzungstatbestand)

Tasman, Abel-Jan: Rhinoplastik: Indikation und Planung – Rhinoplasty: Indication and Planning. In: Laryngo-Rhino-Otologie 89 (2010), S. 10–15
(*zitiert*: *Tasman*, Laryngo-Rhino-Otologie 89 (2010))

Taylor, Carol; **Dell'Oro**, Roberto (Hrsg.): Health and human flourishing, Religion, Medicine and moral Anthropology, Washington 2006
(*zitiert*: *Bearbeiter*, in: Taylor/Dell'Oro, Health and human flourishing)

Tegenthoff, Martin; **Ragert**, Patrick; **Pleger**, Burkhard; **Schwenkreis**, Peter; **Förster**, Ann-Freya; **Volker**, Nicolas; **Dinse**, Hubert R.: Improvement of Tactile Discrimination, Performance and Enlargement of Cortical, Somatosensory Maps after 5 Hz rTMS. In: PloS Biology 2005, Vol. 3, Issue 11, e362, S. 2031–2040
(*zitiert*: *Tegenthoff et al.*, PloS Biology 2005, Vol. 3, Issue 11)

Thiel, Aylin; **Ehni**, Franziska J. F.; **Oddo**, Silvia; **Stirn**, Aglaja: Body Integrity Identity Disorder: Erste Erfolge in der Langzeitpsychotherapie. In: Psychiatrische Praxis 2011; 38: S. 256–258
(*zitiert*: *Thiel/Ehni/Oddo/Stirn*, Psychiat Prax 2011; 38)

Tomasini, Floris: Exploring Ethical Justification for Self-Demand Amputation. In: Ethics & Medicine 22 (2006), S. 99–115
(*zitiert*: *Tomasini*, Ethics & Medicine 22 (2006))

Ulsenheimer, Klaus: Arztstrafrecht in der Praxis 5., neu bearbeitete und erweiterte Auflage, München 2015
(*zitiert*: *Ulsenheimer*)

Ulsenheimer, Klaus: Der Arzt im Konflikt zwischen Heilauftrag und Selbstbestimmungsrecht des Patienten – in dubio pro vita? In: Festschrift für Albin

Eser zum 70. Geburtstag, Herausgegeben von Jörg Arnold, Björn Burkhardt, Walter Gropp, Günter Heine, Hans-Georg Koch, Otto Lagodny, Walter Perron und Susanne Walther, München 2005, S. 1225–1242
(*zitiert*: *Ulsenheimer*, FS-Eser 2005)

Ulsenheimer, Klaus; **Biermann**, Elmar; **Bock**, Rolf-Werner: Arztstrafrecht in Praxis 5., neu bearbeitete und erweiterte Auflage, Heidelberg 2015
(*zitiert*: *Ulsenheimer*, Arztstrafrecht in der Praxis)

Urbanczyk, Lothar: Sind freiwillige Sterilisationen strafbar? In: Neue Juristische Wochenschrift 1964, S. 425–428
(*zitiert*: *Urbanczyk*, NJW 1964)

v. Humboldt, Wilhelm: Ideen zu einem Versuch, die Grenzen der Wirksamkeit des Staats zu bestimmen, Herausgegeben von Alexander von Gleichen-Rußwurm, nach der Ausgabe von Wilhelm von Humboldts gesammelten Werken, Berlin bei Reimer 1841, im VII. Band von Seite 1–197
(*zitiert*: *v. Humboldt*, Ideen zu einem Versuch, die Grenzen der Wirksamkeit des Staats zu bestimmen)

v. Mangoldt, Hermann; **Klein**, Friedrich; **Starck**, Christian: Kommentar zum Grundgesetz, Sechste, vollständig neubearbeitete Auflage, Band 1: Präambel, Artikel 1 bis 19, München 2010
(*zitiert*: *Bearbeiter*, in: v. Mangoldt/Klein/Starck, GG I)

Vacariu, G.: Complex regional pain syndrome. In: DISABILITY AND REHABILITATION, 2002; VOL. 24, Nr. 8, S. 435–442
(*zitiert*: *Vacariu*, DISABILITY AND REHABILITATION, 2002)

Van Dijk, Milenna T.; **Van Wingen**, Guido A.; **Van Lammeren**, Anouk; **Blom**, **Rianne** M.; **De Kwaasteniet**, Bart P.; **Steven Scholte**, H.; **Denys**, Damiaan: Neural Basis of Limb Ownership in Individuals with Body Integrity Identity Disorder. In: PLoS ONE 8(8): e72212, doi: 10.1371/journal.pone.0072212 (zuletzt abgerufen am 12.10.2017)
(*zitiert*: *van Dijk et al.*, PloS ONE 8(8): e72212)

von Heintschel-Heinegg (Hrsg.): Strafgesetzbuch Kommentar, 2. Auflage, München 2015
(*zitiert*: *Bearbeiter*, in: Heintschel-Heinegg)

von Münch, Ingo; **Kunig**, Philip (Hrsg.): Grundgesetz, Kommentar, Band 1: Präambel bis Art. 69, München 2012
(*zitiert*: *Bearbeiter*, in: v. Münch/Kunig, GG)

Wallner, Jürgen: Health Care zwischen Ethik und Recht, Wien 2007
(*zitiert*: *Wallner*, Health Care zwischen Ethik und Recht, 2007)

Walter, Michael: Zur rechtlichen Problematik der Transsexualität. In: Juristenzeitung 1972, S. 263–267
(*zitiert*: *Walter*, JZ 1972)

Weigend, Thomas: Über die Begründung der Straflosigkeit bei Einwilligung des Betroffenen. In: Zeitschrift für die gesamte Strafrechtswissenschaft, 98 (1986), S. 44–72
(*zitiert*: *Weigend*, ZStW 98)

Welsh, Caroline: Brauchen wir ein Recht auf Krankheit? Historische und theoretische Überlegungen im Anschluss an Juli Zehs Roman *Corpus Delicti*. In: Das Menschenrecht auf Gesundheit, Normative Grundlagen und aktuelle Diskurse, Herausgegeben von Andreas Frewer und Heiner Bielefeldt, Bielefeld 2016, S. 215–238
(*zitiert*: *Welsh*, in: Frewer/Bielefeldt (Hrsg.), Menschenrecht auf Gesundheit, 2016)

Weltärztebund; Williams, John R.: Handbuch der ärztlichen Ethik // Medical ethics manual, Ferney-Voltaire, France 2005
(*zitiert*: *Weltärztebund/Williams*, Handbuch der ärztlichen Ethik // Medical ethics manual, 2005)

Wendland, Helena: Die strafrechtliche Zulässigkeit körperverändernder wunscherfüllender Operationen unter besonderer Berücksichtigung wunscherfüllender Amputationen und weiblicher Beschneidung, Schriftenreihe Strafrecht in Forschung und Praxis, Band 335, Hamburg 2016
(*zitiert*: *Wendland*, Die strafrechtliche Zulässigkeit wunscherfüllender Operationen 2016)

Werner, M. H.; **Wiesing**, U.: Lehren aus dem Fall Viagra? Der Krankheitsbegriff im Sozialrecht am Beispiel der erektilen Dysfunktion. In: Gesundheitswesen 2002; 64: S. 398–404
(*zitiert*: *Werner/Wiesing*, Gesundheitswesen 2002; 64)

Wessels, Johannes; **Beulke**, Werner; **Satzger**, Helmut: Strafrecht, Allgemeiner Teil, Die Straftat und ihr Aufbau 45., neu bearbeitete Auflage, Heidelberg 2015
(*zitiert*: Wessels/Beulke/Satzger, Strafrecht AT)

Wessels, Johannes; **Hettinger**, Michael: Strafrecht, Besonderer Teil I, Straftaten gegen Persönlichkeits- und Gemeinschaftswerte 39., neu bearbeitete Auflage, Heidelberg 2015
(*zitiert*: Wessels/Hettinger, BT I)

White, Amy: Body Integrity Identity Disorder Beyond Amputation: Consent and Liberty. In: HealthCare Ethics Committe Forum (2014) 26: S. 225–236
(*zitiert*: *White*, HEC Forum (2014) 26)

Wicks, Elizabeth: Human Rights and Healthcare, Oxford 2007
(*zitiert*: *Wicks*, Human Rights and Healthcare)

Wiedner, Kati: Respekt statt Bevormundung: ein Plädoyer für die Abschaffung der Begutachtung bei Personenstands- und Vornamensänderungen. In: Zeitschrift für Sexualforschung 2016; 29; S. 67–72
(*zitiert*: *Wiedner*, Z Sexualforsch 2016; 29)

Wienke, Albrecht; **Eberbach,** Wolfram H.; **Kramer,** Hans-Jürgen; **Janke**, Kathrin (Hrsg.): Die Verbesserung des Menschen, Tatsächliche und rechtliche Aspekte der wunscherfüllenden Medizin, Heidelberg 2009
(*zitiert*: *Bearbeiter*, in: Wienke et al., Die Verbesserung des Menschen)

Wiesing, Urban: Der Hippokratische Eid – Einführung, in: ders. (Hrsg.), Ethik in der Medizin – Ein Studienbuch 4., erweiterte und vollständig durchgesehene Auflage, Stuttgart 2012, S. 38–44
(*zitiert*: *Wiesing*, in: ders. (Hrsg.), Ethik in der Medizin, 2012)

Wietfeld, Dominik: Selbstbestimmung und Selbstverantwortung – die gesetzliche Regelung der Patientenverfügung – Eine Untersuchung unter besonderer Berücksichtigung des Verfassungsrechts, Baden-Baden 2012
(*zitiert*: *Wietfeld*, Selbstbestimmung und Selbstverantwortung – die gesetzliche Regelung der Patientenverfügung, 2012)

Wils, Jean-Pierre: „Zeit für einen neuen Eid". In: Deutsches Ärzteblatt 2017 (114), S. 359–363
(*zitiert*: *Wils*, Deutsches Ärzteblatt 2008 (105))

Wise, Thomas N.; **Kalyanam**, Ram Chandran: Amputee Fetishism and Genital Mutilation: Case Report and Literature Review. In: Journal of Sex & Marital Therapy 2000, 26: S. 399–344
(*zitiert*: *Wise/Kalyanam*, Journal of Sex & Marital Therapy 2000; 26:)

Wolfslast, Gabriele: Psychotherapie in den Grenzen des Rechts, Stuttgart 1985
(*zitiert*: *Wolfslast*, Psychotherapie in den Grenzen des Rechts)

Zentrale Ethikkommission: Ärztliche Behandlungen ohne Krankheitsbezug unter besonderer Berücksichtigung der ästhetischen Chirurgie. In: Deutsches Ärzteblatt 109 (2012), S. 2000–2004
(*zitiert:* Zentrale Ethikkommission, Deutsches Ärzteblatt 109 (2012))

Deutsches, europäisches und internationales Strafrecht und Strafprozessrecht

Herausgegeben von Martin Paul Waßmer

Band 1 Jan-Maximilian Zeller: Folter vor dem Forum des Rechts. 2014.

Band 2 Heiko Löw: Strafrechtliche Risiken der unterlassenen Aufklärung über Vertriebsprovisionen. 2016.

Band 3 Navid Aliabasi: Die staatsgefährdende Gewalttat. Eine Analyse der §§ 89a, 89b und 91 StGB. 2017.

Band 4 Eva Maria Bongartz: Korruptionsstrafbarkeit niedergelassener (Vertrags-)Ärzte wegen bevorzugender Verordnung von Arznei-, Heil- und Hilfsmitteln. Eine Untersuchung des Phänomens, des Neuregelungsbedürfnisses der Bestechlichkeit von Ärzten und der neu eingeführten §§ 299a, 299b StGB. 2017.

Band 5 Dominik Bender: Strafrechtliche Risiken des Directors einer Private Company Limited by Shares mit Verwaltungssitz in Deutschland. Eine Untersuchung unter besonderer Berücksichtigung der nationalen Rechtsprechung im Spiegel der Judikatur des Europäischen Gerichtshofs. 2017.

Band 6 Martin J. Kirstgen: Die Strafbarkeit deutscher Ärzte wegen elektiver Wunschamputationen aufgrund von Body Integrity Identity Disorder (BIID). 2018.

www.peterlang.com

www.ingramcontent.com/pod-product-compliance
Ingram Content Group UK Ltd.
Pitfield, Milton Keynes, MK11 3LW, UK
UKHW022102051026
15623UKWH00003B/638

9 783631 747490